Karlheinz Thimm

Methoden der Sozialen Arbeit an der Hochschule lehren und lernen

D1672365

Karlheinz Thimm

Methoden der Sozialen Arbeit an der Hochschule lehren und lernen

Beraten und Hilfe gestalten

Mit Beiträgen von Pia-Ulrike Fischer, Katharina Pohl und Isabelle Sandow

Der Autor
Karlheinz Thimm, Jg. 1954, Dr. phil., war bis zum 31. 12. 2018 Professor für
Soziale Arbeit an der Evangelischen Hochschule Berlin. Seine Arbeitsschwerpunkte
sind Kinder- und Jugendhilfe (Hilfen zur Erziehung; Sozialarbeit an Schule)
und Methoden in der Sozialen Arbeit.

Dieses Buch ist erhältlich als:
ISBN 978-3-7799-6244-1 Print
ISBN 978-3-7799-5546-7 E-Book (PDF)

1. Auflage 2020

© 2020 Beltz Juventa
in der Verlagsgruppe Beltz · Weinheim Basel
Werderstraße 10, 69469 Weinheim
Alle Rechte vorbehalten

Herstellung: Hannelore Molitor
Satz: text plus form, Dresden
Druck und Bindung: Beltz Grafische Betriebe, Bad Langensalza
Printed in Germany

Weitere Informationen zu unseren Autor_innen und Titeln finden Sie unter: www.beltz.de

Inhalt

Vorbemerkung

Durch meine schwere Krankheit konnte ich nicht mehr die Zeit und Energie mobilisieren, wie es diese Schrift verdient gehabt hätte. Aber sie wurde beendet und soll nur am Rande unter mildernden Umständen laufen und rezipiert werden. Ich danke meinem ehemaligen Kollegen Mathias Schwabe für den Anstoß, die Ermutigung und wertvolle fachliche Hinweise. Meine frühere Kollegin Brigitte Wießmeier hat den Text teilweise vorab gelesen und partiell kommentiert. Sie hätten das Buch allerdings anders geschrieben und haften keinesfalls für Unzulänglichkeiten.

Im Wesentlichen leiten mich drei Motive, dieses Buch zu veröffentlichen: Erstens möchte ich Lust auf eine erfahrungsnahe Didaktik mit Übungselementen machen – gerade weil ich mich immer wieder erschrocken habe, wie wenig gelehrtes Wissen behalten und zu „lebendigem Besitz" wurde; zweitens liegt mir an einer Festigung und Stärkung des Stellenwerts von Methoden in der Sozialen Arbeit und im Studium; drittens sind die folgenden Gedanken Schlusspunkt meiner Hochschullehrerzeit und damit eine Art Bilanz.

Dieses Werk ist nicht bahnbrechend und kein Schwergewicht, es will nicht mit neuen Erkenntnissen imponieren. Es soll „nur" das „Brot und Butter"-Geschäft der sozialpädagogischen Methodenlehre im fachhochschulischen Bachelorstudium der Sozialen Arbeit thematisieren, anregen, verbessern und damit eine Lücke schließen. Und zugleich sollen Studierende und Berufspraktiker_innen Basiswissen zu Beratung und Hilfegestaltung erhalten bzw. wiedererinnern. Ob und wie das gelungen ist, mögen die Leser_innen entscheiden.

Die Sprache ist gemäßigt gegendert. Wenn Personen gemeint sind, wird versucht, geschlechtssensibel zu formulieren; wenn Funktionen bezeichnet (wie Sender oder Empfänger) oder zusammengesetzte Substantive verwendet werden (wie Dozentenverhalten oder Beobachterrolle), wird die traditionelle Schreibweise nicht verändert.

Alle Lerneinheiten enthalten einen Wissensbaustein für die Teilnehmer_innen. Die Rückmeldungen der Studierenden waren es, die zur Aufnahme dieser Zusammenfassungen von Kernwissen in das Buch geführt haben. Dabei nehme ich Vorhaltungen, komplexe Sachverhalte zu simplifizieren, billigend in Kauf. Ich habe mich entschieden, den schlagwortartigen „Spiegelstrichcharakter" beizubehalten – wohlwissend, dass dies nicht allen gefällt. Zwar kommt so kein Wohlgefühl durch Lesefluss auf, aber es entsteht ein dichter, geordneter, auf Wesentliches beschränkter Überblick über den Gegenstand und damit Gebrauchswert. Die Schrift versteht sich deutlich mehr als Arbeits-, weniger als Lese-Buch. Im didaktischen Teil ist durchgängig von Lehr-Lern-Zielen die Rede.

Damit wird in Rechnung gestellt, dass es die Lehrenden sind, die ihre Lehrziele für die Student_innen festlegen, formulieren, verfolgen. Mit der gleichzeitigen Verwendung des Begriffs Lernziel soll der Auftrag benannt werden, dass die aktive Einbindung und das aneignende Element intendiert sind, damit Lehren zu Lernen wird. Im Anschluss erfolgt immer eine kurze Übersicht über den Ablauf der jeweiligen Seminarstunden mit einigen erläuternden Anmerkungen. Das Material für die Hand der Studierenden (Wissensbausteine; Fälle; Übungen) ist jeweils in eigener Schrift gesetzt.

Einleitung

18 Wochenstunden *Lehrverpflichtung*, von denen nach Abzug von Ermäßigung für die Betreuung von Bachelor- und Masterarbeiten häufig 16 real unterrichtet werden, sind eine erhebliche Menge Lebenszeit für Professoren an einer Hochschule für Angewandte Wissenschaften (HAW), auch als „University of Applied Sciences" tituliert. Dieses Pensum erledigt man nicht nebenbei, es bestimmt das Erleben der beruflichen Tätigkeit maßgeblich. Ich habe Lehre sehr unterschiedlich erfahren. Es gab beglückende Stunden und herbe Enttäuschungen und natürlich viele im Großen und Ganzen durchschnittlich-befriedigende Veranstaltungen; Bemühtheit auf beiden Seiten und Flow-Erleben; Einheiten, nach denen ich mich reif für den Lehre-Olymp des Hochschullehrers des Jahres hielt, und Einheiten, in denen keine Funken entstanden und beidseitig zähe Pflichterfüllung das Terrain besetzte. Manchmal war gefühlt ein Drittel der Teilnehmer_innen handyabsorbiert oder gar nicht anwesend; mitunter dachte ich, die Studierenden können den Wert meiner Lehre nicht schätzen (unterscheiden nicht nach besser und schlechter bzw. es ist ihnen scheinbar egal). Nach meinem Bedürfnis eher zu selten äußerten einige unaufgefordert Freude, Anerkennung, Dankbarkeit. Pflichtkurse im dritten Semester und nach 16 Uhr waren das trockenste Brot, Lehre ganz am Anfang und zum Ende des Studiums, zumal im Wahlbereich, gelten als leichter, beinahe per se als angenehm. Allemal geht es zentral auch um die Verkraftung von Frustration. Mir war die Lehre jedenfalls alles andere als egal. Ich wollte möglichst viele Studierende erreichen; sie sollten das Gefühl haben, dass es sich sehr lohnt zu kommen – sie investieren schließlich auch wertvolle Lebenszeit. Und sie sollten möglichst gut auf einen sozialen Beruf vorbereitet werden.

Hochschuldidaktische Initiativen gab und gibt es in der BRD und in der DDR seit mehr als 50 Jahren (so ist die Deutsche Gesellschaft für Hochschuldidaktik z. B. seit mehr als einem halben Jahrhundert aktiv), allerdings vergleichsweise selten mit großer Strahlkraft nach außen, mit relativ geringem Renommee versehen und nicht sehr reputationsförderlich, dennoch mit belegbaren Effekten im Bewusstseinswandel und, noch geringer, im realen Lehren und Lernen. Die klassische Vorlesung mit Power Point aus dem Lehrbuch ist genauso ein Auslaufmodell wie das Seminar als weitestgehende Reihung studentischer Referate. Solche Monotonie mit der Folge, „träges Wissen" kurzfristig zu speichern und dann schnell wieder zu vergessen, ist zwar noch allerorten anzutreffen – aber eine solche Praxis fällt auch allseits durch. Nur für die absoluten Cracks an Universitäten ist Alleine-Reden in der Veranstaltung mit schwacher Antenne für Resonanz vielleicht noch salonfähig. An allgemeinbildenden Schulen, aber auch an

Hochschulen wird jedoch vielerorts und in vielen Fächern abwechslungsreicher und kreativer als noch vor 30 Jahren gelehrt und gelernt. Einige schlaglichtartig-anreißend vorgetragene, grobe Richtungsanzeigen zur Hochschuldidaktik:

- Inhalte nach dem Prinzip der didaktischen Reduktion aufzubereiten, gilt schon lange als notwendige und alltägliche, an Universitäten und Hochschulen akzeptierte Praxis.
- Vermittlungsqualität, also die Planung und vor allem die Durchführung von Lehrveranstaltungen verbessern zu wollen, ist seit etwa zwei Dekaden verstärkt und breiter Thema (vgl. Berendt 2000; Pfäffli 2005).
- Es gibt seit 2014 eine Online-Zeitschrift mit wissenschaftlichem Anspruch (die hochschullehre) – auch hier scheint das Pendel allerdings häufig in Richtung angesehener und Professor_innen Lust bereitender Forschung zum Thema Lehre zu schwingen.
- Institute wie das Berliner Zentrum für Hochschullehre (BZHL), es steht für viele vergleichbare Einrichtungen, bieten zertifizierte Weiterbildung („für den Nachwuchs"?); aus den einschlägigen Instituten und den Umfeldern wird publiziert.
- Seit längerem ist man sich auf normativer Ebene sehr weitgehend einig, was gute Hochschullehre ausmacht. Wiederkehrende, von verschiedenen Autor_innen genannte unterrichtsbezogene Merkmale sind u.a. Instruktionsqualität, inhaltliche Relevanz der Stoffe, Beachtung von Autonomie- und Aktivitätsbedürfnissen der Lernenden, Zielorientierung, an Vorwissen anknüpfende Stoff- und Aufgabenauswahl, Praxistransfer bzw. Anwendungsbezüge (vgl. z.B. Berendt 2000, S. 249f.).

Didaktik und Methodik sind inzwischen sogar en vogue, die Fülle gerade von in den letzten Jahren erschienenen Handlungsanleitungen ist immens (z.B. jüngst Brendel/Hanke/Macke 2019), ja: Hochschuldidaktik hat „ihr Schattendasein verloren" (S. Brendel). Es gibt vielbeschworene Favoriten:

- Projektorientierte Veranstaltungen haben ihren Siegeszug angetreten und werden generell neben herkömmlichen Formaten quantitativ und qualitativ aufgewertet.
- „Selbstreguliertes Lernen" und „E-Learning" bzw. „University 4.0" stehen jedenfalls im ersten Proklamations- bzw. Forderungsrang.
- Die Maximen „Vom stoff- zum lernerzentrierten Unterricht" und „Kompetenz- statt Wissensorientierung" gelten in der Rede als mehrheitsfähig, sind zumindest als Trendsignal nahezu unbestritten.

Kurz, wie so häufig und erwartbar: Es sind heterogene Entwicklungslinien zu registrieren.

Lehren und Lernen an der (Fach-)Hochschule ist nur ein Teil des großen hochschuldidaktischen Feldes, der Ausbildungsaspekt gilt an der Alma Mater neben dem Sozialisations- und Wissenschaftsaspekt nur als ein Fokus unter anderen (vgl. Huber 1999). Oft wird ein teilweise eklatanter Gap zwischen didaktischer Theorie (Begründungen, Zielen, Forderungen etc.) und alltäglicher Umsetzung beklagt. Alltagsnahe Veröffentlichungen zu didaktischen Themen aus der Lehre und für die Lehre sind immer noch dünn gesät. Ganz verschwindend wenig weiß man über den alltäglichen Unterricht – mir ist jedenfalls kein nachzeichnender Bericht, geschweige denn eine großformatige empirische Erhebung bekannt.

Meine Seminardurchführung beruhte auf einigen nicht neuen didaktisch-methodischen Prinzipien:

- Ich bevorzuge erst Lernen von einfachen, häufigen, eher glatten Verläufen, dann werden verwickelte, schwierige Konstellationen aufgerufen – mit geringerem Zeitbudget.
- Ich lehre das Wünschenswerte, erst dann spreche ich über Abweichungen.
- Eigenaktivität der Lerner_innen verhindert mentale Ausstiege.
- Verbindung mit persönlichen Erfahrungen lässt Stoffe bedeutsam werden.
- Mit mitgebrachten Wissensbeständen zu verknüpfen ist genauso wertvoll wie neue Erkenntnisse zu hören, lesen, mitzuteilen.
- Keine Lerneinheit bleibt ohne Methodenwechsel.

Gelingende Lehre ist dozentenseitig ein Ensemble von passenden Arrangements (Setting), didaktischer Aufbereitung der Sache und Beziehungsgestaltung. Sorgfalt wird an Fachhochschulen und noch stärker an Universitäten vor allem auf die Lehrinhalte gelegt. Es sind allerdings oft, so zeigen Erfahrungen, die Sozialformen und Methoden des Lernens (das Wie), die entscheidend dafür sind, ob und wie nachhaltig Inhalte angeeignet werden. Die allgemeine Erwachsenenbildung bietet ein großes Methodenrepertoire, das auch hochschuldidaktisch nützlich und verwertbar ist.

Das *Studium der Sozialen Arbeit* kann verstanden werden als Angebot zum Erwerb von berufsspezifischen akademischen Wissensbeständen, allgemeinen Schlüsselqualifikationen und feldnahen handlungsbezogenen Fähigkeiten. Kennzeichnend ist, dass jede von der direkt ausgeübten Tätigkeit freigestellte Ausbildung Vorbereitung auf eine zukünftige Praxis bleibt. Insbesondere in der Lehre von Methoden müssen sozialberufliche Tätigkeitsvollzüge nach meiner Überzeugung simuliert werden. Gut verinnerlichte Methoden wandern ggf. ein ins intuitiv-spontane Handeln. Selbst wenn man aber die Auffassung teilt, dass „Praxis nur in der Praxis gelernt werden kann und handlungsbezogene Fähigkeiten deswegen keinen Platz an den Hochschulen haben sollen, sind Landkarten für das Vorgehen und Prüfkriterien für qualitätsvolles Handeln zu vermitteln" – so der

Methodenprofessor Schwabe mit einer Positionsskizzierung, die er allerdings nicht teilt (mündliche Mitteilung). Auch wenn man skeptisch sein darf, wenn man Tiefe und Nachhaltigkeit von Handlungskompetenzsteigerung durch Hochschullehre generell bewertet (also die Gewinne nicht übermäßig hoch einschätzt), sollten – gerade weil Student_innen erfahrungsgemäß oft berührt werden – Simulationsübungen stattfinden. Sie bieten Lern- und Übungschancen und schaffen eine gemeinsame Grundlage für die Diskussion der Lehrinhalte. Sie ergänzen rein kognitiv-sprachliches Lernen und bringen so Abwechslung in den Alltag der Lehre. Und auch die „Entwicklung von Landkarten und Prüfkriterien" erfolgt anschaulicher und damit vermutlich effektiver. Schließlich profitieren Student_innen vielleicht auch für ihren privaten Alltag, ihre Persönlichkeitsentwicklung, und probierendes Methodenlernen hilft zudem ggf., Talente und Leidenschaften für die berufliche Zukunft zu erkennen, entwickeln bzw. überprüfen.

Sozialpädagogische Handlungskompetenz auf sozialtechnische Vollzüge von Vorgaben, Leitlinien, gar Schemata zu reduzieren kann niemand ernsthaft wollen. Aber Themen wie dialogische Zielentwicklung, Fallverstehen und Fallbesprechungen gestalten, im Gespräch deeskalieren, beraten, einen Hilfeplan oder Bericht schreiben sollten Studierende systematisch durchdenken, anwendungsbezogen üben und als den Beruf Ausübende beherrschen. Ich denke, dass man sich darauf einigen kann, ohne das Verdikt „praxeologisch" zu riskieren.

Die Studierenden bringen *biografische Erfahrungen* als Teil einer Herkunftsfamilie, als Kind mit einem spezifischen Lebensverlauf, eine individuelle Lerngeschichte als Schüler_in und als Mitglied einer Peergroup mit. Sie sind geprägt durch lebensweltliche Kontexte: als Frau, als Mann; als jemand, die/der Verantwortung trägt, Geld verdient, Alltag bewältigt, mit Zugehörigkeiten und mit Identitätsentwürfen experimentiert. Die Seminarteilnehmer_innen erwarben vielleicht vorhochschulisch Kompetenzen als Besucherin und Peerhelferin im Jugendzentrum, Ehrenamtliche im Jugendverband, Türsteher vor dem Club, Krankenpflegerin, Migrantin, Kellner, Taxifahrerin, Mutter, Hip-Hop-Trainerin, Soldat_in, in Call Centern, an Rezeptionen, im „Sozialen Jahr", als Au pair in der Fremde, in der Schülervertretung, in kirchlichen Zusammenhängen … All das prägt die lebensweltliche Kommunikation, Erfahrungen mit Beraten und Beraten-Werden, Einstellungen zu Gruppen und Gruppenleitung, Hilfeverständnisse – jenen Stoff also, der in den Methodenveranstaltungen aufgenommen, reflektiert, mit professionellen Wissensbeständen angereichert, auf stimmige Verwendung in beruflichen Schlüsselsituationen geprüft wird. In der Planung und in der Durchführung von Lehre müssten solche lebensgeschichtlichen und lebensweltlichen Mitbringsel unter dem Gesichtspunkt der individuellen Potenziale aktiviert und als Lernausgangslagen für Qualifizierungsprozesse verwertet werden. Die Verschiedenheit der Studierenden hinsichtlich Alter, Geschlecht, Vorerfahrungen, Talenten und Schwächen kann Ressource sein (vgl. Schwabe o. J., o. S.) und entspricht der Verschiedenheit der Klient_innen.

Methodenlehre an Hochschulen hat sich auf allgemeine und besondere *Hindernisse* einzustellen bzw. kann, gewendet, auf potenzielle Gelingensfaktoren hoffen. Zu den *allgemeinen Elementen,* die nicht besonders für Methodenseminare gelten.

1. Zur Heterogenität Lernender ist alles gesagt – etwa hinsichtlich Lebenssituationen, Motivation, Erfahrungen im Privatleben und beruflicher Praxis etc. Verwiesen sei besonders auf die Unterschiedlichkeit der Vorkenntnisse zu den Themen. Studierende, die regelmäßig am Unterricht teilgenommen und begleitend Fachliteratur gelesen haben, profitieren in aufbauenden Seminaren mehr und können niveauvoller mitarbeiten.

2. Studierende, die dem Studium der Sozialen Arbeit und der Hochschule einen relativ hohen Stellenwert in ihrem Zeit- und Energiehaushalt einräumen, interessieren sich mehr für den Unterricht und nehmen zudem mindestens innerlich aktivere Rollen ein.

3. Student_innen sind dem Lernstoff mehr oder weniger aufgeschlossen, je nachdem, wie sie zu den Eigenarten von Sozialer Arbeit als Profession und Disziplin stehen. Dabei denke ich z. B. an die ggf. abgewertete oder aber angenommene Breite und Weichheit der Wissensbestände, an die konstitutive Ungewissheit im beruflichen Handeln und an ein Denken im Konjunktivmodus – statt Tiefe und Härte der Kenntnisse, Gewissheit und definitive Sicherheit, wenn herangetreten, bewertet, gehandelt wird. Die weiche und eher mannigfaltig-flach angelegte Seite der Studieninhalte kann verarbeitet werden im Sinne von (reinem) Mangelerleben, von nüchtern registrierten Charakteristika oder von als positiv konnotierter Herausforderung – etwa eigenständig, offen, flexibel. fallgerecht, ganzheitlich, interdisziplinär und vernetzt zu denken und handeln.

4. Die Vermittlung von einer Vielzahl isolierter Wissenseinheiten und die Einführung in verschiedene Wissenschaften mit unterschiedlichen Paradigmen sowie in heterogene Teilgebiete geht einher mit zwei Hypotheken: mit kaum zu bewältigender Stofffülle (und partiellen Lernausstiegen) sowie mit unverbundenen Wissensinseln. Für Verknüpfungen gibt es wenige Veranstaltungsformate; ob Lehrende verbindend oder gar „integrierend" arbeiten, bleibt dem persönlichen Berufsverständnis überlassen, also Zufall, und wird im Zweifelsfall auf dem Altar ständiger Zeitknappheit geopfert.

5. Ich selbst bin Befürworter des verpflichtenden Besuchs von Methodenseminaren (Interaktion und Training kommen nur in Anwesenheit zum Tragen). Allerdings hebt Verpflichtung eher nicht die Stimmung, und es sitzen ggf. nicht wenige Personen im Seminar, die das aktuell nicht oder nur eingeschränkt wollen.

6. Der Zeitgeist bringt es mit sich, dass viele Studierende auch in der Lehre Knappheit, Tempo, Methodenwechsel, Performancequalitäten wie dramati-

sche Zuspitzung, Pointen und Witz erwarten. Die Lerngewohnheiten führen u. a. dazu, dass Texte, zumal, wenn sie länger sind, von vielen Student_innen vielfach nicht oder jedenfalls nicht genau gelesen werden. Generell möchten die Teilnehmer_innen die Sachen mehrheitlich schnell lernen; Oberflächlichkeit wird partiell nicht wahr- oder hingenommen.

7. Ein schnöder hemmender Faktor liegt auch in der zeitlichen Gestaltung. Eine erhebliche Zahl von Student_innen absolviert ihr Studium aus beruflichen, finanziellen, familialen Gründen an drei oder sogar nur zwei Tagen mit acht oder zwölf Stunden Unterrichtsteilnahme. Es ist klar, dass dann in der zweiten Tageshälfte nicht selten die Luft fehlt.

Besonders für Methodenseminare gilt verglichen mit „Wissens- und Diskursformaten" – nicht selten als Hypothek wirkend:

1. Der dezidierte Ausbildungscharakter impliziert, dass Wissen und vor allem Kompetenzen als Lehr-Lern-Gegenstände feststehen. Damit ist auch der Seminaraufbau vorprogrammiert, die Änderungschancen des Programms für Teilnehmer_innen sind beschränkt.

2. Die Persönlichkeit der Studentin bzw. des Studenten kann weniger als beim kognitiven Wissenserwerb herausgehalten werden. Verhalten, Gefühle, Körperlichkeit, Unfertiges, Unbedachtes und Sich-einfach-Ereignendes werden etwa in Rollenspielen öffentlich sichtbar. Selbstpreisgabe kann als bedrohlich erlebt werden. So erhält die Lernkultur mit Elementen wie Vertrauen und sensiblem Umgang mit Scham einen hohen Stellenwert.

3. Es herrscht erhöhte Aktivitätserwartung von Seiten der Seminarleitung, da sich die Lerngegenstände auch durch das (freimütige) Einbringen von Erfahrungen und Spielbereitschaft bilden bzw. sich daraus veredeln lassen. Reiner Konsum und Nur-Zuschauen sind schwerer möglich – die Veranstaltungen sind Koproduktion par excellence.

4. Damit einher geht regelmäßig eine Übungserwartung – oft zum Leidwesen der Studierenden, die eine schnelle Prämie in Form von Fähigkeitszuwachs einstreichen wollen. Kompetenzorientierung macht nur Sinn, wenn man Kompetenzen entwickeln, also besser werden will, und dafür etwa Schwitzen in Kauf nimmt.

5. Eine an Eindeutigkeit und Ambivalenzfreiheit ausgerichtete Richtig-falsch-Apodiktik ist für das Methodenlernen mit Fallorientierung irreführend. Stattdessen gilt: Es führen fast immer mehrere Wege nach Rom. Nichts geht immer und überall. Es gibt bei fast allen Interventionen Risiken und Nebenwirkungen. Jede menschliche Angelegenheit hat mehrere Seiten, deswegen gibt es auch immer mehrere Zugänge und Vorgehensweisen.

Ein *Fazit:* Student_innen sind unterschiedlich – es herrschen je unterschiedliche Faktorenmischungen und -stärken mit Blick auf diese Einflussgrößen bei Einzelnen und in Lerngruppen. In den Methodenseminaren wird Soziale Arbeit als Beruf gelehrt. Das bringt es mit sich, dass handwerkliche Substanz grundgelegt wird. Ziele, Kompetenzen, Stoffe liegen recht weitgehend fest. Dennoch wäre eine Rede von verschultem Lernen mit negativer Konnotation zu kurz gegriffen. Es geht schlicht um das Angebot unverzichtbarer Wissensbestände mit rezeptivem Einschlag. Diskursive und reflexive Elemente gibt es auch im Methodenlernen (auch Raum für Diskussion muss es immer geben – das wird in der Folge nicht mehr betont), diese sind allerdings bei anderen Themen, in anderen Seminaren und Formaten ausgeprägter. Ich bin aber überzeugt davon, mit dieser etwas anderen Methodeneinführung in Lehre und Text einen Beitrag für eine „reflexive Professionalität" geleistet zu haben und zu leisten.

Nun kommt ein Buch, dass das Wort Methode im Titel führt, nicht um eine terminologische Stellungnahme herum. Einerseits besteht nicht zwingend Grund zur Aufregung. Sowohl in der Praxis als auch in der Weiterbildung und an der Hochschule wird der *Methodenbegriff* breit und selbstverständlich verwendet; einschlägige Professuren weisen weiterhin die Denomination „Theorien und Methoden der Sozialen Arbeit" auf. Andererseits wird mit dem Methodenbegriff erstens technizistische Vereinfachung und Verkürzung sowie zweitens Unschärfe verbunden, was dazu führte, ein ganzes Arsenal differenzierender bzw. ersetzender Termini vorzuschlagen: Konzept; Handlungsform; methodische Säule; Methodik; enger und weiter Methodenbegriff; methodisches Handeln; Verfahren; Sozialform … (vgl. von Spiegel 2004; Galuske 2005). Im engen und weiten Methodenverständnis ist man sich einig, dass Methoden durch Verfahrensweisen gekennzeichnet sind. Uneinigkeit herrscht, ob auch Fragen der Ziele, nach dem Wohin, Woher und Warum zum Methodenbegriff gehören. Geißler/Hege hierarchisieren z. B. in Konzept, Methode, Technik (vgl. Galuske 2005, S. 25 ff.). Konzepte verknüpfen Gegenstandsanalyse, Zielbeschreibung und Vorgehensweise; Methoden thematisieren Prozessgestaltung und sind „dahingehend zu reflektieren und zu überprüfen […], inwieweit sie dem Gegenstand, den gesellschaftlichen Rahmenbedingungen, den Interventionszielen, den Erfordernissen des Arbeitsfeldes, der Institutionen, der Situation sowie den beteiligten Personen gerecht werden" (Galuske 2005, S. 30). Wohlgemerkt werden diese Dimensionen an Methoden wie Genogramm- oder Straßensozialarbeit herangetragen, sie sind nicht (unbedingt) konstitutiver Bestandteil der Methode – Methoden sollten sich aber zu Galuskes Prüfaufträgen verorten. So ist es ja z. B. auch undenkbar, Forschungsmethoden ohne vielseitige Reflexion zu denken. Niemand käme etwa auf die Idee, das Experteninterview auf geschickte Fragenformulierung zu reduzieren. An Methoden werden also zu Recht Fragen nach Einbettungen, nach Voraussetzungen, Folgen etc. gestellt. Ich halte – im Aufgriff des Materials bei Galuske (2005, S. 23 ff., S. 34) – allerdings für den definitorischen Kern fest: Methoden

- haben mit planvollen Handeln zu tun,
- sind teilweise standardisiert,
- thematisieren den Weg zum Ziel,
- bedienen sich für das Wie der Aufgabenerfüllung bestimmter Mittel.

Zur Gefahrenseite eines unreflektierten Methodenbegriffs gesprochen. „Methoden suggerieren die Idee der Planbarkeit, der Kalkulierbarkeit und letztlich der Machbarkeit" (Galuske 2005, S. 53). Eine „Reduktion beruflicher Kompetenz auf technisches Können dient primär einer vermeintlichen Handlungssicherheit der HelferInnen, weniger der angemessenen Hilfe für den Klienten" (Galuske 2005, S. 29). Gefährlich sind ein „mechanistisches Modell" (G. Iben) sowie verobjektivierende Optimierungsbestrebungen „kommunikativer Einflussnahme und situativen Managements" (Galuske 2005, S. 156). Realistisch eingeschätzt leisten Methoden einen Beitrag zur Ungewissheits- und Unsicherheitsreduktion, nicht -beseitigung.

Der Begriff Methode wird in dieser Arbeit breit verwendet. Das ist nicht befriedigend, aber letztlich die am wenigsten ungünstige Variante. Mit Methode werden Oberthemen der Gesamtveranstaltung wie Beratung oder Arbeit mit Gruppen gemeint und benannt. Methoden heißen auch Verfahren mit mittlerer Komplexität, die Gestaltungwissen und -fähigkeiten für enger definierte, begrenzte Themen verknüpfen – wie Netzwerkuntersuchung, Mediation oder Systemische Fragen (Feedback geben oder Konfrontieren wären dann Techniken, die Netzwerkkarte Instrument). Genogramm kann allerdings, je nach Komplexität etc., Methode, Technik oder Instrument sein. Methode nenne ich zudem auch Vermittlungs- und Aneignungsformen in der Lehre wie Partnerarbeit, Brainstorming, Plenum, Pro-und-Contra-Diskussion, Rollen- und Planspiel.

Es gibt an der *Evangelischen Hochschule Berlin sechs Pflichtkurse* im engeren Methodenbereich, davon werden vier im Folgenden genauer thematisiert:

- Sozialpädagogische Kommunikation im zweiten Semester mit vier Wochenstunden (hier A.)
- Ein eher theoretischer, textgestützter Überblick als Fundament zu methodischem Handeln und Einzelmethoden (ebenfalls im zweiten Semester, drei Wochenstunden)
- Drei dreistündige Seminare im dritten Semester vor dem Praktikum: Soziale Arbeit mit Gruppen (hier B.); Einzelhilfe (hier Beratung C.); Soziale Arbeit im Gemeinwesen
- Planung, Durchführung und Auswertung von Unterstützungsprozessen (vier Stunden im fünften Semester, hier D.)

Letztgenannte Veranstaltung läuft mit Blick auf Niveau und Zufriedenheit am besten. Die Studierenden wissen bereits viel und können das Angebotene verarbeiten. Sie sind durch ihre Erfahrungen in der Lage, kompetent mitzusprechen und nehmen sich als wirksame Koproduzent_innen wahr. Sie haben durch das in das Studium integrierte halbjährige Praktikum sozialberufliche Praxis erlebt und ihre Berufseinmündung vor Augen. Und schließlich sind jene, die das falsche Fach gewählt haben, unter-, über- oder fehlgefordert waren bzw. nicht genug Zeit für das Studium hatten, im Laufe der ersten Semester oder mit dem Praktikum ausgestiegen.

Die vier Seminare werden unterschiedlich präzise vorgestellt. Die Veranstaltungen *Kommunikation (A.)* und *Arbeit mit Gruppen (B.)* werden überblicksartig, *Beratung (C.)* und *Unterstützungsprozesse (D.)* werden genauer präsentiert – hier wiederholt sich das Prinzip, jede Seminareinheit aufzurufen, in jeder Einheit zunächst das Thema in Grundzügen zu durchdenken und dann kurze didaktisch-methodische Überlegungen anzustellen. Den größten Raum erhalten die Unterstützungsprozesse, denn dazu werden im Anhang auch ein Hilfeplangespräch und zwei dazugehörige Leistungsnachweise von Studierenden mitgeliefert.

A. Sozialpädagogische Kommunikation lehren und lernen

1. Das Lehrgebiet

Lehre im Gebiet Sozialpädagogische Kommunikation und Interaktion wird an der Evangelischen Hochschule Berlin im zweiten Semester angeboten. Das Modul besteht ausschließlich aus der vierstündigen Veranstaltung. Dieses Seminar ersetzt die Einführung in die Gesprächsführung aus dem Diplom-Studiengang. Die maximale Teilnehmerzahl beträgt, eine Ausnahmeerscheinung an unserer Ausbildungsstätte, „nur" 25 Student_innen. Die Studierenden absolvieren ihr Praktikum erst im vierten Semester. Sie können Wissen und Fähigkeiten aus Kommunikation (und Beratung und Arbeit mit Gruppen) im halbjährigen Praktikum zwar verwenden, können sich in den Handlungskompetenzen befördern wollenden Methodenveranstaltungen A., B. und C. aber nicht auf selbst erfahrene berufliche Referenzsituationen im für alle pflichtigen Praktikumskontext beziehen.

Der im *Modulhandbuch* formulierte Anspruch ist hoch: „Kommunikation und Interaktion in sozialpädagogischer Absicht sind das zentrale Medium der unmittelbaren Arbeit mit Adressat_innen in allen Handlungsfeldern der Sozialen Arbeit. Im Studienverlauf, durch Praktika, aber nicht zuletzt durch das vorgestellte Lehrangebot sollen die Studierenden lernen, Kommunikation und Interaktion fall- und situationsangemessen zu gestalten, indem sie Wissen, Erfahrungen und Intuitionen zu für sie selbst stimmigen, zur Person passenden Zusammenspielen führen. Dabei kommt es je nach Aufgabe darauf an, verbale, paraverbale und körpersprachliche, freundlich-einladende, lassend-begleitende und fordernde, konfrontierende und deeskalierende, einladende und sich abgrenzende Kommunikationsakte so zu verknüpfen, dass daraus Beiträge zur Situationsklärung bzw. zur Selbstentwicklung von Adressat_innen entstehen. Die Studierenden, so der Anspruch, lernen zumindest in Ansätzen, ihre Worte und Handlungen, auch im Hinblick auf den Unterschied von geplanter und beobachteter Wirkung, selbstkritisch einzuschätzen. Sie entwickeln, angeleitet durch Fragen und Reflexionen von Kommiliton_innen und dem/der Dozent_in, Ideen dazu, was sie mit ihrem Handeln angeregt, vermieden, provoziert oder unbeachtet gelassen haben" (Schwabe o. J., o. S.).

Drei thematische Blöcke verleihen der Veranstaltung grobe Struktur: Kommunikationstheorie, Gestaltungsmittel und Schlüsselsituationen in der Praxis.

(1) Im Seminar werden im *ersten Block* (vier Einheiten) Begriffe, Prinzipien, Modelle, Arten, Strukturen und Medien der Kommunikation gelehrt (siehe unten Wissensbaustein zu Kommunikation). Erste einfache Partner- bzw. plenare Übungen zur Führung von Gesprächen wie Feedback, Aktives Zuhören, Pausen machen werden eingestreut. Es schließt sich eine Selbstdiagnose (mein Repertoire; mein Lernbedarf) an, die zur Bewusstwerdung über eigene Stärken und mitgebrachte Fähigkeiten und zudem zur Formulierung von Lernzielen einlädt.

Fragebogen – Kompetenzen und Lernbedarf in Gesprächsführung

Wenn Sie an zwei, drei Ihnen wichtige Gespräche mit Personen in den letzten Wochen zurückdenken … Wie gut ist es Ihnen gelungen,

… sich und Ihre Gedanken und Gefühle verständlich zu machen?

sehr gut		mittelgut		nicht gut
1	2	3	4	5

… die andere Person in ihren Gedanken und Gefühlen zu verstehen?

sehr gut		mittelgut		nicht gut
1	2	3	4	5

Wenn Sie an zwei, drei konflikthafte Situationen aus der letzten Zeit zurückdenken, in die Sie geraten sind … Wie gut gelang es Ihnen mit Worten,

… Ihre Interessen zu vertreten bzw. sich zu behaupten?

sehr gut		mittelgut		nicht gut
1	2	3	4	5

… die andere Person so zu „behandeln", dass diese sich (einigermaßen) gut fühlen konnte?

sehr gut		mittelgut		nicht gut
1	2	3	4	5

Was können Sie in Gesprächen schon ziemlich gut?

Wo und wie haben Sie dies gelernt (im Beruf, im Studium, als Bedienung, als Jugendgruppenleiterin, in der Kirchengemeinde, als große Schwester, als Vertraute der Mutter, als beste Freundin …)?

Was würden Sie mit Blick auf professionelle Kommunikation gerne noch besser können?
(Schwabe o. J., o. S.)

(2) Im *zweiten Block* der Veranstaltung werden parallel zur theoretischen Arbeit und vor allem anschließend Mittel der Gesprächsführung gezeigt und in Partnerarbeit geübt. Dabei werden Techniken und Haltungen vorgestellt, plausibilisiert, auf Stimmigkeit für Beispielsituationen und auf Personenpassung hin überprüft: Ich-Botschaften; Aktives Zuhören; Fragen; Paraphrasieren; Zusammenfassen; Reflektieren; Einsatz von Schweigen; klare Aussagen, insbesondere Werben, Bitten und Fordern. Dabei werden als Kontexte für die Paarübungen von Haltungen und Techniken schon wenig komplexe, geeignete Schlüsselszenen (siehe unten) ausgewählt. In diesen Sequenzen soll, so sieht es die kollegiale Planung vor, auch Gesprächsführung für den Typus Beratung grundgelegt werden. Der „handwerkliche" Teil des Seminars wird mit der Einführung in die Lösungsorientierung (Haltungen und Techniken: Ressourcenorientierung, Anerkennen, Umdeuten) sowie mit Kommunikation unter den Bedingungen von Unfreiwilligkeit (Umgang mit Zwang, Druck, Widerstand) abgeschlossen.

(3) Im *dritten Block* der gesamten Lehrveranstaltung werden die Mittel zu Kommunikationsstrategien kombiniert, mit dem eigenen personalen, spontan gezeigten Stil verbunden und in typischen Schlüsselszenen „auf der Bühne" im Plenum ausprobiert. Mindestens die Hälfte der Seminarzeit werden solchen feld- und zielgruppenübergreifenden Herausforderungen in sozialberuflicher Kommunikation gewidmet. Als wiederkehrende Anforderungen wurden bestimmt: Anfänge gestalten; begleitendes Stützen; eine verwickelte Lage klären; Gegenwirkung, konfrontierende Strategien, z.B. Kritik üben, abgrenzen, Nein-Sagen, Auflagen verkünden; Kommunikation in einer situativen Krise; Enttäuschung, Ärger und Wut in der Kommunikation (Umgang mit heftigen Gefühlen), Eskalation und Deeskalation; Kommunikation mit belasteten Menschen, Ermutigen, Motivieren; Schlechte-Nachrichten-Gespräche. Die Studierenden erhalten jeweils einen Kurztext zu jedem Situationstypus und Möglichkeiten der Kommunikation (Standards; goldene Regeln; Checkpoints u.ä.).

Unterstützend kann in allen drei Blocks (Theorie; Techniken; Schlüsselsituationen) auf selbst entwickeltes Lehrfilmmaterial (vgl. Thimm/Hirschmann 2012) zurückgegriffen werden, das zur Schulung von kriteriengeleiteter Beobachtung und zur Einladung von Nachahmung oder für gegenidentifikatorisches Selbst-und-besser-Machen verwendet werden kann. Widulle (2011a; 2011b) hat ein hervorragendes Lehrbuch verfasst.

Im Verlauf des Seminars wird folgende checkpointartige Übersicht verteilt.

Wissensbaustein: Reflexion von beruflicher Kommunikation

(1) Arten, Typen von beruflicher Kommunikation mit Adressat_innen
Gespräche sind denkbar in den Kontexten und Handlungsformen Betreuung im Alltag, Hilfe bei spezifischen Problemen, Erziehung, Bildung sowie informatorische und personennahe problembewältigende bzw. entwicklungsbegleitende Beratung. Am ehesten standardisiert verläuft ein sachzentriertes Beratungsgespräch.

Gefragt ist die kompetente Gestaltung grundlegender Anforderungen, insbesondere:

- Kontakt finden; Arbeitsbündnis herstellen; Ausgangslage klären
- Informieren und Sachen klären
- Personen partnerzentriert begleiten und unterstützen
- Strukturieren
- Lenken
- Gegenwirken
- Störungen und Konflikte bearbeiten

Gespräche können freiwillig und selbstinitiiert oder fremdinitiiert, unter Druck oder sogar Zwang (Zwangskontext; Zwang zum Gespräch; ggf. Zwang im Gespräch) erfolgen.

Folgende Typen lassen sich, sicher nicht trennscharf, unterscheiden:

- Erstgespräch
- Abschlussgespräch
- Kooperatives, hilfreiches, helfend-klärendes Gespräch (insbesondere Beratung und Hilfe bei Problemen), hier auch Entlastungsgespräch, Motivierungsgespräch, lösungsorientiertes Gespräch
- Beziehungs(störungs)klärungsgespräch
- Zielentwicklungsgespräch
- Hilfeplanungsgespräch
- Pädagogisches Alltagsgespräch
- Feedback-Gespräch
- Konfrontationsgespräch (Auflagengespräch, Sanktionsgespräch ...)
- Krisengespräch
- Konfliktgespräch
- Deeskalationsgespräch
- Schlechte-Nachrichten-Gespräch

(2) Allgemeine Merkposten
- Nichts geht immer und überall. Die Einstellung auf eine besondere Situation und die spezielle Person ist unverzichtbar.

- Entscheidend ist, welche Ziele verfolgt werden.
- Menschen wollen über ihre Belastungen reden. Finden Sie im Kontakt mit dem/der Gegenüber den Punkt, an dem dann auch stimmig über Auswege gesprochen werden kann.
- Ggf. muss je nach Verlauf umgesteuert werden: hinsichtlich Zielen, Inhalten, Gesprächstyp, Vorgehen im Prozess, Ebenen (Beziehung – Sache; Vergangenheit – Gegenwart – Zukunft; Rolle der professionellen Kraft …), eingesetzten Mitteln …
- Packen Sie nicht alles in dieses eine Gespräch, was zu besprechen ist.
- Beobachten Sie nach Möglichkeit auch sich, das Gegenüber und die Art, wie das Gespräch verläuft.
- Neben dem inhaltlichen Engagement ist immer auch der Prozess, der Gang des Gesprächs zu beachten. Die Professionellen haben vor allem Prozessverantwortung, weniger Ergebnisverantwortung. Sie sind nicht primär (nicht nur) involvierter, freundlicher Gesprächspartner_in, sondern oft (nicht immer) auch Klärungshelfer, immer Regisseur der Unterredung.

Schwieriger sind Gespräche,

- in einem Klima von Nicht-Kooperation, durch „abwehrendes" Verhalten geprägt, mit Eskalationsrisiken
- wenn schlechte Nachrichten zu kommunizieren sind
- auf die man nicht vorbereitet ist
- die überraschende Wendungen nehmen
- die mit Handlungsdruck einhergehen
- die in einer Öffentlichkeit mit beobachtenden Personen stattfinden
- mit uneindeutigen, diffusen, widersprüchlichen, sich widersprechenden, fehlenden Aufträgen

(Mindestens) eins dieser Kriterien trifft auf fast alle Gespräche in der Sozialen Arbeit zu.

(3) Kriterien und Gestaltungsmittel für gelingende kooperative Gespräche (nicht für Konfrontationen)
- Das Gegenüber steht im Mittelpunkt. Er/sie könnte etwas lernen, profitieren …
- Ein respektiertes Gegenüber wird immer eher kooperieren als ein unachtsam behandelter Mensch.
- Die Gesprächsführenden sind miteinander im Kontakt.
- Die Beteiligten erleben gegenüber der Ausgangssituation Neues, Tiefungen, ggf. Überraschendes.
- In Gesprächen wird ein verbissenes Kämpfen und destruktives wiederholendes Kreisen vermieden.

- Es ist eine Zielorientierung zu merken.
- Es finden Ordnung, Prioritätensetzung, Strukturierung statt.
- Bei Störungen im weiten Sinne wird markiert und die metakommunikative Ebene genutzt.
- Nicht immer werden Lösungen erreicht, oft gibt es nur Zwischenergebnisse. Deshalb nicht zu verbissen Gründe für Probleme erforschen, sondern eher das Umgehen mit Belastungen, weitere Schritte u. ä. in den Mittelpunkt stellen.
- Es werden keine ungebetenen Ratschläge erteilt, wo nötig wird aber deutlich Stellung genommen.

Konstruktive Strategien und Techniken sind:

- Durch vorsichtige, hilfreiche Fragen Sichtweisen, Erleben … erkunden
- Zuhören
- Moderierende Grundhaltung (Inhalte; Gesprächsverlauf)
- Themen ordnen und in besprechbare Form bringen (Schritt-für-Schritt-Mentalität; Skalieren; Reihenfolge bilden; Portionieren; Zusammenfassen …)
- Eigenverantwortung mobilisieren durch Zurückgeben
- Widersprüche, Dilemmata, Schweregrade, schon versuchte Lösungen, Anstrengungen … formulieren (lassen) … es gibt Vorläufe
- Metakommunikation (Störungen; Beziehungsebene; Gesprächsverlauf)
- Ermutigung ohne falschen Trost (Ressourcen; Gelingen …)
- Gesprächsräume eröffnen; Pausen machen
- Inhaltliche Stellungnahmen und reflektierende Aussagen

(4) Häufig nicht-konstruktive Bedingungen und Gestaltungsmittel
- Zu schnell glauben zu wissen, worum es geht
- Lautes Interpretieren; ungeprüfte Unterstellungen
- Überengagement für bestimmte Inhalte; Fremdziele ohne Eigenziele
- Besetzung von viel Redezeit (mit Eifern, „Argumentationsbatterien" …)
- Killerphrasen (wie nie, immer …)
- Vorwürfe, Abwerten
- Unerwünschte Ratschläge, überreden
- Wichtigkeitssetzungen des Gegenübers unkommentiert überspringen
- Bohrende, verhörähnliche Fragen, Fragenschwall
- Versuch, in einem Gespräch „die" Ursache für ein Problem zu finden
- Lapidare, beschwichtigende unempathische Antworten (etwa: Das geht doch allen so.)

(5) Auswertungsdimensionen von (simulierten) Gesprächen
- Vorgeschichte; Beteiligte; Situation; Kontext
- Ziele (Minimum/Maximum)

- Plan A und Plan B
- Abgleich Soll – realer Ablauf
- Kritische Momente, Schlüsselszenen, Berührungen, Wendepunkte
- Verhalten/Kommunikation von der/dem Gesprächspartner_in; wahrgenommene bzw. vermutete Wirkung
- Zufriedenheitsgrad mit der Gesprächsführung
- Zufriedenheitsgrad mit dem Ergebnis

In der zweiten Seminareinheit (im ersten Block, in dem primär theoretisch gearbeitet wird) wird zum ersten Mal in Partnerarbeit „ohne lästige Zuschauer_innen" geübt. Circa zwei Drittel der Student_innen nimmt die Aufgabe an, ernst und hält sich mindestens grob an die Arbeitsvorschläge. Die folgende Übung fordert noch keine Aufnahme und Umsetzung neuer Wissensbestände und Handlungsimpulse, sondern soll sensibel für einen ausgewählten Fokus (hier Wohlgefühl) machen und einen Einstieg in Selbstbeobachtung bewirken. Es ist eine doppelte Aufgabe aus Sicht der aktiv gesprächsführenden Person (der/dem Professionellen) mit pendelndem Blick zu leisten: bewusst beim Gegenüber sein und bei sich selbst wahrnehmen, was läuft und wie man handelt. Herausfordernd und nicht selten schwierig ist es, die räumlichen Voraussetzungen für einigermaßen ungestörte Partnerarbeit zu schaffen – draußen bei Sonne auf der Wiese und gar im Campuscafé wird signifikant weniger ernsthaft trainiert. Zu Beginn der ersten Übung wird die folgende Unterlage verteilt; aufwändige Erklärungen und Motivationsnotwendigkeiten etc. sind hier selten.

Übung „In ein flüssiges Gespräch kommen"
(in dem sich der/die Adressat_in so fühlt, dass er/sie wiederkommen möchte)

Beispiel 1: Früher Nachmittag in einer Tagesstätte und Beratungsstelle für Menschen in Notlagen. Es war ein hektischer Tag für Sie als Sozialarbeiterin, weil viele Dinge zu erledigen waren. In einer Stunde ist Feierabend. Plötzlich steht eine Person vor Ihnen, die Sie flüchtig kennen. Der Mann/die Frau wirkt ein wenig durcheinander: „Heute habe ich einen Brief bekommen. Ich soll eine saftige Mieterhöhung bezahlen." Zudem gibt es noch Konflikte mit den Nachbarn wegen nächtlicher Musik des Ratsuchenden und er/sie deutet auch Probleme mit ihrer/seiner 60-jährigen Mutter an, die im Nachbarhaus lebt. Sie sind bereit, auf Ihr Gegenüber einzugehen. Geben Sie den Adressaten/die Adressatin so, dass der/die Professionelle auch zum Zuge kommen kann. Reden Sie als Klient_in nicht zu viel (bitte schon gar nicht „wie ein Wasserfall"); zudem: nicht zu viel Gefühl wie Verzweiflung, Frustration, Ärger … hineinlegen.

Beispiel 2: Als Mitarbeiter_in einer Tagesgruppe (Hilfe zur Erziehung für ältere Kinder) rufen Sie (mal wieder) in der Schule an und erkundigen sich nach Tom, einem „schwierigen" Kind (elf Jahre), das sowohl in der Schule als auch in der Tagesgruppe einigen Ärger macht (Beleidigungen, Schlägereien, Diebstähle, Zündeleien etc.). Der Lehrer bittet Sie in die Schule, die nur einen Steinwurf entfernt von der Hilfeeinrichtung liegt. Seitens des Lehrers wird Verdruss gegenüber Eltern und Tagesgruppe geäußert (Hausaufgaben nicht immer vollständig; Materialien vergessen etc.). Sie haben aber auch das Gefühl, dass der Lehrer seinen Frust (über diesen Schüler, über die Klasse, vielleicht sein Lehrer-Dasein unter heutigen Bedingungen) ausschütten möchte. Sie sind bereit, auf Ihr Gegenüber einzugehen. Geben Sie den Adressaten so, dass der/die Professionelle zum Zuge kommen kann, d.h. nicht zu viel reden, nicht zu viel Gefühl wie Verzweiflung, Frustration, Ärger … hineinlegen.

Beispiel 3: Frau Peter unterhält sich mit einem/r Sozialarbeiter_in eines Trägers, der Betreutes Wohnen und tagesstrukturierende Angebote für alte Menschen bereithält. Frau Peter will ihre pflegebedürftige Mutter professionell betreuen lassen, da sie es zu Hause nicht mehr alleine schafft. Bevor die Fachkraft genauer auf Angebote zu sprechen kommt, will er/sie einen Eindruck von Frau Peters Situation gewinnen. Frau Peter hat wenige Außenkontakte, so dass sie aus ihrer Belastung, aber auch entstehenden Schuldgefühlen heraus bereitwillig spricht. Geben Sie die Adressatin so, dass der/die Professionelle auch zum Zuge kommen kann, d.h. nicht zu viel reden, nicht zu viel Gefühl wie Belastung, Überdruss, Resignation … hineinlegen.

Beispiel 4: Marion (18 Jahre) möchte gerne nach der Entbindung mit ihrem Baby allein wohnen. Die Beraterin im Betreuten Einzelwohnen hält das für unmöglich. Nicht selten äußerte Marion, wie schnell sie sich überfordert fühlt und dass alles „too much" ist. Die junge Frau hat offensichtlich eine Wohnmöglichkeit aufgetan und ist Feuer und Flamme. Aber gleichzeitig ist sie auch ein wenig unsicher, ob ihr Schritt nicht doch zu früh kommen würde. Geben Sie den die Adressatin so, dass der/die Professionelle auch zum Zuge kommen kann, d.h. nicht zu viel reden, nicht zu viel Gefühl wie Euphorie … hineinlegen.

Beispiel 5: Nehmen Sie ein Beispiel aus Ihrem Alltag. Was möchten Sie sich von der Seele reden (echtes drängendes Thema; vergangenes Thema – etwa: meine Mutter will täglich mit mir quatschen; mein Freund hat ein Hobby, das ich nicht teile; wir streiten gerade darüber, wie wir Weihnachten verbringen; die Situation an der Hochschule wächst mir über den Kopf …?

Aufgabe: Gehen Sie mit Ihrer Aufmerksamkeit zur Sache und der Person Ihres Gegenübers. Kommen Sie als Professionelle_r in ein für Sie natürliches, flüssiges

Gespräch, indem Sie nicht auf Techniken achten, sondern bei Ihrem Gegenüber und auch etwas bei sich sind.

A = Professionelle_r; B = Adressat_in; C = Beobachter_in (fakultativ)
Ein Durchgang dauert zehn Minuten, danach fünf Minuten Auswertungsgespräch. Falls vorhanden, spricht zuerst C: Was ist mir aufgefallen? Welche Mittel hat A eingesetzt?; danach B: Wie ist es mir ergangen?; danach A: Was fiel mir leicht, was schwer?; dann Rollentausch und zweiter und dritter Durchgang

Die Auswertung erbringt vielfältige Erkenntnisse neben dem Zweck, an Rollenspiele als Mittel des Lernens heranzuführen. So wird deutlich, dass Wohlgefühl sehr unterschiedlich konstelliert ist und entsteht, dass aber ganz überwiegend Wiederkommen-Wollen mit Achtsamkeit und dem Erleben von verfügbarem Raum und Zeit positiv zusammenspielt.

Öfter wird ein Wissensbaustein vor Übungen verteilt, um Anregungen für die Rollengabe hinsichtlich einer Technik oder Strategie zu geben und „gute Praxis" wahrscheinlicher werden zu lassen – beispielsweise dieser (mit Bezug auf eine eingesetzte Filmsequenz; vgl. Thimm/Hirschmann 2012).

Wissensbaustein: Mittel der professionellen Kommunikation:
Anerkennen/Wertschätzen

Die Schulsozialarbeiterin äußert anerkennende Sätze wie „Das klingt gut, das könnte einiges bringen" und „Sie können das bestimmt, Frau Sommer". Hier wird auf das fokussiert, was funktioniert bzw. weiterbringen könnte und was schon beherrscht oder sogar hin und wieder gemacht wird. Damit dürfte nicht selten eine verfestigende Modellierung einhergehen. Anerkennenden Botschaften lassen sich glaubwürdig in beinahe jedes Gespräch einstreuen. Solche Äußerungen dürfen allerdings nicht (nur) taktische Nettigkeiten sein, an die man als Sender_in womöglich noch nicht einmal wirklich glaubt. Insbesondere hingeworfene Allgemeinplätze sind eher kontaktverhindernd, da das Gegenüber meist unterscheiden kann zwischen Floskeln und authentischen Mitteilungen, die Schätzenswertes markieren und häufig Übersehenes wie etwa Bewältigungsleistungen (Überwindung, Aufmerksamkeit, Regelmäßigkeit, Bemühen um ...) für der Rede wert halten. Damit wird die involvierte Person gesehen und gewürdigt.

Gute „Komplimente drücken Wertschätzung aus, schaffen eine positive Atmosphäre und setzen voraus, dass unser Gegenüber uns aufmerksam wahrgenommen hat, darüber hinaus sind Komplimente wohltuend. [...] Einer allein erziehenden Mutter, die ‚im Chaos versinkt' (Bemerkung der Lehrerin, die die Beratung empfahl), kann beispielsweise gesagt werden: ‚Bei allen Schwierigkeiten, die sie

mit ihren drei Kindern haben, ist es eine großartige Leistung, dass sie den äußeren Rahmen mit Essen, zu Bett gehen und morgendlichem Aufstehen sehr zuver-
lässig sicherstellen. Sie machen sich viele Gedanken um jedes Kind und versuchen jedem das zu geben, was es braucht, das stelle ich mir nicht einfach vor,
wenn man allein die Verantwortung für drei kleine Kinder hat.' [...] Wenn wir an
schwierigen Veränderungen arbeiten, brauchen wir Mut, Zuversicht und [...] stabi-
len (Selbstwert) beim Gegenüber. Wie sonst könnten wir uns auf die Risiken einer
Veränderung einlassen" (Schwing/Fryszer 2006, S. 240 f.).

Ein weiteres Beispiel, an konstruktive Seiten anzuknüpfen, diese zu bestätigen
und damit die Wiederholung wahrscheinlicher werden zu lassen: „Ich nehme gerade wahr, dass Sie zuhören und sich echt Gedanken machen, ohne sich gleich zu
rechtfertigen. Ich finde, das ist ein großer Schritt."

Besonders wertvoll sind Mitteilungen, die den Menschen in der Professionellenrolle sichtbar machen und die mit einem entsprechenden Erleben von Achtung
und Wertschätzung unterfüttert sind. Anerkennung kann allerdings auch rationa-
lem Kalkül entspringen. Anerkennung wird günstig transportiert, indem etwas verlangsamt (und damit die Bedeutsamkeit steigernd), ggf. mit Pause, gesprochen
wird; die Stimme sollte sich durch eine gewisse weiche Tönung auszeichnen; Blickkontakt und Ansprache mit Namen können die Wirkung intensivieren. Einige mitunter passende Satzanfänge sind: „Ich schätze an Ihnen ... Nicht jeder in Ihrer Lage
würde ... Mir gefällt ... Nicht selbstverständlich ist ... Dieses Mal haben Sie ..."

Vor der Übungssequenz zu Konfrontation – etwa in der Mitte der Gesamtveranstaltung – wird der folgende Text verteilt, der durchgesprochen und mit
vielen Beispielen und Erfahrungen aus dem Alltag der Student_innen angereichert wird. Die Teilnehmer_innen üben lieber unbeobachtet in der Peergroup
(und alle sind involviert), aber lehrreicher ist nicht selten das Spiel im Plenum,
in das der/die Dozent_in lenkend eingreifen kann und/oder er/sie eine Rolle
übernimmt.

Wissensbaustein und Übung: Schlüsselsituation Konfrontation

Im Rahmen von sozialpädagogischer Kommunikation ergeben sich immer wieder
Situationen, in denen wir einmischend an Adressat_innen herantreten, um als
problematisch definierten, unerwünschten Einstellungen und Verhaltensweisen
(Tun und Nicht-Tun) mit Standpunkten, Auflagen, Sanktionen entgegenzuwirken.
Dazu gehören Anlässe und Themen wie (erhebliche) „Selbst- und Fremdgefährdung", Regelübertretung, Beleidigung, Bedrohung, Verheimlichung, mutmaßlich
überwiegend nachteilige „dysfunktionale" Entscheidungen, die Adressat_innen zu
treffen drohen bzw. getroffen haben. Wenn wir gegenwirkend intervenieren, kön-

nen wir dies mit Blick auf *verschiedene Erwartungsträger (Interessen und Ziele)* begründen. Zu unterscheiden sind:

- Adressat_innen (z. B. dem Gegenüber eine gute Lernerfahrung ermöglichen; Schaden vom Gegenüber abzuwenden, etwa den Verbleib von X. im Kurs sichern)
- Gruppe (z. B. andere schützen; ein abschreckendes Exempel statuieren)
- Person als Fachkraft (z. B. sich vor Glaubwürdigkeitsverlust schützen)
- Fachlichkeit; Konzept (z. B. einem uns wichtigen pädagogischen Prinzip, Wert … Geltung verschaffen; die Geltung einer wichtigen Regel unterstreichen)
- Gesellschaft (z. B. Steuermittel nur dann aufwenden, wenn auch Gesetze durchgesetzt werden, Fehlverhalten vermindert wird)
- Einrichtung (z. B. Erhalt des Projektes durch gute Rede in der Öffentlichkeit oder Aushaltebereitschaft von Nachbarn sichern)

Also: Manche Gegenwirkung ist fachlichen und individuumsbezogenen Erwägungen wie gebotene Grenzsetzung oder Einsteuerung von Realitäten durch Konfrontation mit Widersprüchen geschuldet. Manchmal müssen Sie ggf. aber auch gesetzliche Regelungen wie Schulpflicht oder die Interessen der Nachbarschaft vertreten (doppelte Rolle der Sozialen Arbeit mit Angebot und Eingriff). Nicht zuletzt sind Gruppen- und Einzelinteressen abzuwägen. Und schließlich muss der/die Professionelle die eigene Arbeitsfähigkeit erhalten.

Prinzipiell gilt: Das kritisierte Verhalten wird benannt. Es wird beschrieben, worin das Problem besteht und welche Konsequenzen dies hat. Der/die Kritisierende setzt sein/ihr Recht auf Schilderung durch. Erst in einem weiteren Schritt werden ggf. Umstände, eine ggf. implizite positive Absicht u. ä. thematisiert. Schließlich werden Wünsche oder Forderungen an ein verändertes Verhalten geäußert. „Während dieser Phase sind die Verarbeitungskapazitäten, die emotionale Erregung und Kränkungsaspekte zu beachten. Im Zweifelsfall sollte der Gesprächsführende nachfragen, ob der Partner zuhören kann […]" (Widulle 2011a, S. 224). Eine Möglichkeit zur Stellungnahme sollte eingeräumt werden. „Falls Rechtfertigungen […] oder Ausflüchte vorgebracht werden, gilt es, bei der Kritik zu bleiben und beharrlich die Konfrontation, Wünsche oder Forderungen aufrechtzuerhalten. Falls Vermeidungsverhalten, Schweigen oder Beschwichtigungen als Antwort kommen, sollte der Gesprächsführende auf Stellungnahmen zum Verhalten insistieren […]" (ebenda, S. 225). Zum Vorgehen:

Sprechweise
- Ich-will-Botschaften
- Engagiert und klar, aber ruhig
- Thema halten, Ausflüchte bzw. Nebenplatzschaffung erschweren

Auswertung
- Ist die Konfrontation angekommen? Hat die Konfrontation das Gegenüber erreicht?
- War die Konfrontation wohldosiert?
- Ist es gelungen, die Bearbeitung der Problematik voranzubringen?
- Ist es gelungen, das Arbeitsbündnis aufrechtzuerhalten?

Zu unterscheiden sind drei Arten der Konfrontation:
1. Situative Konfrontation wegen eines aktuell stattfindenden Fehlverhaltens
2. Konfrontierende Aufarbeitung von schon stattgefundenem Fehlverhalten
3. Konfrontation mit einer unerfreulichen Entscheidung

(1) Situative Konfrontation
Beispiel 1: Paul, 19 Jahre, Bewohner im Betreuten Jugendwohnen, hat seinen Küchendienst zum wiederholten Mal nicht gemacht. Er liegt um elf Uhr gemütlich im Gemeinschaftsraum und liest am Handy, statt in der berufsorientierenden Maßnahme zu sein. Die Betreuerin kommt in die Wohnung und ist überrascht und verärgert.

Beispiel 2: Sie als Schulsozialarbeiter_in sehen in der Pause, wie Ronny (8. Klasse) von Daniel verfolgt wird. Mindestens dreimal sehen Sie „Nackenschläge". Ronny lächelt schmerverzerrt und ruft mehrfach deutlich „Aufgabe, Aufgabe!". Sie hören, wie Daniel hämisch „Opfer" erwidert (mehrfach). Sie stellen sich vor Daniel auf.

Beispiel 3: Ali, 17 Jahre, hat vier Wochen Hausverbot in der Jugendwohngemeinschaft Wrangelstraße (Drogen; Stress mit den Mädchen). Als der WG-Betreuer überraschend mittags in das Projekt kommt, findet er Mehmet (Bewohner; krankgeschriebener Schüler) beim Frühstück mit Ali im Gemeinschaftsraum vor. Es sind erst knapp drei Wochen der Hausverbotszeit vorbei. Mehmet befindet sich im Rahmen einer Bewährungsauflage in der WG. Wenn er ausziehen muss (Rausschmiss), droht eine Jugendstrafe.

Variante eins: Die Stimmung zwischen Betreuer_innen und Jugendlichen ist zur Zeit angespannt. Mehrere der sechs Bewohner_innen (drei Mädchen, drei Jungen) entziehen sich der Betreuung. Eigentlich steht „Beziehungspflege" an. Allerdings sind die Regelübertretungen in der Summe nicht hinnehmbar, so dass auch Konsequenz gefordert ist.

Variante zwei: Die Stimmung zwischen Betreuer_innen und Jugendlichen ist zur Zeit gut. Mehrere der sechs Bewohner_innen (drei Mädchen, drei Jungen) sagen, dies sei die beste Jugend-WG der Stadt. Allerdings gestand Ihnen gestern Abend eine Bewohnerin, dass manches „unter der Decke" ist: Drogenkonsum im Haus;

zwei von Pädagog_innen noch unentdeckte Schwänzepisoden (ein Schüler, eine Auszubildende), die schon fünf Tage dauern; heimliche Übernachtungen von Ali bei Mehmet.

Aufgaben:
Aufgabe Pädagog_in: Stellen Sie sich vor, dass Sie hier und jetzt eine erste Intervention setzen wollen, ohne auf ein Gespräch mit Kolleg_innen oder einen Gruppenabend oder ... zu warten. Mögliche Konfrontationslevel: freundlich nonverbal – unfreundlich nonverbal – freundlich verbal – unfreundlich verbal. Sie entscheiden sich für die verbale Intervention (Stufe drei und/oder vier)

Aufgabe Beobachter_innen: Wie kommen die Botschaften der Pädagogin bzw. des Pädagogen bei Ihnen an? Welche Reaktionen beobachten Sie bei dem/der Jugendlichen? Sehen Sie Zusammenhänge?

Ziele: Anpassung (Unterlassen des Verhaltens); ggf. situative Einsicht; nicht unbedingt Einstellungsänderung verlangen

Wirkungsprinzipien/Techniken
- Konfrontieren mit Realität: Das hast du gemacht!
- Bagatellisierung unterbinden
- Widerlegen von Ungereimtheiten
- Häufigeres Wiederholen
- Unterbrechen
- Verunsichern, z. B. durch Überführung
- Ggf. Fragen: Was machst du gerade? Machst du das immer so? Willst du das immer so machen?
- Unnachgiebige Haltung: Gegenwirkung halten, Nein sagen, beim Nein bleiben, unmissverständlich abverlangen ...
- Arbeit mit körperlicher Nähe, Mimik, Gestik (Blickkontakt ...)
- Ggf. Konsequenzen – Zukunftsszenario (geht in Richtung Aufarbeitung)
- Ggf. Handlungsalternativen (geht in Richtung Aufarbeitung)
- Ggf. Abmachung zu Wiedergutmachung (geht in Richtung Aufarbeitung)

(2) Konfrontierende Aufarbeitung
Beispiel 1: Ihnen ist folgendes zu Ohren gekommen (aus drei verschiedenen glaubwürdigen Quellen bezeugt): In der Justizvollzugsanstalt in B. hat Ihr Klient Herr P., 32 Jahre, mehrfach gegenüber einem Mithäftling gedroht, wenn dieser noch einmal keinen Tabak „abgeben" würde, kriegte er „eins auf die Fresse". Herr P. ist wegen schwerer Körperverletzung verurteilt. Sie führen als Sozialarbeiter_in ein klärendes, konfrontatives Gespräch über die offensichtliche Abweichung vom erwünschten Verhalten.

Beispiel 2: Yvonne, 17 Jahre, sitzt wegen eines schweren Konfliktes mit ihrer Schulsozialarbeiterin im Büro der Pädagogin. Die Fachkraft weiß von anderen Jugendlichen, dass Yvonne mit ihrem Freund Ron vor zwei Tagen einen lauten Disput auf dem Schulhof hatte (Ron ist kein Schüler der Schule). Am darauf folgenden Tag beleidigte Yvonne die Schulsozialarbeiterin mit einer Serie von abwertenden Bemerkungen in der öffentlichen Situation „vor allen Augen" (circa sechs Schüler_innen und eine Lehrerin), als die Pädagogin die Jugendliche nicht vor der Klassenlehrerin wegen wochenlanger Fehlzeiten in Schutz nahm. Yvonne streitet beides ab – einen angeblichen Vorfall mit Ron und „starke Beleidigungen". Sozialarbeiterin und Yvonne stehen seit einem halben Jahr in losem Kontakt. Die Stimmung ist distanziert.

Aufgaben
- *Aufgabe Pädagog_in:* Stellen Sie sich vor, dass Sie als Sozialarbeiterin eine erste Aufarbeitung beginnen wollen.
- *Aufgabe Beobachter_innen:* Wie kommen die Botschaften der Pädagogin bzw. des Pädagogen bei Ihnen an? Welche Reaktionen beobachten Sie bei dem Adressaten/der Adressatin? Sehen Sie Zusammenhänge?

Arbeitsweise
- Auswahl einer Situation und Besetzung der Rollen
- Der Profi sollte sich für eine Variante und ein Ziel entscheiden, der/die Adressat_in kann frei agieren; Zielfrage: Was will ich als Professionelle_r in der Situation erreichen?
- Aktion im Rollenspiel; ggf. Unterbrechen/Einfrieren durch Akteure bzw. Cut durch Seminarleitung; nach Reflexion Weitermachen mit Beginn von vorn oder Weiterführung an der Stelle des Abbruchs (ggf. sich ablösen lassen)

Ziele: Anpassung (Unterlassen des Verhaltens); ggf. situative Einsicht, nicht unbedingt nachhaltige Einsicht (Einstellungsänderung) verlangen; Arbeitsbündnis soll n. M. entstehen/bestehen bleiben

Wirkungsprinzipien, Strategien (Nichts geht immer und überall! Entscheidend: Was ist das Ziel?)
- Kontakt herstellen (mittleres Maß)
- Realitäten benennen, Tatsachen schildern
- Ausflüchte, Bagatellisierungen, Rumreden dezent oder deutlich stoppen
- Entlarven, Widersprüche nachweisen u ä.
- Auf wichtige Punkte insistieren, Linie halten, an der Kernsache bleiben
- Forderungen, Erwartungen äußern, ggf. dabei eigenes Problem benennen
- Ggf. Ärger, Trauer etc. zulassen
- Alternativen aufmachen (entweder – oder)

- Bedingungen formulieren
- Konsequenzen aufzeigen (wenn – dann)
- Regelung treffen, ggf. ein gewisses Entgegenkommen zeigen

Techniken
- Ich-will-Botschaften
- Aussagen
- Fragen: Was hast du/haben Sie gemacht? Wieso/wozu? Was ist daran nicht okay? Wie willst du das in Ordnung bringen? Wie soll es in Zukunft laufen?

Check
- Ist die Konfrontation. angekommen? Hat diese das Gegenüber erreicht?
- War sie wohldosiert?
- Wie verhielt sich der/die Adressat_in nach der Konfrontation?
- Wie verhielt sich die Fachkraft nach der Konfrontation
- Ist es gelungen, die Bearbeitung der Problematik voranzubringen?
- Ist es gelungen, das Arbeitsbündnis aufrechtzuerhalten?

Mögliche „Fehler"
- Ungünstiges Härteniveau
- Schlaffe Körperhaltung
- Verschleiernde Inkonsequenz („halbe Zurücknahmen")
- Alleinige Berufung auf andere Instanzen (ggf. unverzichtbarer taktischer Notnagel)
- Nachlegen, Rechtfertigen, ständige Wiederholung
- Lob, Anerkennung an der falschen Stelle

(3) Konfrontation mit einer unerfreulichen Entscheidung
Beispiel 1: Eine Familienhelferin, Frau Boll, stellt in der Familie Konrad fest, dass es Sachverhalte in der Familie gibt, die eine Gefährdung des Kindeswohls bedeuten: starker Alkoholkonsum beider Elternteile; mangelhafte Essensversorgung; Verschlafen der Eltern, so dass Kita- und Schulbesuch der Kinder (fünf und neun Jahre alt) nicht regulär gewährleistet sind. Frau Boll will die Eltern mit ihren Sichtweisen konfrontieren und diesen klarmachen, dass sie das Jugendamt darüber informieren wird, um eine gemeinsame Hilfekonferenz (Eltern, Jugendamt, Familienhelferin) einzuberufen.

Beispiel 2: Frau Heinrich verdrängt die Tatsache, dass ihrem früheren Ehemann (der sie verlassen hat) bei der Scheidung ein wöchentliches Umgangsrecht mit Katja (sechs Jahre) zugesprochen wurde. Die Sozialarbeiterin in der Erziehungsberatung muss Frau Heinrich klarmachen, dass es daran nichts zu rütteln gibt.

36

Beispiel 3: Ein Mitarbeiter in den Sozialen Diensten der Justiz (Bewährungshilfe), Herr Schulte, betreut einen zu zwei Jahren auf Bewährung wegen häuslicher Gewalt verurteilten Mann (Herrn Koll), der gegen Bewährungsauflagen verstoßen hat: Anti-Gewalt-Kurs in der Männerberatung abgebrochen; Termine beim Bewährungshelfer versäumt; telefonische Bedrohung der Ex-Frau ... Herr Schulte teilt Herrn Koll mit, dass er den zuständigen Richter darüber informieren und dass damit wohl die Bewährung widerrufen werde.

Beispiel 4: Beate Müller (19 Jahre) hat in einem Projekt für Betreutes Wohnen im Rahmen der Jugendhilfe eine Mitbewohnerin (18 Jahre) mit dem Messer bedroht. Die Sozialarbeiterin und Bezugsbetreuerin, Yvonne Kurz, muss Beate mitteilen, dass sie das Wohnprojekt zu verlassen habe.

Zum Vorgehen:

Grundlagen (vorab)
Das Arbeitsbündnis soll i.d.R. erhalten bzw. nicht gänzlich beschädigt werden. (Ausnahme Beispiel 4, aber auch hier soll nach Möglichkeit keine ungebrochene Feindseligkeit zurückbleiben)

Vorüberlegung: Wie könnte die Konfrontation formuliert werden, so dass sie gehört wird?

Prinzipien
* Konfrontation klar und unmissverständlich kommunizieren, also nicht „hinhuschen" (Gefahr: zu sanft)
* Nicht zu schroff sprechen (Gefahr: zu kalt)
* Nicht uferlos-schweifig reden; nicht laufend wiederholen, verteidigen, herleiten, „beweisen", zurückrudern, abschwächen (Gefahr: verwirrend, den Kerngehalt vernebelnd)
* Keine Nebenbotschaften wie Vorwürfe, Schadenfreude; keine Abwertungen der Person
* Ggf. eigene Interessen, Gefühle, Motive verdeutlichen
* Handlungsalternativen, Verhaltens-, Zustandserwartungen für die Zukunft formulieren (ggf. nicht im Konfrontationsgespräch, sondern später)
* Gefühle beim Gegenüber wie Wut, Schrecken ... zulassen
* Mit einer Brückenbotschaft schließen, etwa Interesse an Beziehungserhalt ansprechen
* Geben Sie Zeit zur Verarbeitung

Ablauf aus Sicht der konfrontierenden Person
* Benennung der unbefriedigenden Situation, des beklagten Verhaltens

- Eigenen Anspruch formulieren; um Erfüllung einer Forderung bitten
- Je nach Anspannungs-, Erregungsniveau des/der Konfrontierten erst Position begründen (Wieso? Was steht dahinter?) oder Ärger, Unmut ... zulassen, aufnehmen; Verständnis für die Reaktion des Gegenübers (des/der Konfrontierten) ausdrücken; ggf. sogar Unterstützung bei der Wahrnehmung der Gefühle und Hilfen dafür geben, sich den Gefühlen zu stellen
- (Zukunftsgerichtete) Verbindungsformel sprechen
- Nach bzw. zur Verkraftung: Reden über die Inhalte; Reden über das, was nun zu tun ist; Alternativen suchen, Tipps geben; Konsequenzen durchdenken; ggf. Bedingungen für einen neuen Anlauf stellen und durchgehen

Check für alle drei Varianten der Konfrontation: siehe oben in (2), außerdem können folgende Maßstäbe prüfend verwendet werden:

- Fachkraft konnte sagen, was ihr wichtig war
- Fachkraft wurde von Adressat_in gehört
- Fachkraft wurde verstanden
- Fachkraft konnte Veränderungsabsichten anstoßen, die jedenfalls von der/ dem Adressat_in als akzeptiert verbalisiert werden
- Fachkraft kann Veränderung sehen

Zu den Lehrzielen der Gesamtveranstaltung. Die Studierenden erlangen systematisch Basiswissen sowie erfahren und üben sich darüber hinaus in der Rolle von Adressat_innen und Sozialarbeiter_innen unter dem Aspekt wirksamer Gesprächshaltungen und -strategien in alltagsnahen, nichtformalen Settings. Bezugskontexte können sein: Frauenhaus, Schulsozialarbeit, Betreutes Wohnen, Heim, Psychosoziale Betreuung für Substituierte ...

Die *Selbstbeobachtung und -reflexion* werden durch folgende Aufmerksamkeitsrichtungen geleitet (dieser Impuls wird verteilt in der dritten oder vierten Sitzung):

„Auf der Ebene der Ziele be(ob)achte ich: Was ist mein Ziel? Was will ich mit diesem Gespräch erreichen? Bin ich meinem ursprünglichen Ziel noch treu oder verfolge ich inzwischen ganz andere Ziele? Aber auch: Was ist das Ziel meines Gegenübers? Besitzen wir ein gemeinsames Ziel oder divergierende Ziele? Nähern sich unsere Ziele im Laufe des Gespräches eher an oder geraten sie eher in noch stärkeren Konflikt? Auf der Ebene der anderen Person be(ob)achte ich: Wie offen ist die andere Person für das Gespräch? Was will die andere Person mir sagen? Was will diese Person von mir? Wie wirken meine Worte auf diese? Hat sie/er mich verstanden oder bahnen sich Missverständnisse an? Als Beobachtungsgrundlage dienen die Worte und die Körpersprache des anderen sowie die Gefühle, die diese in mir auslösen. Auf der Ebene der eigenen Person be(ob)achte ich: Was löst der andere in mir aus? Welche Gefühle kommen in mir hoch? Fühle ich mich offen und frei oder angespannt und ‚zu'? Welche Worte und Gesten verwende ich? Sind das auch die ‚richtigen' Worte/Gesten bezogen auf mein Ziel und dieses konkrete Gegenüber? Als Beobachtungsgrundlage dienen auch hier eigene Worte und das Körpergefühl" (Schwabe, o. J., o. S.).

Folgende *Kompetenzen* sollen die Student_innen mindestens in ersten Ansätzen erwerben bzw. bescheidener, sie sollen um die Bedeutung wissen:

- *Fach- und Methodenkompetenz:* Wissen über Kommunikationsgestaltung in der Sozialen Arbeit erwerben; Analysieren typischer kommunikativer Situationen und Handlungsaufgaben aus der Sozialen Arbeit; Handlungsketten mit und ohne planerischen Vorlauf entwerfen, modifizieren und reflektieren; Gesprächs- und Handlungsdynamiken in Ansätzen verstehen und gestalten (u. a. Situationen und ihre Potenziale bzw. Begrenztheiten sowie Personen und ihre Themen einschätzen können). Die Student_innen lernen beispielsweise, konkretisierend gesprochen, Kontaktgestaltung hinsichtlich der Ziele und Themen als sequenziert, d. h. in Phasen ablaufend zu denken; „die ersten fünf Minuten" zu entschleunigen und ihnen herausragende Bedeutung zu verleihen; realistische Annahmen über Planbarkeit und Unplanbarkeit zu entwickeln; Kleinschrittigkeit und Genauigkeit als Prinzipien genauer zu beachten u. v. m.
- *Sozialkompetenz:* mit unterschiedlichen Menschen und in Situationen mit Ungewissheit sprechen und handeln können.
- *Selbstkompetenz:* eine dialogische Grundhaltung entwickeln; eigene kommunikative und interaktive Stärken und Schwächen besser kennen; Wahrnehmungs-, Deutungs-, Handlungsaffinitäten; Wo und wie verstricke ich mich besonders leicht mit Adressat_innen? Woran kann ich das festmachen? Wie komme ich da wieder heraus?

Das Erlangen dieser Kompetenzen wird durch folgende Methoden und Aktivitäten gefördert: Erarbeiten, Durchdenken, Besprechen unterschiedlicher Modelle und Analyseschemata für den Modus Kommunikation, für Situationen und involvierte Personen(gruppen); Auswerten von Filmmaterial; Diskussion von Kommunikations- und Interaktionsbeispielen (Simulation; „Papier-Fälle"; berichtete Situationen); Partnerübungen zur Gesprächsführung; Rollenspiele (mit Beobachtungsaufgaben).

2. Rollenspiel als Lernmethode

Ein wichtiges Element im Qualifizierungskonzept ist das Üben im Rahmen von Rollenspielen (vgl. Widulle 2011b; 2012). Weshalb nehmen Rollenspiele einen hervorgehobenen Platz ein? Rollenspiele ermöglichen systematischen Verhaltensaufbau – und zwar durch Konzentration auf günstiges Zielverhalten und die Aneignung von Verhaltensweisen auf Probe qua Imitation, Identifikation, Internalisierung. Allerdings lässt sich bei mit dem Rollenspiel noch unvertrauten Lerner_innen häufig Abwehr erleben. Typische Gründe für *Vorbehalte* sind:

- Vorerfahrungen: ungünstiges Erleben von Rollenspielen
- Didaktische Ebene: Überforderung mit den Szenarien; Intransparenz über Zweck, Ziele, Ablauf, Aufgaben, Erwartungen
- Personenebene: Befürchtung, nicht gut genug zu sein; Angst, durch „ungünstiges Verhalten" in einen Konflikt mit dem Selbstbild und/oder Image zu geraten; Angst, bloßgestellt zu werden; Angst vor peinlichen Spontanhandlungen
- Informationsebene: Fremdheit von Aufgabe, Rolle, Beispielsituation; mangelndes Wissen über nützliche Funktionen von Rollenspielen; (Fehl-)Annahme, dass „Als-ob-Realität" zu wenig „echt" ist

Neben Spielvermeidung sind nicht selten Übertreiben oder Klamauk machen Strategien, mit den Befürchtungen und Negativphantasien umzugehen.

Wer sich auf Rollenspiele einlässt, kann auf folgende *Lernpotenziale* setzen: Rollenspiele ermöglichen, sich über Ziele für die Kommunikationssituation bewusst zu werden und Handlungsschritte zu planen. In Rollenspielen können komplexe Situationen in Sequenzen, die überschaubar sind, zerlegt werden. In der Realität schnelles Handeln in Aktion und Reaktion kann verlangsamt werden, um Verläufe und Reaktionen schärfer zu stellen; ein Üben in Schritten wird möglich. Eine systematische Auswertung kann Wahrnehmungen, Erleben, Motive, Verwicklungen, eingesetzte Gestaltungsmittel etc. erhellen. Besonders günstig ist, dass Situationen mehrmals wiederholt werden können, um verschiedene Varianten auszuprobieren und zu üben.

Mit Blick auf das Arrangement ist empfehlenswert, den Spielbereich für Akteure und Gruppenleiter_in hier und den Arbeitsbereich für Beobachter_innen sowie für die Auswertung dort zu trennen. Der Einstieg in das Spiel erfolgt über Klatschen oder einen „Los"-, „Go"-Ruf o. ä., Unterbrechungen durch Fingerschnipsen, „Cut"- oder „Stopp"-Ruf. Zu besetzende Rollen sind: Fachkraftdouble; Adressat_innen; Beobachter_innen; Spielleiter_in (Dozent_in). Aus folgenden *Ablaufelementen* kann das Rollenspiel gestaltet werden:

Vor dem Spiel
- Benennung und Skizzierung einer Situation
- Übungsziele herausstellen, z. B. Eine Störung in der Kommunikation sofort und sicher ansprechen und dabei ruhig und freundlich bleiben
- Spieler_innen wählen (Wahl durch Hauptakteur_in)
- Ablauf grob strukturieren; Vorgaben setzen
- Spieler_innen in die Rollen sprechen und instruieren (Name, Zeit, Ort, Umstände, Rolle mit Skizzierung von Erwartungen und Interpretationsspielräumen ...)
- Hauptakteur_in: Bewusstmachung; Fokus setzen; ggf. Selbstinstruktion; Vergegenwärtigung des Handlungsplanes; Konzentration auf ...; positive Selbstbotschaften
- Beobachtungsaufgaben bestimmen und verteilen

Spielen
Ggf. bei Entgleisungen, Ratlosigkeit ... unterbrechen und/oder eingestreute leise Hilfestellungen durch Dozent_in; ggf. nach Unterbrechung zum gleichen oder früheren Zeitpunkt neu ansetzen

Nachbesprechen
Reihenfolge: Professionelle_r (ggf. hier auch schon Kommentare von der Spielleitung) oder Beobachter_innen zuerst; Adressat_in (Veränderungen in der Reihenfolge sind möglich); Spielleitung. Gelungenes Verhalten stärker als nicht gelungenes Verhalten beachten; ggf. starke Gefühle besprechen

Ggf. zweiter Durchgang
Ggf. Ziele und Strategien modifizieren, neu gewichten, festigen; Nachbesprechung

Nach dem Spiel
- De-Identifikation, Entrollen
- Persönliche Vorsatzbildung; Merkhilfen

In der Realität des Unterrichtsalltags wird es Abkürzungsstrategien geben. Der/die Adressat_in „kann sein, wie er/sie will"; der/die Professionelle verfolgt ein Ziel und setzt mindestens z. T. geplantes Verhalten ein. Sinnvoll ist es, den/die professionelle_n Akteur_in vor Beginn zu fragen: Was wollen Sie üben? Gibt es etwas, was nicht passieren soll? Sollen wir auf etwas besonders achten? Was soll geschehen, wenn Sie ggf. nicht mehr weiterwissen? Empfehlenswert ist die

„Verschreibung", „Fehler" als Lerngelegenheiten zu sehen. Jedes Spiel wird mit Applaus bedacht. Die Student_innen in der Klientenrolle identifizieren sich häufig mit der dargestellten Person. Das ist gewollt und erbringt oft ergiebiges Lernmaterial. Nach Spielende sollte der/die Dozent_in allerdings dahingehend steuern, dass „nur" eine Rolle gegeben wurde und Verhalten „gezeigt" wurde.

Folgende *Auswertungsaspekte* (für Professionellen-, Adressaten-, Beobachterrollen) können passend sein:

(1) Unmittelbare Auswertung

Was ist passiert? Wie ging es X., Y., Z. in der Rolle? Was fiel im Rollenspiel leicht, was schwer? Was hat (mir, Adressat_in, Beobachter_in) gefallen, was weniger? Was wurde ganz, teilweise, nicht erreicht? Dimensionen z.B.: Ankoppelung; Arbeitsbeziehung; Atmosphäre; Verlauf; Ergebnis; Blick auf eigenes Übungs- bzw. Lernziel …? Wer konnte sich mit X., Y. identifizieren? Wie geht es vermutlich X.,Y.? Welche Anstöße nimmt der/die Adressat_in (vermutlich, möglicherweise) mit? Was kam an? Was passt/hat gepasst? Was prallte ab? Was kam ggf. anders an als intendiert? Benannt (bewertet) werden können in der Nachbesprechung positive (negative) Dynamiken im Gespräch und günstig wirkende Sätze.

(2) Einordnende Auswertungsreflexion

Begonnen werden könnte mit einer Einordnung des Gespräches (Typus; Herausforderungsgehalt; notwendige Kompetenzen …). Weitere Gesichtspunkte sind: Welche Planungsüberlegungen waren günstig, treffend, welche weniger? Gab es Phasen, Schlüsselszenen, Schlüsselsätze, Zäsuren, Wendepunkte? Gab es eine „typische" Dynamik des Gesprächs (z.B. auch: heimliche Themen; Beziehungsebene, Gefühle …; vgl. ggf. „Eisberg"-Modell bzw. Vier-Seiten-Modell …)? Haltungen, Strategien, Techniken: Was wurde eingesetzt? Wieso? Wozu? Abgleich Ziele und Ergebnisse: Wie wird das Ergebnis gesehen? Was ist gut gelaufen? Wo gab es Schwierigkeiten? Zukunftsphantasien: Wie könnte es nach dem Gespräch weitergehen? Eigene Person: Was fiel mir leicht, was fiel mir schwerer?

Aus dem entfalteten Möglichkeitsspektrum ist eine Auswahl zu treffen.

Eine grundsätzliche Frage ist, wie die Student_innen vorbereitet werden, bevor sie in das Rollenspiel gehen. Das eine ist die persönliche Vorbereitung, über die schon gesprochen wurde, das andere ist die fachliche Seite. Verschiedene Varianten sind denkbar. Variante A: Man lässt nach einer Phase der coachenden Beratung spielen; mehrere Durchgänge finden statt. Es erfolgt u.a. eine fachliche Nachbesprechung; ggf. wird ein Papier verteilt, „wie man es richtig macht". Der Vorteil ist, dass mehrere Rollenspieler_innen auf der plenaren Bühne agieren. Es ist unverstellte Kommunikation, auch Unorthodoxes zu erwarten. Allerdings bleiben die Teilnehmer_innen darauf verwiesen, was sie mitbringen, geraten in Schwierigkeiten, kapitulieren schneller, „weil ihnen nichts mehr einfällt". Variante B setzt auf das Verteilen von Good-Practice-Anleitungstext und Durchsprechen vor dem Rollenspiel. Dadurch werden potenzialreichere Vorgehensweisen wahrscheinlicher. Die Spieler_innen fühlen sich allerdings unter Druck, „sich alles zu merken". Zudem monieren manche, das Gespräch wirke so unnatürlich, es wäre dann nicht mehr „ihre Art". Variante C beruht auf einem vorgängigen Erarbeitungsgespräch mit Festhalten zentraler Merkposten am Flipchart. Die Zahl neuer Übungspunkte bleibt überschaubar und wird mit den Spieler_innen verabredet. Ggf. übernimmt der/die Dozent_in eine Rolle, wenn wahrscheinlich ist, dass dadurch „Eis gebrochen" wird (es darf nicht perfekt sein). Papier wird eher spät verteilt, je nach Motivation wird noch einmal gespielt, um weitere Anregungen auszuprobieren, oder es ist mit dem einmaligen Spiel und dem Durchsprechen von Rollengabe und Text das Ende erreicht.

3. Die kompetenzorientierte Prüfung

Die Leistungen der Studierenden liegen in der Planung, der Durchführung und der Auswertung einer demonstrierten Kommunikationssequenz in Form eines Live-Rollenspiels oder einer Filmaufnahme eines Rollenspiels. Ihre Prüfungsleistung können sie in einer Zweier- oder Dreier-Konstellation erbringen. Die *Leistung* umfasst diese Teile:

1. *Schriftliche Planungsüberlegungen* zu einer ausgewählten Kommunikationsszene. Diese kann eine umfassendere oder auch mehrere kleine Szenen enthalten. Erwartet werden circa drei Seiten als Gruppenprodukt.
2. *Inszenierte Kommunikationssituation* mit Anwendungen von Mitteln der Gesprächsführung (Film vom Rollenspiel oder Live-Rollenspiel)
3. *Colloquium* zu Spiel und Planungstext (durchschnittlich circa 20 Minuten pro Person)
4. *Schriftliche Auswertungsreflexion* nach dem Colloquium als Einzelarbeit (bis zu drei Seiten)

Die im Folgenden genannten Anregungen zur Prüfungsleistung passen nicht alle und immer zu jeder entwickelten Szene bzw. Szenenfolge. Zudem wird ein Maximalkatalog formuliert. Wir animieren die Studierenden, sich einige Übungsaspekte herauszugreifen, und verweisen darauf, dass erst die Zusatzqualifikation bzw. ständiges Üben in der Praxis aus fortgeschrittenen Anfänger_innen souveräne Könner_innen machen wird.

Nach welchen *Bewertungskriterien* werden Leistungen beurteilt? Deutlich werden sollte auf Seiten der Studierenden,

- „dass er/sie in der Lage ist, die dargestellte Situation zu verstehen.
- dass er/sie Gespräche gemäß Art und Umfang des Anliegens bzw. der Belastungen der Adressat_innen, der Ziele, dem Kontext ... planerisch anlegen kann (bzw. über Unplanbarkeit oder eingeschränkte Planbarkeit der ausgewählten Situation reflektieren kann).
- dass er/sie über verschiedene Kommunikationskanäle und Gestaltungsmittel verfügt und zum Beispiel (sofern angezeigt) im Gespräch zwischen verständnisvoll-emphatischen und angemessen dosierten konfrontierend-fordernden Passagen je nach Situation flexibel wechseln kann.
- dass er/sie auch in schwierigen Situationen im Auge behält, was für das Gegenüber herauskommen soll (mit Plan B-Varianten).
- dass er/sie sich beobachten und reflektieren kann.

- dass er/sie den Gesprächsverlauf im Anschluss kriteriengeleitet und strukturiert auswerten kann" (Schwabe o. J., o. S.).

Weitere an das Produkt angelegte Kriterien sind: Kreativität; zeitlicher Aufwand und investierte Mühe; Präsentationsniveau … Auch hier verweisen wir wieder darauf, dass ausgewählte Kriterien zugrunde gelegt werden können und nicht die gesamte Breite abgedeckt werden muss.

Was ist mit Blick auf die *vier Prüfungsteile* zu beachten?

(1) und **(2)** Aufgabe in der häuslichen Vorbereitung ist es, eine Kommunikationssituation zu bestimmen (Kontext; Personen; Anliegen; Ziele …), die an die professionelle Gesprächsführung aspektreiche Anforderungen stellt. So sollen Grundlagen der sozialpädagogischen Kommunikation wie Aktives Zuhören, ressourcenorientierte positive Botschaften oder deeskalierende Strategien angewendet werden. Aber es sollte nicht alles (allzu) glatt laufen. Wir wollen die Studierenden (das gelingt nicht immer) eher zum Experimentieren mit Störungen, Sackgassen, Wendungen und neuen Erkenntnissen einladen. Es soll kein „perfektes Gespräch" entstehen, sondern ein Kommunikationsraum, in dem sich auch Überraschendes und Improvisiertes ereignen darf. Dieser Impuls findet tatsächlich allerdings schwache Beachtung – geprüft zu werden geht landläufig damit einher, keine vermeidbaren Fehler zu machen. Jede_r Studierende soll einmal in der Rolle des/der Professionellen in der Inszenierung (Rollenspiel) auftreten. Zu bedenken ist u. a.: Wie soll der Rollenwechsel (wie gesagt, jede_r ist mal Profi) gestaltet werden? Sollen mehrere Varianten einer Situation gegeben werden? Wollen die Student_innen ggf. eine „Kette" von zwei, drei Situationen in einem Prozess präsentieren?

Die Studierendengruppe soll, ob sie einen Film mitbringt oder die Simulation live zeigt, drei Tage vorher einen maximal dreiseitigen Planungstext für die Präsentation vorlegen. *Planerische Gesichtspunkte* können sein (auch hier kann und muss eine Auswahl genügen):

- Angaben zur Situation: Beschreibung von Personal und Ausgangslage
- Kontext: Wo findet das Gespräch statt bzw. wo ist die Situation angesiedelt?
- Problem-/hilfegeschichtliche Einbettung: Gibt es einen für das Verstehen der Szene relevanten Vorlauf?
- Das Typische: Mit welchen typischen Phänomenen/Themen hat Soziale Arbeit es in diesem Kontext, mit dieser Zielgruppe … zu tun?
- Das Besondere: Welches besondere Phänomen/Thema greift das Rollenspiel auf?
- Erwartungen, Interessen: Gibt es Aufträge? Wer hat welche Interessen?
- Eigene und fremde Anliegen/Ziele (Konsens und Dissens): Was ist das Anliegen der betreffenden Person? Und welche Ziele verfolge ich bei dem Ge-

spräch: Was soll für das Gegenüber herauskommen? Was soll für mich herauskommen?

- Hypothesen: Mit welchen begründeten Vermutungen zur Situation, zum Problem, zur Lösung gehe ich in das Gespräch?
- Mein Gegenüber: Wie geht es dem Gegenüber? Worauf muss ich mich ggf. einstellen? Welche Gefahren antizipiere ich?
- Ich, d. h. meine Haltung, meine Gefühle: Mit welcher Grundhaltung gehe ich in die Situation? Z. B. Ich weiß, was richtig ist, nämlich … Wir können miteinander ergebnisoffen schauen. Entlastung geht vor. Ich will die Mutter ja nicht verlieren. Hier muss eine Grenze gesetzt werden.
- Welche eigenen Gefühle könnten mich in der Kommunikationsgestaltung berühren – Angst; Rücksichtnahme; Verachtung; Misstrauen; Fremdheit; Neid; Ärger; Erleichterung; Begeisterung …? Wie will ich damit umgehen?
- Methoden, Strategien und Techniken: Was will ich einsetzen (Konzentration auf einige Mittel)? Wieso? Worauf will ich/wollen wir achten? (vgl. auch Wissensbaustein Kommunikation (13))

(2) und (3) Ggf. wird im Colloquium zunächst das Rollenspiel inszeniert. Wir erinnern die Studierenden, die selbstverständlich „alles richtig" machen wollen, daran, dass nicht alles „nach Plan" verlaufen soll bzw. muss. Anschließend wird in einem Auswertungsdialog über die dargestellte Kommunikation und den Planungstext gesprochen und reflektiert. Gesichtspunkte sind oben (siehe 2. Rollenspiel/Auswertungsaspekte) benannt.

(4) Schließlich erwarten wir von jedem/jeder Seminarteilnehmer_in eine schriftliche Auswertung im Umfang von maximal drei Seiten. Diese wird sich mehr oder weniger auf die Colloquiumsthemen bzw. die oben genannten Fragestellungen beziehen. Zu beachten sind dabei auch die Erfahrungen in den Rollen: Wie habe ich mich in der Rolle als Sozialarbeiter_in gefühlt? Und wie in der Rolle der Betroffenen? Die Abschlussreflexion sollte eigene Erfahrungen im Rahmen der Simulation und ggf. Lerneffekte thematisieren. Wir haben die Erfahrung gemacht, dass nicht jede_r Student_in unmittelbar nach der Spielphase ihr/sein Reflexionsoptimum in der Kürze der Zeit und unter dem Druck der Prüfungssituation erbringt. Manche brauchen einen längeren Nachklang, bis ihnen etwas klarer wird. Hin und wieder möchten Studierende auch dem/der Dozent_in noch etwas mitteilen. Deshalb wird dieses individuell erstellte Produkt verlangt, wobei es uns eher um ein Angebot geht, am Ende noch Punkte zu gewinnen (statt zu verlieren). Alternativ oder komplementär kann auch eine Gesamtreflexion des eigenen Lernprozesses im Rahmen der Veranstaltung vorgenommen werden. Maximal zwei Wochen nach der mündlichen Prüfung soll das Produkt per Mail oder Fach eingereicht werden. Manchmal wird Nachdenklichkeit sichtbar, oft dominiert aber auch Erledigungsdenken.

Schließlich erhalten die Studierenden eine *schriftliche Rückmeldung*. Ein *Beispiel:*

Verantwortungsübernahme für das Seminar; mündliche Beiträge
Überaus regelmäßige Teilnahme; sehr interessiert wirkend, motivierende Ausstrahlung; Bereitschaft zu Rollenspielen gegeben; wache, jederzeit bereichernde mündliche Beiträge

Planungstext
Interessante Gesamtarchitektur des Rollenspiels; sorgfältige Vorbereitung des Gesprächs; sehr kundige, aspektreiche Reflexion der Gesprächstypen Hilfeplan- und Rückfallgespräch (weit über den Seminarstoff hinausreichend); hohe Eigenständigkeit in der Lösung der Aufgabe; stilistische und orthografische Bestleistung

Spiel und mündliche Auswertung
Kreative, abgestimmte Spielgestaltung; Beherrschung relevanter Techniken (vergleiche genauer die mündliche Rückmeldung); günstige Haltungsvariablen; entwickelte Empathie; reflexiv und sprachlich hochkompetent im Auswertungsdialog

Individuelle schriftliche Reflexion
Sehr facettenreiche Analyse und Einordnung; sensible kriteriengeleitete Interpretationen; Fähigkeiten der Selbsteinschätzung ausgeprägt; sprachlich äußerst flüssig und differenziert

Sonstiges
Zu Ihrer weiteren Entwicklung und mit Blick auf das Praktikum ein Hinweis von meiner Seite: Üben Sie (sich in) Knappheit (Sie wollen womöglich immer die Komplexität wahren und abbilden – aber das bringt keinen Dialog zustande); lassen Sie Raum, machen Sie Pausen …

4. Studentische Stimmen

Zwei ausgewählte, zugegeben positive Auswertungsbeiträge im Auszug:

„Ich hatte anfänglich große Angst, mich in der Gruppe zu präsentieren und mich durch ungeeignete Kommunikationsstile vor meinen Kommiliton_innen und Ihnen zu blamieren. Doch aufgrund der Gruppengröße fand ich den Mut, mich dem zu stellen und mich auszuprobieren. Im Nachhinein bin ich froh, dass ich mich gefordert habe, da ich glaube, nun mehr einschätzen zu können, wo noch Lern- und Entwicklungsbedarf besteht. Ich versuche sehr oft, innerhalb einer Gesprächssequenz oder sogar innerhalb eines Satzes sowohl die Analyse des Problems als auch einen passenden Lösungsvorschlag zu präsentieren. Das Ausschweifen innerhalb der Sachverhalte schaffe ich oft nicht so zu reduzieren, dass ich mit Klient_innen auf einer Ebene bin. Das kann dazu führen, dass sich der/die Klient_in nicht angenommen oder sich durch meine sprachlichen Mittel degradiert fühlt. Hier muss ich sagen, dass mir das bei Lea relativ gut gelungen ist, was aber ohne die Mitarbeit während des Seminares nicht solch ein Niveau erreicht hätte. Ich habe gelernt, dass ich den Mut haben darf, mich mit Klient_innen auseinanderzusetzen und Vertrauen in meine Fähigkeiten haben kann. Das große Problem liegt darin, dass ich die Angst davor verlieren muss, dass es nicht perfekt wird. Kommunikation kann zwar gelernt und auch auf Regeln und Schemata aufgebaut werden, doch gibt es einfach nicht die perfekte Lösung für jedes Gespräch. Insgesamt kann ich jedoch sagen, dass ich mit meiner Lernentwicklung durchaus zufrieden bin und ich eine bessere Einschätzung darüber abgeben kann, wo noch Basisarbeit meinerseits geleistet werden muss, klarer Lernbedarf besteht oder eine Feinjustierung nötig ist." (N.G.)

„Ich fand den Aufbau der Seminarstunden sehr gelungen. Die wechselnden Phasen von Input und praktischer Übung gaben mir Gelegenheit, Gehörtes gleich und umfangreich umzusetzen, sowohl in Kleingruppen als auch vor den gesamten Teilnehmer_innen. Ich habe schon nach relativ kurzer Zeit gemerkt, dass ich auf diese Weise gut lernen kann. Gerade in der großen Runde habe ich experimentieren dürfen, mit dem Gefühl, Fehler machen zu können und daraus zu lernen, ohne das geringste Gefühl des Versagens. Die Reflexionen im Nachhinein haben mir viele Denkanstöße gegeben. Es war für mich bereichernd, Feedback zu bekommen und dabei auch andere Sichtweisen zu erfahren. Wer nicht mehr weiter wusste, bekam Hilfe auf eine sehr positive Weise. Kein Gesichtsverlust, sondern Erörterung der Schwierigkeiten und neue Versuche. Und wenn uns nichts mehr eingefallen ist, haben Sie weitergespielt. Das hat mir auch gefallen. Genauso habe ich aber von allen anderen lernen können. Denn indem jeder seine Beweggründe und Gefühle erzählte, eröffnete sich mir eine neue Sicht. Viele der gelernten Techniken benutzte ich schon unbewusst. Zunehmend habe ich in Ihrem Seminar an Sicherheit gewonnen, was ein Effekt zahlreicher Übungsgelegenheiten war. Eigene Stärken und Schwächen sind mir bewusster geworden. Nach dem Kritikgespräch haben Sie zu mir gesagt, es komme auf die eigene Haltung an. Das habe ich dann aus meiner Sicht erfolgreich umsetzen können, und daran werde ich mich in Zukunft immer wieder erinnern. Eine Gesprächsplanung ist auf jeden Fall gut und die Techniken geben mir Sicherheit. Aber ich möchte auch flexibel sein und mich auf Unverhofftes einstellen. Ich habe im Seminar gelernt, dass es viele unterschiedliche Wege gibt, etwas zu erreichen. Die Art und Weise, wie und was ich bei Ihnen gelernt habe, ist für mich ideal. Durch die Praxisteile und deren Reflexion angeregt, habe ich auch im Privatleben mehr über Gesprächsführungen nachgedacht." (B. K.)

5. Bilanz

Die Veranstaltung gilt in studentischer Wahrnehmung und Rede als anforderungsreich, aber lohnend; sie ist nicht überdurchschnittlich beliebt, wird von vielen auch als verunsichernd erlebt, aber mehrheitlich so bewertet: Es bringt was. Besonders die Praxisnähe und die Anwendungsbezüge werden mit Blick auf das Gesamtstudium als einmalig geschätzt – positiv getönter im Nachhinein, „wenn man durch ist". Besonders ist, dass in diesem Veranstaltungstypus Studierende die Alltagskompetenz Kommunikation in der ganzen Bandbreite als Rohstoff mitbringen. Allerdings gilt auch in diesem Format: Vorsicht vor Illusionen – gelehrt ist nicht gelernt; Wissen heißt nicht Kennen; Kennen bedeutet nicht Können; Können ist nicht identisch mit Tun. Einmal Üben wird sicher nicht dazu führen, neue Gewohnheiten, veränderte Haltungen, andere Gesprächsweisen zu implementieren. Allerdings zeigen Seminarauswertungen, dass beinahe jede_r Studierende aus der Veranstaltung (sehr verschiedene) personenbedeutsame Anstöße mitnimmt.

Auch für dieses Seminar gilt nach meiner Wahrnehmung: Studierende mit günstigen Voraussetzungen profitieren mehr als solche, die biografisch und lebensweltlich geprägt weniger Kommunikationskompetenzen mitbringen. Schwabe widerspricht: „Ich würde eher denken, dass die, die besonders wenig mitbringen, einen größeren Kreis aufgezeigt bekommen. Die anderen sind wichtige Zugpferde im Seminar und werden von mir oft anerkannt, auch zwischen vier Augen bedankt für ihre Vorbildrolle" (mündliche Mitteilung). Es gibt mindestens punktuell für jede_n starke Erfahrungen und Einsichten – auch für solche Student_innen, die nicht alle Veranstaltungsziele erreichen. So probieren Einzelne, unmissverständlich Nein zu sagen und sich durch Droh- und Verführungsstrategien nicht umstimmen zu lassen. Andere Teilnehmer_innen üben, Schweigen und Pausen auszuhalten, etwas, was ihnen vorher eher weniger auf den Radarschirm kam. Dritte machen eindrückliche Erfahrungen damit, mit Zwang zu arbeiten bzw. unmissverständlich Auflagen zu verkünden. „Und dann geht es ja nicht unbedingt darum, etwas gut zu können, sondern darum, anschließend genauer reflektieren zu können, wie vollständig oder lückenhaft man den Spagat von Intention zur Realisierung hinbekommen hat und wie zufrieden man sein darf bzw. womit nicht. Es wird – das scheint mir das wichtigste – ein innerer Beobachter aufgebaut, der die eigenen Kommunikationen beobachtet und bewertet" (Schwabe, mündliche Mitteilung).

Die Angst vor *Selbstpräsentation* kann von der Mehrheit der Teilnehmer_innen günstig bearbeitet werden. Etwa zwei, drei Studierende pro Gruppe können ihre Schwierigkeiten, öffentlich mit ihrem Selbst zu experimentieren, nicht überwinden. Hier geht es darum, wenigstens keine Verstärkung der sehr unterschiedlich motivierten Zeige- und Offenbarungszögerlichkeit zu erzeugen. Es ist durchaus heikel, personennahe Fähigkeiten als sachliche Leistung zu bewerten. Zudem darf mit Recht eingewendet werden, dass das Anforderungsniveau, besonders auf der Ebene von Zielen und anvisierten Kompetenzen sowie mit Blick auf die Kriterien für die Prüfungsleistungen, für Zweitsemester hoch ist. Wir gehen damit so um, dass wir auf das Gelingen und Können mehr als auf Nicht-Gelingen und Mängel achten.

Folgendes *Handout* wird nach der vierten, fünften Sitzung verteilt. Es enthält z. T. kommunikationstheoretische Wissensbestände aus dem absolvierten ersten Block, kann an Erfahrungen aus Übungen von Kommunikationstechniken in Partnerarbeit anknüpfen und bildet sachliche Aspekte ab, die im Seminarverlauf noch eine Rolle spielen werden. Deshalb sollte der Text ggf. mehrfach wieder aufgegriffen werden, Die häusliche Lektüre erfolgt naturgemäß unterschiedlich (genau); eine Nachbesprechung ist angezeigt. Diese kann starten mit Fragen wie Haben Sie eine „Perle" entdeckt? Was war neu oder überraschend? Woran würden Sie sich in Zukunft gerne erinnern?

Wissensbaustein: Kommunikation

(1) Soziale Kommunikation (vgl. dazu Schulz von Thun 1998; Schwabe 2010, S. 97 ff.; Widulle 2011a; 2011b) ist die wechselseitige, meist intentionale Verständigung und Beeinflussung mit Hilfe von Zeichen zwischen mindestens zwei Menschen. Sie teilen in der Kommunikation Inhalte wie Gedanken und Gefühle mit und tauschen sich darüber aus, und zwar mit der Folge des sozialen Handelns. Das geschieht überwiegend mit „Hintergedanken". Kommunikation ist gezeichnet dadurch, dass eine_r einem anderen Menschen etwas über- bzw. vermitteln will und dafür Gemeintes und Gewolltes in passende Worte und andere Zeichen kleidet; ein anderer Mensch das so versteht, wie es ihre/seine Gedanken- und Erlebenswelt zulässt; beide davon ausgehen, dass jeder die formulierten Zeichen „richtig" verstanden hat.

Manchmal trifft dies zu, nicht selten gibt es Abweichungen zwischen Gemeintem und Verstandenem. Solange sich Menschen aber im Groben verstanden fühlen und ihre Absichten und Ziele erreicht sehen, fällt ein unterschiedliches Verständnis von Worten, Aussagen etc. nicht besonders auf oder nicht besonders ins Gewicht.

(2) Worüber und wie wir miteinander sprechen, ist abhängig von externen Faktoren wie dem umschließenden vordefinierten Kontext, einer besonderen Situation, den sozialen Rollen von Sender und Empfänger (und damit z. B. auch ihrem Ansehen oder ihren Machtpotenzialen) sowie der Beziehung der Interaktionspartner_innen. Die Akteure unterliegen auch in der Person wirkenden bewussten, vorbewuss-

ten, unbewussten Einflüssen: Werten, Wahrnehmungsroutinen, Deutungsmustern, Motiven, Absichten, Zielen, Wissen, sozialen und kommunikativen Fähigkeiten, Handlungsaffinitäten, Emotionen, spontanen Eingebungen. Die eine ist spontaner als die andere. Man kann sich besser oder schlechter beherrschen: Hier dominiert biografisch eingraviert die Gewohnheit des Fühlens und der heißen Herzen, dort der Nachdenklichkeit und des kühlen Kopfes. Hier muss jemand wiederholt leidvoll erfahren, dass „heimliche Kräfte" überraschend die Oberhand gewinnen (z. B. Beleidigungen ereignen sich), dort hat Lebenserfahrung, Feedback, Supervision erbracht, dass die Selbstkontrolle regulierend und steuernd wirkt.

(3) Gespräche können verschiedene *Funktionen* haben, etwa: Herstellung und Aufrechterhaltung sozialer Kontakte; Teilhabe am alltäglichen soziokulturellen Leben; Information mit Erweiterung von Wissen; Abgleich und Veränderung von Meinungen, Einstellungen; Erringung und Stabilisierung von personaler und sozialer Identität; Initiierung und Koordinierung von Handeln.

In der professionellen Kommunikation geht es insbesondere um die Klärung von Problemen und Konflikten, die Anbahnung von Veränderungen, die Vorbereitung von aus professioneller Sicht geeigneten Handlungen sowie die Entschärfung von Risiko- und die Entlastung in Krisensituationen (vgl. Widulle 2011a) (siehe vertiefend unten (12)ff.).

(4) Kommunikation hat *einen Sach-, einen Beziehungs-, einen Appell- und einen Selbstkundgabe-Aspekt.* Mit Blick auf die Sachdimension zählen der Inhalt der Mitteilung und die Verständlichkeit (einfach; geordnet; prägnant; durch den Rezipienten verarbeitbar). Kommunikation ist zudem geprägt davon, wie Sender und Empfänger zueinanderstehen. Auf der Beziehungsebene können zwei Arten von Botschaften wirksam werden: Das Bild vom anderen (So sehe ich dich. Das halte ich von dir.) und die Definition der Beziehung (So stehen wir zueinander. Das ist zwischen uns erlaubt, dazu lade ich dich ein. Das möchte ich von dir und mit dir und das nicht). Die Appellfunktion (die Wirkungsabsicht) steht dafür, dass wir auf unsere Gesprächspartner_innen Einfluss nehmen wollen: Er/sie soll etwas tun oder unterlassen, denken, fühlen … Appelle können offen oder verdeckt, bewusst oder unbewusst kommuniziert werden. Per Selbstkundgabe (Ausdruck von Verfasstheit, von Stimmungen, Wollen, Denken, Fühlen …) zeigt die sprechende (sendende) Person etwas von ihrer Innenwelt. Dabei können gewollte Selbstdarstellung und unfreiwillige Selbstenthüllung sowie Selbsterhöhung (ggf. Imponiertechniken; Imagepolitik in eigener Sache) und Selbstverbergung (ggf. Fassadentechniken) unterschieden werden. Ein bewusster, gesteuerter professioneller Umgang mit Selbstkundgabe orientiert sich vor allem an den Prinzipien selektive Authentizität, intrapersonale Kongruenz sowie soziale und situative Stimmigkeit.

Grundsätzlich trägt Kommunikation den Hang zu Mehrdeutigkeit. Die Symbole und Signale müssen interpretiert werden; Worte, Gehalte, Mimik, Gestik können so oder anders dekodiert werden. Nicht immer ist dem/der Sender_in selbst klar und deutlich, was er/sie sagen und was er/sie erreichen will. Oft sind Sach- und Beziehungsebene, Appell (Das soll passieren. Das sollst du (nicht) tun) und Selbstkundgabe (So geht es mir) mehr oder weniger geplant und, mitunter schwer entwirrbar, verschränkt. Schließlich leben wir alle in unserer je eigenen Welt.

(5) Als *Mittel* der Kommunikation gelten verbale und nichtverbale Gestaltungsmittel (Sprache; Körper: Mimik, Gestik, Bewegung im Raum; Kleidung; Stimme …). Diese werden bewusst und unbewusst eingesetzt. Im Volksmund gibt es bekannte Redewendungen, die die Bedeutsamkeit des nichtsprachlichen Sektors erkennen lassen: Der Ton macht die Musik. Wenn Blicke töten könnten. Der redet wie ein Wolf im Schafspelz. Die kommt daher wie sieben Tage Regenwetter. Die steht da wie ein begossener Pudel. Siehst du die graue Maus dort?

(6) Wortschatz, Wortwahl, Grammatik, Betonung bis hin zu Stimme und Gestik haben wir irgendwann sukzessive *erlernt und erworben.* Vieles stammt aus der *Kindheit oder Jugendzeit* und hat sich beinahe unumstößlich eingebrannt. Routinen und Automatismen sitzen mit am Ruder der Kommunikation. Durch Unterweisung und Abschauen wissen wir, wie man „guten Tag" sagt, wie wir soziale Partner_innen gemäß der unterschiedlichen Beziehungsarten begrüßen, wie wir uns entschuldigen könnten oder wie wir Chefs je nach Kultur der Einrichtung gegenübertreten. Auch wenn die kommunikativen Ablaufgestaltungen nicht en detail vorgegeben sind, es gibt eine Bandbreite des Erlaubten und Gebotenen, die die meisten Menschen kennen und beherzigen. Die Folge sind quasi automatische Abläufe mit eher geringen Abweichungen.

So hat auch jede_r von uns eingeschliffene Präferenzen im Umgang mit Konflikten (schweigen; verharmlosen; defensiv sein …) oder besondere Arten, wie wir um Hilfe bitten oder Bedürfnisse äußern: „Immer muss ich …! Könnte ich, wenn es dir nichts ausmacht …? Würdest du bitte …?" Routinen sind nützlich, gar zwingend – wir können nicht jede Situation neu gestalten, sondern müssen komplexitätsreduzierend auf Muster zurückgreifen. Wenn es Probleme gibt, machen wir uns ggf. Routinen bewusst und können „nachsteuern". Es gibt Bereiche in unserer persönlichen Kommunikation, die wir verändern können, und andere, die sehr schwer zugänglich sind.

(7) Reflexion in der Kommunikation umfasst Planung, Selbstbeobachtung, Auswertung.

Zur Planung – dem Vor-Denken. Kommunikation wird sich immer auch als Aktions-Reaktions-Kette ereignen, in der Überraschendes passiert. Darauf können wir uns nicht im Vorhinein gesichert vorbereiten. In anderen Situationen, etwa mit Blick auf eine Konfliktklärung, eine Liebeserklärung oder ein Beratungsgespräch, können wir planerisch vorweg denken: Was will ich (Minimum, Maximum)? Wie ist die aktuelle Situation? Was von der Vorgeschichte ist relevant? Wie bin ich gestimmt? Was will mein Gegenüber? Wie ist er/sie gestimmt? Welche negativen Entwicklungen sind denkbar? Welche Strategien setze ich ein? Wie sieht mein Plan B aus? Zu bedenken sind dabei auch, ggf. abweichende, Bedürfnisse, Wertvorstellungen und Ziele des Gegenübers und nicht nur die eigenen.

Zur Selbstbeobachtung – dem Mit-Denken und Spüren. Jede_r Gesprächspartner_in bringt Wissen und Erfahrungen in die Situation hinein. Bedürfnisse, Werte, das Unbewusste, Ziele etc. stehen für die personale Prägung. Kontext, Rolle, Auftrag repräsentieren die soziale Präformation einer Situation. Kurz: Mitgebracht werden mit Blick auf Kommunikation von beiden Seiten personale Eigenheiten, soziale Festlegungen und ein vorweg nicht genau erkennbares und bestimmbares Maß an Interessen und Plänen. Die Gegenwart der Kommunikation erscheint als ein schnelles Wechselspiel. Dabei ist auch „Reflection in Action" gefragt, ein Mit-Denken, das an die kommunikativen Akte gekoppelt ist. Zwei Varianten sind denkbar: Möglich ist erstens ein eher intuitives Verknüpfen von Sprechen und Tun mit beiläufiger Auswertung qua Fremd- und Selbstbeobachtung: Ich registriere „nebenbei", worüber wir sprechen, wie wir sprechen, was wir woll(t)en und wo wir stehen. Dann stelle ich z.B. absichtsvoll eine Frage oder biete einen Kompromiss an. Denkbar ist zweitens auch ein jeweils für Sekunden heraustretendes Überblicken des Kommunikationsflusses, um sich bewusst zu machen, „was läuft": „Auf einmal" merke ich, dass ich viel rede, den Faden verliere, mich habe einwickeln lassen. Ich sehe, wie mein Gegenüber auf dem Stuhl herumrutscht und gelangweilt schaut. Aus dieser situativen Metaperspektive, die sich mir aufgedrängt hat, frage ich z.B. etwas oder nehme mir vor, das Gespräch demnächst abzubrechen.

Je nach Gestricktheit der Person und je nach Übung gelingt das eine oder das andere besser oder weniger gut.

Zur *Auswertung* – dem Nach-Denken. In der Auswertung – „Reflection on Action" also – werden wir sowohl Aktionen und Reaktionen „blitzartig" hochkommen sehen („Flash back") als auch prozessbegleitende Gedanken und Gefühle registrieren und auch Nachklänge erleben, die ggf. erst einige Stunden später eintreten, wobei sich Erkenntnisse und Gefühle wie aus dem Nebel tretend konturieren. Ich musste z.B. im Kontakt mit einem Gegenüber „um Fassung ringen", konnte die Situation aber ohne Eskalation und Entwertung abschließen. Hinterher ärgere ich mich darüber, dass ich mich unwidersprochen habe beschimpfen lassen und entscheide mich, das im nächsten Kontakt unmissverständlich, aber ohne „zurückzuschlagen", anzusprechen.

Wir werden insbesondere dann, wenn wir ein „mulmiges Gefühl" haben oder das Ergebnis unzufrieden macht, gelungene und weniger gelungene Dialogepisoden (gerade mit Blick auf eigene Beiträge) auseinander sortieren. Wir überlegen, was ggf. noch nachträglich geklärt oder richtiggestellt und nachjustiert werden sollte.

(8) Kommunikation kann nicht immer in voller *Bewusstheit,* d. h. mit durchgängiger *Selbstbeobachtung und Selbstkontrolle,* gestaltet werden. Könnte die Wahl sprachlicher Mittel womöglich noch überwiegend gesteuert werden, werden sich nicht-sprachliche Mitteilungen und gar Handlungsäußerungen auch hinterrücks, am „Wachschutz der kognitiven Kontrolle" vorbei ihre Bahn suchen. Zudem würden wir handlungsunfähig, wenn nicht sogar verrückt werden, wenn wir uns ständig beobachten würden. Schließlich würde eine einseitig bewusst angelegte Kommunikation deutlich verlangsamt ablaufen. Allerdings gibt es Menschen, die sich selbst gut kennengelernt haben, die also etwa über ein breites Spektrum an reflektierter Selbsterfahrung verfügen (und ggf. darüber hinaus z. B. stabile Selbstkontrollfähigkeiten erlernt haben). Diese Menschen können einen Sockel an „Wissen über sich selbst", an Gefühlsbeherrschung und ggf. sogar ein Potenzial an „Lesen-Können von Situationen" einspielen. Von hier aus ist die Bewusstheit momentan mehr oder weniger scharf gegeben, aber ggf. latent so ausgeprägt, dass sie schnell mit günstigen Ergebnissen, wie etwa beiläufig Missverständnisse aufklären, einsetzbar ist. Kurz: Wir handeln und kommunizieren je nach Übung, Absicht und Ziel, Situation, Beziehung unterschiedlich bewusst und können dialogische Ereignisketten in unterschiedlichen Graden kontrollieren und steuern.

(9) Kommunikation ist ein solch komplexer Prozess, dass *Störungen* üblich und erwartbar sind. Zunächst: Gemeint ist nicht gesagt. Gesagt bedeutet nicht gehört. Gehört bedeutet nicht verstanden. Verstanden bedeutet nicht begriffen. Begriffen bedeutet nicht getan. Wer diese Sätze ernst nimmt, weiß, dass es ein langer Weg sein kann, von A nach B zu kommen. Auslöser einer Störung sind meist nicht (nur) einzelne Worte, sondern der Klang der Stimme, die Intonation, mimische und gestische Mitteilungen. Gerade dadurch wird der Sound, werden Unterströme, unausgesprochene Andeutungen und Unterstellungen transportiert. Aber nicht jede Störung ist ein Kommunikationsproblem. Wenn Menschen miteinander in Konflikte geraten, wenn sie miteinander ein Problem haben, muss ggf. nach tieferen Gründen gesucht werden. Oft steht hinter Störungen nicht primär die Art und Weise des Sich-Mitteilens und Sich-Verständigens, sondern Interessengegensätze, Kämpfe um Einfluss, unbefriedigte Bedürfnisse nach Anerkennung, Angst, Racheimpulse u. a. m., generell: unausgesprochene Gedanken und Gefühle sind die Quelle von Spannungen.

(10) Menschen reagieren nicht nur aufgrund von Gestimmtheiten situativ zufällig, sondern sind von *Absichten und Zielen* geleitet und bewegt. Dabei gibt es einige Ziele, die wir allein, und solche Ziele, die wir nur gemeinsam mit anderen erreichen können. Für den zweiten Fall sind wir i. d. R. darauf angewiesen, mit anderen Men-

schen zu kommunizieren. Dazu benutzen wir überwiegend Sprache, para- und körpersprachliche Ausdrucksmittel unterstützen dabei. Wenn wir über variantenreiche Mittel verfügen und diese zudem sogar noch in Übereinstimmung mit unserer Person einsetzen können, dann ist es wahrscheinlicher, dass wir unsere Absichten und Ziele erreichen. Werkzeuge und Hilfsmittel werden in weiten Teilen intuitiv eingesetzt. Dennoch werden wir auch darüber nachdenken, wie wir absichtsvoll und zielgerichtet kommunizieren: welche Worte und Zeichen wir wählen, wie wir gestisch, mimisch und stimmlich wirken, wie unsere kommunikativen Aktionen als Gesamtwerk aufgebaut sind.

Allerdings legen wir nicht immer offen, welche Ziele wir verfolgen und welche Strategien wir einsetzen. Wir rufen den Kollegen womöglich an und starten nicht mit dem Satz „Ich rufe dich an, weil ich deine Ausarbeitung zu Kommunikation brauche". Stattdessen sagen wir vielleicht „Ich wollte dich schon länger anrufen und fragen, wie es bei dir so allgemein läuft ... Und dann interessiert mich noch, wie es dir neulich bei dem Vortrag zu Kommunikation gegangen ist ..." Etc. Unseren Gesprächspartner_innen gegenüber werden Ziele nicht immer benannt und Strategien nicht immer durchsichtig gemacht, ggf. „schleicht man sich von der Seite mit einer Tarnkappe ausgestattet an". Dabei kann es zu Entlarvungen, zu instrumentalisierender Kommunikation, zu Missverständnissen kommen, die Stoff für Reflexion, etwa in Form von Metakommunikation (Sprechen über das Sprechen) bieten.

(11) Im *Alltagsgespräch*, aber auch in beruflichen Gesprächen in alltagsnahen Settings handeln wir eher intuitiv, vermeintlich ohne Planung, oft vor- und unbewusst. Zeit ist knapp, eine Fülle von Informationen gilt es fortlaufend zu verarbeiten, Ungewissheit über den Ablauf prägt ganz selbstverständlich das In-der-Situation-Sein. Zuhören, Fragen stellen, Komplimente aussprechen, Vorschläge machen, Deutungen mitteilen, Metakommunikation einspielen, zwischen Sache, Situationserklärung, Beziehungsdefinition, Selbstrechtfertigung wird gependelt – all das fließt. Es bleibt keine Zeit für ausgedehnte Besinnung, sondern bestenfalls für schnelle Überlegungen mit Blick auf den nächsten Schritt. Aktions- und Reaktionsprototypen bilden ggf. Muster und insgesamt womöglich ein heimliches Drehbuch, das vielleicht im Nachhinein entschlüsselt werden kann. Diese Muster sind recht stabil und nur mit Aufwand veränderbar. Auf Klagen mit Gegenklagen, auf Angriff mit Verteidigung oder auf Anerkennung mit Scham und Selbstentwertung zu antworten, darf in der Alltagskommunikation unreflektiert bleiben, sollte aber in professioneller Kommunikation als Gegenstand des Nachdenkens herhalten. Berufliche Kommunikation setzt also Herausforderungen auf das Entwicklungs- und Lernprogramm: bewusstes Reagieren in Sekundenschnelle üben, Reiz-Reaktions-Muster und Automatismen erkennen und hier und da kappen, Drehbücher von Kommunikation zwischen A. und B. lesen, verstehen, einordnen, ändern.

Besonderheiten professioneller Gespräche sind zu sichern. Sie

- sollen den Nutzen für Adressat_innen befördern,
- sind fast durchgängig von Zielen und Absichten geprägt,
- unterliegen vergleichsweise eher Planungsüberlegungen,
- sind auf der Prozessebene tendenziell systematisch als Informieren, Klären, Probleme lösen etc. angelegt und verlaufen methodisch gestaltet,
- unterliegen vorgegebenen Rahmungen (Gesetz; Zeitressourcen; materielle Kosten; Konzept; Lohnarbeiter-Rolle; Auftrag ...),
- sind durch Machtunterschiede und verschiedene Machquellen geprägt.

(12) Zu Aufgaben und Kennzeichen von professioneller Kommunikation. Professionelle Kommunikation ist der zwischenmenschliche Kontakt in Rollenbezügen zwecks Beratung, Bildung, Erziehung, Hilfe, Förderung ..., in dem über Sprechen, Hören und Verstehen Begegnung und (wechselseitige) Einwirkung stattfindet. Professionelle Kommunikation dient der Verständigung und der Interessenrealisierung. Häufige Zwecke professioneller Kommunikation sind z. B.: Mitteilen von professionellem Wissen und Sichtweisen; Gestalten der (Arbeits-)Beziehung; Klären von sachlichen Anliegen und Problemen; Herstellen von Mitwirkungsbereitschaft; Anbahnen von Veränderungsmotivation; Entschärfen riskanter Situationen; Moderation von Konflikten; Verkraften von belastenden Ereignissen; Setzen von Grenzen (vgl. Widulle 2011a).

(13) Planung in professioneller Kommunikation ist notwendig (wenn möglich ...). Die bewusste Gestaltung von Gesprächsverläufen wird insbesondere gewährleistet durch den interessen- und zielgeleiteten Einsatz von Haltungen sowie verbalen und nonverbalen Mitteln, wobei Intuition und Unbewusstes eine erhebliche Bedeutung behalten. In professioneller Kommunikation besteht ein Verantwortungsüberhang bei der Fachkraft für die Rahmen- und Prozessgestaltung. Verbreitete „Vorwände gegen Planung sind die Einschränkung von Spontaneität und situativer Stimmigkeit, sowie die Tatsache von Fehlannahmen von Planung [...]. Gute Vorbereitung senkt den Handlungsdruck im Gespräch, so werden emotionale und kognitive Kapazitäten zur guten Gesprächsführung frei [...]. Gut vorbereitete Fachkräfte stellen sich auf beides ein, auf einen strukturierten Verlauf, erwartbare Ereignisse und auf Dinge, die sich erst im Gespräch ereignen können" (Widulle 2011a, S. 71).

Reflexion und *bewusste Gestaltung* sind zu folgenden Dimensionen angezeigt (vgl. Widulle 2011a, S. 60 ff.):

Sache, Aufgabe und Rahmen
- Sozialer Kontext: Unter welchen Umständen findet das Gespräch statt bzw. wo ist die Situation angesiedelt?

- Institutioneller Kontext: Welchen Auftrag hat die Organisation? Welche Aufgaben und welchen Auftrag hat die Fachkraft? Welche Spielräume lässt der Kontext? Ist das Gespräch „offiziell" oder informell?
- Rahmen (Klärung und Vorbereitung): Wer nimmt teil? Welche Art der Einladung ist günstig? Welcher Zeitpunkt und Raum sind passend? Welche Vorinformationen sind nötig?
- Vorgeschichte und Anlass: Wer will das Gespräch? Wozu? Wieso jetzt? Gibt es einen für das Verstehen der Szene relevanten Vorlauf? Ist die Begegnung freiwillig oder zwangsweise zustande gekommen? Ist das Gespräch eine reguläre oder außerordentliche Veranstaltung?
- Themen, Inhalte, Aufgabe: Worum geht es? Gibt es mit Blick auf eine problemgeschichtliche Einbettung einen relevanten Vorlauf? Sind die Themen festgelegt, einseitig verordnet, gemeinsam ausgehandelt? Sind sie vage oder klar formuliert? Welche Themen sind riskant bzw. tabuisiert? Geht es um Sach-, Person-, Beziehungsthemen? Welche Reihenfolge ist günstig?
- Erwartungen, Interessen: Was ist das Anliegen? Gibt es Aufträge? Wer hat welche Interessen?
- Eigene und fremde Ziele (Konsens und Dissens): Was will ich erreichen? Was kann ich erreichen (Minimum – Maximum)? Was soll für das Gegenüber herauskommen? Was soll für mich herauskommen? Sind die Ziele offen-transparent, verhandelbar oder verdeckt, unverhandelbar?

Beziehungsebene
- Beteiligte: Welche Bedeutung haben Alter, Geschlecht, kulturelle und soziale Zugehörigkeit? Welche personalen Merkmale sind relevant?
- Beziehung der Gesprächspartner_innen: Kennt man sich gut oder sind sich die Beteiligten unvertraut? Wie sind Nähe und Distanz, als Wunsch und Wirklichkeit, in Konsens und Dissens konstelliert? Mögen sich die Gesprächspartner_innen oder besteht eher Abneigung? Gibt es Abhängigkeiten und Machtungleichgewichte und worauf beruht die Macht? Überwiegen die Rollenelemente im Kontakt? Begegnet man sich formell und sachorientiert oder auch „persönlich"?

(Weitere) Selbstklärung der gesprächsführenden Person
- Mit welchen (begründeten) Vermutungen zur Situation, zum Problem, zur Lösung gehe ich in das Gespräch? Was ist meine Sichtweise, mein Standpunkt zum Thema? Welche Wünsche und Forderungen habe ich?
- Inneres Erleben und Selbstkundgabe: Was zeige ich von mir? Welche eigenen Gefühle könnten mich in der Kommunikationsgestaltung berühren? Wie will ich damit umgehen?

Reflexion zum Gegenüber (Perspektivwechsel)

- Was weiß ich über meine_n Gesprächspartner_in als Person?
- In welchem Zustand (Stimmung) kommt er/sie (vermutlich) in das Gespräch?
- Wie sieht er/sie unsere Beziehung, meine Person, meine Rolle?
- Wie sieht er/sie das Thema?
- Welche Bedürfnisse und Motive leiten sie/ihn vermutlich?
- Welche Erwartungen, Forderungen, Ansprüche und Ziele verfolgt er/sie vielleicht oder wahrscheinlich?
- Welchen Selbstschutz könnte er/sie mitbringen, welche Abwehr könnte er/sie aufbauen?
- Welche Gefahren antizipiere ich?

Bestimmung beeinflussbarer und unbeeinflussbarer Faktoren: Was liegt in meinem Verfügungshorizont und in meinem Einflussbereich und was nicht?

Strategien und Techniken: Was will ich einsetzen (Konzentration auf einige Mittel)? Wieso?

„Die [...] beschriebene Form von Gesprächsvorbereitung gilt für komplexe und herausfordernde Gespräche mit entsprechendem Gewicht und entsprechenden Risiken oder Ungewissheiten für die beteiligten Personen. Für viele alltagsnahe Gespräche z. B. in niederschwelligen [...] Kontexten wird eine solch intensive Gesprächsvorbereitung nicht immer möglich und auch nicht nötig sein. [...] Es mag z. B. ausreichend sein, das Ziel nochmals zu klären, sich mit einem Perspektivenwechsel auf den Gesprächspartner einzustimmen, die Strategie festzulegen oder mit Selbstinstruktionen ungünstige Reaktionen zu stoppen und günstige zu bahnen" (Widulle 2011a, S. 79).

Als *Minimalvariante* schlägt Widulle (vgl. ebenda, S. 79) vier Fragen vor: Was ist der Fall? Was will ich mitteilen? Was will ich erfahren? Was will ich erreichen?

Ein *einfaches Planungsraster* von Schwabe (o. J., o. S.) bezieht sich auf die Bewusstmachung und Unterscheidung von kurz-, mittel- und langfristigen Zielen: Ziele in den ersten fünf Minuten; Ziele für den Gesprächsverlauf: Was soll am Ende des Gesprächs erreicht sein? Wozu könnte dieses Gespräch ein erster Schritt sein? Dieses Instrument lädt dazu ein, eine einzelne Sequenz nicht mit Erwartungen zu überfrachten, sondern in „bekömmlichen Dosierungen" und Schritt für Schritt zu denken.

(14) Planung ist nicht alles ... Auch professionelle Kommunikation und ihre Ergebnisse sind eine Mischung aus bewussten bzw. gesteuerten sowie intuitiven und zufälligen Anteilen – gestaltet durch Worte und Melodien, nonverbale gestische und mimische Zeichen, Bewegung (im Raum) und Handlungen (Interaktion). Der Gesprächsfluss ist gezeichnet von Kurven, Stromschnellen, Hindernissen,

Strudeln, Unterströmungen. Immer sollte klar sein: Wir leben kommunikativ nicht in einer Welt der Realitäten, sondern der persönlichen Meinungen und der geteilten bzw. nicht-geteilten Bedeutungen. Jeder Mensch bringt seine Bilder und Konstruktionen über sich selbst und über „die Welt" mit in die Kommunikationssituation. Diese Einstellungen etc. sind allerdings nicht als fixe Eigenschaften zu sehen. Der/die Gesprächspartner_in könnte auch anders denken, bewerten, sprechen. Aufgrund komplexer Verknüpfungen ist Kommunikation unberechenbar. Mit Monokausalität, Zwangsläufigkeit, Linearität kann man in menschlicher Interaktion nicht rechnen. Pädagogische Professionalität ist ein zwar zielgerichtetes, aber experimentelles Anknüpfen an den Selbstentwurf des Subjekts. Der experimentelle Kern ist u. a. darauf zurückzuführen, dass

- der/die Professionelle die internen Strukturen des Gegenübers nicht kennt, genauer: gar nicht kennen kann,
- diese internen Strukturen in ständiger Veränderung begriffen sind (was gestern „stimmte", „richtig", möglich war, mag heute „falsch" oder nicht möglich sein) und
- die innenweltlichen Motive, Ziele, Blockaden etc. genauso wie das Vorhandensein und die Art der Kontaktfenster in der Interaktion dem Gegenüber nicht vollständig und allgegenwärtig bewusst und verfügbar sind und damit nicht immer zur gestalterischen Disposition stehen.

(15) Mit Blick auf die *Phasierung* von aufgabenbezogenen Gesprächen und z. T. generalisierbar für professionelle Kommunikation geht es vor allem um den Aufbau eines Kontakt- und Empathiefeldes, eines Themen- und Informationsfeldes, eines konfliktfähigen Kooperationsfeldes, eines Lösungsfeldes (vgl. Nilles 1998; Widulle 2011a).

Aufbau eines Kontakt- und Empathiefeldes. Zum Anfang ist es wichtig, Zeit und Energie in die Entwicklung des Bezugs zu investieren. Es gilt, Einstellungen, Anliegen, Erwartungen, Interessen des Gegenübers in der Startphase des Kontakts kennenzulernen und ein Gefühl für den/die Gesprächspartner_in zu bekommen. Das heißt nicht, alles zu akzeptieren, was gewollt, getan, gesagt wird. Ggf. sind Kontext, Vorgeschichte, Regeln der Zusammenarbeit, Befürchtungen und Wünsche zu klären.

Aufbau eines Themen- und Informationsfeldes. Ggf. muss anfangs präzisiert werden, was besprochen bzw. verändert werden soll. Nicht selten sind aber Themen auch schon klar und gesetzt; dann sollten diese genannt und zusätzliche Themenwünsche sollten erfragt werden. Beim Aufbau des thematischen Feldes geht es dann darum, Informationen zu sammeln. Dabei werden ggf. sowohl die eigenen Wissensstände als auch die des Gegenübers veröffentlicht. Subjektive Sichtweisen und Gefühle sollten erlaubt sein, wobei auf Sachorientierung Wert gelegt werden sollte. Womöglich müssen aber auch Störungen aufgegriffen werden. Offene Fragen und Zuhören sind Grundlagen für interessante und ergiebige Antworten.

Aufbau eines konfliktfähigen Kooperationsfeldes. Die gesammelten Informationen werden nun diskutiert und mit Meinungsgehalten versehen. Jede_r Gesprächspartner_in darf bewerten, gewichten, Dissens markieren und Konflikte eingehen, Schnittmengen und Konsens suchen. Im guten Fall entwickeln bzw. zeigen sich sukzessive Gemeinsamkeiten im Bereich der Interessen und Ziele.

Aufbau eines Lösungsfeldes. Hier geht es darum, Ziele zu definieren, Lösungsideen zu erzeugen, Lösungsentscheidungen zu treffen und Umsetzungswege zu planen. Menschen identifizieren sich eher dann mit Lösungen, wenn sie erleben, mitgeredet zu haben, angehört worden zu sein, Teile der eigenen Interessen in der Lösung zu finden.

Abschluss. „Bevor man auseinander geht, sollte jeder Teilnehmer noch einmal die Gelegenheit haben zu sagen, wie das Gespräch für ihn war, wie er sich im Moment fühlt [...] und was im Moment noch offen ist" (Widulle 2011a, S. 69).

Widulle erläutert den Gesamtprozess im Sinne einer „idealtypischen Struktur, eine Art Geländer" bzw. „Landkarte und Kompass" (2011a, S. 69f.), wobei in der Realität Abweichungen, zirkuläre Verläufe, doppelte Anläufe zu verzeichnen seien: „In der Anfangsphase sollte der Kontakt zwischen den Teilnehmern hergestellt und der Rahmen des Gesprächs geklärt werden. Die Informationsphase dient dazu, alle Teilnehmer auf den gleichen Stand zu einem Sachverhalt oder Thema zu bringen, das Problem wird beschrieben und Fragen zur Klärung werden gestellt. In der Argumentationsphase kommen die Teilnehmer miteinander ins Gespräch, tauschen sich aus [...] und suchen nach einer Lösung für das anstehende Problem. Ziele werden geklärt und abgewogen und Realisierungs- und Umsetzungsmöglichkeiten diskutiert. Schließlich ist eine Entscheidung nötig, um weiteres Handeln der Beteiligten vorzubereiten. In der Beschlussphase wird eine Entscheidung getroffen oder ein Weg der Problemlösung eingeschlagen, sowie Vorbereitung zur Umsetzung eines Entscheids getroffen. Aufgaben, Verantwortlichkeiten, Termine etc. werden besprochen und definiert. In der Abschlussphase werden die Ergebnisse zusammengefasst, noch offene oder hängige Dinge festgehalten und die Teilnehmer verabschiedet [...]" (2011a, S. 65f.).

Phasenstrukturell kann folgende *Generalisierung der Aufgabenfolge* vorgenommen werden:

- Einladung und Erstkontakt reflektiert gestalten
- Rahmen arrangieren

- Willkommen heißen, Gespräch eröffnen und Ankoppeln
- Erwartungen, Anliegen, Ziele thematisieren
- Themen einführen und verfolgen
- Ergebnisse anstreben und entscheiden
- Handlungspläne entwickeln
- Abrunden

Querschnittsaufgaben sind: Gesprächsräume eröffnen und erhalten; Klärungen von Rahmen, Anliegen und Aufträgen, Zielen, Fortschritten in gewünschte Richtungen bzw. Rückschritten; Beziehungsebene gestalten (z. B. Finden angemessener Nähe und Distanz; bei Störungen klären, etwa Metakommunikation einsetzen).

(16) Gespräche sind unterscheidbar und teilweise typisierbar nach Zwecken und Absichten. Eine *Zuordnung von Gesprächstyp zu Strategien und Gestaltungsmitteln* kann beispielhaft so vorgenommen werden:

- *Partnerzentriertes Unterstützungsgespräch.* Geeignete sprachliche Mittel sind u. a.:
  - Animieren: Erzähle mir ...
  - Interesse zeigen, z. B. durch Fragen: Könnten Sie noch einmal genauer schildern ...?
  - Anerkennen: Eine interessante Idee ist aus meiner Sicht ...
  - Reformulieren, Paraphrasieren: Verstehe ich richtig, dass ...
  - Deutende Verbalisierung von Erlebensgehalten: Und dich verunsichert, dass ...?
- *(Situations-)Klärungsgespräch.* Geeignete sprachliche Mittel sind u. a.:
  - Offene Fragen: Was ist passiert?
  - Nachfragen: Ich würde gerne noch genauer verstehen ...
  - Feedback: Das wirkt so auf mich ...
  - Metakommunikation: Wir reden gerade so miteinander, als ob ...
  - Beziehung klären: Bisher habe ich unser Verhältnis als sehr kooperativ erlebt. Ich möchte (nicht), dass wir ...
  - Regeln, Werte, Normen, Ziele klären: Mir ist wichtig ... Geht es dir auch so?
- *Gegenwirkendes, ggf. konfrontierendes Gespräch.* Geeignete sprachliche Mittel sind u. a.:
  - Aussagen, Mitteilungen, eigene Vorstellungen, eigene Erwartungen: Ich möchte, dass ...
  - Beweggründe (Motive; Absichten; Ziele) äußern: Es geht mir um ...
  - Alternativen formulieren: Wir können das so oder so machen ...
  - Perspektivenwechsel anregen: Versetzen Sie sich in meine Lage ...
  - Verantwortungsaktivierung: Hast du eine Idee, wie es weitergehen soll? (ggf. bei unangemessener Reaktion „Ansagen" machen)

- Günstig ist, die Verhaltensebene und nicht Überzeugungen, Moral ... zu thematisieren.
- Nicht selten enthält ein einzelnes Gespräch jenseits von Beratung anteilnehmende, wohlwollend-unterstützende, klärende, gegenwirkende, kritische, konfrontierende, kontrollierende, ggf. auch erzieherische Elemente.

(17) Allgemeine *Merkmale von günstiger professioneller Gesprächsführung* könnten sein: Es wird so gesprochen, dass verständlich wird, was gemeint ist. Das Gespräch interessiert beide Seiten. Es wird eine Atmosphäre geschaffen, in der sich jede_r möglichst wohlfühlt. Es wird beziehungssensibel kommuniziert. Kontext-, Situations-, Rollen- und Personenbesonderheiten werden wahrgenommen. Flexible Impulse zur Inhaltsklärung werden gesetzt. Das Gespräch wird thematisch und prozessual strukturiert. Es wird darauf geachtet, ein Arbeitsbündnis und Übereinstimmungen zu erzielen, die für eine gewisse Zeit tragen. Die Beteiligten kommen zu einem Ergebnis (einer Vereinbarung), mit der beide (die Mehrzahl der Gesprächspartner_innen) möglichst zufrieden sind. Das beinhaltet ggf. auch Konflikte und offene Fragen zu markieren – mit Richtungen und Ideen zur Weiterbearbeitung.

Für die Sprecherrolle sind besonders günstige Strategien: Ich-Botschaften; Ansprechen von konkreten Situationen; Benennen von konkreten Verhaltensweisen; beim Thema bleiben; lösungsorientiertes Vorgehen; Pausen für Nachdenken, Nachfragen, Rückmeldungen lassen. Für die Empfängerrolle gilt als konstruktiv-gesprächsförderlich: aktives Zuhören; Rückfragen; Rückmeldungen.

(18) Es gibt verschiedene *Lenkungsmittel* in Gesprächen – unterscheidbar nach Rahmenentscheidungen, Prozesslenkung und inhaltlicher Lenkung.

- *Rahmen:* Beteiligte, Ort, Zeitpunkt und Dauer, Setting bestimmen
- *Prozess:*
  - eher nondirektiv: Gefühle mitteilen; Tönung (die Atmosphäre) verändern; Wünsche, Erwartungen äußern; Anerkennen, Komplimente äußern; Anregungen geben; Angebote unterbreiten; in Zusammenfassungen Akzente setzen; Metakommunikation einsetzen
  - eher direktiv. Beziehung definieren; Redezeiten bestimmen; Rederechte bestimmen; lenkende Fragen; Befehle äußern (Anordnen); Unterbrechen, Bremsen; Bewerten, Stellung nehmen; auf Widersprüche verweisen; Ebene bestimmen und ggf. wechseln (Vergangenheit – Gegenwart – Zukunft; Sache – Beziehung; nachvollziehendes Verstehen – Forderungen stellen; Abverlangen – Unterstützung anbieten ...)
- *Inhalt:* Themen benennen und wechseln; Ziele entwickeln und definieren; Lösungsvorschläge unterbreiten

Allerdings:

„Kein Gegenüber lässt sich über Kommunikation so belehren bzw. steuern, wie wir das planen oder wünschen (Luhmann 1983). Er oder sie hört immer auch mehr oder weniger und auf jeden Fall anderes, als wir intendiert haben; und entsprechend unerwartet fallen häufig Antworten oder Handlungen aus. Offensichtlich hört und spricht jeder Mensch auf der Grundlage seiner [...] Geschichte. [...] (Es sind die Empfänger, KT), die den Akt der Bedeutungsgebung auf eigene, vom Sender zwar zu beeinflussende, aber nicht zu kontrollierende Weise, vornehmen. [...] Gestik, Mimik, Sprechmelodie, Rhythmus und (sub-) kulturelle Einfärbungen [...] bilden in vielen Situationen das Zentrum der Botschaft und stellen nicht nur zusätzliche Beigaben dar" (Schwabe 2010, S. 98).

Es komme auf den „Sound" an, der ggf. das Gegenüber beeindruckt.

(19) In der gemeinsamen *Gesprächsauswertung* gibt Feedback die Möglichkeit,

„Ballast am Ende des Gesprächs loszuwerden und damit Schwierigkeiten für weitere Gespräche vorzubeugen. Die Fachkraft erhält Anregungen zurück, Gesprächsteilnehmer können aber auch für sich selbst noch einmal bekräftigen, was hilfreich im Gespräch war und was sie mitnehmen [...]. In der gemeinsamen Gesprächsevaluation wird den Gesprächspartnern auch eine Teilverantwortung für das Gespräch zugesprochen, was dem Prinzip der Koproduktion und der dialogischen Verständigung entspricht. Das kann ein kurzes Blitzlicht zum Befinden, ein Feedback auf Hilfreiches oder weniger Hilfreiches sein, es könnte aber auch eine kriteriengeleitete ausführliche Evaluation stattfinden, wenn wichtige Abschnitte in einem Hilfeprozess diese erfordern. Hilfreich ist in jedem Fall, diese Rückmeldung durch Fragen zu strukturieren. Dies können Skalierungsfragen sein (‚Wie viel näher sind wir einer Lösung gekommen auf einer Skala von ...'?) oder fokussierte Fragen zum Gespräch (‚Was war hilfreich, was weniger?', ‚Was nehme ich mit?') oder ganz offene Fragen (‚Gibt es etwas, dass Sie mir zum Gespräch noch sagen möchten?'). Nicht immer ist diese gemeinsame Evaluation sinnvoll [...]: Wenn Gesprächspartner mit der metakommunikativen Ebene überfordert sind, wenn Gespräche im Zwangskontext auf die abwehrende und feindselige Haltungen bei den Gesprächspartnern stoßen und am Ende die Gelegenheit nur zur Entwertung des Gesprächs benutzt wird, wenn das Risiko besteht, dass erneut in das Gespräch eingestiegen wird, oder auch im gegenteiligen Fall, wenn Gespräche so konstruktiv verlaufen sind, dass eine gemeinsame Evaluation keinen zusätzlichen Nutzen brächte – in diesen Fällen ist zu überlegen, ob auf sie verzichtet wird" (Widulle 2011a, S. 84).

Selbstevaluation unterzieht das eigene Handeln einer Prüfung, und zwar unter den Gesichtspunkten der fachlichen Standards, der Wirkungen mit Blick auf die Ziele (Lernprozesse, Bewertungen, Vorsatzbildung), die Qualität der Atmosphäre. Mögliche Auswertungsfragen sind: Wurde das Gespräch dem Anlass entsprechend gestaltet? War das Gespräch kontextangemessen? Wurden die relevanten Themen angesprochen? Hatte das Gespräch eine angemessene Struktur und Phasierung? War die Atmosphäre förderlich? Wurde beziehungsadäquat gesprochen? Wie war der Gesprächsverlauf in den verschiedenen Phasen? Gab es besondere Schlüsselsituationen (positive und negative Höhepunkte)? Wie mag sich der/die Gesprächspartner_in gefühlt haben? Bewegte das Gespräch etwas? Wurden Ziele erreicht? Was war besonders gelungen, was weniger? (vgl. Widulle 2011a, S. 85 f.)

B. Soziale Arbeit mit Gruppen lehren und lernen

1. Einleitende didaktische Planungsüberlegungen

Das Methodenseminar Soziale Arbeit mit Gruppen (an der Evangelischen Hochschule Berlin mit drei Wochenstunden im dritten Semester angesiedelt) hat zwei mögliche Vorteile: Es kann auf lebensweltliche Erfahrungen in Familie, Schulklasse, Verein, Freundes- und Bekanntenkreis zurückgreifen. Jede_r war schon und ist gegenwärtig Gruppenmitglied, nicht wenige leiteten oder leiten Gruppen an ihrer Schule, im Verein, in der Kirche, als Jugendleiter_in in offenen Freizeiten bzw. im Rahmen von Ferienfahrten, im Freiwilligen Sozialen Jahr etc. Und das hochschulische Lernen selbst findet in einer Gruppe statt; Thema und Stoff liegen eng am persönlichen Erfahrungs- und Handlungsbereich. Daraus ergeben sich aber auch Schwierigkeiten: Studierende fühlen sich hinsichtlich ihrer sozialen Kompetenzen beobachtet, das Sprechen über den persönlichen Nahbereich gehört nach Ansicht mancher nicht in den öffentlichen Raum, verordnete Selbsterfahrung für alle findet bei nicht wenigen auch eher negativen Widerhall. Die Chancen überwiegen die Risiken, die Gefahrenseite ist aber didaktisch-methodisch zu berücksichtigen. Folgende für die Seminarplanung und -durchführung geltende Leitgedanken sind maßgeblich:

1. Es gibt, wie in jedem hochschulischen Fachgebiet, Wissensbestände, die als Kerncurriculum zu lehren sind. Diese stammen aus dem Bereich Gruppe im Sinne einer „Daseins-Form" sowie dem der methodischen Sozialen Arbeit mit Gruppen.
2. Man sollte die Ressource der anwesenden Lerngruppe dafür nutzen, sowohl reflektiert Teilnehmer_in als auch Leiter_in sein zu können. Deshalb leiten Studierende ab der sechsten, siebenten Sitzung die Seminargruppe in Planspielen selbst an.
3. Der Einsatz aktivierender methodischer Verfahren führt zu motivierterem, befriedigenderem und wahrscheinlich etwas nachhaltigerem Lernen.

Es gibt die Möglichkeit, im Rahmen von vier Parallelseminaren als Dozent_in Schwerpunkte zu setzen – z.B. hinsichtlich Handlungsfeld und Zielgruppe. Eine zentrale Entscheidung ist, ob Gruppenarbeit mit Erwachsenen mit wöchentlichen „Sitzungsstunden" (vgl. Simon/Wendt 2019) oder Gruppenpädagogik mit Kindern und Jugendlichen im Alltag (z.B. in Heimgruppen, vgl. Freigang/Bräutigam/Müller 2018; Behnisch/Lotz/Maierhof 2013) gelehrt wird. Im Folgenden wird Gruppenarbeit mit Erwachsenen in diversen Feldern zugrunde gelegt.

2. Das Lehrprogramm –
Der Seminarinhalt und -aufbau

Nähert man sich dem Gegenstand systematisch, sind folgende Sachaspekte hinsichtlich kompetenter Gruppenleitung in Feldern wissenswert:

Gruppe
* Verhalten von Menschen in Gruppen
* Rollen in Gruppen
* Gruppendynamik, Bewegkräfte, Phasen
* Positive Wirkkräfte in Gruppen

Methodische Arbeit mit Gruppen
* Arten; Zwecke; Einsatzfelder; Ziele (Ich- und Wir-Ziele, implizite/explizite Ziele etc.); Zielgruppen; Zwang und Freiwilligkeit; Motive und Motivation von Teilnehmer_innen
* Gruppen leiten: Haltung, Rolle, Motive der Leitung; Macht und Machtbalancen; Beteiligungsvarianten; Moderation; Standardverfahren und Strategien
* Regeln (gesetzt/ausgehandelt)
* Störungen und Konflikte
* Planung und Auswertungsverfahren

Bei einer *Verteilung des Stoffes* auf 15 Seminarsitzungen können natürlich nur einige Basics vermittelt werden. Da Studierende für 90 Sitzungsminuten (die Hälfte der Einheit) nach Ablauf von circa 40 % der Seminarzeit spätestens ab der siebenten Sitzung in die Leitungsrolle schlüpfen (sollen), empfiehlt es sich, in den ersten sechs Einheiten Wissensbestände zur Arbeit mit Gruppen aufzurufen, die dann schon verwertet werden.

In der ersten und zweiten Seminarsitzung geht es um Erfahrungen der Studierenden in Gruppen, um Markantes, Themen, Fragen, Lerninteressen. Begriffe wie Gruppenarbeit, Arbeit mit Gruppen, Gruppenpädagogik werden geklärt. Systematisierung und Differenzierung bieten sich an: Merkmale von Gruppen; Zwecke wie Bildung, Erziehung, Hilfe, Freizeitgestaltung, (politische) Interessendurchsetzung; Einsatzfelder wie Kinder- und Jugendhilfe, Arbeit mit belasteten Menschen (erkrankt, arbeitssuchend, mit einer Beeinträchtigung etc.), Gemeinwesenarbeit, Erwachsenenbildung, Angehörigengruppen, Selbsthilfegruppen etc.; persönliche und Gruppenziele; (Un-)Freiwilligkeits- und Motivationsgrade. Zwang und Motivationslosigkeit (vgl. Klug/Zobrist 2013) sowie

Zielarten und Zielentwicklung (vgl. Stahl 2017; Schwabe/Thimm 2018, 131 ff.) sind erste Vertiefungsthemen; es werden auch schon en passant Ideen zum Handeln der Gruppenleitung entwickelt.

Die dritte und vierte Einheit sind der Gruppenleitung gewidmet – auch hier kann an Erfahrungen angeknüpft werden. Spannend und kontrovers wird immer das Thema Macht bearbeitet. In ersten Rollenspielen werden vorgestellte Verfahren (auch in den Folgewochen) geübt: verschiedene Formen von Feedback, Runde, Blitzlicht; „VW-Strategie" (Umformulierung von Vorwürfen in Wünsche); Interessenabfrage; soziometrische Verfahren; Übungen: Kennenlernen, Warming up, Energizer, Kooperieren, Schlussgestaltung. Ein Tenor für das Leitungshandeln ist: Das anscheinend bzw. scheinbar Einfache gut machen.

In der fünften und sechsten Sitzung wird die Planung von Gruppenveranstaltungen (Gesamtprozess; Einzeleinheit) behandelt. Einfacher als Erziehungsgruppen sind stundenweise arbeitende Gruppen mit limitierter Laufzeit und definierten Themen zu beplanen und in Planspielen zu simulieren. Fertige Konzepte zu einem zweitägigen Pfegelternseminar, zu einem Anti-Gewalt-Training und das Fit-for-life-Programm liegen als (austauschbare) Beispiele vor, die arbeitsteilig kriteriengeleitet untersucht und im Plenum vorgestellt werden. Abschließend werden Planungsraster verteilt; allererste Impulse zur Auswertung werden gegeben (zur Erhebung: wer wird befragt; geschlossen/offen; anonym/identifizierbar; Items, z.B. aufgabenbezogene-sachliche und persönliche (Nicht-) Entwicklung bzw. (Un-)Zufriedenheit; Länge/Dauer; Frage des Einsatzzeitpunktes …).

Ab der siebenten bis zur 15. Sitzung stehen statt 180 Minuten nur noch 90 Minuten für die systematische Themenerarbeitung zur Verfügung, da die anderen 90 Minuten der wöchentlichen Einheit für das Ausprobieren von Gruppenanleitung verwendet werden. Die siebente Sitzung ist dem Thema der gesetzten und ausgehandelten Regeln (auch: Sanktionierung; mit Rollenspiel) gewidmet. Die achte Sitzung vermittelt das Handwerk der Moderation in einem Planspiel (bei mir liegt eine Schulhilfekonferenz zugrunde). Es moderieren Studierende. Da in Spiel und Auswertung ein definierter Stoff präsentiert werden soll, geschieht die Planung von Dozentenseite hier ausnahmsweise lenkend, ja vorgebend.

Die verbleibenden sieben Sitzungshälften widmen sich den übrigen Themen: neunte bis elfte Sitzung Verhalten von Menschen in Gruppen; Rollen; Gruppendynamik und Phasen; zwölfte Sitzung Lern- und Entwicklungsfaktoren für die Einzelnen durch und in Gruppen; dreizehnte, vierzehnte und fünfzehnte Einheit Störungen und Konflikte (in der Gruppe zwischen Teilnehmer_innen; zwischen Gesamtgruppe und Leitung; zwischen Einzelnen und Leitung). Das komplexe Thema Störungen kann aufgefächert (und auch nur angerissen) werden: reguläre, erwartbare Störungen wie Abbruch, Verspätungen, Entwertung der Leitung, Enttäuschung von Erwartungen, Motivationsschwankungen;

Störungsrollen wie Vielredner oder notorische Bedenkenträger; starke Betroffenheit durch eigene Emotionen wie Wut und Trauer; Störungen durch Situationsfaktoren wie Leitungswechsel oder Raumbedingungen; eine verstörende
Gruppenleitung. Gerade hier können nicht alle Eventualitäten und nicht alle
Auftretensvarianten durchgesprochen werden, sondern es werden Haltungen
vorgeschlagen und auf den Prüfstand gestellt – entlang an Fragen wie: Bin ich
Betroffene_r, eigeninteressierte_r Beteiligte_r oder unparteiische_r Modera-
tor_in (Rollenbewusstsein, -klärung)? Welche kurz- und welche mittelfristigen
Ziele habe ich? Wo steht die Gruppe in ihrer Entwicklung? Habe ich mehrere
Hypothesen zur Problementstehung? Gebe ich mich hinreichend akzeptierend,
zuhörend und suchend? Stimmt für diese Gruppe das Maß an Vorleistung von
mir? Dominiere ich zu stark oder gebe ich zu wenig Orientierung? Beteilige ich
zu wenig oder zu viel? Am Ende werden noch einmal Schlüsselsituationen (z. B.
Anfang und Schluss; Konflikte; Planen und Abweichen) und Kernanforderun-
gen (z. B. je nach Zweck Austarieren zwischen Ich und Wir, Beziehung und Sache, Prozess und Ergebnissen, Selbst-, Mit- und Leitungsverantwortung, Mehr-
heiten und Minderheiten; Kooperation zwischen Leiter_innen) rekapituliert.

Es wird versucht, die Sachthemen mit den studentischen Übungsanleitun-
gen zu verbinden (siehe unten). Zudem wird jedes Thema an erzählten bzw.
verschriftlichten Beispielen eingeführt, veranschaulicht, für das praktische Handeln aufbereitet, durch Selbstwahrnehmungs- und Reflexionsimpulse auf Stimmigkeit für die Person befragt und überprüft (Lernbereiche Methoden- und
Selbstkompetenz).

3. Simulation in Planspielen

Die Studierenden sind eingeladen, einen benoteten Leistungsnachweis in Form einer Gruppenanleitung (statt mündlicher Prüfung oder Hausarbeit, die Alternative besteht) zu erbringen. Es gibt maximal zehn Möglichkeiten für je zwei Studierende, sich auszuprobieren. Zwei Entscheidungen sind zu fällen, wenn sich die Student_innen bereiterklärt haben: Welche Art von Gruppe will ich anleiten (1)? Welches Sachthema zu Gruppen greift meine Anleitung auf (2)?

1. In etwa der Hälfte der *Präsentationen* wählen die Studierenden eine *Art von Gruppe,* die sie entweder als Teilnehmer_in oder aber Leiter_in schon selbst erlebt haben – oder mindestens ersatzweise ihr_e Partner_in bzw. ihre Eltern. Die andere Hälfte betritt thematisch Neuland und erarbeitet sich ein Thema aus selbst gesuchten Vorlagen. Einige Beispiele aus der großen Palette: Gruppe für an Fatigué Erkrankte; Vorbereitungsseminar Freiwilliges Soziales Jahr; Rückkehrer-Seminar Auslandseinsatz Bundeswehr oder NGO; Kinderferienreise; Drogentherapie; Gruppe für Menschen mit Essstörungen; Gruppe von Alkoholabhängigen bei der Polizei; Reha-Gruppe in der Herzklinik; Elterntraining; präventive Selbstschutz-(Trainings-)Gruppe junger weiblicher Clubgänger_innen (für ihren nächtlichen Heimweg); Freizeit-Gruppe in einer Tagesstätte für alte Menschen; Gruppenabend in einer Jugendwohngemeinschaft. Die Studierenden werden angehalten, zunächst einige konzeptionelle Überlegungen zu skizzieren: Zielgruppe; Ziele; Zugang; Ort, Zeit, Teilnehmerzahl, Kosten; Inhalt und Aufbau der Gesamtveranstaltung, vom Prozess der Teilnehmergewinnung bis zum Ende der Gruppe. Die Beispiele und die Planungsunterlagen aus der Lehre sind ein nützliches Fundament.
2. Zum anderen sollen sie sich für ein *Fachthema* entscheiden, was sie in ihrer Anleitung aufgreifen wollen, z.B.: Umgang mit Sündenbockrollen-Zuschreibung; Anleitung von Übungen; Regelerstellung; Auseinandersetzung um Einfluss bzw. Machtkampf zwischen Teilnehmer_in und Leitung; lähmendes Schweigen; Umgang mit Teilnahmeverpflichtung u.a.m.

Zu diesen Entscheidungen und der Umsetzung findet Beratung durch die Seminarleitung statt. Dann geht es darum festzulegen, welche Einheit und welche Situation in den 60 bis 90 Minuten aufgegriffen werden sollen. Oft müssen Anspruch, Umfang, Komplexität verringert werden; es besteht fast durchgängig die Gefahr, die Übungssituation zu überfrachten. Häufig verschätzen sich die Student_innen zeitlich, weil die Rollenspieler_innen Redezeit beanspruchen (je mehr Akteure, je länger dauert es, wenn man auf die Teilnehmenden eingeht).

Dann steht an, die Simulation genau zu planen. Ganz zentral ist die Aufteilung in einen Innenkreis, in dem die Akteure (Leitung und Teilnehmer_innen) sitzen, und einen Außenkreis der Beobachter_innen, die unbedingt durch Teilnahme an Übungen bzw. Beobachtungsaufträge zu involvieren sind. Wiederkehrende Planungsüberlegungen der Verantwortlichen sind: Was will ich zeigen, was soll die Lerngruppe sehen, wissen, erfahren? Welche Teilnehmerrollen brauche ich (ggf. vorherige Ansprache von Studierenden, die Rollen übernehmen; Entwicklung von Briefing-Texten)? Welche Übung baue ich ein (Energizer, Schlussgestaltung o. a.)? Wie gestalte ich das Setting? Wie sieht eine gerechte Aufteilung zwischen den zwei Leiter_innen aus? Welche möglichen Zwischenfälle können eintreten? Was sind Plan B-Überlegungen? Das Planungsschema enthält die Rubriken Zeit; Inhalt; Ziele; Medien; Ablaufelemente wie Instruktionen etc.; Achtungszeichen – worauf ich besonders aufpassen will; Zuordnung von Aufgabe(n) zu Person(en).

Hier ein *Beispiel für eine Grobstruktur:* (1) Anmoderation: Worum geht es? Welche Gruppe seht ihr und wann, wo, mit wem? Überblick über den Ablauf; Erwartungen an den Innen- und Außenkreis; Verteilung verschiedener verschriftlichter Beobachtungsaufträge an Teilgruppen; Besonderheiten, worauf es ankommt, was uns wichtig ist o. ä.; (2) Warming up für alle; (3) Thema (etwa Nein-Durchhalten als Mutter/Vater; Auslöser und Umgang mit Stresserleben; Meine Rolle als ehrenamtliche_r Lesepat_in an der Schule; Meine Kompetenzen: Was kann ich gut?); (4) Rückmeldungen an die Leitung aus dem Innenkreis; (5) Nach Spielende: Beobachtungen gemäß Aufträgen aus dem Außenkreis; Themenvertiefung durch Dozierende_n; nach der Stunde persönliche Rückmeldung an die beiden Leiter_innen.

Auswertend nannten die Rollenspieler_innen positiv häufig vor allem folgende Merkmale des Leitungsverhalten: Anerkennung; Struktur und Transparenz des Programms; beteiligt werden; individuell als einmalige Person statt als „Fall von …" angesprochen werden; sprechen dürfen; Peeraustausch; neue Erkenntnisse; Bestätigung. Negativ wurden mehrheitlich die jeweiligen Gegensätze der Positivfaktoren genannt, z. B. Objekt eines Standardprogramms sein; viel Reden von der Leitung; fehlender Schutz vor „störenden" Peers.

Hier eine schriftliche Rückmeldung, die in dieser Art jede_r anleitende Student_in nach einheitlicher Gliederung von mir erhält.

Beispiel: Rückmeldung zur Gruppenanleitung

Schwierigkeitsgrad der Herausforderung, Mühe, Fleiß, Risiko- und Kreativgehalt des Themas
- Selbst initiiert und erdacht; noch nicht anderweitig erprobt
- Sehr fleißige Vorbereitung

Planung

- Genaue Planung der dargebotenen Einheit
- Überdurchschnittlich orientierender Ablaufplan
- Sehr einladende Settinggestaltung
- Präzise, sorgfältige Vorbereitung der Teilnehmenden
- Umfangreiche Einladung zur Beobachtung und Rückmeldung

Durchführung; prozessgestaltende Interventionen

- Klare Struktur der Einheit
- Starke Erfahrungsgrundierung (sehr positiv), Betroffenheit bei Teilnehmenden
- Günstige Haltungen: Ernsthaftigkeit; sachgebundene Empathie; Rückkoppelung und Suche nach Einverständnis; klare Anweisungen bei Aufgaben; unaufgeregt-ruhig; Genauigkeit
- (Nach-)Fragen gut angekoppelt
- Gelungene beiläufige Kommentierung
- Konsequentes Ansprechen in Rollen
- Input-Text für die Teilnehmer_innen lang, aber sehr geeignet, weil relevant und orientierend
- Geschickte Übergänge
- Auswertung der Innengruppen-Arbeit aufmerksam und empathisch, aber keine Bewertung von Teilnehmerbeiträgen
- Präzise Sprache

Leitungsverhalten und Kooperation mit Co

- Freundlichkeit, Empathie
- Eingeschaltete, wache Leitung, die führt
- Flexible Gestaltung der Positionen von Gruppenleitung im Raum
- Gerechte Aufteilung; Abwechslung; Kooperation ohne Konkurrenz und (sichtbare) Anspannung

Anleitung von Übungen

- Aufmerksamkeit hergestellt und präzise

Methoden/Instrumente

- Exzellente Visualisierung

Anfangs- und Schlussgestaltung

- Startphase perfekt
- Schluss-Feedback Innengruppe: Leitung besteht nicht auf Rucksack-Idee – sehr professionell, innerlich loszulassen
- Feedback Außenkreis: Annahme von Anerkennung und Kritik; Stellungnahme zu Erschwernisfaktor (zu lautes Quatschen von Student_innen) – sehr gelungen

Schwächen, Entwicklungsmöglichkeiten, Fragwürdiges
- Entrollen vergessen
- Selbstverpflichtung und Pläne-Schmieden fehlte bei der Runde; Entscheidung für eine Frage, z. B. Was hilft, was braucht? bzw. Wie war es? oder Was nehme ich mit?

Zusammenschau der Stärken
- Positive Ausstrahlung
- Ordnung insgesamt und in den Teilbausteinen
- Sehr gute Feinorganisation
- Dreierschritt Aktion – Reflexion – Auswertung
- Lösungs- und Gebrauchswertorientierung für Teilnehmende
- Berührung der Teilnehmenden
- Sehr günstige Haltungen und Interventionen (Sie wirkten beide wirklich souverän, Inputs wohldosiert, gute (Nach-)Fragen, gute Annahme und Aufgreifen)
- Unterscheidungen Innen- und Außengruppe

4. Aktivierende Lehr-Lern-Methoden

Folgende *Methoden* kommen *in der Lehre* zum Einsatz:

1. *Rollenübernahme im Planspiel:* Neben der Leitungsrolle sind Teilnehmerrollen zu besetzen. Damit bieten sich Lernmöglichkeiten. Man erfährt am eigenen Leib fremde, simulierte Persönlichkeiten, Lebenswelten, Belastungen, Bewältigungsweisen. Zudem erleben sich die Studierenden als Empfänger_in von professionellen Leistungen.
2. *Identifikation:* Identifikation als relevanter Teilaspekt der spielerischen Übernahme meint das (hier verordnete) Hineinschlüpfen in eine Person bzw. Rolle. In der Konsequenz geht es über das Erleben von etwas hinaus um das Zur-Verfügung-Stellen von Informationen: „Ich als X. denke …". Oft begeben sich Studierende tiefer in Rollen, als sie anfangs dachten, und entwickeln starke Emotionen.
3. *Teilnahme an Übungen:* Auch wenn „Spiele" an Hochschulen unüblich sind, mussten selbst skeptische Student_innen einräumen, dass durch Warmingups, Kennenlern- und Kooperationsübungen Erkenntnisse über sich, über andere bzw. über die jeweilige Sache gewonnen werden können. Übungen machen außerdem tendenziell wach, öffnen, verbinden und erbringen wahrscheinlich Spaß und Leichtigkeit. Wer nicht teilnehmen will, muss sich nicht rechtfertigen. Ausstiege sind jederzeit möglich; Beobachtungsaufgaben werden angeboten.
4. *Beobachtungen:* Aufgaben beziehen sich auf Leitungs- bzw. Teilnehmerhandeln. Günstig zu üben ist, zu beobachten und zu beschreiben, ohne zu interpretieren und zu bewerten bzw. sich die Unterschiede bewusst zu machen und sich zu sensibilisieren. Typische Aufträge, möglichst variiert, waren z. B.: Stoppt mit der Uhr die Redezeitanteile von A., B., C., D. Was fällt dir an der Bewegung im Raum/an der Körperhaltung/an der Mimik von A. auf? Wie reagiert Person 1, 2, 3 auf Aufforderungen? Was macht Leitung bei Regelverstößen? Was fällt bei der Anleitung bzw. Auswertung oder Durchführung von Übungen auf?
5. *Feedback, Blitzlicht, Runde, Sharing, Reflecting Team:* Feedback wird im Rahmen des regulären Unterrichts und des Planspiels (vorzugsweise von den Teilnehmer_innen an ihre Gruppenleitung und zwischen Teilnehmer_innen) verwendet. Auch Blitzlicht und Runde, Sharing und Reflecting Team sind Formate, die geplant oder ad hoc eingesetzt werden, wodurch Informationen für den Fortgang des Prozesses erzeugt werden, die beteiligen und die aktivieren. Die Innenwelt von Menschen wird angesprochen, Aus-

einandersetzung und Stellungnahme werden von jeder und jedem oder einigen Mitgliedern der Lerngruppe abverlangt. Die Fragestellung sollte genau formuliert werden und die Abfrageformen sollten variieren (z. B. auch schriftlich und anonym, dann werden die Zettel in eine Box geworfen, reihum wird eine Mitteilung gezogen und verlesen; es kommen nicht immer alle dran, etwa jede dritte Person im Kreis, oder es findet Austausch in einem Quartett statt).

6. *Texterarbeitung in Kleingruppen und Ergebnispräsentation im Plenum:* Diese methodische Variante ist im Seminarbetrieb üblich und verbreitet. In der Veranstaltung Arbeit mit Gruppen kommt sie z. B. bei der Erarbeitung von Beispielkonzepten und Gruppenphasen (mit Indikatoren und vorgeschlagenen Leiterinterventionen) zum Tragen.

7. *Lösungsarbeit an Fallbeispielen:* In diesem Seminar wird insbesondere das Thema Störungen und Konflikte an verschriftlichten Fällen in Kleingruppen und plenar bearbeitet.

8. *Ergebnissicherung durch Wiederholung:* Ein Mittel, an die Arbeit der vergangenen Woche anzuknüpfen und die Studierenden „überhaupt in den Film zu holen", liegt in der Rekapitulation zentraler Ergebnisse. Das kann mit einem Leistungsnachweis verknüpft werden. Es ist erstaunlich, welche kreativen Ideen entwickelt und eingesetzt werden.

5. Zum Beispiel Lern- und Entwicklungsfaktoren in Gruppen

Die *Verknüpfung eines „Theoriethemas" mit der Gruppenanleitung* im Rahmen eines Planspiels soll an einem Beispiel verdeutlicht werden. Die Stunde beginnt mit der Frage an das Plenum: Stellen Sie sich vor, Sie haben große Probleme beim Grenzensetzen in der Erziehung mit ihren zehnjährigen Zwillingen Lea und Leo. Was macht die Gruppe zu einem möglicherweise nützlichen Element, ja was kann potenziell nur die Gruppe leisten? Die Studierenden sind überwiegend spontan zunächst geneigt, Faktoren zu nennen, die die Gruppenleitung betreffen: Fachautorität; sympathisch; lässt nicht den Experten raushängen; bewertet nicht. Schnell wird häufig auch das Verhalten der anderen Gruppenmitglieder als relevant benannt: Man braucht Vertrauen; Respekt und Wertschätzung; keine blöden Sprüche; nicht auslachen. Es kann vorkommen, dass die Frage noch einmal überdeutlich gestellt wird: „Thema ist heute nicht so sehr, wie eine ideale Gruppe beschaffen ist, sondern: Wieso arbeitet man professionell überhaupt mit und in einer Gruppe, in der Hoffnung, dass dies Menschen hilft?" Nun kommen die ersten Antworten, die in die erwünschte Richtung weisen: Man fühlt sich dann nicht so allein. Die anderen können Tipps geben. Man lernt neue Leute kennen und verabredet sich vielleicht sogar. Daraus kann dann ein Auftrag formuliert werden: „Achten Sie in der folgenden Gruppenanleitung auf die Teilnehmer_innen und stellen Sie Hypothesen auf, was in der Gruppe lern- und entwicklungsfördernd mit Blick auf den Umgang mit dem mütterlichen Erziehungsproblem, aber auch positiv für Motivation und Befinden gewirkt hat."

Mit den zwei Gruppenanleiter_innen sollte der/die Dozent_in das Thema Wirkkräfte in Gruppen vorher durchsprechen, um wahrscheinlicher zu machen, dass genügend Material dazu produziert wird (was natürlich nicht garantiert werden kann). In unserem Fall haben die Gruppenleiter_innen eine Kommilitonin instruiert, die die 33jährige Rita Müller, Mutter von zehnjährigen Zwillingen, spielt. Die Rolle von Frau Müller sollte mit einer erfahrenen, versierten Studentin besetzt werden, die gerne mitmacht. Auch die anderen Planspieler_innen haben als Eltern je drei, vier Verschreibungen erhalten, wie sie ihre Rolle anlegen sollten. Das Problem ist „Grenzen setzen" bei schrankenlosem Smartphone-Gebrauch. Als Rahmen ist eine Elterngruppe an einer Erziehungs- und Familienberatungsstelle mit freiwilliger Teilnahme verabredet. Rita Müller schildert verabredungsgemäß, was sie bei allgemein intakter Beziehung zu Lea und Leo unter schwierigen Bedingungen von Alleinerziehen und Doppelbelastung von Mutter-Sein und Beruf schon probiert habe. Sie gibt sich tendenziell verzweifelt.

Der *planerische Kern der Gruppenanleitung* Elternkurs/Grenzensetzen stellt sich in dieser Einheit so dar: In einem ersten Schritt darf Frau Müller klagen und ihre vergeblichen Versuche schildern. In einem zweiten Schritt gibt die Gruppe Resonanz, und zwar in Form eines Reflecting Teams. Es wird dabei in Anwesenheit von Frau Müller laut über ihre Lage und ihr Vorgehen nachgedacht. Drittens dann äußert Frau Müller ihren Wunschzustand und formuliert zwei erste Schritte auf dem Weg in die angezielte Richtung. Viertens wird ein Rollenspiel mit Frau Müller und den beiden Gruppenleiter_innen in den Rollen von Leo und Lea durchgeführt, wobei die Mutter eine oder zwei Lösungsvarianten anspielt. Nicht selten ist es günstig, wenn eine Leitungsperson kein Kind spielt, sondern Frau Müller coacht (Variante nur ein Kind). In einem fünften Schritt teilen die Peers mit, was ihnen „auf der Seele liegt" (Sharing). Die Sequenz dauert bis zu einer Stunde (mit Besprechungsanteil).

Im Rahmen der Beobachtung durch die Außengruppe werden typischerweise folgende Wirkkräfte genannt: Es ist entlastend, wenn andere ähnliche Probleme haben, wie man selbst. Geteiltes Leid ist halbes Leid. Anteilnahme tut gut. Man kann Mut bekommen, wenn andere Fortschritte machen. In einer Gruppe ergibt sich oft eine Ideenvielfalt. Man erlebt, dass es anderen noch schlechter geht – und die trotzdem den Kopf oben behalten. Man kann Sachen in einer Trockenübung ausprobieren. Man bekommt Rückmeldung, wie andere einen sehen. Man bekommt Hausaufgaben mit einem gewissen Druck, zu liefern.

Mit der Zeit entstand diese Faktorensammlung (vgl. auch Anregungen aus Selbsthilfe- und Therapiekontexten bei Edding/Schattenhofer 2009).

Wissensbaustein: Lern- und Entwicklungspotenziale …
Was sich im guten Falle in Gruppen ereignet

(1) Synergien von Talenten, Fähigkeiten, Kenntnissen zur Aufgabenlösung (Beispiele: Fortbildungsgruppe; Team)
- Bessere Sachergebnisse (sofern Kräfte auf ein Ziel hin gebündelt werden können)

(2) Entlastung (Beispiele: Gruppe pflegender Angehöriger; Burn out-Gruppe in der betrieblichen Sozialarbeit)
- Aussprechen von Belastungen
- Breites Mitteilen von Sorgen und Misslingen

(3) Kontakt finden, Isolierung, Einsamkeit überwinden; berechenbare Struktur (Beispiele: Wohngruppe psychisch kranker Menschen; Gruppenangebot in Tagesstätte)

- Geselligkeit, Wärme, Zugehörigkeit, Nähe, Geborgenheit
- Erleben von Ähnlichkeit
- Erfahren von Mitgefühl (von positiver Gegenseitigkeit)
- Stabilisierung erfahren durch die feste Struktur der Gruppentreffen: fester Termin; sozialer Ort; Teil von ...

(4) Persönliche Geltung und Stärkung erfahren (Beispiele: Trauergruppe; Gruppe krebskranker Menschen)

- Hoffnung schöpfen aus Geschichten anderer
- Akzeptanz durch andere erfahren; sich angenommen erleben; Bestätigung, „richtig", okay zu sein
- Fremdbilder von Können und Wert; Bestärkung

(5) Stützen, Helfen, für andere bedeutsam sein – als Geber_in und Nehmer_in; Stabilisierung durch Gruppe (Beispiel: Motivationskurs für langzeitarbeitslose Menschen; Gruppe im Frauenhaus und in der Suchthilfe)

- Praktische Hilfen, Informationen, Tipps bekommen und geben
- Solidarität
- Krisenhilfen
- Verantwortung übernehmen – für andere Mitglieder, für neue Mitglieder, für Menschen, denen es schlechter geht

(6) Erkenntnisgewinn, persönliche Lernerfahrungen, interpersonales Lernen, Identitätsfindung (Beispiele: Trennungsgruppe; Elterngruppe; Frauengruppe)

- Lernen (z.B. von Bewältigungsstrategien, Einstellungen, praktischen Umgangsweisen ...) durch Abschauen, durch Zuschauen
- Erweiterung des Selbstbildes, verhaltenskorrigierende Rückmeldungen (neue Erkenntnisse über sich gewinnen)
- Selbstklärung; Identitätsfindung durch Selbstverortung im Kontakt mit anderen (Orientierung durch Modelle, durch Vergleichen, indem ich merke, was für mich zählt ...)
- Erweiterung der Möglichkeitsräume; soziale Phantasie
- Probehandeln, Experimente im Schonraum
- Akzeptanz von Unterschieden, Anders-Sein

(7) Soziale Kontrolle als Unterstützung und Erinnerungshilfe (Beispiele: Gruppe mit Suchtmittelabhängigen, Anti-Gewalt-Gruppe; Erziehungskurse als richterliche Auflage)

- Individuelles Verhalten kann ggf. durch Verabredungen bzw. Gruppennormen beeinflusst werden

- Halten an „Selbstverpflichtungen" wahrscheinlicher durch in Aussicht stehende Nachfragen

(8) Freude; Spaß (Beispiel: Gruppenarbeit mit Kindern/Jugendlichen)
- Das Zusammensein mit anderen, etwa im Spiel, hebt die Stimmung (Freude an der Gemeinsamkeit, ggf. Flow-Erleben)

(9) Durchsetzungsfähigkeit (Beispiel: Gemeinwesenarbeit politischen Ausrichtung)
- Die Anzahl der Menschen und die Organisierung ihrer Interessen erhöht die Chance, Gehör zu finden und Gewicht zu erhalten

6. Erfahrungen und Erkenntnisse

Die Sammlung markanter Erkenntnisse lässt sich gliedern in die Bereiche einzelne_r Lerner_in, Lerngruppe, Sache.

Die Sache Arbeit mit Gruppen geht einher mit besonderem Methodeneinsatz und erfährt durch die studentischen Gastgeber_innen eine liebevolle Gestaltung mit Willkommenspostern, Blumen, Süßigkeiten, Musik etc. Das wertet den Stoff auf und korrespondiert mit angenehmen Gefühlen. Die Planungsüberlegungen imponierten häufig durch Genauigkeit und Sinnhaftigkeit. Gleichwohl erlaubten sich die Studierenden rasch und bereitwillig, ggf. von den Planungen abzuweichen. Die Verbindung von reflexiver Gegenstandsaneignung („Theorie") sowie Anwendung („Praxis") und Selbsterfahrung fällt bei dem Thema günstig aus.

Zu den *Gewinnen für den/die einzelne_n Lerner_in.* Besonderes Interesse haben die Studierenden am Feedback darüber, wie sie als Gruppenanleiter_in wirkten. Die Übernahme von Klientenrollen und das Verkörpern unterschiedlicher Typen, Probleme, Lebenslagen, Bewältigungsweisen etc. wurde zudem immer wieder als sehr bereichernd erlebt.

Energizer und Warming-ups können fast immer von allen, nicht nur von den Planspieler_innen mitgemacht werden. Für die Außenkreis-Student_innen, die „nur" am Ende als Beobachter_innen sprechen, sind (Selbstreflexions-)Aufträge sinnvoll, die dann auch abgefragt bzw. anders thematisiert werden müssen, z.B.: Was kommt bei Ihnen an, was nicht? Welche zentralen Gefühle haben Sie begleitet? Welche Person war Ihnen weshalb (un-)sympathisch? Wann und wodurch erlahmte Ihr Interesse? Etc. Hier ein eingesetztes Instrument.

Rückmeldebogen: Beobachterrolle

„Bitte entscheiden Sie vorher, ob Sie die Leitung und die Co-Leitung beobachten oder ob sie Ihr Augenmerk auf die Gruppendynamik richten möchten.

Mit wem oder was waren Sie identifiziert? Identifikation meint hier, bei wem oder was Sie emotional am nahesten dran waren. Dieses Nahe-Dran können positive wie negativ konnotierte Emotionen sein.

Was hat Ihnen gefallen und sie fröhlich/beschwingt/... gestimmt?

Was hat Ihnen missfallen und Sie geärgert/traurig/... gestimmt?

Sie haben hier etwas miterlebt. Was ziehen Sie daraus für Schlüsse, bezogen auf Ihre Rolle als Leitung einer sozialen Gruppe?

Bitte schließen sie Ihre Rückmeldung mit dem Satz, der wie folgt beginnt: ‚Besonders beeindruckt/bewegt/berührt/mitgenommen/… hat mich …‘

Sie haben als Beobachter_in eine wichtige Rolle eingenommen. Bei erneuter Beobachtung, würden Sie etwas anders machen, als Sie es heute gemacht haben?" (Teke 2012).

Das Seminar kommt nicht bei allen Student_innen gleich gut an. Einige vermissen hochschulisches Niveau – sie präferieren theoretische Arbeit, andere Einzelne scheuen Aktivität bzw. „es ist zu nah". Überwiegend wird das Seminar aber als Trainingsveranstaltung angenommen. Eine sehr typische *Einschätzung eines Studenten:* „Die Gruppenanleitung hat mich herausgefordert. Durch die Spannungen zwischen den einzelnen Gruppenmitgliedern waren wir Moderatoren als regulative Instanz gefordert. So konnte ich das Intervenieren auf eine respektvolle, aber lenkende Art üben. Außerdem haben wir mehrere der vorgeschlagenen Methoden in den Ablauf zu integrieren und auszuprobieren versucht. Es war stimmig und sinnvoll. Besonders das Erstellen einer Zielplanung gefällt mir gut, genauso wie die detaillierte Planung der Anleitung. Auch das Feedback der außenstehenden Beobachter_innen hat meine Wahrnehmung ergänzt und verfeinert. Abschließend kann ich sagen, dass ich mit dem Ergebnis sehr zufrieden war und mich in meiner Rolle wohlgefühlt habe." (R. S.)

C. Systemische (Familien-)Beratung in der Sozialen Arbeit lehren und lernen

1. Einleitung

Das Seminar Soziale Einzelhilfe wird im dritten Semester dreistündig pro Woche angeboten. Vier engführende Entscheidungen, die auch anders gefällt werden können, liegen meiner Arbeit und den folgenden Schilderungen zugrunde. Erstens unterrichte ich Beratung und nicht z. B. Case Management oder „Einzelfallhilfe" nach dem SGB VIII. Zweitens verfolge ich, auch wegen der Lehrbarkeit, mehr ein sozialarbeiterisches und weniger ein sozialpädagogisches Beratungsverständnis. Drittens wähle ich als Konzept primär den systemischen Ansatz, der seit vielen Jahren anerkanntes Leitmodell in Theorie und Praxis der Sozialen Arbeit ist. Und viertens präferiere ich die Zielgruppe Familie. Es werden im Studienangebot durch vier bis fünf parallele Kurse mit je circa 27 Teilnehmer_innen Spezialisierungen hinsichtlich Feld und Zielgruppe wie Sucht-, Familien- oder interkulturelle Beratung offeriert. Auch die Schwerpunktsetzung und Grundentscheidung für pädagogische Beratung ist möglich. Mein Seminar ist so angelegt, dass nicht nur Beratung für die Zielgruppe Familie, sondern immer auch allgemeine Beratungsgrundlagen thematisiert und Transferimpulse gegeben werden.

Im guten Fall verfügen die Student_innen über Grundlagen der Gesprächsführung aus dem Kommunikationsseminar im zweiten Semester. Motivationstrübend ist die anfangs geäußerte frustrierende Botschaft, dass durch die Veranstaltung nur beschränkt Beratungskompetenz entworfen wird. Klar gesagt: Niemand wird durch das Seminar zum Beratungsprofi. So gibt es für Interessierte die Möglichkeit eines an den Bachelor anschließenden Masterstudiengangs Beratung an der Evangelischen Hochschule Berlin – das zeigt schon, wie beschränkt und lückenhaft dieser Pflichtkurs mit maximal 45 Unterrichtsstunden angelegt sein muss. Und eine mehrjährige Weiterbildung, so wird eingangs zur Klärung und zwecks realistischer Erwartungsausprägung mitgeteilt, wird denjenigen nicht erspart bleiben, die „in Beratung richtig gut werden wollen". Leider gilt meines Erachtens für Beratung noch mehr als für andere Kompetenzbereiche: Wer außerhochschulisch Haltungen und Fähigkeiten in Familie, Beruf etc. vor dem Studium erworben hat, wird relativ schnell noch besser; wem eine beraterische Grundhaltung mit Zuhören-Können, Raumgeben, Gefühle und Worte kontrollieren, Strukturieren oder prägnantem Rückmelden eher fernliegt, kann die Angebote jedenfalls im sichtbaren Bereich weniger in erste Stadien von Fortgeschrittenenniveau umsetzen. Die Spreizung der Fähigkeiten kann durch das Angebot nicht oder wenig gemildert werden, allerdings sind Lernerfolge im Vergleich mit sich selbst zu zwei Zeitpunkten und natürlich Wissenszuwachs möglich. Ob die Mixtur aus Kenntnis- und Fähigkeitenbezug als stimmig eingeschätzt wird, dürfte kontrovers und umstritten sein. Es lassen sich sowohl Argumente für die Steigerung theoretischer Anteile als auch solche für die Stärkung des Trainingscharakters finden. Das vorgestellte Seminar Familienberatung gliedert sich in *vier Blöcke:*

- Theoretische Grundlagen zu Beratung (zwei Einheiten)
- Fall im Prozessverlauf (vier Einheiten)
- Beratungskonzepte; schwierige Situationen (viereinhalb Einheiten)
- Wissensbestände Paar- und Familienberatung und Anwendung auf einen zweiten Fall (viereinhalb Einheiten)

Die *Inhalte im Überblick:*

Sitzungsnummer und Thema (drei Unterrichtsstunden = 135 Minuten)	Inhalt	Methoden (mit Text sind veröffentlichte Produkte gemeint, nicht Wissensbausteine)
1 Theoretische Grundlagen zu Beratung	(A) Seminarplanung, Praktikumserfahrung, Leistungsnachweise (B) Grundverständnisse von Beratung, Arten, Merkmale, Definitionen, Unterschiede …	(B) Unterrichtsgespräch Dozenteninput
2 Theoretische Grundlagen zu Beratung	(A) Fortsetzung Arten … (B) Therapie – psychologische Beratung – Beratung in der Sozialen Arbeit (C) Anforderungen an beraterisches Handeln (D) Wirkkräfte und Effekte (E) Demonstration von Beratung	(A) Unterrichtsgespräch Dozenteninput (B) Unterrichtsgespräch Dozenteninput Text Herwig-Lempp/Schwabe 2002 (C) Unterrichtsgespräch Dozenteninput (D) Unterrichtsgespräch Dozenteninput Text Kreuzer 2001 (E) Rollenspiel
3 Ein Fall im Prozessverlauf	Erstkontakt und Erstgespräch	Unterrichtsgespräch Dozenteninput Rollenspiel Fall Familie Roland
4 Ein Fall im Prozessverlauf	(A) Probleme und Ressourcen (B) Genogramm	(A) Unterrichtsgespräch Dozenteninput Rollenspiel Fall Familie Roland (B) Partnerarbeit Unterrichtsgespräch Dozenteninput Fall Familie Roland Texte McGoldrick/Gerson/Petry 2016; ggf. Kron-Klees 1994
5 Ein Fall im Prozessverlauf	Hypothesen	Unterrichtsgespräch Dozenteninput Fall Familie Roland Text Schwing/Fryszer 2006

Sitzungsnummer und Thema (drei Unterrichtsstunden = 135 Minuten)	Inhalt	Methoden (mit Text sind veröffentlichte Produkte gemeint, nicht Wissensbausteine)
6 Ein Fall im Prozessverlauf	Ziele, Verabredungen, Weitervermittlung	Unterrichtsgespräch Dozenteninput Einzel-/Partnerarbeit Fall Familie Roland
7 Schwierige Situationen	Umgang mit Abwertungen, Gegenfragen und Wünschen nach Ratschlägen	Unterrichtsgespräch Dozenteninput Rollenspiele Fallmaterial
8 Beratungskonzepte	Motivierende Gesprächsführung	Studentische Leitung/Referat mit Text Miller/Rollnick 2015 Übungen
9 Beratungskonzepte	Lösungsorientierte Beratung	Studentische Leitung/Referat mit Text Bamberger 2010 Übung
10 Beratungskonzepte	(A) Systemisches Modell (B) Systemische Fragen	(A) Dozenteninput (B) Unterrichtsgespräch Dozenteninput Übung
11 Paar- und Familienberatung	(A) Ergebnissicherung Beratung (B) Zweierbeziehungen: Verläufe; Themen; Störungen, Konflikte und Krisen; Gelingensfaktoren …	(A) Round Table-Gespräch Plenares Unterrichtsgespräch Dozenteninput (B) Dozenteninput
12 Paar- und Familienberatung	(A) Fortsetzung Zweierbeziehungen (B) Einführung Paarberatung (Settings; Rollen; Themen; Beratungsstrategien)	(A) und (B) Unterrichtsgespräch Dozenteninput
13 Paar- und Familienberatung	(A) Anwendung Beratung eines Paares (B) Einführung Familienstrukturen, Familienphasen und Regeln für Familienberatung	(A) Übung Fallmaterial (B) Unterrichtsgespräch Dozenteninput
14 Paar- und Familienberatung	(A) Fallanalyse Familie Reber (B) Gesamtanlage/Beratungskonzept Familie Reber (C) Exemplarisches Handeln als Berater_in (eine Inszenierung)	(A) und (B) Unterrichtsgespräch Dozenteninput Fall Familie Reber (C) Gruppenarbeit Rollenspiele Fall Familie Reber
15 Paar- und Familienberatung	Exemplarisches Handeln als Berater_in (zwei Inszenierungen) Seminarauswertung	Rollenspiele Fall Familie Reber Plenumsgespräch

2. Theoretische Grundlagen zu Beratung

In den ersten beiden Sitzungen wird ein Grundverständnis dafür geschaffen, was Beratung ausmacht, aber auch, wie variantenreich Beratung gerade in der Sozialen Arbeit angeboten und durchgeführt wird.

Thema und Inhalt

Im Mittelpunkt stehen also die Fragen *Was sind zentrale Charakteristika der Handlungsform Beratung* und *Welches sind die Besonderheiten von Beratung in der Sozialen Arbeit* (auch gegenüber Therapie) (vgl. Schubert/Rohr/Zwicker-Pelzer 2019; Zwicker-Pelzer 2010; Herwig-Lempp/Schwabe 2002). Durch differenzierende Fragen kann eine Mindmap entstehen, die die Weite des Feldes spiegelt, mit Aspekten wie Formen, Ziele, Wirkkräfte etc. von Beratung. Beratung kann z. B. so definiert werden – ich verwende hier eigene Formulierungen und greife versatzstückhaft auch auf solche aus einschlägiger Literatur zurück:

1. Professionelle Verständigung zwecks Unterstützung zwischen einem Hilfe- und Problemsystem zur Steigerung der Handlungsfähigkeit von Personen
2. Interaktion mit gezieltem Einsatz kommunikativer Mittel zur Unterstützung bei einer relevanten Frage, bei Problemen und Entwicklungsanliegen, um mehr Wissen, Entscheidungs- und Handlungskompetenz zu erlangen. Thematisiert werden inneres Erleben (Gefühle, Denken, Wollen ...), Verhalten, Beziehungen, soziale und materielle Sachverhalte in konkreten Lebensverhältnissen.
3. Entlastungs- und Orientierungsangebot zur Klärung von Problemen und/ oder Entwicklungswünschen, die aus gesellschaftlichen Anforderungen entstehen und den persönlichen Bereich betreffen.

Beratung wird in den Feldern *psychosozialer und sozialpädagogischer Praxis* sowohl als eigenständige Methode als auch als Querschnittsmethode verstanden. Soziale Beratung entstammt dem sozialarbeiterischen Strang des Caseworks und umfasst z. B. auch materielle und rechtliche Themen in eher enger gefassten Settings (nach Belardi, Galuske, Nestmann u. a. „institutionalisierte Beratung") mit einer eigenständigen Methode Beratung. Sozialpädagogische Beratung ist lebensweltnäher angesiedelt und ausgerichtet und kann sich weniger auf eine enge, rein beraterische Rolle beziehen. Beratung findet häufig in Kontexten statt, deren primärer Zweck Betreuung, Erziehung oder Begleitung ist (vgl. Widulle 2011a, S. 142). Eine solche „funktionale Beratung", die optioneneröffnend und auf Entscheidungshilfe aus einer beraterischen Grundhaltung angelegt ist, kann sich tendenziell immer und überall ereignen. Mit der Seminaranlage tendiere ich zum engeren Beratungsverständnis. Übrigens müssen Student_innen mit der Verwirrung leben, dass Beratung Grundhaltung, Grundfunktion (auch Grund- und Handlungsform), Arbeitsfeld, Methode meinen kann (vgl. Galuske 2005, S. 32).

Variablen von Beratung sind: Beratungs„gegenstand"; Adressat_innen = Ratsuchende (Zu-Beratende; Klient_in; Nutzer_in; Beratungsnehmer_in); Berater_in; Arbeitsbeziehung, ggf. Aufträge und Kontrakt; institutioneller Kontext (mit gesetzlicher Grundlage, vorgegebenem Auftrag, ggf. Konzeption ...); Beratungskonzept; Setting (Ort-Raum-Zeit-Personen-Methoden-Zusammenhang). Ganz unterschiedlich können sein: „Philosophie"; Themen; Interaktionsformen; Rollenanlagen bzw. Vermischung mit anderen Handlungsformen wie Trainieren, Mittel beschaffen, Betreuen ...; Zeitumfang; Anliegen und Ziele der Beratungsnehmer_innen; Freiwilligkeitsgrad; Motivationsniveau; Problemintensität; Settingelemente (z.B. Komm-Geh-Struktur; Einzel-/Gruppenberatung); rechtliche Grundlagen ...

Arten von Beratung können sein:

* Professionell, semiprofessionell, lebensweltlich, aus alltäglichen Lebenszusammenhängen
* Informell, etwa wie nebenbei bzw. zwischen Tür und Angel etc. oder formalisiert in besonderen Raum-Zeit-Settings
* Personen-, hilfebezogene, sachorientierte (informatorische) Beratung (Rolle Klärungshelfer_in und/oder Expert_in).

In den meisten Beratungsprozessen spielen alle drei letztgenannten Arten eine Rolle; sie treten verschränkt oder abwechselnd im Nacheinander auf. Hilfebezogene Beratung als Besonderheit der Sozialen Arbeit thematisiert Fragen wie: „Welche Hilfen und Unterstützungsangebote kommen in Frage? Welche Institutionen und Professionen sind jeweils zuständig? Welche Voraussetzungen sind vorab zu klären? [...] Was bedeutet es für die Familie, wenn demnächst ein sozialpädagogischer Familienhelfer regelmäßig in die Wohnung kommt? Was erwarten sich die einzelnen Familienmitglieder jeweils von dieser Hilfe? Was erhoffen oder befürchten sie? Mit welchen Schwierigkeiten ist zu rechnen? [...] Zudem wird Beratung in den meisten sozialarbeiterischen Situationen nicht ‚pur' angeboten, sondern stellt nur eine von mehreren Handlungsarten in einem mehrschichtigen Hilfeprozess dar [...]" (Herwig-Lempp/Schwabe 2002, S. 478 f.) – mal dominiert etwa auch die Sachleistungen und finanzielle Mittel besorgende, moderierende oder gar kontrollierende Seite. Wechsel sind günstigenfalls transparent zu machen und zu kommentieren.

Was erwarten Beratungsnehmer_innen? Jemand wendet sich z.B. an eine Fachstelle, weil er/sie ein *sachliches Problem* hat. Dafür benötigt man Informationen, (Er-)Klärungen, Überblick über Möglichkeiten, Empfehlungen. Gefragt ist der/die *Expert_in*. In einem anderen Fall wendet sich jemand an eine Fachstelle, weil er/sie ein *persönliches Problem* hat. Gefragt ist der/die *Klärungshelfer_in*. Man benötigt eine außenstehende Person, weil der/die Beratungsnehmer_in z. B.

- selbst noch nicht genau weiß, wo „der Schuh drückt", und wie er/sie dies bewerten möchte/sollte (Was macht mir zu schaffen? Wie belastend ist das Problem für mich/für andere?);
- ggf. Hilfe benötigt für die Erklärung und Einordnung des Problems (Woher kommt das Problem?);
- weiß, was das Problem ist, aber sich nicht im Stande erlebt, ein Ziel zu entwickeln, z. B. weil die Motivation schwankend oder unklar ist (Was will ich eigentlich?);
- zwar ein Ziel hat, aber nicht weiß, wie er/sie dahin kommt (Was kann, was möchte ich tun? Will ich ggf. einen Preis bezahlen?);
- weiß, was er/sie tun will, es sich aber nicht traut oder über bestimmte Fähigkeiten noch nicht hinreichend verfügt oder bestimmte Umstände als hinderlich erfahren werden (Wie schaffe ich das bloß?).

Solche Art Beratung interessiert sich für: Problemdefinitionen; Problembedeutungen; Problemerklärungen; Suche nach Motiven und Zielen sowie Zielkonkretisierungen; Suche nach Lösungsrichtungen und Bestimmung von Lösungsschritten; Beschäftigung mit inneren Bedingungen (Selbstvertrauen, Wille, Motive, Fähigkeiten …) und äußeren Bedingungen (materiell, sozial …). Nicht immer sind Rolle und Funktion vorab definiert. Ein Beispiel: Eine Ernährungsberaterin kann sich als Expertin verstehen, die weiß, was richtige Ernährung ist, wie man sich gesund hält, wie man sich in welchem Alter sinnvoll bewegt etc. Sie kann sich aber auch als Beraterin verstehen, die dabei behilflich ist, Strategien zu erarbeiten, wie jemand mit Ernährungs- und Gesundheitsthemen/-problemen umgehen will. Nicht zuletzt wird das Beratungsverständnis durch die auftraggebende Institution mitgeprägt.

Nicht immer kommen Beratungsnehmer_innen freiwillig in die Beratung. Dann gilt es, zwischen Anteilen im Arbeitsbündnis (in der Beratungsbeziehung) zu unterscheiden und die jeweiligen Rollen zu differenzieren: Aufsicht/Kontrolle; nützliche Expert_in; gesuchte Klärungshelfer_in u. a. m. Umgangsweisen mit Rollenvielfalt können z. B. sein: zeitliche und/oder örtliche Trennung unterschiedlicher Sequenzen; Visualisierung der aktuellen Rollen und Aufträge; Aufteilung auf unterschiedliche Personen. Oft wird in der Praxis allerdings ohne Settingvarianzen von einer Person parallel oder nacheinander mit unterschiedlichen Aufgaben und Aufträgen (etwa Aufsicht und nachgefragter Entwicklungsbegleitung) gearbeitet. (Beispiele: Heim; Jugendamt; Bewährungshilfe; Suchtberatung …).

Beratungsforschung hat *positive Effekte* bestimmt, die auch als *Wirkfaktoren* gelesen werden können. Die wichtigsten sind:

- Veröffentlichung von Dingen, die ansonsten verdeckt und versteckt werden, und sich weniger isoliert und allein fühlen
- Entlastung durch Aussprechen und Abladen
- Erklärungen als nützliche, nicht schwächende Problemursachendeutungen
- Orientierung, d. h., dass Dinge klarer werden und man Neues entdeckt
- Einstellungsänderung, d. h., dass die beklagten Sachverhalte mit neuen Bewertungen wie unwichtiger oder weniger bedrohlich versehen werden
- Verhaltensänderungen
- Lebenspraktische Hilfen (vgl. Kreuzer 2001, S. 39).

Die erlebte Zufriedenheit mit Beratung ist oft stärker als Veränderungen bei den Ausgangsproblemen (vgl. Kreuzer 2001, S. 38). Von daher ist der Bereich des Wohlfühlens durch und in Beratung ein gewichtiger Wirkungsbereich. Ein Verstehensklima mit Annahmeerleben ist ggf. sogar ähnlich bedeutsam wie die eigentliche Problembearbeitung. Wirkungsrelevant sind Klientenvariablen wie Motivation, Glaube an die Wirksamkeit von Beratung, Introspektionsfähigkeit oder Mut zu Veränderungen. Die Qualität der Arbeitsbeziehung ist ein starker Prädiktor für Erfolg – das meint erst einmal Zufriedenheit. Dazu gehören u. a. Vertrauen, beidseitiges Erleben, dass die Beratung etwas bringt, und Kompetenz- und Empathiezuschreibung gegenüber dem/der Berater_in. Die Beratungsmethodik, das Konzept, erlernte und angewendete Techniken scheinen eine geringere Rolle zu spielen.

Im Ergebnis kann folgende Stoffsammlung stehen und am Ende des ersten Teils der Veranstaltung nach zwei Sitzungen verteilt werden.

Wissensbaustein I: Wo findet Familienberatung statt?

Spezialisierte Einrichtungen, z. B.
Jugendamt
Erziehungs- und Familienberatungsstelle
Familienzentrum (Beratung als ein Angebot unter anderen)
Kinderschutzzentrum
Beratung von Pflegefamilien/bei Adoption

Beratung als Teilprodukt einer Institution, z. B.
Schule (Sozialarbeit an Schule)
Kindertagesstätte (Familienzentrum)
Kinderklinik
Kinder- und Jugendpsychiatrie
Heim/Betreutes Wohnen nach SGB VIII
Tagesgruppe nach SGB VIII

Online-Beratung

Eltern-/Familienberatung

Familienberatung als Teilaufgabe/Teilrolle, z. B.
Sozialpädagogische Familienhilfe
Erziehungsbeistand

Sonstiges, z. B.
Stadtteilladen/-treff
Kinder- und Jugendgesundheitsdienst

Wissensbaustein II: Anforderungen an beraterisches Handeln

Wahrnehmen	*Aktiv Zuhören*	*Selbstexploration fördern*	*Sachliche Klärung befördern*	*Informieren*
Aufmerksam sein	Zuhören	Innere Situation erkunden	Relevante Themen finden	Bedarf erkennen
Sehen	Empathiesignale geben	Stärken und Gelingen erkennen	Themen erörtern, drehen, wenden	Dosiert, verständlich
Erleben		Ambivalenzen abschreiten	Ordnung ermöglichen	
		Optionen erweitern	Klarheit herbeiführen	

Lenken	*Motivieren*	*Belastungen begleiten*	*Beziehung gestalten und klären*	*Ziele entwickeln*
Vorschläge	Motivationsgrad erkunden	Da-Sein	Ankoppeln	Ziele explorieren
Themen benennen	Hindernisse erforschen	Mitgefühl äußern	Begleiten	Ziele formulieren
Abraten	Ermutigen	Hoffnung wecken	Störungen ansprechen	Verfolgung beplanen
			Konflikte akzeptieren und angehen	

Gegenwirken/Konfrontieren	*Mit Widerstand umgehen*	*Lösungen finden*	*Schwierige Situationen händeln*
Unangenehme Themen aufrufen	Widerstand erkennen	Schwierigkeiten einkalkulieren	Misstrauen
Regeln bewachen	Widerstand akzeptieren	Prinzip des „gut genug" beachten	Verwirrung
Grenzen ziehen	Widerstand abfedern	Vorläufigkeitsregel ggf. einführen	Aggressivität; Drohen
Nein sagen		Lösungsbrainstorming initiieren	Resignation
			Trauer
			Von eigenen abweichende Werte
			Wegbleiben
			Abwerten…

Wissensbaustein III: Unterschiede von/in Beratung

Formalisierte Beratung	Informelle Beratung	Lebensweltlich-alltägliche Beratung (natürliche Hilfe)
Professionelle Beratung	Semiprofessionelle Beratung	Laienberatung
Beratung als eigenständige und dominante Methode		Beratung als Querschnittsmethode und Teilaufgabe
Informatorische/sachorientierte Beratung	Personenzentrierte Beratung	Auf Hilfeprozesse bezogene Beratung
Thematisch-präventive Beratung	Problemzentrierte Beratung	Entwicklungsbegleitende Beratung
Unfreiwilliger Zugang (Zwang zur Beratung)	Äußerer Druck	Freiwilliger Zugang, eher innerer Druck
Gering/nicht motiviert	Mäßig motiviert	Stark motiviert
Krisenberatung	Kurzzeitberatung	Längere Beratung

Ziele: Kenntnisse gewinnen; Explorieren (Problemklärung und -ordnung); (Selbst-)Erkenntniserwerb; Entlasten; Entscheidungshilfe; Krisen meistern; Verhalten verändern; neue Fähigkeiten erwerben …

Was wird verändert? Wissensniveau; Wahrnehmen; Erleben/Fühlen; Denken; Motive, Wille; Verhalten, Umgebungsfaktoren

Einflussgrößen auf Beratungsprozess: Adressatenseite: Motive; Problembewusstsein; Leidensausmaß; Einsichtsniveau; Lebenssituation; Hilfeerfahrungen; subjektives Hilfekonzept; Potenziale/Fähigkeiten … *Professionellenseite/Hilfesystem:* gesetzliche Grundlage; institutionelle Abläufe; Strukturqualität; Einrichtungs-, Dienst-, Beratungskonzept; Image; Kosten …

Kennzeichen von Beratung im „klassischen" disziplinübergreifenden Verständnis/ aus Definitionen:

- Rat suchender und/oder belastete_r Klient_in
- Konzentration auf Beratungsnehmer_in
- Vorbeugend-präventiv und interventiv
- Sprachliche Kommunikation; Einsatz weiterer Methoden
- Verpflichtungen in der professionellen Beraterrolle
- Lernprozess mit Zielen wie Einsichtsgewinnung, Selbststeuerung, Selbsthilfe, neue Handlungskompetenzen, Leistungsfähigkeit, veränderte Motive, Entscheidungshilfe
- Eher mehr als weniger freiwillig – Aufdrängen oder Erzwingen gelten nicht als Beratung
- Vertraulichkeitsprinzip

Kontexte von Beratung – Artenvielfalt
- Beratung findet statt als Haupttätigkeit in Beratungsstellen (Erziehungs- und Familienberatung; Schwangerschaftskonfliktberatung; Schuldnerberatung; Suchtkrankenberatung; Scheidungs- und Trennungsberatung; Jugendberatung …) (enges Beratungsverständnis)
- Beratung ist alltagsnah integriert in weitere Formen sozialpädagogischen Handelns wie Einüben, Betreuen, Begleiten, Vermitteln, Moderieren, Schlichten, Beschaffen … bzw. findet auch beiläufig (beim Kochen, Autofahren, Joggen, Abwaschen, Fahrrad reparieren …) (weites Beratungsverständnis) oder aber in herausgehobenen Situationen (Lass uns mal beraten …) statt – in der Jugendberufshilfe, in der gesetzlichen Betreuung, Psychiatrie, im Gefängnis, auf der Straße, im Jugendfreizeitheim … (erweitertes Beratungsverständnis)
- Alltägliche Beratung durch Freunde etc. mit wenig Festlegungen für die Beraterrolle

Unterschiede Beratung – Therapie

Therapie	*Beratung (in der Sozialen Arbeit)*
Freiwillig(er); selbstinitiierter	Auch Zugang mit Unfreiwilligkeit
Weitgehende Rollenreinheit	Auch Rollenmix
Problemabgrenzung	Problemvermischungen
Auch starke Problemintensität	Maximal mittlere Problemstärke
Spezialisiert(er)	Variabler, flexibler, offener
Vorab strukturiert(er)	Kontext oft Lebenswelt, Vor-Ort
Eher wenig Klientel aus Benachteiligtenmilieus	Klientel auch aus Benachteiligungslagen

Eher Klientenauftrag	Auch diffuse Aufträge, oft verschiedene Auftraggeber
Fokus eher Individuum, inneres Erleben	Fokus Mensch in sozialer Situation
Beschränkte methodische Varianten	Methodenvielfalt
Rollengebundene, z. T. artifizielle Kommunikation	Natürlichere Kommunikation

Haltungen und Strategien weisen gerade bei der formalisierten Beratung in Beratungsstellen Ähnlichkeiten zu Therapie auf, Unterschiede zeigen sich eher bei den Problemarten, Klientelen und Kontexten.

Didaktisch-methodische Überlegungen
Lehr-Lern-Ziele sind:

* Die Studierenden wissen um die Vielfalt von Beratung.
* Sie setzen sich insbesondere mit Zielen. Mitteln, Wirkkräften und möglichen Effekten auseinander.
* Sie kennen Besonderheiten von Beratung in der Sozialen Arbeit.

Die erste und zweite Seminarsitzung verlaufen methodisch eher einseitig, weil der Wissenserwerb im Vordergrund steht. Nach Klärungen zur Veranstaltung sind folgende Themen und Schritte vorgesehen:

1. Erfahrungen mit Beratung (Brainstorming)
2. Kennzeichen, definitorische Merkmale, Unterschiede von Beratung (Unterrichtsgespräch und Dozenteninput)
3. Beratung in der Sozialen Arbeit – Psychologische Beratung – Therapie (Lektüre Herwig-Lempp/Schwabe 2002; Unterrichtsgespräch und Dozenteninput)
4. Übung: Kennzeichen von Beratung im Rahmen von Sozialer Arbeit im Vergleich mit psychologischer Beratung
5. Orte von Familienberatung (Dozenteninput und Lektüre Wissensbaustein I)
6. Wirkkräfte und Effekte von gelingender Beratung (Lektüre Kreuzer 2001; Unterrichtsgespräch und Dozenteninput)
7. Lesen, Kommentare, Diskussion zu Wissensbaustein II und III
8. Demonstration von Beratung mit einer freiwilligen Person im Plenum

(1) Als günstig erwiesen hat sich die Einstiegsfrage „Wer hat Erfahrung mit Beratung und mag davon erzählen?" Auf die Frage „Wie ist gute Beratung?" gehen die Antworten wahrscheinlich gehäuft in die erwünschten Richtungen: klien-

tenzentriert; achtsam; ermutigend; freundlich; strukturiert; anregend; klärend; Ahnung haben; gut raten. Als negativ werden u. a. oft genannt: Schema F; Berater_in verhält sich dominant; unaufmerksam; zu distanziert.

(2) Die Vermittlung des Beratungswissens sollte doppelkanalig mit medialer Unterstützung erfolgen.

(3) und (4) Die Merkmale von Beratung in der Sozialen Arbeit können teilweise im Anschluss an das Lesen eines Textausschnittes von Herwig-Lempp/Schwabe (2002, S. 478 ff.) durch die Teilnehmer_innen formuliert werden. Lenkendes Unterrichtsgespräch und Dozenteninput erbringen Ergänzungen. Das folgende Übungsblatt wird dann ohne Antworten verteilt; es dient der Ergebniskomplettierung, -sicherung, -kontrolle.

Übung: Kennzeichen von Beratung in Sozialer Arbeit im Vergleich mit psychologischer Beratung
(ausgefüllt mit Äußerungen von Student_innen mit Gliederungsvorgabe)

(1) Rahmen
- Kürzer; weniger Zeitaufwand
- Settings oft alltagsnäher und weniger präformiert
- Immer kostenlos

(2) Ausgangslage/Zugang
- Weniger vordefiniert, offener, weniger klar strukturiert und abgegrenzt
- Klientel oft sozial benachteiligt
- Oft fremdinitiierter Anfang; Interessen von Dritten
- Oft unklare Aufträge

(3) Beratungsthemen
- Oft weite, komplexe, „wilde Probleme" (Probleme hinter den Problemen; verwoben, Verkettungszusammenhänge von Krankheit, Armut, eingeschränkten Bewältigungskompetenzen …)
- Soziale Probleme

(4) Beraterrolle
- Oft generalistisch
- Oft aktiver (auch Infos, Vorschläge, Alternativen formulieren …)
- Natürlicher, weniger Vorgaben
- Vielfalt von Vorgehensweisen

- Ggf. wird Beratung flankiert von anderen Handlungsarten, von dem-/derselben Professionellen erbracht
- Oft Doppelrolle Hilfe und Kontrolle

(5) Prinzipien
- Empowerment; Hilfe zur Selbsthilfe
- Ressourcenorientierung
- Ermutigen
- Aktivieren
- Weitervermitteln
- Vernetzen

(6) Wirkkräfte
- Informieren; Handlungswissen erwerben (Gesundheitsfragen; gesetzliche Grundlagen; Leistungsansprüche; berufliche Möglichkeiten …)
- Soziale und materielle Situationen verändern (Babysitter-Dienst; Zufluchtswohnung; Tafel; Kleidertausch; Mietzuschüsse …) – neue Elemente in den Bedingungen können anderes Verhalten ermöglichen, ohne dass die Adressat_innen „ihre Persönlichkeit verändern"
- Personenbezogene Strategien (weniger Leid, erweiterte Problemlösungsmöglichkeiten, neue Lesart bzw. neue „Bedeutungsgebung" in der (unveränderten) Problematik …)

(7) Ziele
- Störungsfreie Lebensgestaltung
- Problembewältigung
- Praktische Hilfen
- Veränderung des Erlebens

(5) und (7) Der Wissensbaustein 1 „Wo findet Familienberatung statt?" wird rezipiert, ebenso die komplexeren Bausteine II und III. Besonders die Anforderungen an beraterisches Handeln liefern Gesprächsstoff, weil hier ausbuchstabiert wird, was man zumindest in Teilen und mittelgut, angekommen in der beruflichen Praxis, nach einiger Zeit können sollte.

(6) Wirkkräfte und Effekte von gelingender Beratung werden i. d. R. interessiert diskutiert. Als Textgrundlage eignet sich trotz des Alters der Quelle Kreuzer (2001, S. 38/39).

(8) Schließlich könnte der/die Dozent_in mit einer freiwilligen Person im Plenum Beratung zu einem Phantasie- oder Realthema demonstrieren. Beobachtungsdimensionen sind in den Kapiteln A. und B. entfaltet und beziehen sich in erster Linie auf das Berater- und auch das Adressatenverhalten.

3. Ein Fall im Prozessverlauf

Der verwendete Fall Roland (siehe Anhang 1.) ist so aufgebaut, dass sich vier generell wiederkehrende Aufgaben günstig auf dem Fallhintergrund entfalten und lehren lassen: Erstkontakt; erste Situationsklärung; Hypothesenbildung; Zielentwicklung und Weitervermittlung. Es finden real fünf Treffen zwischen der Jugendamtsmitarbeiterin und der Klientin statt. Im Unterricht verwende ich vier dreistündige Einheiten für diese Einführung in beraterisches Handeln am Fall.

3.1 Erstkontakt und Erstgespräch – Einstieg in den Fall Roland

Thema und Inhalt

Das Fallgeschehen liegt aus Jugendamtssicht am Anfang im „Graubereich" – weder wurde eine Kindeswohlgefährdung nachgewiesen, noch kann diese für die Gegenwart und gar für die Zukunft ausgeschlossen werden. Da Frau Roland von der Leitung der Kindertagesstätte eine Kontaktaufnahme zum Jugendamt nahegelegt wird, kann weder von gänzlicher Freiwilligkeit noch von Zwang geredet werden. In der Verwendung bald eingeführter Termini: Die entstehende Beratung wird anfangs geprägt von freiwillig-nachgefragten, amtlich angebotenen und durch äußeren Druck auferlegten Zugangselementen. Vom Typus her enthält die Beratung sowohl hilfeprozessbezogene als auch personale sowie in geringem Maße auch sachbezogen-informatorische Anteile. Solche vermischten Lagen sind für die Soziale Arbeit bekanntlich typisch.

In Beratungsprozessen gibt es immer *einen Erstkontakt und ein Erstgespräch*. Diese können zusammenfallen und eins werden oder auch auseinanderfallen – etwa in einen telefonischen Erstkontakt und ein Face-to-face-Erstgespräch (wie im Beispiel). Im Erstkontakt sind in wenigen Minuten drei Aufgaben zu bewältigen: Die anrufende Person soll sich erstens willkommen fühlen und in der Folge soll es möglichst ein Treffen geben. Das macht aber nur Sinn, wenn die formelle, sachliche und personelle Zuständigkeit gegeben ist; diese muss zweitens jedenfalls grundsätzlich geklärt werden. Zudem steht die Beratung suchende Person unter Mitteilungs- und Entlastungsdruck und/oder will einen Eindruck erhalten, ob der/die Berater_in den Themen gewachsen ist. Ggf. besteht allerdings auch eine Scheu, am Telefon mit einer fremden Person zu sprechen. Die Kunst besteht darin, entweder jemanden aus der Reserve zu locken bzw. nicht zu einem unlimitierten Erzählfluss einzuladen, der dann womöglich frustrierend gestoppt werden muss – drittens muss man als Berater_in also wissen, worum es geht, ohne vertieft in die Arbeit einzusteigen bzw. solche Hoffnungen zu wecken. Es muss also nicht zu viel und nicht zu wenig themenrelevantes Material produziert werden – um die Zuständigkeit zu prüfen, um Kompetenz zu zeigen, um allererstes Vertrauen zu etablieren bzw. Misstrauen zu mindern, um Redebedürfnisse aufzufangen. Folgende *Gestaltungsmittel* haben sich in *Erstkontakten* bewährt:

Beziehungsebene
- Akzeptanzsignale geben, dass der/die Anrufer_in sprechen darf
- Freundlichkeit und Geduld durch Stimme ausstrahlen
- Zeichen von Interesse, Einfühlung und Engagement durch Nachfragen geben
- Gefühl von individuellem Herantreten verbreiten (statt Nummer X, Schema F), z. B. mit Namen anreden
- Verbreitung von dosierter Hoffnung, ohne überbordende, unrealistische Versprechungen

Inhaltsebene
- Zweikanalig wahrnehmen: Ein Mensch hat ein Anliegen, ein Interesse, eine Not … und Es gibt ein Problem in Form von …
- Offenlassen, welcher Art das Problem ist, wie das Problem definiert und erklärt wird
- Prozedere der Kontaktaufnahme präzisieren
- Andeuten, was am kommenden Tag passieren könnte (sich aber auch offen zeigen)
- Freundliche Verabschiedung

Im günstigen Verlauf kommt es dann zu einer Zusammenarbeit.

Wissensbaustein: Erstgespräch

Das Erstgespräch (vgl. Kähler 2009) ist definiert als Begegnung zwischen Sozialarbeiter_in und Klient_in, um zu klären, ob es und inwieweit es mit welchen Zielvorstellungen zu einer Zusammenarbeit kommt. Erstgespräche gibt es in vielen Handlungsfeldern: Schuldnerberatung; AIDS-Beratung; Kinder- und Jugendgesundheitsdienst; Kliniksozialarbeit; Drogenberatung; Schwangerschaftskonfliktberatung; Erziehungs- und Familienberatung; Sozialpädagogischer Dienst Jugendamt; Bewährungshilfe … *Hauptfunktionen* sind:

- Kontakt finden, Misstrauen abbauen, Vertrauen aufbauen
- Überblick, Bild gewinnen, Lage explorieren

- Zuständigkeit klären
- Motivation schaffen (Arbeitsbündnis; Hoffnung)
- Ggf. Kommunikation über Vorgeschichte; Zugang; Auftrag
- Ggf. Krisenintervention; Erste Hilfe

Varianten sind zu beachten:

(1) Status in einer Gesprächskette
Das Erstgespräch muss Unterschieden Rechnung tragen, je nachdem, ob es

- gleichzeitig das einzige Gespräch bleibt;
- in eine Sequenz von maximal drei Gesprächen eingebunden ist;
- einen „längeren" Beratungsprozess einleitet.

(2) Mögliche *Verlaufsvarianten* sind: Anbahnung Arbeitsbündnis und Aufnahme Beratung; Weiterverweisung; andere Art, anderer Grund von Kontaktbeendigung, z. B. wenn nach dem Kontakt keine weitere Beratung notwendig ist bzw. wenn Klient_in mit der Beratung und/oder Berater_in unzufrieden ist

(3) Funktion bzw. Einbindung in weitere sozialarbeiterische Handlungsformen
Das Erstgespräch muss Unterschieden Rechnung tragen, je nachdem, ob

- es bei „reiner Beratung" bleibt;
- Beratung eingebettet ist in Kontrolle, Moderation, Betreuung, Vermittlung weiterer Hilfen

(4) Beratungstypus/Art der Beratungsthemen
Das Erstgespräch wird ggf. differieren, abhängig davon, ob

- die informatorisch-sachliche Seite dominiert;
- die personale, entwicklungsbezogene Seite dominiert;
- ein Hilfeprozess entwickelt wird und die Unterstützung, etwa eine längere Beratung, ggf. von anderen Stellen übernommen wird (z. B. Jugendamt als fallführend – Beratungsstelle).

(5) Ausmaß des inneren Druckpotenzials
Das Erstgespräch wird unterschiedlich sein, je nachdem, ob es

- gleichzeitig eine Krisenintervention darstellt;
- in einer zwar unangenehmen, aber nicht akuten Problemsituation stattfindet;
- relativ frei von innerem Druck ist (z. B. präventive Elternberatung).

(6) Ausmaß des äußeren Druckpotenzials
Das Erstgespräch muss Unterschieden Rechnung tragen, je nachdem, ob es statt-findet

* aufgrund fremdinitiierter Überweisung;
* durch sanktionsbewehrten äußeren Druck;
* als angebotenes Gespräch ohne Selbstinitiierung durch Adressat_innen;
* als nachgefragtes Gespräch (mit offener oder verdeckter Gesprächsbereit-schaft).

(7) Angeordnete Beratung
Z. B. Jugendamt: Es herrscht ggf. Druck, Zwang, mit den Möglichkeiten, sich trotz Unfreiwilligkeit einzulassen, sich scheinbar einzulassen oder abzulehnen (und ggf. eine Sanktion in Kauf zu nehmen)

Ziele/Inhalte: Kennenlernen; Misstrauen akzeptieren, ggf. abbauen; eigene Rolle verdeutlichen; eingeschränkte Autonomie thematisieren; Grenzen aufzeigen; Art der Kontrolle, der Konsequenzen bei Nicht-Kooperation klarstellen; gemeinsame Bestandsaufnahme; mögliche Gewinne, Chancen besprechen; Verabredungen

(8) Erbetene Beratung
Z. B. Erziehungsberatungsstelle – etwa Mutter und Vater in der Krise mit ihrer Tochter oder ihrem Sohn: Auch diese Gespräche werden oft von anderen angesto-ßen, jemand wurde ermutigt, überredet … Nicht immer ist gleich mit Öffnung zu rechnen. Oft stehen diese Klient_innen unter großem Druck. I. d. R. wäre es ihnen lieber, nicht hilfsbedürftig zu sein (persönliches Versagen; Verlust der Kontrolle über persönliche Angelegenheiten). Ggf. sind die Menschen skeptisch, ängstlich, hoffnungslos oder geradezu voll hoher Erwartungen

Ziele/Inhalte: Kennenlernen; Vertrauen aufbauen; Sicherheit geben; erste Ord-nung schaffen – durch erfragen und informieren; Motivation klären; auf Gefühle von Belastung und Not eingehen; dosierte Hoffnung erzeugen

(9) Angebotene Beratung
Z. B. Kinder- und Jugendgesundheitsdienst mit Hausbesuchen bei Eltern nach der Geburt; Schulsozialarbeit bei bekannten „Eltern von Kindern mit problematischem Verhalten": Die Fachkraft geht einen ersten Schritt auf (z. B. risikobelastete) Kli-ent_innen zu. Diese sind überrascht; noch nicht tiefer motiviert; wissen nicht, was sie wollen …

Ziele/Inhalte: Kennenlernen; Informieren; Misstrauen abbauen; Zeigen, wer man ist und was man tut, kann ... – unaufdringliche „Werbung"; Hilfe anbieten; Interesse erwecken

(10) Mischformen – etwa Typus Erbetenes Gespräch unter Netzwerkdruck
Z. B. Jugendamt

Ziele/Inhalte: Vertrauensbasis anstoßen; Transparenz zur eigenen Rolle herstellen; Verständnis äußern; Motivation ausstrahlen und aufbauen; über Chancen sprechen

Didaktisch-methodische Überlegungen
Lehr-Lern-Ziele sind:

- Die Studierenden lernen die Merkmalsvielfalt von Erstsituationen kennen und können ihr Wissen am Fall anwenden.
- Sie erlangen erhöhte Sicherheit, indem sie wissen, worauf es am Anfang ankommt.
- Sie können die Inhalts- und die Beziehungsseite von Erstsituationen unterscheiden und beachten.

Die dritte Seminarsitzung verläuft so (exemplarisch werden hier Zeiten angegeben):

1. Lektüre Fall/Teil 1 (siehe Anhang 1.); Brainstorming und kurzer einführender Dozenteninput zu Erstkontakt (20 Minuten)
2. Schriftliche Übung in Einzelarbeit; Verlesen von Vorschlägen und Diskussion im Plenum (maximal drei Beispiele) (40 Minuten)
3. Erkenntnissicherung zu Erstkontakt (10 Minuten)
4. Lektüre Wissensbaustein Erstberatung; Vorbereitung der Kleingruppenarbeit (10 Minuten)
5. Anwendung auf den Fall: Phasenstruktur Erstgespräch in Gruppenarbeit (40 Minuten)
6. Postergalerie, Auswertungsfokus Gemeinsamkeiten und Unterschiede (10 Minuten)
7. Lesen und Kommentare zum Wissensbaustein Arbeitsregeln für Erstgespräche (5 Minuten)

(1) Brainstorming und Dozenteninput
Die Einheit beginnt mit der Kenntnisnahme der Fallschilderung und einem Überblick über die laufende Seminarsitzung mit Themennennung. Jede_r Stu-

dent_in hat Erfahrungen mit Erstkontakt in beiden Rollen – neu zu sein und sich zeigen zu sollen sowie als Gastgeber_in bzw. aus einer mächtigeren Position heraus zu fungieren. Von daher ergibt sich eine flüssige Erarbeitung der Beziehungsseite von Erstkontakt. Schwierigkeiten, die zu Nachdenken und Kontroversen führen, liegen in der Frage, wie dosiert zum Sprechen eingeladen werden kann, ohne dass man den/die Beratungsnehmer_in anschließend zurückweisen muss. Eine Möglichkeit wäre, diese Beschränktheit zu markieren und den Grund des Anrufs statt die Probleme in das Zentrum des Kurzkontakts zu stellen, verbunden mit der Aussicht auf ein baldiges Treffen.

(2) und (3) Übung; Diskussion und Erkenntnissicherung im Plenum
Das folgende Übungsprodukt steht für die Arbeit in der zweiten Phase der Seminarsitzung.

Übung: Der telefonische Erstkontakt
mit dem Regionalen Sozialpädagogischen Dienst
(Beispiel Student_in)

Bitte konstruieren Sie ein circa dreiminütiges Gespräch, an dessen Ende die Verabredung zu einem Besuch im Jugendamt steht. Das Telefonat beginnt so:

S. A.in: Regionaler Sozialpädagogischer Dienst, Kappeler (freundliche, ruhige Stimme)

M. R.: Ja, guten Tag, hier Martina Roland. Also es geht darum, dass die Kita sagt, Sie könnten mir helfen. Ich meine, ich komme ja alleine klar. Aber die Kita bauscht einiges auf. Sollen die bloß noch sagen, dass ich Paula vernachlässige.

Weiterführungsrichtung: M. R. das Gefühl geben, dass es richtig ist anzurufen. Keine Parteinahme für oder gegen Kita. Keine Diskussion. (Bis hier Vorgabe)

S. A.in: Es ist gut, dass Sie anrufen, Frau Roland. Wir kennen uns noch nicht. Deshalb möchte ich Ihnen gleich meinen Standpunkt sagen: Wir bieten uns an, wenn Mütter und Väter Hilfe brauchen und Hilfe wollen. Haben Sie denn schon Erfahrung mit dem Jugendamt?

M. R.: Ich weiß ungefähr, wie es bei Ihnen zugeht. Vor fünf Jahren war ich ja schon mal da. Und das war nicht schlecht.

S. A.in: Ah, das hört sich gut an. Was war denn damals los?

M. R.: Ich hatte mich von meinem damaligen Freund getrennt. Der ist auch der Vater von meinem Ältesten, dem Paul. Der Vater von Paul war ziemlich gewalttätig. Der hätte uns alle ins Unglück gestürzt. Und Ihre Kollegin hat mir geholfen. So dass ich mich getraut habe, ihn rauszuschmeißen. Frau Miller, die ging dann wohl irgendwann auf Rente. Die war okay.

S. A.in: Ja, Frau Miller ist nun schon fast fünf Jahre nicht mehr bei uns. Ich finde das auch schade. Es klingt so, dass Sie damals eine mutige und richtige Entscheidung getroffen haben – für sich selbst und für Ihre Kinder.

M. R.: Ich liebe meine Kinder, auch wenn ich nicht immer alles gut auf die Reihe kriege.

S. A.in: Manchmal hat man Formkrisen, da ist die Kraft weg. Und seine Belastungen sucht man sich auch nicht aus, Frau Roland.

M. R.: Sie sagen es, ich habe zu viel um die Ohren. Da ist so viel, was anders sein könnte – obwohl ich für meine Kinder da bin. Das sollen Sie wissen.

S. A.in: Das höre ich und das glaube ich Ihnen. Wir sollten uns treffen. Können Sie zu mir kommen? Und wann passt es Ihnen?

M. R.: Ich möchte gerne bald kommen. Geht es bei Ihnen morgen am späten Vormittag?

S. A.in: Ja, das passt. Ich möchte genauer wissen, was Sie denken. Womöglich macht man sich in der Kita Sorgen um Paula. Und es gibt Paul. Wenn Sie möchten, erzählen Sie mir darüber.

M. R.: Ja, mal schauen …

S. A.in: Ich bin gespannt, Sie kennenzulernen, Frau Roland. Wir sehen uns dann morgen um 11 Uhr. Ich denke, dass wir etwas tun können. Auf Wiederhören bis morgen.

(4) Lektüre Wissensbaustein Erstberatung; Vorbereitung der Kleingruppenarbeit

Nach der Lektüre werden noch einmal einzelne Punkte von Dozentenseite für den Fall Roland markiert: Der Beginn ist oft entscheidend. Die Vorhaltungen der Kita müssen relativ am Anfang thematisiert werden. Mit Unbehagen, Fremdheitsgefühl, Unsicherheit, defensivem Verhalten bzw. Abwerten der Kita ist bei Frau Roland zu rechnen. Die/der Klient_in kommt nicht „voraussetzungsfrei und unvoreingenommen", die Fachkraft hat einen „auftragsorientierten Blick in dieser Erstsituation" (Widulle 2011a, S. 133 f.). Die vier Kleingruppen erhalten die Aufgabe, das Erstgespräch zu phasieren und dabei gedanklich durchzuspielen.

(5) Anwendung auf den Fall: Phasenstruktur Erstgespräch in Gruppenarbeit mit Aufgabenzuordnung (mögliche Arbeitsergebnisse)

Ziele: Kontakt (Die mag mich irgendwie ein wenig … Die hat nichts gegen mich … Hier bin ich richtig); Orientierung (Was ist los? Etwas Einblick bekommen …); Motivation (Sie soll etwas wollen, d. h. das Gefühl bekommen, hier ist etwas Lohnendes zu bekommen. Sie soll wiederkommen.)

Phase	Themen	Aufgaben/Anforderungen Berater_in
Anfangsphase	Arbeitsbündnis (durchgängig!)	Misstrauen, Angst ... annehmen/
	Überweisungs-, Zugangssituation	ernstnehmen, erstes, basales Ver-
	Problemdefinition der Dritten,	trauen aufbauen
	hier Kita	Enteisen
	Umgang mit Informationen	Orientieren
	Anliegen, Erwartungen, Wünsche	Die Situation des Geschickt-Seins
	für Erstgespräch	wahrnehmen, ohne Frau R. als
	Aufgaben und Leistungen Jugend-	„Zwangsklientin" zu sehen
	amt	
Mittelphase	Kennenlernen Problemdefinitio-	Raum für subjektive Sicht von
	nen von Frau R.	Frau R. schaffen
	Annäherungen an ein gemeinsa-	Annahmebereitschaft für Hilfe
	mes Problemverständnis Jugend-	vorbereiten
	amt/Frau R.	Strukturieren
	Vorläufige Überlegungen für	Anliegen und Hilfebedarf von
	erste Schritte	Frau R. erfragen
		Frau R. zur aktiven Vertreterin der
		Hilfesuche werden lassen
		und/oder Bedenkzeit einräumen
Endphase	Bilanzieren	Verbindlichkeit für nächstes Tref-
	Verabredungen	fen initiieren
	Verabschieden	Gutes Gefühl bei M. R. ermögli-
		chen, positive Verstärkung

- *Quer-Themen:* Willkommen-Fühlen; Rollen- und Aufgabentransparenz; Selbstwahrnehmung (wie gebe ich mich?); Wahrnehmung von M. R. (wie geht es ihr?)
- *Strategien Anfang:* Smalltalk; mit Namen ansprechen; Freundlichkeit; Interesse; rekapitulierende Anknüpfungen: Bezug auf Telefonat und Kita
- *Strategien Mitte:* offene Fragen (Info-, Verständnisfragen); aktives Zuhören; Anerkennen; thematische Impulse; Ordnen; Aussagen (Ich denke ...)
- *Strategien Ende:* Zusammenfassen; Akzente setzen; Anerkennen; Feedback geben (Ich-Botschaften); Feedback einholen; konkrete Schritte benennen (lassen); dosiert-optimistische Botschaft; Ressourcen von Frau R. ansprechen

(5) und (6) Anwendung auf den Fall Roland: Phasenstruktur Erstgespräch in Gruppenarbeit; Postergalerie, Auswertungsfokus Gemeinsamkeiten und Unterschiede

Es ist sinnvoll, die Phasen vorzugeben. In meinem Arbeitsvorschlag teile ich einfach in Anfang, Mitte, Ende. Widulle (vgl. 2011a, S. 135 ff.) schlägt vor: Kontakt und Rahmen; Kontextklärungen (er verwendet einen extrem weiten Kontextbegriff, der umfasst: Institution; Überweisung; Vorerfahrungen mit Stelle; Lösungsversuche; zeitlicher Kontext; Ziele u. a.); Exploration (Probleme; Ressourcen; Anliegen und Aufträge); Zusammenfassen; Abschluss. Je nach Gliederung kann z. B. nach Themen, Herausforderungen und Strategien gefragt werden. Die Arbeitszeit ist mit 40 Minuten knapp bemessen.

(7) Lesen und Kommentare zum Wissensbaustein Arbeitsregeln …

Abschließend kann die folgende Ergebnissicherung als Basis von Schritt (7) verteilt werden.

Wissensbaustein: Arbeitsregeln für das Beraterverhalten (in Erstgesprächen)

- Gestalte das Setting (Raum; Zeit; Arrangement …) reflektiert
- Heiße die Menschen willkommen
- Beobachte! Achte auf Besonderheiten der unbewussten Selbstdefinition/ Selbstkundgabe bzw. der „Selbstinszenierung" (Körpersprache; Kleidung; Sitzordnung; Gesundheitszustand …)
- Reduziere die Anfangsängste, z. B. durch Anerkennung des Hilfeersuchens/ des Kommens
- Gib den Klient_innen Raum zum Reden
- Höre gut zu – um dir ein Bild der Lebens- und Erlebenssituation zu machen
- Vermeide Frage-Antwort-Ketten – und stelle trotzdem geeignete offene Fragen, die ggf. auch in Statement-Form gestellt werden können (Mich interessiert noch …; Ich würde gerne noch wissen …)
- Gib Signale der Akzeptanz
- Gehe auf das Empfinden der Adressat_innen ein
- Verzichte auf schnelle Diagnosen, Ratschläge, Allgemeinplätze, Bewertungen
- Ergreife keine Partei (außer in einer eindeutigen Opferberatung)
- Erschließe erste Ressourcen/Stärken
- Erfrage ggf. den Überweisungskontext bzw. wirf einen Blick auf das umgebende Helfersystem
- Zeige eure (Stelle) und deine Grenzen
- Sorge dafür, dass der/die Klient_in ggf. woanders an die richtige Adresse kommt

- Verbreite dosierte Hoffnung (Klient_in soll hoffen oder gar erleben, dass Beratung ggf. helfen kann)
- Beende das Erstgespräch fachgerecht (Zusammenfassen; Feedback holen und geben; Verabredung …)

Am Ende der Sitzung wird dringend empfohlen, Widulles Kapitel zum Erstgespräch (vgl. 2011a, S. 132–138) nachbereitend zu lesen.

3.2 Probleme und Ressourcen in Fall Roland

Thema und Inhalt
Eine *Belastungsliste* im Rahmen des Falls liegt den Studierenden vor.

Folgende Belastungen breitet M. R. im Gespräch aus (ohne Wertung nach Bedeutsamkeit):

1. Frau Roland klagt darüber, dass „niemand" für sie da sei. Sie fühle sich allein und habe keine feste Person, mit der sie offen über alles reden könne. „Eigentlich bin ich auf eine Art saueinsam."
2. Die kleine Wohnung sei ein „Stressfaktor".
3. Das Verhältnis zur Mutter und zur Schwester sei „Bruch. Ich helfe meiner Mutter. Aber nur bei dem Nötigsten, was mit dem Unfall zu tun hat. Ansonsten leben wir so nebeneinander her. Ich habe das Gefühl, sie erwartet, dass ich einen Schritt mache. Ich bin nur bereit, neu zu schauen, wenn sie kommt und die Hand reicht."
4. Das Selbstwertgefühl sei „im Keller".
5. Die berufliche Situation sei unklar. „Eigentlich will ich wieder arbeiten. Aber ich bin raus und weiß nicht, wie ich reinkommen kann. Ich stehe mir im Weg, habe Schiss."
6. Das Geld ist knapp. Oft gebe es in den letzten Tagen des Monats „Toast und Nudeln". Und Paula fehlten Anziehsachen für die kalte Jahreszeit.
7. Abends kämen Nachbarn vorbei oder „ich gehe mal rüber. Dann wird es länger und ich komme früh nicht gut aus dem Bett und in die Gänge. Paul kriege ich noch einigermaßen in die Schuhe. Es geht ja um Schule, da reiße ich mich am Riemen. Aber Paula trödelt … und dann kommen wir zu spät in die Kita. Aber nur hin und wieder."
8. Die Kinder „flippen manchmal aus. Vor allem Paul tickt schnell aus – wie sein Vater. Ich denke immer, ich kann ruhig bleiben. Aber dann bin ich in kurzer Zeit von null auf hundert. Und dann ist nur noch Geschrei. Ich habe zu wenig Ideen,

wie das anders gehen kann. Vor allem kommt bei mir die Wut so mächtig, das raffe ich gar nicht. Und dann ist Explosion."

9. Zu den Elternabenden von Paul geht M. R. nicht mehr. Das „ist unerfreulich für mich. Es gab ein paar Klagen der Klassenlehrerin mit vorwurfsvollem Unterton. Wegen der Aggression von Paul. Die sagte: ‚Dann machen Sie doch mal was, Frau Roland. Es geht doch um Ihr Kind.‘ Der Paul erzählt das dann ganz anders als die Lehrerin. Die hat mich auf dem Kieker, sagt er. Ja, was soll ich da machen. Ich war auch kein Schulkind. Dann gehe ich eben nicht mehr hin."

10. Schließlich äußert M. R.: „Oft weiß ich nicht, was das alles soll. Eigentlich lebe ich gerne und bin ein geselliger Typ und lache gerne. Aber irgendwie geht alles den Bach runter. Und ich stehe daneben und gucke zu."

Die Ressourcen sollen erarbeitet werden. Als Grundlage eignet sich folgender Text.

Wissensbaustein: Ressourcen – eine Strukturierung

Mit dem Beachten von Ressourcen – verfügbaren bzw. mobilisierbaren positiv verwertbaren Kräften der Lebensgestaltung – geht es nicht um Schönreden, Gesundbeten, Bagatellisieren von Problemen, sondern um mehrperspektivische Blicke. Wahrgenommen werden Probleme und wertzuschätzende Unterstützungspotenziale, Stärken (Fähigkeiten), Bereiche des Gelingens – in der Person und in ihren Umfeldern. Auch die einzelne Ressource selbst ist nicht immer eindeutig positiv zu bewerten: Dieselbe Verhaltensweise, derselbe Kontakt können unter dem Sowohl-als-auch-Blickwinkel betrachtet werden. Unterscheidbar sind:

(1) Personale Ressourcen: Wille; Ziele; Glauben; beflügelnde Träume/Visionen; Interessen; Bildung, Sprachfähigkeit; Körper/Gesundheit; durchlebte Erfahrungen und gemeisterte Schwierigkeiten; Begabungen (Talente), Erlerntes (etwa Hobbys, handwerkliche Fähigkeiten); Haltungen (z. B. Kraft, Selbstvertrauen, Ausdauer, Optimismus, Courage, Humor, Kontaktfreudigkeit, Stolz, Improvisationstalent, Auslösung von Hilfsbereitschaft …)
Diese findet man durch *aufmerksamkeitsfördernde Strategien,* z. B.:

- Wahrnehmung unter dem Fokus, dass nichts selbstverständlich ist (aus dem Übersehbaren etwas herausfiltern); Verfremdung: Es ist nicht normal, dass …; Wie schaffen Sie es trotzdem hin und wieder, dass …
- Direkte Fragen: Was kann X. gut?
- Suche nach Ausnahmen und Recherche, wie diese zustande kommen
- Umdeuten, Neubewertung: Was ist positiv daran, wenn jemand … ist, macht, denkt?

Personale Ressourcen entdeckt man auch aus der Bewältigung von Schwierigkeiten in der Vergangenheit. Und: Eine Ressource ist nur das, was auch als solche von Adressat_innen so gesehen und angenommen wird.

Es nützt oft ein lebensbereichsbezogen-gegenwärtiger und biografisch-historischer Blick. Probleme sind nicht immer gleich stark wirksam. Es gibt auch problemärmere oder -freie Zeiten, ggf. in der Vergangenheit. Und es gibt auch intakte Zonen neben dem Problem.

(2) Familiale Ressourcen: Kinder; Familienzusammenhalt (Sorge, Solidarität, Treue ...); Geschwister, gute Tante; bewältigte Schicksalsschläge; Familientradition/ -geschichte

(3) Sonstige lebensweltlich-soziale Ressourcen: Freunde; Nachbarn; Bekannte ...

(4) Materielle Ressourcen: Wohnung; Auto; Erspartes; eigenes Zimmer; Handy; Garten ...

(5) Sozialraum-Ressourcen: Vereine, Initiativen; Sportplatz; Jugendräume; Kirchengemeinde; Flohmarkt; Bibliothek; unentgeltliche Veranstaltungen wie Kirchenkonzert; unkompliziert erreichbare Leute in ähnlicher Situation; Tauschbörse ... (Wege zur Erkundung: Netzwerkanalyse; Ressourcenkartei von Professionellen; Stadtteilbegehung ...)

(6) Professionelle Ressourcen/soziale Infrastruktur: Hilfen, die bekannt, erreichbar, „nicht verbaut" sind

Didaktisch-methodische Überlegungen
Lehr-Lern-Ziele sind:

- Die Studierenden sehen und üben die gleichwertige Erkundung von Problemen und Ressourcen.
- Sie erleben und schätzen Exploration sowie Strukturierung von Erzähltem als zwei zentrale Vorgehensweisen in Beratung.

Die vierte Einheit ist mit weniger Stoff versehen, so dass die Postergalerie aus der dritten Sitzung ggf. nachgeholt werden kann.

1. Zurkenntnisgabe Fall/Teil 2; Brainstorming
2. Lektüre Wissensbaustein Ressourcen
3. Schriftliche Übung in Einzelarbeit; Verlesen und Diskussion im Plenum

4. Rollenspiele zu Explorieren und Strukturieren
5. Lektüre und Kommentare zum Wissensbaustein Leitfaden Beratung

(1), (2) und (3) Der Problemkatalog wird mit dem Fallblatt verteilt. Viele Teilnehmer_innen schätzen den Grad der Differenziertheit in dem knappen Wissensbaustein Ressourcen. Für die Übung wird folgender Arbeitsauftrag erteilt.

Übungsanleitung: Problemhierarchisierung und Ressourcen

Die Sozialarbeiterin hat die Probleme stichwortartig am Flipchart notiert. Nun soll eine Gewichtung erfolgen, und zwar nach den Kriterien Wichtigkeit, Dringlichkeit, Lösbarkeit mit schnellen Erfolgen, besetzt mit Lust auf das Anpacken. Jedes der Kriterien wird von je einem Plenumsviertel nach A-, B-, C-Prioritäten, auf die Probleme verteilend, bearbeitet. Es soll eine Liste mit Ihrer Gewichtung entstehen und eine zweite aus vermuteter Sicht von Frau Roland. Zu den Vermutungen über das Erleben von Frau R.: Dass Dissens zur Rangfolge in Ihrer Gruppe auftritt, ist sehr wahrscheinlich.

Zudem sollen Martina Rolands intakte Lebensbereiche, Stärken und Kraftquellen bestimmt werden. Die Rubriken lauten: personale Ressourcen; soziale Ressourcen; sonstige Ressourcen (z. B. professionelle, infrastrukturelle Angebote).

Dabei soll auch unterschieden werden, welche Ressourcen M. R. aktuell vermutlich nutzt und welche möglicherweise erreichbar sind, aber im Moment zu wenig mobilisiert werden. Es sollen eher Fragen an M. R. im anschließenden Rollenspiel statt festgefügte Unterstellungen und Behauptungen generiert werden.

Die Studierenden können den Ressourcenblick jedenfalls bei Papier-Bleistift-Aufgaben eher leicht mobilisieren; auch bewerten sie sicher und begründet Ressourcen wie Frau Rolands Hilfsbereitschaft und Kontaktfreudigkeit, Nachbar_innen oder Kita als „objektiv" und/oder subjektiv ambivalent. Die Zuweisung von Prioritäten verläuft neben auftretenden Unterschieden en detail fast immer auch ähnlich: Als dringlich mit A-Einschätzung werden die Situation mit den Kindern, die Klärung mit der Kindertagesstätte und möglicherweise akute Geldsorgen bewertet. Hohe Wichtigkeit erhalten Arbeit, Wohnen und die Beziehung zur Mutter E. R., aber diese Themen sind weder akute Notlagen, noch sind sie vermutlich leicht lösbar. Aussagen zur Lösbarkeit und noch mehr zur Lust auf Anpacken sind generell spekulativ, wenn Selbstaussagen fehlen. Darauf werden die entsprechenden Kleingruppenmitglieder auch eingangs hingewiesen.

(4) Der erste Teil – Explorieren von Problemen und Ressourcen – kann im Rollenspiel im Plenum oder auch in Triaden (mit Beobachter_in) durchgeführt werden. Hier soll der Ansatz empathischer, öffnender Gesprächsführung erfahren und geübt werden. Die Begleitung durch die Seminarleitung kann naturgemäß nur punktuell erfolgen, wenn etwa in acht Parallelgruppen trainiert wird. Zwei echte *Herausforderungen* sollten vorab besprochen werden:

Die erste offene Frage ist, welchen zeitlichen Anteil in der Explorationsphase die Probleme erhalten und ob die ganze Problempalette oder nur eine Auswahl zur Sprache kommt. Rückmeldungen der Frau Roland-Doubles zeigen an, dass einige „die Problemflut als deprimierend" erlebten und andere eher erleichtert waren, „dass alles auf den Tisch" kam. Hier zeigt sich, dass Resonanz, Rückfragen, Feedback, nonverbale Zeichen der Klientin regulativ auf das Beraterverhalten wirken sollten. Vier Hinweise zur Durchführung: Es sollte mit der Problemseite begonnen werden. Die Ressourcen sollten genauso aufmerksam beachtet werden. Beides sollte abgekürzt auf Karteikarten festgehalten werden. Und die Fachkraft muss mit dem „Kinderschutz-Ohr" wachsam bleiben.

Die zweite offene Frage ist, nach welchen Kriterien im plenaren Rollenspiel (nicht mehr in kleinen Übungsgruppen) und in der Echt-Situation die explorierte, erzählte Lage strukturiert werden soll (zweiter Spielteil). Fachlich stehen Dringlichkeit und Lösbarkeit (wegen der möglichen Vehikel-, Transfer-, Schub- bzw. Optimismus-Effekte) vorne, motivational ist die Lust der Klientin zentral, die Problemrelevanz darf selbstredend nicht geringgeschätzt werden. Nun verwirrt es aber alle Beteiligten, wenn alle Probleme nach allen Kriterien sortiert werden, womöglich noch sprunghaft, ohne feste Reihenfolge. Dazu drei Durchführungsimpulse auch hier: Es sollte in diesem zweiten Gespräch zuerst nach Dringlichkeit und dann nach Lösbarkeit gefragt werden. Es sollten maximal drei Probleme genauer angeschaut und ggf. schon mit allerersten Lösungsschritten versehen werden. Und Frau Roland bestimmt Umfang, Tempo, Tiefe, Schwerpunkte (je nach Verlauf: entscheidend mit).

(5) Folgender Text, der sowohl eine beraterische Grundhaltung als auch methodisches Handeln abbildet, wird verteilt und gelesen; selbstredend müssen in der beruflichen Praxis einzelfallspezifische Mischungen und Akzentsetzungen gefunden werden. Die Studierenden werden zu Stellungnahmen animiert. Sie sollen vor der Plenumsdiskussion die fünf für sich wichtigsten Punkte markieren.

Wissensbaustein und Ankreuzbogen: Leitlinien Beratung

Als Folie dienen Beratungsprozesse in der Sozialen Arbeit mit folgenden Phasen: Beziehungsaufbau; Situationsklärung mit Exploration und Strukturierung; thematische Tiefung als Arbeit an Problemen, problembegleitenden bzw. -miterzeugenden inneren Mustern, Motiven, Bewältigungsarten ...; Vorbereitung von Lösungen und Lösungsentscheidungen; Umsetzung von Handlungsplänen.

Empathie und Wertschätzung gelten als günstige Grundhaltungen für eine kooperative Prozessgestaltung. Folgende Verlaufsstadien mit Interventionsrichtungen lassen sich unterscheiden:

(1) Problembewusstsein und -druck klären und stärken, Absichtsbildung begleiten
- Tauscht Informationen und Sichtweisen aus, stoße gezielt Wahrnehmungen an, gib Rückmeldungen und höre auf Antworten.
- Achte auf Zeichen von ambivalentem Schwanken, Unzufriedenheit bzw. Diskrepanzen zwischen Reden und Tun, erklärtem Wollen und Durchführen.
- Schaffe Raum für Menschen, über problemerzeugende Bedingungen zu sprechen.
- Macht eine Belastungs- und Ressourcenaufstellung.
- Ordnet ggf. ein Wirrwarr (A-, B-, C-Prioritäten: zeitlich nach dem Zuerst-und-dann-Prinzip, nach Bedeutsamkeit, nach Lösbarkeit, nach Motivation ...). Gewichtet Belastungen, Probleme und Lösungsnotwendigkeiten.
- Macht eine Kosten-Nutzen-Analyse.
- Sprecht über Veränderungsgründe.
- Stärkt das Selbstvertrauen. Sucht nach Ausnahmen und nach Geschafftem: Was gelingt? Was war schon einmal hilfreich? Was kann bleiben?

(2) Vorbereitung, Ausbreitung, Festigung von Zuversicht; Übergang in Vorsatzentwicklung
- Ermutige Menschen, darüber zu sprechen, was sie anstreben.
- Entwickelt Bilder (Vision, Leuchtfeuer) für Neues durch „Spinnen", Geschichten, Bilder, Experimente, Anknüpfen an Träume, frühere Zeiten ...

(3) Festigung von Veränderungsgrund und Zielbildung
- Fördere eine positive Bewertung von Veränderungsprozessen durch den/die Adressat_in.
- Sucht Nahziele, neben ggf. unausweichlichen Fremdzielen sollten immer auch positiv besetzte Eigenziele dabei sein. Fokussiert, was schon Veränderungsenergie trägt.

(4) Lösungshandeln
- Macht ein Brainstorming über mögliche Lösungen.

- Erfrage mögliche Hindernisse und Bedenken.
- Bestimmt Entwicklungsaufgaben und schafft Bedingungen und Übungsgelegenheiten für Neues.
- Sprecht auch über B-Varianten.
- Organisiert schnelle Anfangserfolge (Vehikel-, Transfereffekt).
- Verteilt auf mehrere Schultern – nicht nur der/die Adressat_in soll arbeiten.
- Findet gemeinsam Reihenfolgen und überlegt, wer was tut, wer unterstützen kann.
- Macht einen überschaubaren (visualisierten) Plan, der auch kleine Schritte wertschätzt.

(5) Stabilisierung
- Besprecht den Umgang mit dem Neuen.
- Rechnet damit, dass nicht alles wie geplant gelingt.
- Antizipiert und integriert „Rückfall-Episoden".

Quer
- Schaffe emotionale Sicherheit und stelle ein Klima von Vertrauen und Hoffnung her.
- Stütze den Selbstwert deiner Gegenüber.
- Stelle Transparenz her über das, was interessieren und ggf. verunsichern könnte.
- Beachte Anliegen und Aufträge von Beteiligten und mittelbar involvierten Personen.
- Berücksichtige Selbstwahrnehmung, Deutungsfilter, Glaubensüberzeugungen, innere Dialoge.
- Versetze dich probeweise in seine/ihre Lage. Auch er/sie hat seine/ihre Geschichte, von hier aus entsteht der Blick auf sich selbst und auf die Welt. Hilf deinem Gegenüber, sein/ihr Erleben wahrzunehmen.
- Denke daran, dass sich andere (wie du selbst auch) gemäß des Bildes verhalten, das sie von sich haben. Stelle in Rechnung, dass sich andere (wie du selbst auch) gemäß des Bildes verhalten, das sie von der Welt, der Situation und dir als professioneller Kraft haben.
- Kontrolliere deine Erwartungen, ob sie realistisch sind.

Die Wortbeiträge zu diesem Katalog sind fast immer sehr heterogen und im Tenor auch nicht unreflektiert naiv-erfreut über die heile Beratungswelt auf Papier – aber der Sound spricht an. Mehrheitlich gilt: Die Studierenden mögen Leitfäden mit empfehlenden Charakter generell lieber als routinierte berufserfahrene Fachkräfte. Ich habe dafür drei Erklärungen. Erstens schätzen die Lernenden, dass es positive Wissensbestände gibt, die Gültigkeit beanspruchen.

„Dass es im Einzelfall drauf ankommt" ist eine andere Geschichte. Zweitens lassen Student_innen eher fachliche Ansprüche zu, weil sie noch nicht alltäglich dagegen verstoßen und ihre Begründungsenergie demgemäß nicht in die Selbstrechtfertigung und in die Abwertung normativer Standards geht. Drittens schätzen sie das Bild von Klient_innen, was implizit konstruiert und transportiert wird. Sie sagen zwar, dass es nur ein Teil der Hilfeadressat_innen ist, die solche Angebote annehmen und ihre Rolle so perfekt geben. Aber sie wollen eben auch an die Abnahme und Annahme ihrer antizipierten Leistungen glauben. Erfahrene Fachkräfte zeigen sich desillusionierter und stellen mehrheitlich in Abrede, dass sie durch Leitfäden u. ä. sicherer, erfolgreicher etc. handeln.

3.3 Genogramm und Hypothesen im Fall Roland

Thema und Inhalt
Die wiedergegebene, in Teilen konstruierte Familienerzählung im dritten Teil des Falls ermöglicht, ein Genogramm zu erstellen und Hypothesen zur Problementstehung zu entwickeln. Ein Genogramm als grafische Abbildung von Familienbeziehungen und ggf. -themen kann sowohl im Gespräch mit Klient_innen entwickelt als auch für das Fachkrafthandeln im Nachgang eines Treffens eher knapp gezeichnet werden. Abgebildet werden können Familienmitgliedschaften; Familienstrukturen wie Eltern-Kind-Verhältnisse, Partnerschaften, Verwandtschaften; kritische Lebensereignisse, daraus folgend Familienthemen; Personencharakteristika; Beziehungsintensitäten und Konflikte. Ein Symbolinventar bieten McGoldrick/Gerson/Petry (2016). Genogramme können verwendet werden für einen Überblick gerade bei komplexen Beziehungen und in großen Familien, für Erkenntnisgewinn von Klient_innen, zur Sicherung von Informationen und für Hypothesengewinnung für Fachkräfte (vgl. Schwing/Fryszer 2006).

Wissensbaustein: Hypothesen

(1) Was sind Hypothesen?
Erklärende Hypothesen sind reflektierte Phantasien, gerichtete Annahmen (Vermutungen) über die Gründe und die Zusammenhänge von Problemen. Hypothesen beziehen sich auf internes Erleben etc. und externe Geschehnisse, z. B.

* Muster (ungünstiger) Kommunikation und Belastungsbewältigung
* Intrapsychische Prozesse wie (schwächendes) Selbstbild und (negative) Glaubensüberzeugungen, Weitergabe erlittener Kränkungen, (fehlende) Motivation, (eingeschränkte) Wahrnehmung, (destruktive) Anerkennungssuche ...

- (Dysfunktionale) Aufgaben- und Rollenverteilungen in Familien
- (Schwierige) Lebensumstände

Hypothesen müssen überprüft werden; sie werden ggf. verworfen, wenn man mehr im Fall verstanden hat; es gibt nie „die eine, richtige" Hypothese.

Einfachere Hypothesen verknüpfen linear Ursache und Wirkung: Paul (13 Jahre) klaut, um Aufmerksamkeit von seinen Eltern zu erhalten.

Komplexere Hypothesen versuchen abzubilden, wie ineinander verschachtelte Problemlagen zusammenhängen: Paul klaut, um Aufmerksamkeit von seinen Eltern zu erhalten, die von ihrer Scheidung absorbiert sind und sich vor allem um das Sorgerecht für „den Sonnenschein" Olaf (sieben Jahre) streiten.

(2) Wofür benötigen wir Hypothesen (Funktion, Zweck)?
Hypothesen
- sollen Unverständliches erklären, dienen der Aufklärung von Sachverhalten (mehr Durchblick bekommen);
- legen Spuren für die Erkundung; sie zeigen ggf. weitere Recherchebedarfe an;
- bringen Ordnung in unübersichtliche Situationen (trennen „Spreu vom Weizen", schaffen Zusammenhänge);
- schaffen ggf. emotionale Distanz;
- regen zu neuen Blicken an (befreien aus Routinen und Engführung);
- bereiten Arbeitsschwerpunkte und auch Interventionen vor (sie führen aber nicht direkt zu Lösungsstrategien; Hypothesen und Interventionen sind lose-experimentell gekoppelt).

Andere Wege der Lösungsfindung sind: Konzept des Trägers; relativ feste innere Arbeitskonzepte, Routinen bei Person und Organisation; zur Verfügung stehende Mittel; zur Verfügung stehende qualifizierte Angebote etc.

(3) Was ist der Fundus für Hypothesenbildung?
Wissenschaftliches Wissen (so gibt es biologisch-medizinische Hypothesen, entwicklungspsychologische, tiefenpsychologische, jugendkulturelle, armuts-, migrationsbezogene, geschlechtsspezifische, familiendynamische etc. ... Hypothesen)
Berufserfahrung
Lebenserfahrung (auch Romane, Märchen, Filme ...)

(4) Auf welche Arten (mit welchen Modalitäten) kommen wir zu Hypothesen?
Methodisch angelegter Datenerwerb: Gespräche, auch Befragung von Bezugspersonen; Aktenanalyse; Tests; Gutachten; Beobachtung; Genogramm; Anmeldebogen ...

Interpretation von Symptomen; Deutung von Art und Zeitpunkt der Kontaktaufnahme; Vermutungen zur Selbstinszenierung (Auftreten, Kleidung, Weise der Problemschilderung ...)

Kollegiale Fallberatung: Zusammentragen von Wahrnehmungen, Wissen, Bildern, Assoziationen ...

Intuition; Gefühl: Gefühle zu Fällen sind individuell-biografisch angelegt, können aber auch verschiedene Facetten einer Person und eines Falles abbilden (eine Fachkraft erlebt X. als „kühlen Trickser", die andere als „armen Kerl" – beides „kann stimmen", bildet eine Seite des Falles/der Person ab)

(5) Wie verläuft der Weg der Hypothesenbildung?
Annahmen als bewusste Bildung mehrerer Hypothesen (= Komplexitätssteigerung) – Bewertung, Hierarchisierung sowie Entscheidung (= Komplexitätsreduktion). Hypothesen in der Sozialen Arbeit sind auf dialogische Rückkoppelung mit den Betroffenen verwiesen. Art und Zeitpunkt sind fallspezifisch zu bestimmen.

(6) Systemische Hypothesen
- machen Aussagen über Beziehungen;
- knüpfen Verbindungen zu Umständen, Situationen, Kontexten;
- schließen subjektiven Sinn und Funktion für das System ein und auf (vgl. zu (1) bis (6) Schwing/Fryszer 2006, S. 129–137).

(7) Hypothesen dienen meistens der *Klärung und Ausrichtung des Fachkraft-Handelns* (Einzelne; Team). Professionelle entwickeln auf Probe über das Fallverstehen und die damit einhergehenden Hypothesen Gründe, Ziele und Vorgehensweisen, besonders zu wichtigen bzw. schwierigen und schwer erklärlichen Fallelementen.

(8) Wege in Beratungen können sein,

- mit Klient_innen Hypothesen zu entwickeln (hoher Anteil von Selbstdeutung),
- Klient_innen zu den Gehalten der expertisch entwickelten Hypothesen zu befragen (stellvertretende Deutungen).

(9) Es gibt *zwei zeitliche Richtungen* für die expertisch-monologische oder aber dialogische Entwicklung von begründeten Vermutungen:

- Vergangenheits- und problemorientiert: Was hat zur Entstehung und Aufrechterhaltung der Familienprobleme bei M. R. geführt?
- Zukunfts- und lösungsorientiert: Was könnte getan werden und was würde sich dann vielleicht verändern?

(10) Woran merken Fachkräfte ggf., ob ihre *hypothesengeleitete Beratungsstrategie von der Seite der Themen her trifft?* Worauf können sie achten? Die Reaktionen der Adressat_innen auf Interventionen, Angebote etc. zeigen zwar öfter an, ob man mit Vermutungen zu Problemursachen, zu Motiven, wichtigen Einflussfaktoren, aber auch zu Lösungsansätzen (Vorgehensrichtung; Arrangements von Orten und Aufgaben; Gestaltung der Beziehung ...) „richtig" liegt – aber Äußerungen bleiben ggf. implizit und sind nicht eindeutig. Zeigt der/die Adressat_in Interesse an der eingeschlagenen Aufmerksamkeitsrichtung? Spricht er/sie angeregt zum Thema? Ist Nachdenklichkeit erkennbar? Ist Betroffenheit spürbar? Wird Erkenntnisgewinn geäußert? Entstehen gar heftige Emotionen (Annahme bzw. Ablehnung bzw. ...)?

Didaktisch-methodische Überlegungen

Lehr-Lern-Ziele sind:

- Die Studierenden erstellen ein Genogramm zum Familienfall Roland.
- Sie versuchen sich in der Bildung von problem- und lösungsorientierten Hypothesen.

Im Ablauf können verschiedene Varianten und zusätzliche Angebote in besonders motivierten Gruppen angeboten werden:

1. Vermittlung von Genogrammwissen (studentischer Vortrag oder Dozenteninput)
2. Übung Genogrammerstellung Roland (Einzel- oder Partnerarbeit oder Plenum); ggf. Abgleich untereinander; Beantwortung von Fragen
3. Lesen des Wissensbausteins Hypothesen; Rückfragen
4. Hypothesenentwicklung (Einzel- oder Partnerarbeit); Vorlesen und Diskussion in Plenum
5. Ggf. Zusatzangebote: Lektüre zu dialogischer Genogrammentwicklung (Kron-Klees 1994) und/oder Rollenspiel zu dialogischer Hypothesenprüfung

(1) und (2) Studierenden gefällt es, Genogramme zu erstellen und ihnen gelingt das ganz überwiegend in allen Arbeitsformen gut. Nach dem Wissensinput gebe ich noch einmal reduzierte Kerninformationen.

Arbeitshilfe: Genogrammerarbeitung

- Beginn mit der Person, die beraten wird, oder mit „Indexklient_in", „Symptom-träger_in", „Problemsystem" (etwa Ehe in der Scheidungsphase)
- Unten Kinder, in der Mitte Eltern, oben Großeltern; pro Generation ein Stockwerk/eine Ebene
- Männer links, Frauen rechts
- Beziehungsstatus vermerken (Ehe – ggf. getrennt lebend; nichteheliche Verbindung; Scheidung ...) – Symbole dafür verwenden (ggf. wichtig: Scheidungsjahr vermerken)
- Kinder nach Alter von links nach rechts
- Aktuellen Haushalt einkreisen
- Relevante Charakteristika und Alter neben die wichtigsten Protagonist_innen schreiben
- Beziehungs- und Konfliktlinien eintragen

Es gibt auffällige Parallelen im Leben von E. R. und M. R.: Beide sind allein-erziehend. Sie haben zwei Kinder von zwei verschiedenen Partnern. Ein Partner (jeweils der zweite) war sehr viel älter als E. R./M. R. Die Kinder hatten/haben keinen Kontakt zu den Vätern. Mutter und Tochter haben den gleichen Beruf. Beide sind ihrem Herkunftsviertel treu geblieben. Beide meisterten/meistern ihre Situation, ohne erkennbar nach vorliegenden Informationen aktiv nach Hilfe zu suchen.

(3) und (4) Der Wissensbaustein Hypothesen ist zwar anerkannt informativ, jedoch erwachsen daraus nicht unmittelbar Anwendungsfähigkeiten. Die Aufgabe lautet, pro Teilnehmer_in (auf Wunsch in Partnerarbeit) je ein bis zwei problem- und lösungsgerichtete Hypothesen zu entwickeln. Drei Hinweise haben sich als besonders dringlich herausgestellt: Man muss zunächst festlegen, zu was die Hypothese gebildet werden soll, wozu man also erhellend und klärend Vermutungen anstellt. Bei jeder Problemhypothese ist festzuhalten, aufgrund welcher Textstellen die Hypothese möglicherweise Geltung beansprucht. Und lösungsorientiert denken kann man erst, wenn man definiert hat, was man lösen will. Von daher kommt man um Probleme nicht herum. Der Text Schwing/Fryszer (2006, S. 129–137) wird als nachbereitende Lektüre empfohlen.

Aufgabe: Vergangenheits- und problemorientiert: Was hat zur Entstehung und Aufrechterhaltung der Familienprobleme bei M. R. geführt? Zukunfts- und lösungsorientiert: Was könnte getan werden und was würde sich dann vielleicht verändern?

Folgende *Fallhypothesen* entstanden über mehrere Jahre in verschiedenen Lerngruppen – ich habe feinformuliert und verschriftlicht:

(1) Problemhypothese: Frau Roland hat unter dem „stillen Druck" der Mutter ein Bild einer tapferen, unermüdlichen Macherin entwickelt, die sich keine Blöße durch eine Überlastungsanzeige geben mag.

Erläuterung: M.R. befindet sich in einer chronischen Überlastungslage. In der Herkunftsfamilie hat sich keine Kultur des Hilfeholens entwickelt. M.R. möchte ihrer Mutter gegenüber nicht das Bild bedienen, mit ihrem Leben nicht allein klarzukommen, und damit weiter Kredit (Respekt) zu verlieren.

Lösungsorientierte Arbeitshypothese: Wenn M.R. mit ihrer Mutter in klärende Gespräche eintritt, wird sich der Innendruck etwas verringern, einem Bild der „Alles-Schafferin" genügen zu müssen. Wenn M.R. weniger darauf bedacht sein müsste, sich vor ihrer Mutter keine Blöße zu geben, könnte sie sich eher und leichter ohne Selbstabwertung Hilfe holen.

(2) Problemhypothese: Unthematisierte und unbetrauerte Beziehungsabbrüche werden reinszeniert, wobei M.R. womöglich noch den heimlichen Auftrag hat, das Schicksal ihrer Mutter in der Folgegeneration nicht zum besseren Abschluss zu bringen bzw. nicht über die Mutter hinauszuwachsen. Die Mutter von M.R. sieht ihr eigenes Leben in ihrer Tochter (teilweise) reproduziert – und könnte dazu durchaus ein ambivalentes Verhältnis einnehmen (M.R. soll es anders machen und womöglich auch nicht). M.R. sucht gleichwohl weiter die Liebe und Anerkennung ihrer Mutter und ist davon in einer Weise absorbiert, dass sie sich der Gegenwart und ihrer eigenen Familie nicht voll widmen kann.

Erläuterung: M.R. ist innerlich mit der Ablehnung durch die Mutter beschäftigt, hat einerseits aufgegeben, den Erwartungen von E.R. genügen zu wollen, und kann doch nicht loslassen. M.R. ist ggf. eine „gebundene Delegierte", die als ungeliebtes Kind und Abbild einer negativen Lebensweiche „systematisch" von ihrer Mutter geschwächt wird und „unbeabsichtigt" Loyalität in Wiederholung und Mutternähe ihres Lebens zeigt.

Lösungsorientierte Arbeitshypothese: Wenn M.R. ihren Schmerz über die Rolle in ihrer Herkunftsfamilie äußern könnte, könnte sie dem in der Vergangenheit wurzelnden Kampf um Anerkennung etwas Spannung nehmen. Sie könnte sich durch hilfreiche entlastende Gespräche vielleicht etwas mehr der Gegenwart und Zukunft widmen und realistische und zugleich kräftigende eigene Perspektiven entwickeln.

(3) Problemhypothese: M. R. hat ein negatives Selbstbild von Nicht-Können und Nicht-Wert-Sein entwickelt, das dazu führt, dass sie keine positiven Visionen und Ziele entwickeln kann, weil sie selbst nicht daran glaubt, „es noch zu etwas zu bringen".

Erläuterung: M. R. hat Beziehungsenttäuschungen und Abwertung erlebt, die zu Abschottung bzw. Vermeidung tieferer Beziehungen führen. Die Internalisierung des „Nicht-auf-diese-Welt-Gehörens", des Versagens und des Ungeliebt-Seins schwächen und überlagern M. R.s Energien, ihre Lage aktiv anzugehen.

Lösungsorientierte Arbeitshypothese: Wenn M. R. stärkende Erfahrungen in der Gegenwart macht, kann sie mehr an sich glauben. Wenn sie mehr an sich glaubt, nimmt sie beruflich und in der Erziehung mehr das Heft des Handelns in die Hand. Wenn sie aktiver wird, kann sie eher an ihre Gelingenserfahrungen anknüpfen.

(4) Problemhypothese: Die frühe Mutterschaft hat dazu geführt, dass die jugendlichen/jungerwachsenen Seiten von M. R. nicht zugelassen werden konnten (Experimentieren; Unbeschwertheit; vorläufige Lebensplanung mit eingeschränkter Verantwortung …).

Erläuterung: Eine sich im Ansatz zeigende Vernachlässigung der Kinder entsteht durch „ungelebte" Anteile.

Lösungsorientierte Arbeitshypothese: Wenn M. R. mit Unterstützung Zeiträume für Eigenes organisiert, kann sie sich wichtig nehmen und eigene Bedürfnisse „organisiert" ausleben. Wenn sie in gesicherten Bahnen an sich denken darf, dann kann sie sich geduldiger auf die Kinder einlassen.

(5) Problemhypothese: M. R. sieht die Kinder als Abbild von enttäuschenden Beziehungen und ist gefährdet, Paul und Paula nicht gut genug anzunehmen, zu lieben, zu fördern.

Erläuterung: Die punktuelle Vernachlässigung der Kinder entsteht durch Übertragung von negativen Gefühlen gegenüber den Ex-Partnern auf die Kinder.

Lösungsorientierte Arbeitshypothese: Wenn M. R. ihre Partnerwahlmotive und ihre Beziehungsenttäuschungen im geschützten Rahmen reflektiert und trauern kann, sinkt die Vernachlässigungsgefahr.

(6) Problemhypothese: M. R. fehlen Fähigkeiten in der Selbstregulation ihrer Gefühle und Ideen für eine günstigere erzieherische Interaktion mit Paula und Paul.

Erläuterung: Erzieherische Inkonsequenz beruht auf Kompetenzmängeln.

Lösungsorientierte Arbeitshypothese: Wenn M. R. Anleitung und Übung im Alltag zur Verfügung hätte und sie von einer Vertrauensperson unterstützt werden würde, könnte sie mit etwas mehr mütterlicher Souveränität handeln und würde sich wirksamer erleben. Das hätte positive Folgen für ihr Selbstwertgefühl und würde zu einer anpackenden Grundhaltung führen.

(7) Problemhypothese: Frau Roland muss die typischen Belastungen des Alleinerziehens bewältigen und ist in einen Überlastungsstrudel aus sozialen, materiellen und psychischen Problemen hineingeraten, „wo eins zum andern kommt" und Kraft verloren geht.

Erläuterung: Psychische Probleme sollten nicht allzu prominent gestellt werden. In solch einer Armuts- und Belastungssituation würde jede_r „ins Schlingern kommen".

Lösungsorientierte Arbeitshypothese: Wenn M. R. ihren Alltag strukturiert, neue Perspektiven erarbeitet und die Problem- und Belastungsseite durch Hilfen entschärft und gemildert wird, kann sie aufgrund vieler Ressourcen aus der Entmutigungs- und Armutsfalle herauskommen.

Die Student_innen akzentuieren in großer Mehrheit, dass sie nur das tun würden, wofür sie zuständig sind, wobei sie sich sicher und fähig fühlen und was sie für notwendig halten. Tiefenpsychologische und familiendynamische Hypothesen haben bei vielen Studierenden einen schweren Stand. Zudem sind sie sensibel für Unterstellungen. Dem ist uneingeschränkt zuzustimmen. Gleichwohl besteht mitunter das Gebot, von Dozentenseite tiefere, nicht unmittelbar bewusste Bedeutungsschichten und Motive zu erwägen und ins Gespräch zu bringen.

(5) In der Folgewoche (fünfte Sitzung) kann es ein oder zwei Zusatzangebote geben, wenn die Gruppe etwas vertieft lernen will: dialogische Genogrammentwicklung und/oder dialogische Hypothesenprüfung. Beide Gesprächstypen entsprechen dem Anforderungsniveau für Fortgeschrittene und werden ggf. in Weiterbildungen geübt und gefestigt.

Dialogische Genogrammentwicklung

Die Literatur hält ein Beispiel bereit (vgl. Kron-Klees 1994, S. 224–229). Dort werden sowohl die dialogische empathische Haltung als auch das konkrete Vorgehen deutlich. Verwendet werden u. a.: Erläuterungen zu Genogrammen: was, wozu und wie; zum Umgang mit Informationen; Einstiegskommentar; Erzählströme anstoßen; Anerkennung für Lebensleistungen; Verkraftbarkeit beachten, rückversichern; Mitteilen von Erleben durch beratende Person; Techniken: offene Fragen, präzisierendes Nachfragen; paraphrasieren; zusammenfassen. Das Beispiel kann mit verteilten Rollen laut gelesen werden; die Auswertungsfrage zielt z. B. auf eingesetzte Mittel. Die/der Dozent_in kann auch selbst im Rollenspiel ein Frau Roland-Double interviewen, der/die spielende Student_in sollte den Fall innerlich parat haben.

Dialogische Hypothesenprüfung

Wege in Beratungen können sein,

- mit Klient_innen Hypothesen zu entwickeln (aktiver Part in Koproduktion, hoher Anteil von Selbstdeutung);
- Klient_innen zu den Gehalten der expertisch entwickelten Hypothesen (stellvertretende Deutungen) zu geleiten – in der Hoffnung, dass die damit einhergehenden Einsichten neue Optionen (Verhalten, Gedanken, Gefühle) eröffnen: weniger Duldungsbereitschaft gegenüber Gewalt; weniger Selbstverachtung; weniger Hass auf die Mutter; mehr Toleranz gegenüber dem „eigensinnig-verrückten" Verhalten von X.; mehr Vergebungsbereitschaft gegenüber dem abwesenden Vater …

Der zweite Weg wird hier genauer bedacht. Fragen: Wieso hat sich M. R. nicht früher Hilfe geholt? Was gibt, was nimmt ihr Kraft? Wie geht sie mit ihrer inneren Belastungsgrenze um? Hypothese: Frau Roland hat unter dem „stillen Druck" der Mutter ein Bild einer tapferen, unermüdlichen Macherin entwickelt, die sich keine Blöße der Überlastungsanzeige geben mag. Erläuterung: M. R. befindet sich in einer chronischen Überlastungslage. In der Herkunftsfamilie hat sich keine Kultur des Hilfeholens entwickelt. M. R. möchte ihrer Mutter gegenüber nicht das Bild bedienen, mit ihrem Leben allein nicht klar zu kommen und damit weiter Kredit (Respekt) zu verlieren. Ziele in dieser Beratungssequenz sind Impulse für die Entwicklung von M. R., für die Stärkung der Bereitschaft, Hilfe anzunehmen, für ein passendes Hilfekonzept und für die Klärung der Mutter-Tochter-Beziehung (E. R. – M. R.) mit neuen Gesichtspunkten. *Schritte der Gesprächsführung*, die Hypothese zu untersuchen, können sein:

- Fragen zum Bild von der Mutter (unter dem Aspekt des Schaffens, des Nicht-Kleinzukriegens …)

- Fragen zum Bild von sich selbst (ebenso)
- Fragen zum Vergleich von M.R. und E.R.
- Befragung der Konzepte von „stark" und „schwach"
- Was ist der Preis, den E.R. (M.R.) für ihr Machen und Schaffen bezahlt?
- Fragen zum Vergleich von idealem Selbstbild und wahrgenommener Realität bei M.R.
- Würdigung ihrer Leistungen (M.R.)
- Impulse zur Wahrnehmung von Ressourcen
- Was will M.R. von ihrer Mutter „übernehmen", was nicht (weil es nicht geht oder ihr nicht guttut)?

Die Hypothesenuntersuchung könnte in einem spielerischen Dialog inszeniert werden, wobei der/dem Dozierenden die Gesprächsführung zukommen sollte

3.4 Vision und Ziele im Fall Roland

Thema und Inhalt

Thema der Einheit sind Struktur und Weg von gelingenden Beratungsprozessen mit dem Schwerpunkt Ziele. Theoretisch etwas anspruchsvoller wird im fünften Semester (vgl. erweiternd D. Unterstützungsprozesse) am Zielthema gearbeitet. In dieser Veranstaltung wird nur die Unterscheidung nach Eigenziel und Fremdziel sowie die von Zielebenen thematisiert, bevor der Fall Roland durch den Einstieg in das Thema Zielentwicklung abgeschlossen wird.

Wissensbaustein: Ziele im Fall Roland

Mit der *Zielpyramide* (vgl. Schwabe 2005) liegt ein Modell vor, dass uns ein Nacheinander nahebringt und das hier von drei auf *vier Ebenen* durch die Einführung von Teilzielen erweitert wird: *Vision (Leuchtfeuer); Teilziele; Entwicklungsaufgaben* (Was muss ich vorher noch lernen, schaffen, klären …?); *Handlungsschritte.* Zu den Ebenen:

(1) Ein positiv besetztes Bild (gefühlsmäßig verankert)
Für Veränderung ist u.a. erheblich, ob wir eine Vision, ein Zukunftsbild, eine Vorstellung haben, die uns tief, auch emotional positiv berührt. Eine Formulierung aus dem vierten Gespräch von M.R. mit Frau Kappeler: „Mir scheint, Sie sind manchmal selbst unglücklich, wenn aus heiterem Himmel ein Streit entsteht. Sie werden da überwältigt und dann stehen alle vor einem Scherbenhaufen. Dabei wollen Sie in Frieden mit den Kindern leben und alle sollen zu ihrem Recht kommen. Nicht, dass alles immer glattgeht. Aber dass Sie zu 80 oder 90 % hinterher

sagen: Martina, ich bin zufrieden mit dir. Das hast du im Rahmen der Umstände gut hingekriegt. Sehe ich das richtig?" Zu prüfen ist, welche Entwicklung zur Vision führen könnte. „Was für Sie vielleicht anstehen könnte, ist andere Formen des Umgangs mit Drucksituationen zu suchen? Das wird nicht immer gelingen. Aber es gibt Wege. Wenn Sie wollen, helfen wir Ihnen dabei, einen für Sie passenden zu finden."

Am Ende der Klärung steht: „Ich, Martina Roland, möchte erreichen, dass wir mehr Familienfrieden haben, die Kinder mich öfter entspannt anlachen und mit ihrer Mama zufrieden sind. Und ich möchte selbst wieder mitten im Leben stehen, arbeiten, Freunde haben, mehr Geld, damit wir uns etwas leisten können. Ich möchte meine Familien- und Berufssituation aktiv verbessern und mir dabei helfen lassen."

(2) Teilziele
Mit den Kindern besser klarkommen
* Ich möchte mich aus einer Spannungssituation mit den Kindern (Paul!) herausziehen, wenn ich merke, dass mein Ärger mit mir durchgeht.
* Ich möchte besser verstehen, was bei Paul innerlich läuft, bevor er durchdreht.
* Ich möchte neue Ideen bekommen und probieren, wie ich Paul besser stoppen kann.

Die berufliche Situation anpacken
* Ich möchte genauer wissen, welcher Beruf zu mir passen könnte.
* Ich will mit der Arbeitsagentur mit für mich günstigeren Ergebnissen zusammenarbeiten.
* Ich möchte die nächste Qualifizierung, die zu meinen beruflichen Zielen passt, vollständig mitmachen.

(3) Entwicklungsaufgaben (Voraussetzungen schaffen)
Manchmal kann nicht gleich mit der Zielumsetzung losgelegt werden, weil zuvor und parallel etwas Zentrales gelernt werden muss, um wirksam zu handeln. Entwicklungsaufgaben sollen nicht überfordern; sie bergen Risiken – weil man scheitern kann; sie sollten n.M. mit externer Unterstützung angepackt werden. Mit Rückschlägen ist zu rechnen. Im Fall M. R. zu erwerbende Voraussetzungen könnten sein:

Lern-/Entwicklungsaufgabe – Fähigkeitserwerb für Teilziel 1
Frau Roland macht Versuche mit dem Sich-besser-Spüren, bevor der große Ärger kommt, und überlegt gemeinsam mit Frau Hahn (Familienhelferin), was sie dann macht. Und die Experimente werden dann ausgewertet. Schließlich möchte M. R. mehr Verständnis für Aggression erwerben und andere Verhaltensweisen kennenlernen. (In der Realität gerne in der Ich-Form formulieren.)

Fähigkeitserwerb für Teilziel 2

Frau Roland will beobachten und durch Ausprobieren erfahren, was ihr Kraft gibt, was sie beflügelt und was Verhinderungsquellen auf dem Weg zum beruflichen Wiedereinstieg sind.

(4) Handlungsschritte (für ein Teilziel): Planung wer – mit wem – was – wie – (bis) wann

Teilziel 1. Frau Roland

- beobachtet sich, wie sie bisher auf Paul reagiert (was sie denkt, fühlt, macht).
- führt ein Gespräch mit dem Schulpsychologischen Dienst zum Thema kindliche Aggression (innerhalb von drei Wochen).
- entwickelt mit Frau Hahn zwei neue Strategien, ihren Ärger zu kanalisieren und Paul präventiv Grenzen zu setzen (anfangen in der nächsten Woche).
- meldet sich zu einem Erziehungskurs für alleinerziehende Mütter an (im nächsten Vierteljahr).
- lässt sich von Paul „beraten", was sie besser machen kann und kündigt Paul und Paula an, dass sie als Mutter lernen möchte, besser mit den Kindern umzugehen (nächste Tage).
- nimmt sich für beide Kinder (einzeln) je zwei 30-minütige Quality-Time-Einheiten pro Woche vor (Festlegung von Wochentag und Zeitfenster).
- macht eine mindestens zweistündige schöne Aktivität mit den Kindern am Wochenende (ab sofort).
- ruft die Klassenlehrerin und die Kitaleiterin an und verabredet Gespräche, die sie mit Frau Hahn vorbereitet (vielleicht kommt diese mit) (im Laufe der kommenden 14 Tage haben die Gespräche stattgefunden).

Bei der Entwicklung und Verfolgung von Teilzielen und Handlungsschritten sollte einbezogen werden, dass jemand fast immer etwas ändern will und es auch hemmende Kräfte gibt. Bei Schwierigkeiten, Rückschlägen … könnte man den emotionalen Hintergrund überprüfen und modifizieren; Kosten und Nutzen auswerten; Teilziele neu verhandeln; neue Umsetzungswege suchen; Aufgaben neu verteilen. Fast immer erleichternd und Türen öffnend sind Relativierungen: nur manchmal, nur zum Teil; dieses jetzt und anderes später; erst einmal probieren, für eine Woche u. ä.; nicht allein, aber zusammen bzw. andere gehen in Vorleistung; noch nicht machen, aber beobachten, nachdenken, innerlich beschäftigen (vgl. Schwabe 2005).

Didaktisch-methodische Überlegungen

Lehr-Lern-Ziele sind:

- Die Studierenden differenzieren Zielarten.
- Sie üben Zielformulierungen nach dem Mehrebenenansatz.
- Sie bestimmen Gesprächsmittel am Beispiel und bewerten deren Eignung.

Der Ablauf:

1. Lautes Vorlesen des Dialogs (Fall/4. Teil; siehe Anhang), erste Kommentare
2. Übung Zielformulierung; Ergebnisveröffentlichung im Plenum
3. Lesen des Wissensbausteins Ziele; Abgleich mit eigener Arbeit
4. Vorlesen einzelner Passagen; Bestimmung von Mitteln der Gesprächsführung im Plenum
5. Lektüre des Textes Gesprächsmittel; Diskussion

(1), **(2)**, **(3)** Nach dem lauten Vorlesen des Dialogs äußern die Studierenden Spontankommentare. Positiv kommen z. B. Klientenzentrierung, Empathie und Ergebnisreichtum an, eher negativ wird öfter die Emotionalisierung („Mama"; „lieb haben" etc.) empfunden und es werden suggestive Tendenzen erlebt. Die anschließende Einzel- oder Partnerarbeit sollte nicht gar so viel Zeit kosten; deshalb bitte ich um die Verschriftlichung von zwei Teilzielen, von denen eins mit Handlungsschritten untersetzt werden soll (die Teilziele können wahlweise aus dem Dialogtext übernommen oder aus dem Gesamtfall heraus formuliert werden). Mir kommt es darauf an, dass die Studierenden sich selbst versuchen und Sensibilität für die Konkretisierungsgrade auf den verschiedenen Ebenen entwickeln. Die Arbeiten gelingen überwiegend. Nach plenarer Ergebnispräsentation wird der Wissensbaustein Ziele gelesen. Bewusstsein für Zielarten wird geschärft und die neuen Elemente Vision und Entwicklungsaufgabe werden plausibilisiert (Gesamtarbeitszeit circa 90 Minuten).

(4) und (5) Einzelne Sätze der gesprächsführenden Fachkraft werden vorgelesen – die Zahl hängt von der verfügbaren Zeit ab (maximal 30 Minuten). Mit Einhilfen können Haltungen, Strategien und Techniken von den Teilnehmer_innen identifiziert werden; andere werden durch die Seminarleitung benannt und ggf. positiv bewertet. Für die abschließende Lektüre des Textes Gesprächsmittel und eine kurze Abschlussdiskussion sollten 20 Minuten einkalkuliert werden.

Lösungsblatt Gesprächsmittel

Kontext-/Situationsmerkmale: Jugendamt (Sozialarbeiterin – alleinerziehende Mutter); viertes und fünftes Treffen; primär auf Hilfeprozess bezogene und sekundär Personenberatung

- Ziele: Anbahnung von Hilfemotivation; Vorbereitung und erste Zielentwicklung; Arbeitsbündnisschaffung mit der Familienhelferin Frau Hahn; Übergabe
- Inhalte: Entwicklung einer Vision, eines guten Zukunftsbildes (Leuchtfeuer) und Skizzierung von Entwicklungsprojekten für M. R.; erste Zielentwicklung
- Arbeitsfrage: Was hat die Sozialarbeiterin gemacht bzw. gesagt, um mit der Mutter in ein emotional bedeutsames Gespräch zwecks Einleitung einer Hilfe und der Vorbereitung von Zielen zu kommen? Einige *Strategien:*

Teil A: Leitbild, Leuchtfeuer
- Formulieren des möglichen Ergebnisses des Gesprächs (Agenda; Transparenzschaffung) (1)
- Fragen nach Wünschen, was anders sein sollte (1)
- Aufgreifen der implizit angebotenen Emotionen (Unzufriedenheit, Niedergeschlagenheit) (3)
- Thematisierung von Verantwortungszuschreibung für die missliche Lage und Anbieten von zwei alternativen Deutungen („so oder so?") (3)
- Unterstellung einer Entscheidung und eines Willens („Sie haben organisiert …") (5)
- Rückversicherung (7)
- Frage, ob die Mutter zu einem brisanten Thema die Meinung der S. A.in hören will (9)
- Anerkennung für Leistungen: „mutig", „gute Mutter" (11)
- Vermerkung von erheblichen Gefahren für die Kinder („läuft was aus dem Ruder", „war an Grenze") (11)
- Verwendung emotional kraftvoller Begriffe („Mama leiden", „Mama lieb haben") (11)
- Imaginierung eines guten Zukunftsbildes („anlachen", „Spaß haben") (13)
- Erkennen und Aufgriff der anderen Seite: Mutter möchte nicht auf Kinder bezogene Bedürfnisse, „ihr Recht" wahrgenommen sehen (es ist okay, beide Seiten in sich zu haben) (15)
- Wippenbild (Zweiseitigkeit, Balancen, Austarieren: ich und die) als Kern der Zukunftsvision (des Leitbildes) (17)
- Wäre die Mutter weniger selbstkritisch und weniger zur Mitarbeit bereit, müsste der Umgang mit den Kindern (alleine lassen; „rütteln und schütteln" …) nicht nur „verpackt", sondern direkt angesprochen werden.

Teil B: Entwicklungsaufgaben

- Offene Aktivierungsfrage, die auf zu erwerbende Fähigkeiten als Ergebnisvoraussetzung zielt (19)
- Aktivierung; Selbstexploration (23)
- Gefühle und Motive differenzierende Frage (25)
- Einführung, das nicht nur die Mutter, sondern auch andere etwas machen (27)
- Übersetzung, Umdeutung des Dämlichkeits-Themas; Normalisierung; Empathie für die große Aufgabe; Erziehungsproblem sind nicht sozialtechnisches Behandlungs-, sondern Verstehensthema (29 und 31)
- Wahrnehmen und Aufgriff von Zögern mit Explorieren von inneren (personalen) und äußeren (umständebedingten) Gründen; Verwendung ihrer Worte; statt „schwer" „nicht so einfach" (aber machbar …) (35)
- Kleine Ziele (statt Angst abbauen Angst aushalten oder mindern) (39)
- Verbindungsstiftung mit dem Einsatz der Familienhelferin (wer macht was – Frau R. müht sich nicht allein (47)

Teil C: Zielentwicklung

- Benennung Agenda (49)
- Aktivierende Nachfrage, woran sich M. R. erinnert (Erkundung von Bedeutsamkeit; ggf. Erleben von Wertschätzung) (51)
- Trotz Skepsis der S. A. in Anerkennung (56)
- Einführung der Worte Experiment (= offen, was klappt) und Projekt (= nicht angelegt für die Ewigkeit, ein Versuch) (57 und 59)
- Interesse an Entwicklung; Terminierung und damit Steigerung der Verbindlichkeit; sanfte Impulssetzung, auf die die Familienhilfe Bezug nehmen kann (61)
- Bereitschaft (Angebot), zu große Ziele zu revidieren; Einforderung von Konkretisierung; Feinarbeit (66, 68, 69, 71, 73, 75, 77) Ziele: Involvierung und Machbarkeit steigern
- Ambivalenzerkundung; Einholen von Interventionserlaubnis (79, 81, 83)

(erstellt nach den Kommentaren zur Gesprächsführung im ähnlichen Fall Korff von Schwabe 2005, S. 164 ff.)

Allgemeine „Arbeitsregeln" zur Zielklärung, die auch weitgehend im Fallbeispiel wirken, sind (vgl. Widulle 2011b, S. 47): Benennung und Legitimierung vorgegebener Ziele; klientenzentrierte Exploration von Eigenzielen; Erarbeitung attraktiver Zukunftsperspektiven; Formulierungshilfen; aushandlungs- und lösungsorientiert; Gespräch führt zu konkreten Zielen und Umsetzungsvereinbarungen.

4. Schwierige Situationen; Beratungskonzepte

Der dritte Block greift Beratung wieder fallübergreifend in vier bis fünf Seminarsitzungen auf und betrachtet Beratung konzeptionell in verschiedenen Grundarchitekturen. In der siebenten Sitzung werden für die beratende Person möglicherweise schwierige Situationen (Abwertungen, Enttäuschungsäußerung, Ablehnung; Gegenfragen; Wüsche nach Ratschlägen) und grundsätzliche Umgehensweisen thematisiert. Anschließend werden drei Konzepte kennengelernt: Motivierende Gesprächsführung; Lösungsorientierte Beratung; Systemisches Modell.

4.1 Schwierige Situationen

Thema und Inhalt

Die Student_innen werfen spontan immer wieder Fragen nach günstigem, richtigem, fachgerechtem Handeln in schwierigen Situationen auf (vgl. Noyon/ Heidenreich 2009) – das können Misstrauen oder Resignation, sehr hohe Erwartungen oder „nichts wollen", insistierende Fragen nach Berufserfahrung oder Äußerungen, „keine Ahnung zu haben" oder ein ständiges Nein auf alle Beraterimpulse u.v.a.m. sein. Ein Teil der Fragen und Einwände sollte gleich wenigstens kurz aufgegriffen werden, ein Teil sollte auf diese siebente Seminareinheit vertagt werden, in der auch die Frage gestellt wird, ob es verallgemeinerbare Prinzipien oder gar Metaregeln für den Umgang mit als störend erlebten schwierigen Situationen gibt. Student_innen haben sich wiederholt drei Themen ausgesucht, bevor diese zum stehenden Seminarprogramm erhoben wurden: Wunsch nach Ratschlägen in der Beratung; Gegenfragen in der Beratung; Irritation, Distanzschaffung, Entwertung, Ablehnung u.ä. in der Beratung etwa durch Verweis auf unabänderliche Merkmale wie Alter, Geschlecht, Kinderlosigkeit.

(1) Wunsch nach Ratschlägen in der Beratung. *Beispiele* sind: „Was sollte ich Ihrer Meinung nach tun? Sie sind doch der Experte, die Expertin ... Was ist denn nun das Beste? Wieso sagen Sie nicht, was richtig und falsch ist?"

Für die Konzipierung und Bewertung einer Antwort ist es fast immer sinnvoll, mögliche Gründe bzw. Motive zu hypothetisieren bzw. zu erfragen. Einige mögliche *Motive* sind:

- Hoffnung bzw. Illusion „der" guten Lösung
- Unwohlfühlen mit einseitiger Entblößung
- Gefühl, mit Problem und/oder Lösung alleingelassen bzw. überfordert zu sein
- Unwohlsein mit Machtüberhang
- Innere Überzeugung, dass es keine gute Lösung gibt
- Abwehr von „drohender Veränderung"
- Echtes Interesse an der Meinung des Gegenübers
- Zweifel an Fähigkeiten; Test auf Kompetenz (Bin ich hier richtig?)
- Beziehungstest (Kann ich den/die irritieren bzw. erschüttern?)
- …

Es fällt auf, dass bewertend gute und schlechtere Gründe konstruiert werden können, dass Gründe „mitgebracht" werden oder in der Beratung entstehen können, dass das Verhalten der beratenden Person problematisch gewesen sein kann oder eher nicht, dass die schwierige Situation vorhersehbar war oder nicht, dass sie der Anfang vom Ende war oder nur eine nebensächliche Episode oder ein zentrales Klärungsthema u.a.m. Folgende *Strategien* kommen reaktiv grundsätzlich in Frage – die Aufzählung erhebt keinen Vollzähligkeitsanspruch:

- Frage beantworten
- Frage als „unzulässig" markieren, zurückweisen, kurz begründen, etwa so: „Ich kann schon verstehen … Aber es geht heute um Sie und nicht um mich."
- Als ob-Impuls: „Nehmen wir an, mein Rat würde sich in Ihrem Fall als falsch herausstellen: Was wäre dann?"
- Suche nach dem Grund der Frage: „Ich frage mich, was Ihnen daran so wichtig ist, eine Antwort auf … (jetzt) (von mir) zu bekommen."
- Antwort auf später vertagen: „Ich werde Ihnen … eine Antwort geben. Im Moment würde ich gerne bei Ihnen und Ihrer Situation bleiben. Ich möchte noch genauer verstehen, um das Passende für Sie herausfinden …"

(2) Gegenfragen in der Beratung. *Beispiele* sind: „Wie würde es denn Ihnen an meiner Stelle gehen? Sind Sie selbst nie mal außer Form? Würden Sie da nicht auch verzweifeln?"
Mögliche *Motive* sind teilweise identisch mit den Quellen für den Wunsch, Ratschläge zu erhalten:

- Unwohlfühlen mit einseitiger Entblößung
- Gefühl, mit Problem und/oder Lösung alleingelassen/überfordert zu sein
- Verzweiflung; Hilflosigkeit; Überforderung
- Unwohlsein mit Machtüberhang

- Innere Überzeugung, dass es keine gute Lösung gibt
- Erleben von Arroganz; Unnahbarkeit
- Abwehr von „drohender Veränderung"
- Echtes Interesse an der Meinung des Gegenübers
- Test auf Kompetenz (Bin ich hier richtig?)
- Beziehungstest (Kann ich den/die irritieren bzw. erschüttern?)
- …

(Des Weiteren zu Strategien siehe oben)

(3) Enttäuschung, Distanzschaffung, Entwertung, Ablehnung in der Beratung durch Nennung von momentan Unveränderbarem. *Beispiele* sind: „Sie sind zu jung … Sie haben eben keine Kinder … Sie sind eben ein Mann/eine Frau." Besondere Motive neben schon genannten können Irritation über Beraterhandeln, Zweifel an der Beraterkompetenz und Unzufriedenheit mit Verlauf und Effekten sein. Zu hier möglicherweise passenden Strategien:

- Recht geben, wo das Gegenüber Recht hat: „Es stimmt, ich bin …" (Pause nach der zustimmenden Feststellung – Gegenüber weitermachen lassen)
- Bedeutung dahinter erkunden (wofür steht diese Bemerkung?): „Ich frage mich, wofür es Ihnen wichtig ist …? Ich frage mich, was anders für Sie wäre, wenn ich … wäre? Ich frage mich, was bisher nicht so gut gelaufen ist, so dass Ihnen dieser Unterschied jetzt gerade so wichtig ist."
- Wünsche erfragen: „Wie wäre eine Beratung, die voll Ihrem Bild von guter Hilfe entspricht?"
- Kurzes Einlassen auf die „Störung": „Was sind denn die Nachteile, die mit meinem Geschlecht, Alter, … für Sie verbunden sind?" Und erst dann, nach der Annahme ggf.: „Sehen Sie auch mögliche Vorteile darin, dass ich/dass ich nicht …?"
- Kurzes Einlassen auf die „Störung" und Ausprägungsgrad erkunden: „Wie stark irritiert Sie die Störung durch …?" (z. B. durch Skalierung)
- Vorschlag für eine Probezeit: „Ich respektiere Ihre Einschätzung. Und ich bedauere, dass Ihnen dieser Punkt so entscheidend ist. Prinzipiell besteht die Möglichkeit, dass Sie den/die Berater_in wechseln können, obwohl das nicht so ganz einfach für uns ist. Es könnte etwas Zeit dauern. Ich frage mich, ob wir eine Chance haben, statt einer Bestätigung Ihrer ungünstigen Erfahrungen mit … etwas Anderes miteinander hinzubekommen. So dass Sie sagen: Trotz … war es für mich nützlich. Ich würde das gerne noch in zwei, drei Gesprächen mit Ihnen ausloten."
- Bemerkung als „unzulässig" markieren, zurückweisen, kurz begründen, etwa so: „Ich kann schon verstehen … Aber es geht heute um …"
- Als ob-Impuls: „Nehmen wir an, ich wäre …: Was wäre dann?"

Die Umgangsweise hängt von vielen Variablen ab: dem Beratungsverlauf; der Institution; den beteiligten Personen und ihrer Arbeitsbeziehung; der Problemart; Situationsfaktoren wie Stimmung. Intuition wird eine wichtige Rolle spielen. Hier einige weiterführende Gedanken.

Wissensbaustein und Arbeitshilfe:
Prinzipien/Metaregeln für den Umgang mit Gegenfragen und Ratschlägen

- Jede Intervention muss berufsethischen Maßstäben genügen (z. B. Klient_innen nicht für eigene Bedürfnisse funktionalisieren).
- Interventionen/Beratungshandeln sollten letztlich dafür verwendet und so ausgestaltet werden, dass der/die andere zu sich findet.
- In manchen Situationen kann unmissverständlicher Rat sogar geboten sein.
- Eigentlich ist es natürlich und demokratisch, wenn Kommunikation reversibel ist (= gleichberechtigt; umkehrbar – das, was der/die Eine darf, ist auch dem/der Anderen erlaubt).

Möglichweise relevante Aspekte für den Umgang mit Gegenfragen und Ratschlägen sind:

- Frage dich: Was ist das Ziel meiner Arbeit? Und was braucht der/die Adressat_in? Ggf. lautet die Antwort: Ich beantworte die Gegenfragen und ich gebe einen Ratschlag. Wenn du das machst, erläutere immer, dass es sich um deine ganz persönliche Sicht handelt, und erlaube, ja fördere eine individuelle Aufnahme durch das Gegenüber (toleriere auch Widerspruch, mildes Auslachen, Enttäuschung, Ärger …).
- Versuche, die Motive herauszufinden. Steht hinter dem Handeln des Gegenübers Unsicherheit, Regelrebellion, Autoritätsthematik, Machtkampf, „Abwehr", Interesse, Entwertungsgefahr, Provokation …? Sprich ggf. deine Vermutungen taktvoll an.
- Wenn du etwas Persönliches zeigst, frage anschließend immer danach, wie der andere deine Umgehensweise, deinen Rat etc. erlebt. „Was bedeutet das für Sie?" oder „Was gefällt Ihnen daran und was nicht?" Damit wird aktiviert, eine kritische Auseinandersetzung angeregt und die Verantwortung an den/die Adressat_in gegeben.
- Je alltagsnäher das Setting und je umfangreicher die Arbeitsbeziehung (Hausbesuch; viele Begleitungsstunden; Beratung ist eingebettet in andere Handlungsformen wie Betreuung; ggf. mehrjähriges Kennen …), umso unausweichlicher, natürlicher, selbstverständlicher wird es sein, Gegenfragen zu beantworten und zu raten.

- Selbstverständlich kommt es auch auf die Inhalte an: Werden „intime Themen" angefragt oder geht es um eine unmittelbar nachvollziehbare Frage wie etwa „Wie würde es denn Ihnen in meiner Situation gehen?"
- Je therapienäher, „psychologischer" Institution und Kultur der Einrichtung konzipiert sind, umso „abstinenter" wird sich der/die Berater_in geben. Je mehr die Beratung informatorisch-sachorientiert ausgerichtet ist (mit dem/der Berater_in als Expert_in), umso tendenziell freimütiger wird der/die Berater_in handeln.
- Bei sichtbaren oder antizipierten Gefahren sind wir (mindestens!) zu dringlichem Rat verpflichtet bzw. werden auf Gegenfragen erleichtert unsere Sicht der Dinge eingeben.
- Bei (ggf. dilemmatischen) existenziellen Lebenssituationen sollten wir den/die andere dabei unterstützen, ihre/seine Entscheidung zu finden. Wir selbst sollten uns sehr defensiv zeigen bzw. der zu uns passenden Lösung möglichst kein Gewicht geben bzw. diese für uns behalten.
- Beratungshandeln sollte auch hier von selektiver Authentizität geprägt sein. Also: Auch unsere Antwort wird schon so reflektiert und gefiltert sein, dass wir sie für den/die Adressat_in für verkraftbar halten sowie ggf. sogar potenziell als günstig für den Beratungsprozess und/oder das Arbeitsbündnis vermuten.
- Unser Verhalten (hier Umgang mit Gegenfragen und Wunsch nach Rat) hängt von den Variablen ab, die sowohl die Rollenanlage als auch unser Auftreten und das konkrete Beratungshandeln bedingen: Zielgruppe (Tipps sind in manchen Milieus selbstverständlich); Ziele und Auftrag (z. B. keine Tipps in Beratung bei hochstrittiger Scheidung); Konzept (z. B. parteiliche Mädchen-/Frauenarbeit „ist Stellungnahme Programm"); Art der Beratungsthemen; Grad der Einbettung in andere Handlungsformen; Kultur der Institution und Setting.
- 11. Vorsicht: Nicht wenige Klient_innen wollen als Antwort das erhalten, was sie hören möchten (also, was sie befürchten, erhoffen … und nicht, was der/die Berater_in wirklich denkt). Gerade bei Ambivalenz wechselt dies bzw. löst „quasiautomatisch" ein Switchen auf die andere Seite aus („Aber da will ich doch einwenden …").

Didaktisch-methodische Überlegungen
Lehr-Lern-Ziele sind:

- Die Studierenden werden sich über die Vielfalt möglicher Gründe für schwierige Situationen in Beratungen bewusst und erwägen immer sowohl „hausgemachte" als auch mitgebrachte, importierte Faktoren.
- Sie bestimmen Umgangsweisen und reflektieren Kriterien und Risiken bei Anwendungen.

Der Ablauf könnte so entwickelt werden:

1. Brainstorming zu schwierigen Situationen aus Studierendensicht; Einführung in das sehr weite Feld der schwierigen Situationen durch Dozent_in
2. Teilgruppenarbeit
3. Ergebnisveröffentlichung und Rollenspiele im Plenum
4. Lesen des Wissensbausteins Prinzipien/Metaregeln …; Abgleich mit eigenen Arbeitsergebnissen und Diskussion

(1) Die Studierenden sollten nach der Schilderung der Herausforderung auch animiert werden mitzuteilen, wie sie eventuell in skizzierten Situationen reagiert haben. Eine erste Ordnung der Situationsarten und Umgangsweisen (z. B. offensiv – defensiv; anerkennend – neutral; sich zeigend – sich eher verbergend; eher rollenbezogen – eher „alltagsmenschlich") kann von der Seminarleitung vorgenommen werden.

(2) In drei Gruppen kann arbeitsteilig reflektiert, diskutiert, ein Flipchart erstellt und ein Rollenspiel konzipiert werden (circa 60 Minuten). Zwei Aufgabenvarianten sind denkbar.

Aufgabe (Variante 1)

(1) Wunsch nach Ratschlägen in der Beratung
Frau Roland lebt mit zwei Kindern als alleinerziehende Grundsicherungsempfängerin in einer Zweizimmerwohnung. Sie hat sich vor geraumer Zeit von ihrem gewalttätigen Partner getrennt. Im zweiten Gespräch im Jugendamt (Thema Belastungen und Ressourcen) entwickelt Frau Roland auf einmal eine gewisse Ungeduld. Sie gibt dem Impuls nach und bringt wiederholt Fragen nach Ratschlägen vor: „Was soll ich denn Ihrer Meinung nach tun? Sie sind doch vom Fach und wissen, wie man richtig erzieht. Sie haben studiert. Da lernt man doch, wie man mit Kindern umgeht, oder nicht? Also was sagt die Wissenschaft …?"

Fragen:
- Welche Motive könnte M. R. (und weitergehend: könnten Klient_innen generell) haben, auf Ratschläge zu dringen?
- Mit welchen Haltungen und Strategien wollen Sie auf M. R. eingehen? Bitte zwei Varianten durchdenken, die unterschiedliche Motive bedienen.
- Entwickeln Sie in groben Zügen nach der Ergebnissicherung auf einem Plakat ein Rollenspiel.

(2) Gegenfragen in der Beratung

Frau Roland lebt mit zwei Kindern als alleinerziehende Grundsicherungsempfängerin in einer Zweizimmerwohung. Sie hat sich vor geraumer Zeit von ihrem gewalttätigen Partner getrennt. Im zweiten Gespräch im Jugendamt (Thema Belastungen und Ressourcen) entwickelt Frau Roland auf einmal eine gewisse Ungeduld.
Sie gibt dem Impuls nach und stellt immer wieder eine Gegenfrage: „Wie würde es
denn Ihnen an meiner Stelle gehen? Sind Sie nie etwas unvernünftig? Haben Sie
sich immer unter Kontrolle? Sind Sie verheiratet und haben Kinder? Erzählen Sie
mir doch auch mal von Ihren Überforderungen, damit das hier nicht so einseitig
ist."

Fragen:

- Welche Motive könnte M. R. (und weitergehend: könnten Klient_innen generell) haben, solche Gegenfragen zu stellen?
- Mit welchen Haltungen und Strategien wollen Sie auf M. R. eingehen? Bitte
  zwei Varianten durchdenken, die unterschiedliche Motive bedienen.
- Entwickeln Sie in groben Zügen nach der Ergebnissicherung auf einem Plakat
  ein Rollenspiel.

(3) Ablehnung, Enttäuschung, Distanzschaffung, Entwertung in der Beratung

Frau Roland lebt mit zwei Kindern als alleinerziehende Grundsicherungsempfängerin in einer Zweizimmerwohung. Sie hat sich vor geraumer Zeit von ihrem gewalttätigen Partner getrennt. Im zweiten Gespräch im Jugendamt (Thema Belastungen und Ressourcen) entwickelt Frau Roland auf einmal eine gewisse Ungeduld.
Sie gibt dem Impuls nach und entwertet die relativ junge Sozialarbeiterin Frau
Kappeler (28 Jahre) – mit Aussagen wie: „Sie sind ja noch so jung, da fehlt doch
Lebenserfahrung. Sie haben selbst keine Kinder – und deshalb akzeptiere ich Sie
nicht bei Erziehungsfragen. Bei einem Mann (ggf. einer Frau, Tenor: Berater_in hat
das ‚falsche Geschlecht') hätte ich mehr Vertrauen."

Fragen:

- Welche Motive könnte M. R. (und weitergehend: könnten Klient_innen generell) haben, solche ablehnenden Aussagen zu treffen?
- Mit welchen Haltungen und Strategien wollen Sie auf M. R. eingehen? Bitte
  zwei Varianten durchdenken, die unterschiedliche Motive bedienen.
- Entwickeln Sie in groben Zügen nach der Ergebnissicherung auf einem Plakat
  ein Rollenspiel.

Aufgabe (Variante 2)

(1) Wunsch nach Ratschlägen in der Beratung
„Was sollte ich denn Ihrer Meinung nach tun? Sie sind doch vom Fach! Wieso sagen Sie nicht, was Sie für richtig oder falsch halten?"

* Mögliche Gründe/Motive auf der Seite der Beratungsnehmer_innen für diese Einlassung
* Mögliche Umgangsstrategien auf Seiten von Beratung

Wovon hängt es ab, welche Entscheidung Sie treffen? (Bitte auf Flipchart schreiben und anschließend ein Rollenspiel entwickeln)

(2) Gegenfragen in der Beratung
„Wie würde es Ihnen denn an meiner Stelle gehen? Sind Sie selbst nie außer Form? Würden Sie da nicht auch verzweifeln?"

* Mögliche Gründe/Motive auf der Seite der Beratungsnehmer_innen für diese Einlassung
* Mögliche Umgangsstrategien auf Seiten von Beratung

Wovon hängt es ab, welche Entscheidung Sie treffen? (Bitte auf Flipchart schreiben und anschließend ein Rollenspiel entwickeln)

(3) Distanzschaffung, Ablehnung, Entwertung in der Beratung
„Sie sind zu jung ... Sie haben eben keine Kinder ... Sie sind eben ein Mann/eine Frau ..."

* Mögliche Gründe/Motive auf der Seite der Beratungsnehmer_innen für diese Einlassung
* Mögliche Umgangsstrategien auf Seiten von Beratung

Wovon hängt es ab, welche Entscheidung Sie treffen? (Bitte auf Flipchart schreiben und anschließend ein Rollenspiel entwickeln)

Besonders wichtig ist mir in der Beratung der Kleingruppen vor dem Rollenspiel im Plenum, dass die Student_innen überlegen, wo sie ihren Klient_innen rechtgeben müssen und/oder können.

(3) Es ist erstaunlich, welche Anzahl treffender Gründe und besonders Motive die Teilnehmer_innen erwägen und aufschreiben. Weniger reichhaltig entwickeln sie Umgangsstrategien – hier kann von Dozentenseite ergänzt werden. Im Rollenspiel dominiert meist eher der Typus des/der letztlich „braven Klienten bzw. Klientin", die/der auf Antworten kooperativ reagiert.

(4) Der Wissensbaustein Prinzipien/Metaregeln … wird durchgängig als bereichernd erlebt – die Lektüre erfolgt sehr aufmerksam, es wird viel mit dem Stift markiert und es entwickeln sich oft spannende, kontroverse Gespräche. Frageimpulse können sein: „Welche Strategien würden Sie bevorzugen, welche scheiden (weitgehend) aus?" (mit Begründungen) und „Inwiefern machen Sie Unterschiede und nach welchen Kriterien?" (unter Aspekten wie Fragemotive; Frageinhalte; Auftrag/Rolle; Kontext; Zielgruppe) (weiterführend Noyon/Heidenreich 2009).

4.2 Das Konzept der Motivierenden Gesprächsführung

Thema und Inhalt

Motivierende Gesprächsführung (Motivational Interviewing, MI) wird definiert als ein klientenzentrierter, aber durchaus direktiver Beratungsansatz mit dem Ziel, intrinsische Motivation zur Verhaltensänderung aufzubauen. Beratung versteht sich hier als Motivationserzeugung für neue Verhaltensweisen, u.a., indem Ambivalenzen erforscht und ggf. a la longue aufgelöst werden. Nachteile des Status Quo (und Vorteile) und Vorteile einer Veränderung (und Nachteile) werden ggf. in einem längeren Prozess abgewogen, bevor vielleicht Absicht, Verlangen, Bereitschaft für etwas Neues geäußert werden. Das Konzept wurde ursprünglich vor 25 bis 30 Jahren von Miller und Rollnick (hier 2015) für die Arbeit für Menschen mit Suchtproblemen entwickelt. Im Gegensatz zu anderen Konzepten und Verfahren in diesem Bereich wird beim MI explizit auf ein konfrontatives Vorgehen verzichtet. Mehr oder weniger weite Teile des Ansatzes wurden in andere Handlungsfelder der Sozialen Arbeit übertragen. Es werden *drei Phasen* unterschieden:

- Phase 1: Aufbau von Veränderungsbereitschaft
- Phase 2: Stärkung der Selbstverpflichtung
- Phase 3: Handlungsplanung und Umsetzung

Wenn noch keine eigene (intrinsische) Veränderungsbereitschaft vorhanden ist, muss diese erst in Phase 1 aufgebaut werden. Erst dann können Pläne wachsen und womöglich umgesetzt werden.

Wissensbaustein: Motivierende Gesprächsführung
(Motivational Interviewing: MI)

Wovon hängt es ab, ob Menschen Verhaltensänderungen erwägen? Von der Wichtigkeit und/oder Dringlichkeit einer Veränderung (abhängig von Unbehagen aufgrund von aktuell nicht gelebten Selbstansprüchen, von Außendruck, von Krisenerleben …) (Ausprägungsgrad des Willens, der Absicht); von der Zuversicht, einen Weg der Verwirklichung zu finden (Fähigkeits-, Selbstwirksamkeitseinschätzung); vom Level der aktuellen Bereitschaft (Ich will „es" prinzipiell/vielleicht/morgen/ jetzt).

Prinzipien von Beratung sind:
* Empathie ausdrücken (Akzeptanz; aktives Zuhören; Ambivalenzen normalisieren …)
* Innere Diskrepanzen entwickeln (Klient_in soll selbst Veränderungsargumente liefern). Herrscht kein Diskrepanzerleben zwischen Ist und Soll, entsteht eher keine tragende Motivation. Wenn das Diskrepanzerleben dagegen anwächst, entsteht Druck, die Ambivalenz zwischen Weiter so! und So nicht! hin zu einer Veränderung aufzulösen.
* Widerstände als Wegweiser sehen („Es-richten-wollen"-Reflex beherrschen, nicht für Veränderung argumentieren; neue Perspektiven einladen, nicht vorschreiben; Klient_in als verantwortlich und Quelle der Auflösung sehen)
* Glaube an Selbstwirksamkeit fördern. Personen, die selbst sowie deren Berater_innen glauben, dass sie sich verändern, verändern sich eher als solche, bei denen Skepsis herrscht. Aussagen, die Motivation und Selbstverpflichtung vor anderen ausdrücken, tragen erhöhte Umsetzungswahrscheinlichkeit.

Phase 1
Veränderungsmotivation kann durch Exploration freigelegt und entwickelt werden. Gesprächsstrategien und -techniken sind:
* Offene Fragen
* Aktives Zuhören
* Bestätigen, positive Aussagen treffen
* Zusammenfassen
* Skalieren von Dringlichkeit und Zuversicht
* Explorieren mittels Entscheidungswaage (der Ambivalenzen)
* Themen konkretisieren: In welcher Weise? Wie viel? Wann? Um ein Beispiel bitten … Einen Tagesablauf konkret schildern lassen …
* Extreme erwägen lassen (das Schlimmste – das Beste; heute – nie; die größte Sorge – die kleinste Sorge)
* Zurückblicken, gute und schlechte Zeiten vergleichen lassen

- In die Zukunft blicken („Sollten Sie sich entscheiden, etwas zu verändern ...; Angenommen, Sie ändern nichts ...")
- Ziele und Werte ergründen (der höchste Stellenwert; mein Leben in fünf Jahren)
- Gute Bilder erzeugen, mit gefühlsbezogenen Einbettungen
- Change Talk: Nachteile Status Quo; Vorteile Veränderung

Fallen dabei sind: penetrante Frage-Antwort-Abfolge (Verhör); Partei für die Problemveränderungs-Seite ergreifen (Beratung als „Problemeinsichtsentwicklungsmonolog" der Professionellen); zu frühes Bedienen der Expertenerwartung; Etikettierung („Sie haben ein Problem, und zwar ist bei Ihnen ..."; Verhaltensauffälligkeit; Alkoholiker_in ...); Schuldzuweisungen. Sollte Widerstand bei Klient_innen entstehen, kommt folgendes Vorgehen in Frage: Anerkennung der anderen Meinung; Umformulierung, Umdeutung (z.B. statt Feindseligkeit Leidenschaft, statt Aggression Interesse ...); Zustimmung mit einer Wendung („Ich gebe Ihnen Recht mit/bei ... und ich denke auch ..."); Betonung der persönlichen Wahlfreiheit; Einnahme einer Metaperspektive („Von außen betrachtet erscheint es so, als wenn ...").

Phase 2
In der Lösungsphase (mit Aufbau von Selbstverpflichtung) kann folgendermaßen gearbeitet werden:
- Offene Fragen stellen
- Zuversichtsskala machen lassen
- Über frühere Erfolge sprechen
- Soziale Unterstützung sondieren
- Persönliche Stärken erkunden
- Lösungsbrainstorming initiieren
- Informationen, Ratschläge geben (z.B. Was tun andere? Wie könnte es gehen?)
- Umformulieren (statt Rede von Versagen und Rückfällen Titulierung als Versuche, Experimente ...)
- Hypothetisieren: Angenommen, dass ...

Phase 3
Ein Handlungsplan kann entstehen, wenn Veränderungszeichen öfter zu sehen sind: weniger Unterbrechen, Argumentieren, Verleugnen, Abwerten, Negieren, Ignorieren ...; selbstreflexive Äußerungen (Problemeinsicht; Sorge; Aufbruchsstimmung; Optimismus ...); Fragen zur Veränderungsseite von Klient_in; Zukunftsphantasien; erste Experimente mit neuem Verhalten. Beratung hat dann die Aufgabe, Wünsche, Gründe, Pläne für Veränderung herauszuholen und Ziele zu entwickeln. Ein Handlungsplan bildet das Was, Wer-mit-wem, Wie, Wann ab. Informationen und

Ratschläge können jetzt aufgenommen werden. Gefährlich ist, Ambivalenz zu unterschätzen: Die Entscheidung für Veränderung ist nicht identisch mit dem mühseligen Prozess, Neues innerlich und äußerlich zu verankern; „die andere Seite" lebt zumeist noch (vgl. Miller/Rollnick 2015).

Die Vorzüge des Konzepts sind evident. Dem Motivationsaufbau, der Absichtsbildung und der Zeit vor einer eigentlichen Entscheidung wird großer Raum gegeben. Mit Widerständen, Stagnation, Rückfällen in gewohnte Verhaltensweisen wird gerechnet. Und MI gibt „Werkzeuge" an die Hand und genaue Hinweise dazu, wie Berater_innen arbeiten könnten. Für fest motivierte Adressat_innen ist der Ansatz weniger geeignet.

Didaktisch-methodische Überlegungen
Lehr-Lern-Ziele sind:

- Die Studierenden entwickeln ein Bewusstsein und ein Gefühl dafür, dass Motivation schaffen und halten eine mühselige und zeitaufwändige Aufgabe für Klient_innen und Berater_innen sein kann.
- Sie wissen um den Stellenwert von Ambivalenz und Widerstand und erwerben Ideen, damit in Beratung umzugehen.
- Sie kennen das Vorgehen im Rahmen von sogenanntem Change Talk.

Der geplante Ablauf stellt sich so dar (hier wieder mit zeitbezogenen Vorschlägen – bei Weglassen von Themen entsteht natürlich eine größere Zeitressource für die verbleibenden Inhalte):

1. Studentisches Referat oder Dozenteninput zu MI; Kurzdiskussion (40 Minuten; Verteilung Wissensbaustein MI (oder Handout der präsentierenden Student_innen))
2. Übung 1 in Partnerarbeit; Kurzauswertung (60 Minuten)
3. Übung 2 in Einzel- oder Partnerarbeit; Ergebnisveröffentlichung durch Vorlesen im Plenum (30 Minuten)
4. Abschlussdiskussion (5 Minuten)

(1) Beim Input kommt es darauf an, die großen Linien des Konzepts (Philosophie; Phasen; Grundbegriffe) herauszustreichen und orientierend zu visualisieren. Die „handwerklichen" Details sind im Wissensbaustein gesichert.

(2) und **(3)** Eine Ahnung davon, wie sich MI „anfühlt", sollen die Übungen ermöglichen.

Übung 1: Motivierende Gesprächsführung (Ambivalenz und Phasen)

Nehmen Sie sich eine ambivalenzbesetzte Situation vor: Sie wollen etwas und sie wollen dieses etwas auch wiederum nicht. Bzw.: Der gegenwärtige Stand soll bleiben und auch wieder nicht bzw. er macht Sie unzufrieden.

Beispiele
Aus der Familienberatung: Sie erleben sich mit den zwei Kindern als alleinerziehende_r Mutter/Vater als sehr belastet. In der Beratung im Jugendamt kommt das Gespräch auf eine Sozialpädagogische Familienhilfe. Die Person würde dreimal pro Woche in Ihre Privatwohnung kommen (was praktisch wäre) und sie würde „alles mitbekommen" – und man wüsste ja nicht, wie viel Sympathie entsteht (vielleicht mag man sich nicht, was dann noch weniger angenehm ist) ... (Status Quo: keine Familienhelferin in der Wohnung)

Sie möchten Ihrem siebenjährigen Sohn mehr Grenzen setzen und mehr Nein-Sagen schaffen (bei Konsum-, TV-Bedürfnissen und überhaupt mit Blick auf die Egozentrik von Fabian). Einerseits sind Sie öfter von seinem Verhalten genervt und wissen um die Notwendigkeit, ihm entgegenzutreten. Andererseits scheuen Sie den Krafteinsatz, das Ertragen seines Ärgers und seiner Wut und außerdem sympathisieren Sie auch mit der Haltung, dass Kinder zu Recht im Mittelpunkt stehen sollten, dass Kinder ihre Bedürfnisse eben noch nicht so stark kontrollieren können und ein gewisses Maß an Verwöhnung ruhig sein darf – gerade wegen Ihrer häufigen Abwesenheit durch Berufstätigkeit. Die Härten des Lebens wie Zurückweisung und Bedürfnisverzicht könne er später ggf. besser verkraften. (Status Quo: wenig Grenzen)

Sie möchten, dass Ihr_e neue_r Lebensgefährte_in Paul/a für Ihr Kind aus der früheren Beziehung wichtig(er) wird und Sie möchten das wiederum auch nicht aus voller Überzeugung. (Status Quo: Sie halten Paul/a noch etwas fern vom Kind)

Aus dem Alltagsleben: Sie möchten häufiger mehr Abstand (zu Ihrem Freund/Ihrer Freundin, Ihren Eltern ...) und Sie möchten diesen Abstand dann auch wieder nicht offensiv einfordern, initiieren, ertragen bzw. mit daraus resultierenden (ggf. unwägbaren) Konsequenzen leben. (Status Quo: Abstandswünsche werden wenig kommuniziert)

Sie möchten Ihre Wohnsituation ändern und Sie möchten Ihre Wohnsituation doch nicht modifizieren, weil es sehr aufwändig ist. (Status Quo: Sie wohnen unter nicht ganz optimalen Bedingungen und tun zur Zeit wenig dagegen)

Die Aufgabe

Bilden Sie Paare. Eine Person gibt den/die Berater_in (B), der/die Adressat_in leistet Arbeit am Problem (A). Nach 30 Minuten bitte wechseln. Bitte bringen Sie zeitlich noch einen Kurzaustausch über Ihr Erleben in den Rollen unter.

Erster Schritt: Ambivalenzen erkunden (circa zehn Minuten): Notieren Sie sich zunächst einige kennzeichnende Stichworte für die X-Seite (Ist), danach für die Y-Seite (Anderes). Beschäftigen Sie sich in der Folge zuerst mit der einen Seite und dann mit der anderen Seite. Was ist das Gute an der X-Seite? Weshalb sollte der Status Quo aufrechterhalten werden? Was spricht gegen eine Veränderung? Weshalb sollten Sie zur Zeit nichts Entscheidendes tun? Was ist das Gute an der Y-Seite? Weshalb sollte der Status Quo nicht mehr hingenommen werden? Was spricht für eine Veränderung? Weshalb sollten Sie etwas Entscheidendes tun?

Beraterin begleitet einbringende Person nondirektiv und sparsam bei der Entwicklung von Variante 1 (das Gute an der X-Seite) und einige Minuten später bei der Entwicklung von Variante 2 (das Gute an der Y-Seite)

Zweiter Schritt: Mögliche Handlungsbereitschaften explorieren (circa zehn Minuten). Strategien: nach Werten, Wünschen, Zielen mit Blick auf das Thema fragen; nach Diskrepanz zwischen eigenen, persönlich wichtigen Wünschen/Zielen und aktuellem Zustand fragen; in die Zukunft blicken lassen; nach Dringlichkeit fragen; nach Zuversichtlichkeit mit Blick auf die benötigten Fähigkeiten fragen … (siehe auch Wissensbaustein)

Dritter Schritt: Change Talk generieren und begleiten (circa zehn Minuten). Das Pendel neigt sich zu einer Seite. Sie tendieren als Adressat_in zu X oder Y. Nun kommt die Zeit, als Berater_in Change Talk zu versuchen. Change Talk meint das Sprechen über Gründe, Wünsche, Bereitschaften, Fähigkeiten zu/für Veränderungen. Es geht nun darum, die Zuversicht/den Optimismus, etwas zu schaffen, sowie die Absichtsbildung („Ja, ich will etwas Neues probieren, einen Plan entwickeln …") leicht/moderat zu verstärken. Achtung: knappe Beiträge, keine „Vorträge". Mögliche *Strategien* sind:

- Komplimente, Anerkennung, Zustimmung äußern: „Ich kann sehen, dass dir … wichtig ist.; Du machst dir da gründliche Gedanken in die Richtung …"
- Gute Gründe bzw. Nutzen formulieren lassen: „Was hat dich nun bewogen, zu … für …; Was sind die wichtigsten Gründe für …; Was wäre der größte Vorteil, wenn du …?"
- Äußerungen wiederholen, Paraphrasieren, Zusammenfassen: „Du sagst … Das klingt verheißungsvoll.; Ich fasse mal zusammen …" („Perlen" sammeln; den neuen Gehalt sichern)

Übung 2: Motivierende Gesprächsführung (Umgang mit Widerstand)

Widerstand mit Widerstand zu begegnen führt in Nicht-Kommunikation bzw. zu Blockaden. Oft ist es günstig, Wahrnehmungen, Gefühle, die Tatsache einer anderen Meinung zunächst schlicht basal anzuerkennen. Folgende Strategien sind einsetzbar:

(1) Reflektierende Aussage mit Elementen von Paraphrase und Spiegeln (ohne Sarkasmus, Witzeln, Ironie …)
Die Grundlage ist ehrliche Akzeptanz, ggf. auf der Basis: An Ihrer Stelle würde es mir ähnlich gehen.

Kontext Motivationskurs für Langzeitarbeitslose
Adressat_in: „Sie sind genauso aufdringlich, wie mein Bewährungshelfer. Wenn Ihr mich in Ruhe lassen würdet, wäre ich weniger unter Druck."
Antwort: „Es ist frustrierend, wenn man dauernd unter Druck steht und Vieles aus dem eigenen Leben so hochgezerrt und sichtbar wird."

Kontext Suchthilfeeinrichtung
Adressat_in: „Was wissen Sie denn schon von Drogen. Ich wette, Sie waren in Ihrem Leben noch niemals high."
Antwort: „Es ist schwer vorstellbar, dass ich Sie verstehen kann."

(2) Den Blickwinkel verändern und den bedrohlichen Akzent entschärfen
Das Besorgnis erregende Thema entschärfen durch zeitweilige Zurückstellung. Stattdessen könnte man ein bearbeitbares Thema in den Vordergrund der Aufmerksamkeit rücken.

Kontext Jugendclub
Adressat_in: „Sie werden mir sicher Hausverbot geben und auch meine Eltern anrufen."
Antwort: „Langsam, langsam. Wir haben gerade angefangen, uns über den Konflikt zu unterhalten … und du bist schon bei den Schlussfolgerungen."

Kontext Betreutes Wohnen für psychisch Kranke
Adressat_in: „Bestimmt bekomme ich wieder Schuld, weil nicht abgewaschen wurde."
Antwort: „Es geht hier nicht um Schuld, das bringt niemandem etwas. Ich bin allerdings besorgt, dass wir im Betreuten Wohnen noch nicht weiter sind. Erzählen Sie mir, wie es ging, dass der Plan letzte Woche eingehalten wurde."

Ab hier: Überlegen Sie sich in den nächsten zehn Minuten Antworten und schreiben diese auf.

Kontext Bewährungshilfe
Adressat_in: „Das Gericht hat gesagt, ich soll mich hier melden. Sagen Sie mir, wo ich die Stunden ableisten soll, damit ich nicht mehr zu Ihnen kommen muss."
Antwort:

(3) Umformulieren/Umdeuten
Was die Person sagt, was als Vorfall auf dem Tisch liegt, wird in anderer Form, aus einem weniger die Tür schließenden Blickwinkel dargestellt bzw. benannt.

Kontext Jugendamt
Adressat_in: „Ich wette, Sie finden mich auch blöd, dass ich immer noch mit Pit zusammen bin, obwohl der manchmal im Suff schlägt. Dann kann ich ja gleich wieder gehen."
Antwort:

Kontext angeordnetes Anti-Gewalt-Training
Adressat_in: „Wahrscheinlich sind Sie beleidigt, dass ich nicht freiwillig in Ihre Gruppe komme."
Antwort:

(4) Zustimmung mit einer Wendung
Eine ähnliche Art, mit Widerstand umzugehen, besteht darin, zuerst einmal zuzustimmen (Gemeinsamkeit herausstreichen), und anschließend (leicht) die Richtung zu ändern.

Kontext Jugendamt
Adressat_in: „Keiner sagt mir, wie ich meine Kinder zu erziehen habe. Das ist meine Sache. Und Sie leben ja nicht bei uns zu Hause."
Antwort:

Kontext Paarberatung
Adressat_in: „Warum widersprechen Sie meiner Frau nicht, wenn sie mich wegen meines Temperaments verurteilt? Sie würden sicher auch explodieren, wenn Frau und Kinder immer einer Meinung sind und Sie wie doof am Rand stehen."
Antwort:

(5) Betonung der letztlichen, wenn auch bedingungsgezeichneten Wahlfreiheit
Wenn Menschen wahrnehmen, dass ihre Wahlfreiheit bedroht ist, reagieren sie darauf oft mit einer Betonung der Autonomie. Das beste Gegenmittel ist, dem an-

deren zu versichern, was den Tatsachen entspricht: Er/sie entscheidet, was geschieht.

Kontext Jungenheim
Adressat_in: „Warum geben Sie mir dieses Info-Heft vom Gesundheitsamt? Wollen Sie mir etwa sagen, dass ich Kondome benutzen muss?"
Antwort:

Kontext Suchtberatung
Adressat_in: „Sie wollen bloß, dass ich eine stationäre Therapie mache und drogenfrei lebe."
Antwort:

Während die erste Übung nur kurz und nicht ausgiebig im Plenum besprochen wird, erhält die Auswertung von Übung 2 mehr Raum. Die Studierenden lesen ihre Arbeitsergebnisse zu Übung 2 nach meiner Erfahrung gerne vor. Sie treffen dabei sehr oft den richtigen Ton und wählen günstige Formulierungen.

(4) In der Abschlussdiskussion zeigen sich viele Studierende angetan vom Konzept. Sowohl die Philosophie der „direktiven Klientenzentrierung" als auch die Kleinarbeitung des Beraterverhaltens finden Widerhall. Der lange Weg von der vagen Absicht bis zur entschiedenen Tat überrascht zwar nicht grundsätzlich, aber doch en detail. Die Phänomene Motivation und Ambivalenz werden vertieft und erscheinen in einem schärferen Licht. MI steht gerade bei an Beratung Interessierten nach der Einheit stärker auf dem Merkzettel.

4.3   Das Konzept der Lösungsorientierten Beratung

Thema und Inhalt
Lösungsorientierung bedeutet, sich auf gegenwärtige und zukünftige Entwicklungen, auf Möglichkeiten, die Potenziale, Stärken, Gelingendes der Klient_innen zu beziehen; denn daraus gewinnen diese Hinweise für Lösungen in schwierigen und herausfordernden Situationen. Das auf de Shazer zurückgehende, eher mit wenigen Beratungskontakten (selten mehr als zehn) auskommende Verfahren (vgl. Bamberger 2005) wird verkürzt dargestellt.

Wissensbaustein: Lösungsorientierte Beratung

(1) Synchronisation
Am Anfang geht es um ein Arbeitsbündnis mit Kontrakt und ein Kennenlernen der Sache, um die es gehen soll. Die Notwendigkeit von Eigeninitiative steht im Mittelpunkt.

(2) Lösungssuche
Es wird nach Kräften gesucht, die ein Leben mit dem Problem ermöglicht haben, nach Ausnahmen von der Problemdominanz, notfalls aber auch danach, wie die beklagten Sachverhalte nicht noch schlechter werden. Techniken sind u. a. die Verschlimmerungsfrage, So-tun-als-ob mit Lösungsunterstellung, die Annahme von Teilpersönlichkeiten (bei Schulz von Thun das innere Team), Selbstbeobachtung von positiven Entwicklungsmöglichkeiten, die sogenannte Wunderfrage, Umdeutung (Reframing) und Skalierungsfragen. In dieser Phase geht es darum, positive Ergebniserwartungen zu erschaffen und die Beeinflussbarkeit der Geschehnisse durch die Klient_innen selbst als Einstellung und Grundgefühl zu verankern. Empathie, Ressourcenorientierung und Wertschätzung sind die wichtigsten Wirkkräfte.

(3) Lösungsbestimmung (im Original „Verschreibung")
Aus den bisherigen Lösungsversuchen wird von Berater_in und Klient_in eine Idee entwickelt, die bis zum nächsten Beratungskontakt ausprobiert, zu der beobachtet, über die nachgedacht wird. Es werden nur erste Einstiegsschritte gedanklich durchgespielt. Ggf. wird dem Gegenüber auch die Möglichkeit dargelegt, erst später, nach Bedenkzeit gemäß der „Beratungsfrüchte" in Form von „Hausaufgaben" tätig zu werden.

(4) Lösungsauswertung
In Folgesitzungen geht es darum, ob und was ggf. besser geworden ist, wenn vielleicht auch nur minimal. Hier kommt es auf Genauigkeit an: Wer hat wann wo wie was gesagt, getan, unterlassen, gedacht, erlebt etc.? Ggf. wird die Aufgabe, die Idee u. ä. verändert. Eine Lösung ist dann erreicht, wenn der/die Klient_in seine oder ihre Probleme selbst ohne Beratung angeht.

Der *Ablauf in Kurzform in der Weiterentwicklung des Ursprungsmodells* (eigene Variante):

- *Das Ziel.* Was möchtest du ändern? Was soll passieren, was soll sein? Wie wird es sein, wenn du dein Ziel erreicht hast?
- *Das Gelingen, die Fähigkeiten.* Was hat dir bisher geholfen, Ziele zu erreichen? Was kann dir helfen von dem, was schon da ist?
- *Hindernisse und Bewältigung.* Was könnte dazwischenkommen? Was wirst du dann tun?

- *Der Start.* Was könnten (werden) erste Schritte sein? Woran würdest du merken, dass du auf dem richtigen Weg bist?

Die *Potenziale des Ansatzes* sind klar: Über ihre Probleme geklagt haben nicht wenige Adressat_innen genug. Ein neuer Zugang kann einen positiven Unterschied machen. Das optimistische Menschenbild, Ressourcen- und Anerkennungsorientierung setzen Energie frei. Die Motivation und Kliententypen (Kund_in; Besucher_in; Klagende_r) werden eingangs unterschieden. Die Autonomie der Klient_innen wird geachtet und diese werden ermächtigt; Klientifizieren, Entmündigen, Verobjektivieren werden weniger wahrscheinlich. Das Verfahren ist transparent, strukturiert und recht weitgehend standardisiert. Es ist erlernbar. Die Arbeitsbeziehung spielt keine große Rolle. Menschen mit einem festeren Willen erhalten eine Art Coachingangebot; der Begleitungsgedanke dominiert. Kurzzeitberatung ist kostengünstig und entspricht dem Zeitgeist.

Zur anderen Seite der *Gefahren und Risiken:* Tiefe und komplexe Probleme lassen sich oft nicht in kurzer Zeit beheben, ja für Themen wie sexuelle Gewalt oder Depression erscheint das Konzept ungeeignet. Fallverstehen bzw. Problemanalyse und möglichweise entlastender „Problem Talk" bleiben außen vor. Die Arbeitsbeziehung wird in ihrer realen Bedeutung bzw. in ihren Potenzialen unterschätzt. Ein schematischer Ablauf wird der Anforderungsvielfalt nicht gerecht, ja er richtet Schaden an, weil im Zweifelsfall der/die Klient_in falsch ist und nicht das Konzept. Die Verantwortung für Prozess und Ergebnisse wird leicht allein den Klient_innen zugeschlagen. Erklärungen von Nicht-Zuständigkeit und Nicht-Hilfe würden steigen, wenn der Ansatz breit in Reinform angewendet werden würde. In Zwangskontexten greift das Verfahren nicht oder es sind massive Modifikationen nötig. Der Transfer in die Lebenswelt wird eher schwach begleitet.

Ein *Fazit:* Wenn Motivationsarmut und Fremdziele dominieren, ist Beratung generell als Handlungsform in Frage gestellt. Ich hatte gesagt, dass es Zwang in der Beratung generell nicht geben kann – und schon gar nicht in der Lösungsorientierten Beratung. Entscheidend für deren Nützlichkeit sind zwei Faktoren: Das Konzept muss zum Problem, zum/zur Klient_in und auch zum/zur Berater_in passen. Und der Ablauf muss flexibel gehandhabt und verschiedene Konzeptelemente, auch aus anderen Zugängen, müssten gar kombiniert werden. Die Lösungsorientierte Beratung eignet sich vor allem für motivierte Adressat_innen mit überwiegend selbst verursachten und unter eigenem Einfluss stehenden, abgegrenzten psychosozialen Problemen, die nicht wesentlich gesellschaftlich verursacht sind. Die Haltung Lösungsorientierung ist allerdings auch mit weiteren Elementen aus anderen Konzepten verbindbar und ein Herzstück Sozialer Arbeit.

Didaktisch-methodische Überlegungen

Lehr-Lern-Ziele sind:

- Die Studierenden kennen und verstehen das Prinzip Lösungsorientierung und können es in Beratungsübungen in einfache Abläufe überführen.
- Sie bestimmen Chancen und Grenzen des Ansatzes.

Der geplante Ablauf stellt sich so dar:

1. Studentisches Referat oder Dozenteninput zu Lösungsorientierter Beratung; Kurzdiskussion
2. Übung in Partnerarbeit
3. Abschlussdiskussion
4. Verteilung und Lesen des Wissensbausteins Lösungsorientierte Beratung

(1) Auch hier geht es zunächst um die großen Linien und Haltungen, und erst dann um Details. Dabei ist die zweite Phase besonders spannend. Durchaus ein wenig abgekoppelt vom schematischen Konzept kann das Prinzip Lösungsorientierung gesehen werden, wodurch sich Freiräume in der Anwendung und Kombinationsmöglichkeiten mit anderen Ansätzen ergeben. Jedenfalls sollte puristisches Absolutheitsdenken nicht gefördert werden. Andererseits ist nicht „alles mit allem" kompatibel. Gerade das Menschenbild verträgt sich nicht mit einer defizitorientierten, problemfixierten Grundhaltung.

(2) Folgende Übung, zu fragen und selbstreflexiv zu wirken, wird eingesetzt.

Übung: Lösungsorientierte Strategien zur Erreichung von Zielen

Ihr Gegenüber erlebt sich in einer Situation, die auf Veränderung drängt – er/sie will eigentlich etwas tun. *Zum Beispiel:*

- Es droht bei Fred. M., 29 Jahre alt, im zweiten Semester der Abbruch des Studiums, weil ihm Lernzeit fehlt (Job, Familie).
- Eine 23-jährige junge Frau will eine Umschulung anfangen, aber es fehlt ihr an Selbstvertrauen, optimistisch und bestimmt bei der Arbeitsagentur aufzutreten.
- Herr Wacker, 57 Jahre alt, von Ihnen in der ambulanten Wohnhilfe für von Obdachlosigkeit Bedrohte betreut, möchte eine Frau kennenlernen und fragt Sie um Rat.
- Sie können auch eine eigene gewünschte Zielerreichung einbringen (real oder fiktiv) – z. B. gegenüber X. konsequenter Nein-Sagen; endlich mal gründlich

ausmisten; eine unerledigte Geschichte mit einer Bekannten/Freundin/Verwandten angehen …

Zum Vorgehen:

(1) Das Ziel – Bitte keine Wolkenkuckucksheime! Es muss ein konkretes Ziel sein, was durch eigene Anstrengung erreichbar ist …

Was möchten Sie erreichen? Was soll ganz genau eintreten? Wie wird es sein, wenn Sie Ihr Ziel erreicht haben?

Vom Profi eingesetzte Strategien in der Kommunikation:

- Das Ziel möglichst genau beschreiben lassen: beobachtbar, attraktiv, realistisch, durch eigenes Verhalten erreichbar (es darf nicht in der Macht anderer stehen)
- Präzisierungen zum Zielzustand erfragen (Wie wird es dann sein, wenn …?)

Ziel: Ich weiß, was ich will!

(2) Das Schaffen, das Gelingen, die Kräfte
Was haben Sie in Ihrem Leben bisher getan, um ein Ziel zu erreichen? Wie haben Sie das geschafft?

Vom Profi eingesetzte Strategien in der Kommunikation:

- An früher bzw. heute in anderen Bereichen geschaffte Zielerreichung heranführen und erinnern (darüber sprechen) lassen
- Fähigkeiten herausschälen lassen, die eingesetzt wurden, und über die X. prinzipiell verfügt

Ziel: Ich kann was! Ich verfüge über Einstellungen, Motive, Verhaltensweisen und das hat mich schon öfter beflügelt, getragen, gestärkt

(3) Hindernisse und Vision
Welche Hindernisse müssen Sie bewältigen, um Ihr Ziel zu erreichen?

Vom Profi eingesetzte Strategien in der Kommunikation:

- Welche Hindernisse könnten sich einstellen?
- Wie könnten Sie damit umgehen?
- Wofür ist es gut, die Hindernisse zu bewältigen?

Ziel: Ich weiß, was mir entgegenstehen wird. Und ich weiß (emotional positiv besetzt), wofür ich mich anstrengen will.

(4) Erste Schritte
Was könnten erste Schritte in die erwünschte Richtung sein?
   Vom Profi eingesetzte Strategien in der Kommunikation:

* Was könnte ein Einstieg in den Prozess der Zielerreichung sein?
* Was wollen Sie ganz konkret nachher/morgen tun?

Ziel: Ich beginne und organisiere mir erste kleine Teilerfolge.

So sehr Lösungsorientierung begrüßt wird, so holperig verlaufen nicht selten die Rollenspiele in Partnerarbeit. Die Klient_innen verlieren recht schnell ihr Ziel und beschäftigen die Berater_innen mit ihren Problemen und den Hemmnissen. Und alternativ oder zugleich rutscht den Beraterdoubles die Lösungsorientierung weg.

(3) und (4) In der Abschlussdiskussion scheiden sich oft die Bewertungen – befürwortende, teilweise begeisterte Stimmen stehen neben skeptischen Einschätzungen. Das reine Ursprungsverfahren wird für die Soziale Arbeit überwiegend zwar begründet verworfen, aber etwa die Ressourcenorientierung und der Empowerment-Ansatz werden breit begrüßt. Der Wissensbaustein wird am Ende der Sitzung verteilt.

4.4 Das Systemische Modell

Thema und Inhalt
Es bietet sich an, die Lösungsorientierte Beratung mit der Einführung in das Systemische Modell zu flankieren – schließlich ist viel von systemischer (Familien-)Beratung die Rede, aber erstaunlich wenige Student_innen im Seminar können mit dem Begriff Genaueres verbinden (vertiefend Schwing/Fryszer 2006).

Wissensbaustein: Systemisches Modell

Systemisches Denken bedeutet im Kern,

* dass Teile
* eines nach außen abgegrenzten Ganzen (eines Zusammenhangs)
* intensiv und mit Effekten interagieren (bedeutungsvoll aufeinander bezogen, verknüpft, vernetzt sind, sich gegenseitig beeinflussen) und sich
* durch selbstgesteuerte Verarbeitung von Außenimpulsen verändern.

Theoretische Prinzipien

(1) Jedes System (z. B. Familie) steht in Wechselwirkung, in Abhängigkeit

- mit den Systembestandteilen (Das Tun des Einen beeinflusst das Tun der Anderen – so z. B. H. Stierlin u. v. m.),
- mit seinen Umwelten: Sozialamt; Schule; Gerichten; Polizei; Verwandtschaft; Peers; Arbeitsstelle … (Fälle, Probleme, Personen werden nicht individualisierend verstanden und behandelt).

Ziele in Beratung: Verwicklungen wahrnehmen und transparent machen; angemessene nichtreduktionistische Lösungen finden, falsche Vereinfachungen verhindern; Ressourcenfokus

(2) Jedes Symptom hat eine (unterstellte) Funktion:

- Sinn für die Person (das Gute am Schlechten; die subjektiv vermeintlich am wenigsten schädliche Option unter den aktuell verfügbaren Möglichkeiten)
- Bedeutung für das System (Erhalt; Festigung; Ablenkung; Entschärfung; Bindungsstiftung; Schutz …)

Ziele in Beratung: Erkennen; Wertschätzen; Optionen erweitern

(3) Subjektivitätsprämisse

- Es gibt keine richtigen objektiven Abbildungen von sozialer Welt, sondern nur standpunkt-, interesse-, erfahrungs-, kontextbedingte ausschnitthafte und bewertende Mitteilungen von einer auswählenden, beobachtenden, sprechenden Person.
- Statt Rede von Wahrheit Suche nach Passung, Nutzen, Effekten

Ziele in Beratung: Sichtweisen herausfordern, gelten lassen, wertschätzen, verhandeln – das motiviert und aktiviert; Vorsicht vor Einseitigkeiten und Festschreibungen aus expertendiagnostischer Perspektive

(4) Instruktive Interaktion ist nicht möglich.
Menschen sind keine „trivialen Maschinen", können nicht manipuliert, gesteuert, von außen verändert werden – Beratung ist Zulassen von Außenimpulsen, so dass Möglichkeiten der Selbstveränderung entstehen (Anstöße; Impulse statt Heilung; Behandlung)

Ziele in Beratung: Unterbreitung von Angeboten, die ggf. abgelehnt werden können; Unterbrechung von Routinen, Mustern

(5) Konstruktionsannahme

Menschen erschaffen sich ihre Welt durch Bedeutungszuschreibung; es sind nicht die Dinge an sich, sondern die besondere Ladung mit spezifischer, aber (fast) immer nicht alternativloser Bedeutung, wodurch ein Sachverhalt brisant wird (Prinzip Mehrdeutigkeit statt Eindeutigkeit; günstige und ungünstige Konstruktionen – z. B. mit der Gefahr des Zynismus oder der Selbstillusionierung bei der Erfindung von Bedeutungen).

Ziele in Beratung: Bedeutungszuschreibungen kennenlernen und ggf. verändern, erweitern

(6) Kontextabhängigkeit

Verhalten, Probleme, Lösungen sind an Umstände gebunden, Kontexte stiften Bedeutung (das gleiche Verhalten wird belohnt, toleriert, sanktioniert, je nachdem, wo es auftritt: Familie – Schule; Förderschule – Gymnasium; Karneval – sonstige Zeit; Fachhochschule – Club ...)

Ziele in Beratung: Kontextsensibilität; Relativismus

Grundhaltungen in der Beratung

(1) Ankoppelung an Person und Konstruktionen über sich und Welt

(2) Vorsicht vor Festschreibungen bzw. Vereigenschaftung

Menschen „zeigen" Verhalten, statt „sind" ...; Probleme bestehen „zwischen" statt „in" – Gehege-, Wechselseitigkeitsunterstellung; Zuschreibungen sagen mehr über Beobachter_innen als über Beobachtetes; Situations-, Kontextabhängigkeit

(3) Ressourcen- und Lösungsorientierung

Zukunft statt Vergangenheit; Ausnahmen; Können, Gelingen ...

(4) Ko-Produktions-, Auftragsorientierung

Eigenziele; Zulassung, Herausforderung von Selbstdeutungen – von hier Aushandlungen mit anderen (Fremd-)Perspektiven

(5) Selbstverantwortung, Respekt

Unterstellte Zurechnungsfähigkeit, Adressat_in bleibt Experte für sich – der/die Berater_in für den Beratungsprozess; Eigensinn-Akzeptanz

(6) Unerwartetes, Zufälliges ereignet sich

Mit Monokausalität, Zwangsläufigkeit, Linearität ... ist in menschlicher Interaktion nicht zu rechnen; Denken in Möglichkeiten: vielleicht statt sicher; es könnte sein ...

(7) Bescheidenheit
Professionelle können andere Menschen nicht ändern, aber man kann miteinander suchen, wie etwa Eltern und Kinder es trotz einiger Probleme besser miteinander haben können.

Methoden/Techniken
(1) Hypothesen
Vermutungen, wie die Dinge zusammenhängen (Gegenwart – Zukunft, Ich – Andere; Täter – Opfer, „unlogisches" Verhalten – Motive, Zwecke, Profite …) – Kriterien für professionelle Praxis: Nützlichkeit durch Optionseröffnung; Handlungsfähigkeit; Kontaktermöglichung; Kennenlernen einer guten Absicht

(2) Auftragsklärung und Auftragsentwicklung
Zuweisungs-, Zugangskontext; verschiedene Aufträge; selbstformulierte Adressatenanliegen; Aushandlungsprozess – Folge: Bestimmung von vereinbaren und unvereinbaren Aufträgen; Konsens und Dissens; Ziele … ggf. mehrmalig

(3) Genogramm und grafische Darstellungen
Familienstruktur; Beziehungs-, Konfliktlandkarte

(4) Beobachtungs- und Handlungsaufgaben
Beobachtung von Abläufen, die Störungen, Konflikte, Dysfunktionalität hervorrufen, bzw. solchen, die für Lösungen hilfreich, nützlich sein können; Handlungsaufgaben: Experimente (für motivierte Beteiligte)

(5) Umdeuten; positive Konnotation

(6) (Systemische) Fragen

Kernelemente des Wirkungspotenzials
- Denken in kleinen, konkreten, bescheidenen Schritten; Aufweichung fixierter Zustände: etwas mehr von … etwas weniger von …; Verschlimmerung verhindern
- Neue Betrachtungsweisen für alte Probleme
- Verwicklungen und Umstände als Milderungsfolie
- Blick auf Gelingen und bisherige Leistungen als Fähigkeitspool
- Normalisierung

Systemisches Denken prägt die Soziale Arbeit. Die Idee, dass „alles mit allem zusammenhängt", erhält durch tägliche Erfahrung Nahrung. Prinzipien wie Konstruktion von Wirklichkeit oder Ressourcenorientierung wurden von „Systemiker_innen" nicht erfunden, aber populär gemacht. Theoreme wie ein Gewinn durch beklagte Sachverhalte oder die Unmöglichkeit „echter" nachhaltiger Veränderung von außen oder die Bedeutung von Auftragsklärung finden Resonanz, weil sie sowohl theoretisch plausibel als auch durch Praxis gedeckt sind. Resonanzstark und breit wurden auch systemische Fragetechniken rezipiert und entwickelt (vgl. z. B. Schwing/Fryszer 2006; Hoch 2016).

Wissensbaustein: Systemische Fragen

Fragen in der Beratung haben grundlegende *Funktionen:*

1. Aufklärungsfunktion – bringen Informationen; erbringen – wenn geantwortet wird – für den/die Berater_in Aufklärung von Unwissen und Missverständnissen, Kontrollmöglichkeiten über Arbeitsweisen und Ergebnisse
2. Beziehungsfunktion – drücken Interesse aus
3. Reflexionsfunktion – stoßen Suchbewegungen (Nachdenken) an
4. Ermutigungsfunktion – Empowerment; zeigen Wertschätzung; Signal, dass man das Gegenüber als Experten/Expertin sieht

Der Regelfall sind direkte erkundende Fragen zu Fakten, Erlebens- und Verhaltensweisen, Ursachenzuschreibungen für Probleme werden vom Gegenüber abgefragt. Beispiele: „Wann traten die Suizidfantasien das erste Mal auf? Wie hat Ihr Mann darauf reagiert?"

Einige *Arbeitsregeln:*
- Lassen Sie Zeit zum Nachdenken – ertragen Sie Pausen.
- Stellen Sie eine Frage zur Zeit.
- Hören Sie zu und lassen Antworten stehen – wiederholen und interpretieren Sie nicht dauernd.
- Ressourcenorientierte Fragen führen oft weiter als problemorientierte Fragen.
- Entschuldigen Sie sich ggf. für eine verwirrende, kränkende, unpassende … Frage.
- Fragen Sie nicht zu kompliziert.
- Fragen können zu Vergangenheit, Gegenwart, Zukunft sowie zu Problemen und zu Lösungen gestellt werden.
- Variieren Sie Ihre Strategien.

Systemische Berater_innen erkennt man an ihrer Arbeitsweise: Probleme sind mehr oder auch ein „Zwischen"- statt ein „In einem"-Phänomen. Probleme sind auch in ungünstigen gedanklichen Konstruktionen begründet. Lösungen liegen im Schaffen, Gelingen, Können statt im Problem, im Scheitern … In der Beratung interessieren sie sich für Mögliches mehr als für Gewesenes.

Systemische Fragen wollen: an- und aufweichen – Wechselwirkungen aufmachen – Verantwortungsübernahme anregen – stärken und ermutigen – verstören – Beziehungen transparent machen – neue Optionen anregen – Leidensdruck, Sackgassen- und Tunnelerleben, Einengung durch neue Bedeutungsgebung (Umdeutung) verringern

Dezidiert systemische Fragen sind in der Folge mit x markiert – auch wenn das Systemische Modell auf diese Art der Frage kein Monopol hat.

(1) Einstimmung, Ankoppelung, Anwärmen

(2) Vergangenheit und Gegenwart – Problemkontext
Problemdefinition
Was ist das Problem? Was sehen Sie als das Problem?

Problementstehung
- Wann trat das Problem das erste Mal auf?
- Wie erklären Sie sich, dass es so ist?
- Zirkuläre Frage: Wie würde deine Mutter die Gründe sehen? Und was würde darauf Ihr Vater sagen? (x)
- Konsens- und Dissensfrage: Wer teilt die Meinung von X. und wer nicht? (x)

Auftreten des Problems in der Gegenwart; Problemeinbettung in Umstände
- Was sind die Auswirkungen des Problems?
- Kontextualisierung: Gibt es Situationen, Umstände, Beteiligte, wo das Problem besonders deutlich auftritt? (x)
- Vergleichsfrage: Wer leidet, freut sich am meisten, wer am wenigsten? (x)
- Vergleichsfrage: Ist das Problem immer gleich stark oder gibt es auch weniger schlimme Zeiten? Wann tanzen Ihnen die Kinder besonders stark auf der Nase herum? (x)

Bisheriger Umgang mit dem Problem
- Was machen Sie, wenn das Problem auftritt?
- Was macht X., was Y.?
- Ausnahmefrage: Was hat schon einmal etwas geholfen? Haben Sie sich schon mal richtig kompetent in der Erziehung erlebt? (x)

(3) Zukunft – Möglichkeitsraum/Lösungskonstruktion
- Ausnahmefrage: Was hindert Sie daran, einigermaßen Bewährtes öfter zu tun? (x)
- Vergleichsfrage: Was war im Vergleich bisher Ihre beste und was Ihre schlechteste Lösungsversuchsvariante? (x)

- Konsens- und Dissensfrage: Wer engagiert sich, wer nicht? (x) Wer hat noch Hoffnung wie Sie und wer nicht? (x)
- Kontextualisierung: Gibt es Situationen, Umstände, Beteiligte, wo es besser läuft? (x)
- Zirkuläre Frage: Wie würde Ihre Mutter auf Ihren Wunsch Jugendwohngemeinschaft reagieren? Und was würde Ihr Bruder dann tun? (x)
- Skalierungsfrage: Was könnten Sie tun, um von 2 auf 4 zu kommen? (Skala 0 bis 10) (x)
- Prozentfrage: Zu wie viel Prozent verfügen Sie schon über die Fähigkeiten und zu wie viel Prozent müssen Sie ein paar Dinge noch lernen? (x)
- Frage mit Perspektivwechsel: Was würden Sie einem guten Freund raten, was dieser tun sollte? (x)
- Arbeit mit der Verschlimmerungsphantasie: Was könnten Sie selbst versuchen, damit die Dinge nicht schlimmer werden … oder: um das Schlimmste zu verhüten? Was sollte man auf alle Fälle nicht tun, damit es nicht noch schlimmer wird? (x)

Systemische Fragearten können in verschiedenen Phasen der Beratung und für verschiedene Zwecke eingesetzt werden.

(1) Zirkuläre Fragen i.e.S. = Fragen, die Unterstellungen, Vermutungen über andere zur Sprache bringen; Fragen, die ein Problem von außen, „um die Ecke", aus einer Metaperspektive, mit anderen Augen betrachten bzw. betrachtbar machen

Beispiele: Was glauben Sie, wie Ihre Mutter über Ihre Auszugspläne denkt? Was meinen Sie, sieht Ihre Mutter als besten Lösungsweg? Wo, glauben Sie, besteht zwischen Ihnen und Ihrer Tochter Dissens und wo Konsens?

Funktionen: Zirkuläre Fragen sorgen dafür, dass das Problem als verknüpftes, alle betreffendes „Systemthema" für alle aufgerufen wird. Zirkuläre Fragen ermöglichen, Umgangsweisen mit dem Problem und Beziehungen (Vermutungen über Beziehungen) sichtbar zu machen. Zirkuläre Fragen verstören eingefahrene Denk- und Verhaltensroutinen. Sie erzeugen Spannung und neuen Auseinandersetzungsstoff.

(2) Hypothetische, alternative Konstruktionen anregende Fragen = Fragen, die Vermutungen aufmachen – über zukünftige Entwicklungen, Verbesserungen, Verschlechterungen

Beispiele: Angenommen, Sie bekommen das Kind. Wie würde sich die Beziehung zu Ihrem Freund verändern? Was könnten Sie tun, um garantiert in der nächsten Woche aus dem Betreuten Wohnen herauszufliegen? Was passiert, wenn Sie nichts tun?

Funktionen: Hypothetische, alternative Konstruktionen anregende Fragen lassen soziale Sachverhalte, eigenes Verhalten und Erleben als gestaltbar erscheinen. Hypothetische, alternative Konstruktionen anregende Fragen machen verschiedene Szenarien sichtbar und vergleichbar. Hypothetische, alternative Konstruktionen anregende Fragen ermöglichen innere und dialogische Auseinandersetzung (inklusiv Probehandeln).

(3) Vergleichs-, Skalierungs-, Prozentfragen = Fragen, die ein Problem verflüssigen sollen; Fragen, die Kontrastierung aufmachen: zwischen Ich und Du, vorher und nachher ...

Beispiele: Wer freut sich mehr über deine Erfolge? Wer leidet mehr unter ...? Welche Zensur für dein Essverhalten hättest du dir gestern gegeben, welche für heute? Zu wie viel Prozent ist das Problem mit der Unterbringung Ihrer Mutter in der Steglitz-Residenz günstig gelöst und wie viel Rest gibt es noch?

Funktionen: Vergleichsfragen regen zur Selbstreflexion an und verschaffen innere Klärung bzw. leiten Recherchen an, um etwas zu überprüfen. Vergleichsfragen führen zu selbstinstruktiver, innerer Verpflichtung – Ich habe X gesagt, nun muss ich dem auch nachkommen. Antworten auf Vergleichsfragen geben dem/der Berater_in Orientierung und ermöglichen ggf. modifizierende Strategien.

(4) Bewältigungs-, Ressourcen-, Ausnahmefragen = Fragen, die bisherige Mühen und Effekte thematisieren

Beispiele: Was hat Ihnen bisher am meisten geholfen, was am wenigsten? Wie hast du es gemacht, dass die Probleme mit Lehrer Müller geringer waren? Was war in den Zeiten anders, als Sie nicht an Suizid dachten? Was klappt in Ihrem Leben gut? Was können Sie?

Funktionen: Bewältigungs-/Ausnahmefragen zeigen Probleme als beeinflussbare, nicht-statische, nicht ewige Geschehnisse. Bewältigungs- und Ausnahmefragen signalisieren, dass ein Teil der Lösung schon heute zur Verfügung steht. Bewältigungs- und Ausnahmefragen geben Hoffnung.

Didaktisch-methodische Überlegungen
Lehr-Lern-Ziele sind:

* Die Studierenden wissen um kennzeichnende Merkmale systemischer Beratung und können Wirkungsabsichten benennen.
* Sie beurteilen das Systemische Modell kriteriengeleitet-begründet.

Hier liegt der Anspruch nicht darin, nach dieser Stunde etwas zu können, sondern darin zu wissen, wie in systemischer Beratung gearbeitet wird.

Der geplante Ablauf stellt sich so dar:

1. Brainstorming und Wissensbaustein Systemisches Modell
2. Unterrichtsgespräch zum Systemischen Modell
3. Wissensbaustein Systemische Fragen; Beantwortung von Fragen, Klärung von Unverstandenem
4. Übung in Einzelarbeit
5. Abschlussdiskussion

(1), (2), (3) und (5) Die Vermittlung systemischer Grundlagen erfolgt in einer Mixtur aus schriftlicher Information und Unterrichtsgespräch; abschließend bleiben die Teilnehmer_innen frei in ihrer persönlichen Abschlussbewertung.

(4) Die Student_innen erhalten die Möglichkeit, sich auszuprobieren.

**Übung: Systemische Fragen – Einladung zu Überlegungen,
wozu diese nützen könnten**

Ausgangsszene: Markus, elf Jahre, klaut mehrmals im Monat und zeigt sich öfter in der Schule aggressiv. In der Partnerschaft mit Markus Mutter Rita und dem „sozialen Vater" Klaus (seit acht Jahren in Lebensgemeinschaft mit Rita) kriselt es erheblich. In der Folge lesen Sie Fragen aus drei Gesprächen in der Erziehungs- und Familienberatung: ein Gespräch wird vom S. A.er mit allen drei Familienmitgliedern geführt, eines mit Mutter und Sohn und eines mit der Mutter allein.

Aufgabe: Suchen Sie sich einige Fragen aus. Nehmen Sie auch Fragen aus dem zweiten Teil!

* Welche Art von Frage liegt vor?
* Wie gefällt Ihnen die ausgewählte Frage von der „Strickart" her?
* Wozu könnte es gut sein, eine solche Frage zu stellen?

Alle drei in der Familienberatung
1. Wer ist heute mit dem meisten Optimismus und wer mit der größten Skepsis gekommen?
2. Wie erklären Sie sich, dass das Problem mit den Diebstählen von Markus gerade vor einem Jahr begann? Und was, glauben Sie, würde Markus zu Ihren Vermutungen sagen?

3. Markus, überkommt dich dieser Klaudrang immer gleich stark oder ist „es"
   auch manchmal weniger? Klaust du öfter, wenn es zu Hause ruhig oder stres-
   sig ist? Wie schaffst du es, nicht häufiger zu klauen?
4. Was, Markus, glaubst du, ist das Schlimmste an den Diebstählen für deine
   Mutter, was das Zweitschlimmste?

Mutter und Sohn

5. Wer nervt deine Mama mehr: Du mit deinen Diebstählen oder Klaus mit der
   ständigen Schweigsamkeit?

Mutter allein

6. Ihr Partner hält den Markus für ein Mama-Kind. Trotz Bemühungen sei er nicht
   an den Jungen herangelassen worden. Wie könnte Ihr Lebensgefährte zu dieser Einschätzung gekommen sein?
7. Sie sagen, Ihr aktueller Partner hat eine Teilschuld für Markus Probleme. Und
   Sie sprechen von Trennung, weil „der Ofen auf ganzer Linie aus" sei. Schätzen
   Sie mal: Zu wie viel Prozent werden Sie Ihren Lebensgefährten verlassen? Und
   zu wie viel Prozent werden Sie in einem Monat, einem Jahr, drei Jahren … weiterhin mit ihm leben?
8. Was könnte das Schlechte daran sein, wenn das Klauen aufhört?
9. Nehmen wir mal an, es kommt eine Zeit, in der „es" den Markus nicht mehr
   überkommt, die Sachen im Kaufhaus einzustecken. Er hat also diesen Drang
   überwunden. Was könnte denn da vorher passiert sein? Und was wird dann im
   Vergleich zu heute wohl anders sein?

Den Student_innen bleibt diese Art zu fragen überwiegend fremd, auch wenn
der systemische Ansatz vielen gefällt. Entscheidend ist, das versuche ich insgesamt zu verdeutlichen, dass systemische Fragen nicht gestellt, wie auswendig
gelernte Fremdkörper wirken. „Techniken" sollten n. M. integriert in natürliche
fließende Kommunikation werden. Das gelingt nur mit den Jahren und nur,
wenn sie von Haltungen wie Respekt, Feingefühl, Empathie getragen sind.

4.5 Ergebnissicherung

Thema und Inhalt

In der ersten Hälfte der elften Sitzung geht es darum, Wissen zu Beratung zu
festigen, zu ordnen, offene Fragen kennenzulernen und zu beantworten (1) sowie die drei Beratungskonzepte zu vergleichen (2). Leitfragen und Prüfkriterien
sind: Welches Verständnis von Problemen herrscht vor? Welche Vorstellungen
von Lösungen bzw. Veränderungen gibt es; was wirkt ggf. wie? Gibt es be-

stimmbare Voraussetzungen, die den Einsatz verbieten, erschweren, nahelegen (Eignung gemäß Klientel- und Situationsfaktoren etc.)? Welche Vorzüge und Potenziale hat das Konzept, welche Risiken bzw. Nachteile?

Didaktisch-methodische Überlegungen
Lehr-Lern-Ziele sind:

- Die Studierenden strukturieren ihr Beratungswissen und erlangen mehr Sicherheit in der Begriffsverwendung.
- Sie können verschiedene kennengelernte Konzepte kriteriengeleitet bewerten.

Zum Ablauf. Beide Themen können günstig in studentische Verantwortung gegeben werden. Die drei das Seminar leitenden Personen (verteilt auf die drei Ansätze) bereiten sich meist gut vor, wenn die Leistung benotet wird.

1. In der Rekapitulation von vermitteltem Wissen mit der gesamten Gruppe verwenden die Studierenden meist einfache Abfragetechniken. In einer halben Stunde kann nur sehr ausschnitthaft wiederholt bzw. wiedererinnert werden. Interessant ist, dass auf diesem Wege offene Fragen aufgeworfen werden, die (soweit es geht) beantwortet werden. Die Bitte zu fragen wird explizit geäußert.
2. Der Round Table verläuft so: Die verbleibende Zeit (etwa 50 bis 60 Minuten) wird in vier Sequenzen gemäß der Leitfragen nach Problemverständnis, „Veränderungstheorie", Voraussetzungen und spezifischer Eignung sowie Vor- und Nachteilen aufgeteilt. Zuerst sprechen die drei Studierenden jeweils themenbezogen zu ihrem Konzept, dann ist jeweils noch etwas Raum für Beiträge der anderen Teilnehmer_innen. Es kann zu einer qualitativ hochwertigen Einheit kommen, aber die Steuerungsmöglichkeiten von Dozentenseite sind eher gering.

5. Grundlagen der Paar- und Familienberatung und Anwendungsbeispiel

Viereinhalb Seminarsitzungen umfasst der vierte Seminarblock. Als Wissensbasis werden Strukturen und Dynamik von Paar- und Familienleben vermittelt. Anschließend werden Basisregeln für Familienberatung eingeführt. Eine kleine Trainingsübung zur allparteilichen Paarberatung und ein Planspiel zu einer kompletten Familienberatung sollen Kenntnisse und Einstellungen festigen. Dabei wird darauf geachtet, dass nicht nur Beratung für das Setting einer Beratungsstelle gedacht und gestaltet wird, sondern auch beraterische Episoden neben lebensweltnaher Betreuung (Beratung als eine Handlungsform neben anderen) als Referenz dienen.

5.1 Die Zweierbeziehung

Thema und Inhalt

Die zweite Hälfte der elften Einheit (oder etwas weniger, mit Fortsetzung in der Folgewoche) ist dem „Paarwissen" gewidmet. Ob in Beratungs- oder Betreuungssettings – das Thema Partnerschaft ist auch mit Blick auf Adressat_innen allgegenwärtig und Studierende der Sozialen Arbeit sollten darüber systematisch informiert werden und nachgedacht haben. Vorgestellt werden folgende Erkenntnisse.

Wissensbaustein: Partnerschaften

(1) Phasen und Verläufe, z. B. mit Entwicklungsaufgaben wie Kind, Beruf, neue Lebensumstände und kritische Lebensereignisse wie Krankheit, Kündigung … (Kontaktfindung; Erwärmung und Erstklärung; Aufbau; Konsolidierung und Bestandsphase etc.)

(2) Partnerwahlmotive: individuelle Motive wie „Retter_in"; Abenteuer; Rebellion; Abhängigkeitsbeendigung; Schutz; Selbstaufwertung; Statuserhöhung; Realisierung eines Kinderwunsches; hohe und starke Verbundenheit in den Werten; soziokulturelle Passung; Entscheidung der Eltern …; Partnerwahltheorien wie die Theorie der rationalen Wahl, der Ähnlichkeit, der Ergänzung, der Kosten-Nutzen-Bilanzierung, des rechten Moments, Austauschtheorie …

(3) Themen, zu denen Paare Standpunkte finden sollten – unterteilbar in grundlegende Weichen, Alltagsgestaltung, innerer Raum und äußerer Raum des Paares, z. B. Lebenskonzept; fundamentale Werte; Paaridentität/Partnerschaftskonzept; Lebensstil; Geld; Umgang mit dem Körper; Sexualität; Wohnen; Freizeitgestaltung; Umgang mit Bekannten und Freund_innen; Rollen- und Aufgabenverteilung in der Beziehung; Kontaktgestaltung zur Herkunftsfamilie; Kinder; Konsum; politische Einstellungen; Individuationsgrade bzw. Verhältnis von Ich und Wir; Gesprächsthemen, -arten, -menge; Ausmaße von Intimität bzw. Nähe und Distanz; Innen- und Außengrenzen; Umgang mit Raum und Zeit; Einflussmöglichkeiten und Bestimmen etc.

Bearbeitungsweisen: es wird mal angesprochen; es wird mehrfach durchgesprochen; es ergibt sich, pendelt sich ein; es kommt zu Konflikten; Nörgeln, „Nerven"; Druckausübung etc.

(4) Störungen, Konflikte und Krisen: z. B. durch Abwertungen; Partnergewalt; einseitige Machtverhältnisse; Untreue; Auseinanderentwicklung der Personen; dauerhafte bzw. enttäuschende Uneinigkeit in als fundamental erlebten Fragen; Erstarren in negativ empfundenen Routinen; Kommunikationsverlust; unvereinbare Konfliktstile; Übermaß an Enttäuschungen und faulen Kompromissen etc.

(5) Konfliktbearbeitung bzw. Selbsthilfestrategien: die wichtigsten sind klärende Aussprache; Donnerwetter; Änderung der Erwartungen; abwechselnde Interessen- und Bedürfnisdurchsetzung bzw. Nacheinanderprinzip; Nebeneinander mit Ich-Raum-Weitung; Tauschhandel; resignatives Aufgeben; Abfinden; innere Trennung; Kompromiss; Unterwerfung; Minderung oder Erhöhung von Bedeutung; neuer, fokussierter Zeit-, Krafteinsatz; Zuwendungssteigerung; Engagement bei anderen Themen als den konfliktär besetzten; etwas Kostenreiches tun; bewährte Aktivitäten reanimieren und/oder neue verbindende Projekte; Zugeben mit Schuldanerkennung und Reue etc. Es ist erstaunlich, welche Regulationsbreite sich bei systematischem Nachdenken einstellt.

(6) Gelingensfaktoren von Partnerschaften – diese sind individuell und sehr verschieden. Einige Beispiele: abgestimmte Wege des Umgangs mit zu klärenden Sachverhalten und Erlebensweisen; Mitteilungskultur; Konfliktfähigkeit; hinreichende Menge an Gemeinsamkeiten; Respekt; Aufmerksamkeit; Zeitinvestition; Anerkennung; Erleben von Gerechtigkeit im Geben und Nehmen; Ertragen von Unzulänglichkeiten und Abstrichen; Unterschiedsakzeptanz; Solidarität und Loyalität in schwierigen Situationen; Beachtung von Entwicklungsphase und aufgegebenen -aufgaben; Aushandlung …

Angesichts von Menge und Gewicht der Herausforderungen erstaunt es auch die Studierenden, dass Beziehungen öfter gelingen.

Didaktisch-methodische Überlegungen
Lehr-Lern-Ziele sind:

* Die Studierenden erkennen die Vielfalt von Gestaltungsweisen von Zweierbeziehungen und Paarleben. Sie relativieren ihre eigenen Paarerfahrungen und bewerten diese als für sich und nicht für andere gültig und maßgeblich.
* Sie erweitern Wissen und Bewusstsein für Störungsquellen, Gelingensfaktoren und Wege und Mittel der Zufriedenheitsregulation.

Zum Ablauf der elften Seminarsitzung. Die Zeit für einen Dozenteninput nach der Ergebnissicherung zu den Beratungskonzepten ist knapp; er wird in die nächste Sitzung hineinreichen. Es kann auch in der Einheit nicht mehr diskutiert werden – das sollte unbedingt in der Folgewoche geschehen. Beim Paarthema ist der Raum mit Expert_innen besetzt; das Energieniveau – Spannung, Aufmerksamkeit, Redefreude – ist hoch. Erfahrungen zeigen, dass die Studierenden je ihre Umgangsweisen und Entscheidungen bei Paarthemen als richtig setzen, rechthaben wollen, nach Bestätigung suchen. Von daher entstehen immer lebendige, kontroverse Diskussionen, die dafür genutzt werden sollten, für Beratung mit Adressat_innen auch bei Partnerschaftsfragen für eine offene, explorative Haltung zu werben. Von daher sind die je singulären Erfahrungen und Meinungen der einzelnen Studierenden nur mittelbar interessant, entscheidend ist die Vielfalt des Gesamtbildes, die zu passenden Herangehensweisen und Fragen führen kann, falls zu Beratende Partnerschaftsthemen aufwerfen. Mit dem Input soll auch Struktur in das Thema Zweierbeziehung gebracht werden. Zudem sollen die Teilnehmer_innen den einen oder anderen neuen Gesichtspunkt entdecken. Der Dozenteninput sollte fragend-entwickelnd gehalten sein, ob mit oder ohne Power Point in jedem Fall visuell gestützt.

5.2 Paare beraten

Thema und Inhalt
Wenn zwei Partner_innen eine dezidierte Paarberatung aufsuchen, kann das Setting variieren: Sie können einmal oder mehrmals kommen, sie können einem oder zwei Berater_innen gegenübersitzen, die Sitzung kann 60 bis 90 Minuten dauern und kann alle zwei oder auch vier Wochen stattfinden; der/die Berater_in kann das gleiche oder ein anderes Geschlecht wie man selbst haben. Die Rolle des Beraters oder der Beraterin liegt in der Prozessbegleitung mit „Hebammenfunktion"; Lösungen liegen „beim Paar". Und jedes Paar ist einzig-

artig. Diese Einzigartigkeit gilt es kennenzulernen. Besonders gefährlich ist es, mit einer/einem der beiden Partner_innen zu koalieren sowie Verantwortung oder Leidenschaft für einen Ergebnisinhalt zu entwickeln. Es gilt auch hier, Subjektivitäten, Vorstellungen von richtig und falsch, gut und schlecht, schön und unschön, gewollt und nicht-gewollt kennenzulernen und nicht normativ zu verhindern.

Paarberatung liegt meist eine Struktur zugrunde. Der folgende Überblick ordnet das Vorgehen ein wenig.

Wissensbaustein: Paare beraten

(1) Ankoppelung
Sicherheit herstellen; Vertrauen aufbauen; Orientieren zu Personen und Ort

(2) Auftragsklärung und Vereinbarungen; erste Sondierungen
Unterschiedliche Schwerpunkte (diese können sich im Prozess verändern) sind: Beziehung verbessern (hierzu im Folgenden); Ambivalenzberatung (Trennung oder nicht); Konfliktberatung; Trennungsberatung/Familienmediation

Anlässe thematisieren: z. B. Untreue; Vertrauensbruch; Sprachlosigkeit; Routineübermaß; Auseinanderentwicklung; Partnergewalt; Dissens um Themen zum Kind … Wieso Beratung? Wieso gerade jetzt?

Wünsche, Erwartungen, Anliegen formulieren lassen: Was soll hier (nicht) passieren? Ggf. konkrete Ziele entwickeln lassen. Mögliche Arbeitsrichtungen für Anliegen und Ziele: Selbstklärungen zu Verletzungen, Belastungen, unerfüllten Bedürfnissen; adäquate Kommunikation von Erleben, Gefühlen, Gedanken; Konfliktaustrag, Umgang mit Dissens; Verhalten des anderen besser verstehen; neue Umgangsweisen; Entscheidungsunsicherheiten; Entscheidungen treffen o. a.

Themen (Beispiele):
- Zusammenbleiben oder trennen (Grundsätzliches)
- Gemeinsamkeiten und Unterschiede; Verbindendes und Trennendes (Bilanz)
- Überlastungen, kritische Lebensereignisse (Krise; Trennung; Untreue; Gewalt; Krankheit; Tod …)
- Wer hat es schwerer? Wer hat mehr geleistet? (Gerechtigkeit; Anerkennung)
- Zeit für Zweisamkeit (Prioritäten)
- Nicht eingehaltene Zusagen, zu Rollenwechsel, zu Aufgabenübernahmen … (Enttäuschungen)
- Kinder-, Erziehungsthemen (Umgang mit Dauerstreit oder tiefem punktuellen Dissens)

- Entwicklungswünsche Einzelner (Veränderungen im Leben, Beruf, bei Rollen, Prioritäten)
- (Unproduktive) Konfliktstile (kooperative Konfliktlösungen) o. a.

In der Sozialen Arbeit geht es oft um existenzielle Themen wie Gewalt, Spiel-, Drogen- und Alkoholsucht, Schulden, Haftaufenthalt, Armut, Krankheiten … in ihren Auswirkungen auf die Beziehung.

- Aufträge einholen, am besten von Adressat_innen aussprechen lassen
- Verabredungen treffen (z. B. Kinder heraushalten)
- Transparenz zu Abläufen, Regeln …
- Rolle von Berater_in
- Ordnung und Prioritäten der Klärungsthemen

(3) Klärungen zu verabredeten Themen (Problemen)
Vorsicht, wenn schon mehrere erfolglose Beratungsversuche stattgefunden haben und wenn eine_r die Beratung will und der/die Partner_in nicht (diese Themen erkunden!)

Wie werden die benannten *Themen* (Alltag; Stress; Leere; Geld; Sexualität; Kinder; Erziehung; Auseinanderentwicklung, Selbstverwirklichung; Idealbild – Realitäten; Geschichte und Gegenwart der Beziehung …) und die dahinterstehenden Bedürfnisse, Motive, Anliegen bearbeitet? Beklagte Sachverhalte werden geschildert, erkundet, in ihrer Bedeutung für die Partner_innen (X. und Y.) untersucht. Jede_r erhält Redezeit, die Kommunikation verläuft zwischen den beiden Partner_innen oder, wenn viele Emotionen mitschwingen, sprechen X. und Y. zum/r Berater_in. Typische grundlegende *Frage- und Aufmerksamkeitsrichtungen* sind z. B.: Wo stehen wir? Wie geht es mir? Mich stört … Ich leide … Ich möchte … Mir ist besonders wichtig … Sowohl Belastungen als auch positive, erhaltenswerte Seiten kommen zur Sprache (ggf. mit A-, B-, C-Priorität). *Was passiert dabei?*

- Entlastung, weil ich mir etwas von der Seele sprechen kann, z. B. große Kränkungen
- Mir wird etwas „zur Sache" klarer (über mich, über den anderen, über uns) – Ich kann mir etwas nun besser erklären, kann etwas verstehen.
- Mir wird die Bedeutung, Tragweite von Problemen bewusster – Ich empfinde etwas nun beruhigender/unangenehmer, wichtiger/unwichtiger.
- Mir werden Intaktes, Ressourcen, Stärken, Verbindendes, Sympathisches, Gemeinsamkeiten, Chancen klarer.
- Mir werden Trennendes, Unterschiede, Risiken, Gefahren deutlicher.
- Mit Blick auf Kommunikation und Eskalation werden eingefahrene Reiz-Reaktions-Muster transparent.

- Mir wird selbst- und fremdverstehend deutlicher, wo ich mich/der oder die Gegenüber sich engagieren will, wo ihre/seine/meine Grenzen liegen, welche Ansprüche, Interessen, Minimal- und Maximalerwartungen bestehen; hinter Standpunkten werden tiefere Bedürfnisse, Motive herausgeholt; neue „Zweckforschung" findet statt: wozu macht …?

Haltungen
- Allparteilichkeit (auch fluktuierende Parteilichkeit; Neutralität) halten
- Klima von Fairness entwickeln
- Sicherheit herstellen
- Raum zum offenen Sprechen schaffen
- Empathie erlebbar werden lassen
- Mitgefühl zeigen

Techniken und Strategien
- Regeln besprechen (vorschlagen und erfragen) und „überwachen"; Verstöße markieren
- Offene Fragen; auch systemische Fragen: zirkuläre Fragen; Vergleichs- und Rangordnungsfragen; hypothetische Fragen (z. B. Wer ist der/die Skeptischere unter Ihnen? Was müsste passieren, um die Beziehung zu verschlechtern, das Problem zu verschlimmern?)
- Konkretisieren, Beispiele geben lassen
- Spiegeln; Paraphrasieren
- Kontrollierter Dialog (X. wiederholt, was Y. gesagt hat und umgekehrt)
- Dazwischentreten: schützen; unterbinden
- Wahrnehmungen mitteilen
- Ich-Botschaften
- Umdeuten
- Bremsen, verlangsamen
- Zusammenfassen
- Fokussieren
- Vorschläge machen
- Kommunikation direkt machen (Sagen Sie es direkt …)
- Kommunikation indirekt machen (reden zur beratenden Person)
- Vorwürfe werden zu Wünschen, Anklagen zu Bedürfnissen
- Problemerklärungen (subjektive Wirklichkeit; subjektiver Sinn; Wechselseitigkeit; Eskalationsstufen; vier Seiten einer Nachricht; Eisberg-Modell o. a.)
- Visualisieren

(4) Veränderungen

- Elemente: Wünsche an den anderen und eigene Beiträge/Leistungen; Akzeptanz von Nicht-Veränderbarem; Geben und Nehmen (Interessenausgleich, Kompromissbereitschaft); „kleine Pakete" schnüren, erste Schritte ...
- Entscheidungen treffen
- Absichten und Ziele formulieren
- Handlungsschritte umreißen; ggf. neue Ideen erzeugen; Motto: Gewinne und erst dann Verluste fokussieren; auf Bewährtes zurückgreifen
- Lösungsversuche begleiten und auswerten; Rückfälle, Beschränktheit dabei normalisieren

(Haltungen und Techniken siehe oben, hier kommen dazu: Brainstorming; gewichten)

(vgl. Nestmann/Engel/Sickendiek 2004a; 2004b; Hess 2003)

Viele der „analytischen Schlaglichter", Erkenntnisse, Arbeitsregeln sind auch für Familienberatung verwertbar bzw. sogar übertragbar. Schicht-, Kultur- und Geschlechtsspezifika sind in der Praxis zu beachten und führen zu „Maßanzügen" in der Beratung.

Didaktisch-methodische Überlegungen

Lehr-Lern-Ziele sind:

- Die Studierenden lernen Themen und Vorgehensweisen in der Beratung von Paaren kennen.
- Sie üben die Prinzipien der Allparteilichkeit und des Raumschaffens für subjektives Erleben.

Zum Ablauf der circa 120 Minuten, die sich auf Teile der zwölften und 13. Sitzung erstrecken:

1. Brainstorming, Lektüre des Wissensbausteins Paare beraten und Gespräch im Plenum
2. Übung

(1) Es darf nicht der Eindruck entstehen, nach dem Besuch dieser Veranstaltung würde man „Paarberatung können". Aber Gespräche mit beraterischem Charakter werden von den Teilnehmer_innen häufig geführt werden und es dürfte unstrittig sein, dass es sinnvoll ist, diese nicht nur „aus dem Bauch heraus" und rein intuitiv anzulegen. Günstig für den Input ist, wenn beim vorgängigen Brainstorming von Erfahrungen mit Paarberatung von einzelnen Teilnehmer_innen bereitwillig erzählt wird (auch berichteten, gehörten von ande-

ren, also Eltern, Geschwistern, Freund_innen). Der Wissensbaustein wird seitens der Student_innen so rezipiert, dass man (jetzt genauer) um die Anforderungen weiß, dass die verdichtete Zusammenfassung nützlich ist, dass man „Beratung dadurch noch nicht perfekt kann", aber von dem Gegenstand mehr kennt, Prüfkriterien bereitliegen und Weitervermittlung von Adressat_innen kundiger erfolgen kann. Eine zündende Frage im Unterrichtsgespräch ist immer: Was brauchen Paare, die erschöpft oder ratlos oder zerstritten sind?

(2) Der Übung liegen zwei Entscheidungen zugrunde: Erstens ist die Beratungssequenz eingebettet in eine Sozialpädagogische Familienhilfe, d.h. die Familienhelferin übernimmt selbst die beratende Rolle (dies entspricht realistisch der näheren beruflichen Zukunft der Teilnehmer_innen). Zum anderen wird der Arbeitsauftrag gemäß des zweiten Lehr-Lern-Ziels auf zwei Aspekte beschränkt, die als beraterische Querschnittsfähigkeiten in der Sozialen Arbeit gelten können: Allparteilichkeit und Raumschaffung für subjektives Erleben. Bevorzugt sollten alle Student_innen in kleinen Gruppen im Rollenspiel üben, es kann aber auch nach der Erarbeitung durch die Teilnehmer_innen im Plenum gespielt werden.

Übung: Ein Paar beraten

Fallbeispiel
Es geht um eine Mariendorfer Familie. Diese besteht aus: Renate Löschmann, 35 Jahre alt, Kassiererin mit 20 Stunden/Woche; Fred Löschmann, 37 Jahre, Malermeister (angestellt); Jonny, neun Jahre und Pauline, elf Jahre. Renate und Fred L. sind seit 14 Jahren ein Ehepaar. Pauline (ausgeprägte Legasthenie) ließ in den vergangenen Monaten stark in der Schule nach. Jonny (ADHS-Diagnose; regelmäßige Medikamenteneinnahme) benötigt ebenfalls Hilfe. Fred L. „muss" bis zu 50 Stunden/Woche arbeiten, um den kleinen Wohlstand zu halten.
Im Hintergrund der Erziehungssituation stehen Partnerschaftsprobleme. Die Gespräche zwischen den beiden sind erlahmt. Man spricht knapp und ausschließlich über Organisatorisches. Sexualität findet so gut wie nicht mehr statt. Die Freizeit am Wochenende wird getrennt verbracht: Herr L. betätigt sich sportlich (nimmt Jonny mit), Frau L. und Pauline gehen oft in die Laube (Kleingarten in der Nähe). Sicher wird es weitere Anlässe und Gründe für Unzufriedenheit und Auseinanderdriften geben.
In der Erziehung haben beide gelernt und sich angenähert. Durch die Sozialpädagogische Familienhilfe schaffte es Frau L., konsequenter zu sein, und Herr L. lernte (durch zwei kleine Wochenendworkshops beim freien Träger), partizipatorischer und demokratischer mit den Kindern umzugehen.

Frau L. denkt leise und wie auf Probe auch schon mal an Trennung – und weiß nicht, wie das finanziell und mit Blick auf die Kinder gehen soll. Andererseits sagen beide, dass sie es eigentlich mit Blick auf eine erste gute „Ehehalbzeit" schon noch mal neu probieren wollen.

- Situation 1: Frau L. kommt allein auf die Familienhelferin zu und möchte sich aussprechen. Dabei soll es zunächst um die Paarprobleme gehen.
- Situation 2: Frau und Herr L. kommen gemeinsam auf die Familienhelferin zu und möchten unter Moderation über ihre Situation als Paar sprechen.

Übungsaufgabe für die Studierenden in 2er- oder 3er-Gruppen:
- Entscheiden Sie sich für die Situation 1 oder 2
- Worauf würden Sie bei der Anlage von Beratung besonders achten? Was halten Sie für besonders wichtig mit Blick auf Gelingen? (Klima, Haltung, Setting, Themen, Strategien und Techniken, Rollenanlage …) (10 bis 15 Minuten)
- Bitte besprechen Sie und gestalten Sie im Rollenspiel entweder eine Sequenz zur Problemvertiefung oder eine Sequenz zur Lösungsorientierung (das ist jetzt die zweite Wahlmöglichkeit, die Sie haben)
- Anregungen Problembearbeitung, als konstruktiver Austausch (bei Situation 2) zu einem Dissensthema/Paarproblem (z. B. Aufmerksamkeit, Miteinander-Sprechen; Verbringen von Zeit; Unternehmungen …) bzw. als ungestörte Problemschilderung (Situation 1): Bilanz zu Defiziten/Schwächen und zu intakten Bereichen/Stärken (in dieser Reihenfolge) in der Beziehung und/oder zu Gemeinsamkeiten und Unterschieden; eine schwierige Situation aus Sicht der beiden Partner_innen im Nacheinander (nur 2); eine Hierarchisierung der drei größten Probleme; Äußerung von größten Enttäuschungen und Kränkungen …
- Anregungen Lösungssuche: Lösungsbrainstorming Was könnte man tun?; Formulierung von Bedürfnissen bzw. Umformulierung von Störendem in Wünsche; Angebote an den/die Partner_in; Aushandlung im Geben und Nehmen …

Sie sollen primär auf zwei Aspekte als Berater_in achten: Allparteilichkeit (verhalten Sie sich so, dass sich beide gesehen und in ihrer Sicht gewertschätzt fühlen und ein Gefühl von Weitermachen-Wollen entwickeln) und Raum schaffen für subjektive Wirklichkeiten (laden Sie ein, lassen Sie gelten, markieren Sie aber auch (da, wo es passt), ohne zu verprellen, dass es sich um eine Version unter mehreren Möglichkeiten handelt)

Zeit für die zweite Etappe bei Spiel im Plenum: 25 Minuten, danach Spiel in der Großgruppe
Zeit für die zweite und dritte Etappe bei Rollenspiel in Partnerarbeit: 50 bis 60 Minuten (wenn Sie wollen, wechseln Sie die Rollen, ich empfehle das)

Die Übung wird gut angenommen, allerdings nutzen die Student_innen die Freiräume unterschiedlich. Einige diskutieren „nur", andere trainieren gewissenhaft. Ob die Seminarleitung herumwandert, sich einen Eindruck verschafft, Rückmeldungen gibt oder dies unterlässt, soll hier offenbleiben. Es gibt gute Gründe für beide Varianten. Es sollte nach dem Spiel ein Auswertungsgespräch im Plenum geben, das erfahrungsgemäß von einer Mehrheit angenommen und mit Schilderungen bereichert wird. Dabei überschätzen und unterschätzen sich Student_innen hinsichtlich ihrer Fähigkeitenausprägung. Meistens fühlen sie sich, gemessen an den Idealkatalogen, imperfekt. Hier sollte in die eine oder andere Richtung gegengesteuert werden. Vor allem sollte die Seminarleitung Illusionen entgegenwirken, in der beruflichen Praxis würden Gesprächsverläufe vorzufinden sein, die den Leitfäden an Hochschulen bzw. in Lehrbüchern entsprechen.

5.3 Familienstrukturen, Familienentwicklung, Arbeitsregeln Familienberatung

Thema und Inhalt

Bei der Einführung in das Thema werden zunächst einige Definitionen und die Funktionen von Familie vorgestellt und dann Kernbegriffe erläutert. Es folgt ein kritisch diskutiertes Modell familialer Entwicklungsphasen. Abgeschlossen wird der Input mit einigen Empfehlungen für die Beratung.

Wissensbaustein: Familie

Kategorien der Familienanalyse
- Familienstrukturen: Rolle; Grenze; Subsystem
- Interaktion: Kommunikationsstile; Konfliktstile; Muster; Beziehungsintensitäten; Koalition
- Weitere Themen und Begriffe der Familienanalyse: Familienkultur (auch Geschichte, Traditionen, Rituale, Tabus, Mythen); Familienatmosphäre; Entwicklungsfähigkeit des Systems; Entwicklungsmöglichkeiten der Einzelnen; Macht und Einfluss; Umfeldbezüge; Probleme; Ressourcen

Familienzyklus/Entwicklungsphasenmodell mit Bewältigungsaufgaben (die etwa in Haye/Kleve 2002 zu finden sind) – Paarbildung; Geburt eines Kindes; Kind kommt in Kita und Schule; Heranwachsen des Kindes; Auszug des Kindes; Altersphase; Tod.

Schließlich gelten folgende *Leitsätze für Familienberatung* als State of the Art:

1. Nehmen Sie zu allen Familienmitgliedern gleichwertig Kontakt auf.
2. Erkennen Sie schon früh spezifische Leistungen aller Familienmitglieder an.
3. Knüpfen Sie an gute Bilder von Familienmitgliedern aus der gemeinsamen Vergangenheit und Gegenwart an.
4. Fragen Sie und hören zu, was jedes Familienmitglied selbst als problematisch erlebt – und sorgen dafür, dass die anderen Familienmitglieder dies wahrnehmen (ggf. über Wiederholung).
5. Sichern Sie, dass Familienmitglieder unter Ihrer Moderation häufiger in direkte Kommunikation kommen.
6. Legen Sie Regeln fest, die dysfunktionale Muster (Verhakungen; Eskalation) unterbrechen und die etwas Neues für die Familie darstellen. Gehen Sie dazwischen, wenn Verabredungen verletzt werden, respektlos und unfair gesprochen wird.
7. Kümmern Sie sich mit darum, dass sich jedes Mitglied der Familie als wertvolle Person mit legitimen Bedürfnissen, Rechten und Pflichten wahrgenommen erleben kann.
8. Betreiben Sie das Prinzip der Aushandlung (von Wünschen, Routinen der Alltagsgestaltung, in Konflikten …) und geben Modell für ausgleichenden Umgang mit Dissens. Lassen Sie die Menschen Ideen von fairen Konfliktlösungen erleben.
9. Erteilen Sie sinnvolle „Hausaufgaben", mit denen Familienmitglieder experimentieren können.

Didaktisch-methodische Überlegungen

Lehr-Lern-Ziel ist: Die Studierenden lernen Kategorien der Familienanalyse und Vorgehensweisen in der Beratung von Familien kennen.

Der zweite Teil der 13. Sitzung verläuft für die Teilnehmer_innen überwiegend rezeptiv. Eine Anwendung des angebotenen Wissens erfolgt in den nächsten beiden Seminareinheiten.

5.4 Anwendung auf einen Fall: Familie Reber

Thema und Inhalt

Der Fall in verkürzter Version (vgl. den vollständigen Fall in Widulle 2011b, S. 44 f.): Anna Reber, Mutter der 15-jährigen Sabrina, kommt in die Erziehungsberatung und berichtet über starke Probleme und heftige Konflikte mit ihrer Tochter. Sabrina verbringe aktuell die Nächte außerhäusig mit ihren Freund_innen „aus der linken Szene". Sie schotte sich von den Eltern ab, reagiere nicht auf besorgte digitale Nachrichten bzw. Nachfragen, lebe zu Hause rücksichtslos einen pflichtenvergessenen Stil, ohne sich um Ordnung, Haushalt,

Ausbildungsplatz etc. zu kümmern. Frau Reber meint, dass Strenge und „Befehlston" ihres Mannes eskalierend wirkten; sie habe Angst, dass „schlimmste Streitereien" in Handgreiflichkeiten ausarten könnten – es gebe „wüste Beschimpfungen". Geldsperren ließen die Tochter z. B. kalt. Frau Reber fühlt sich ohnmächtig. Drogen- und Schulprobleme liegen nicht vor. Sabrina wird von anderen als freundlich erlebt.

Was besagt die Fallschilderung?

(1) Probleme/Themen aus Sicht von Frau Reber
- Nächtliche Abwesenheit Sabrina
- Eskalierter Konflikt zwischen Sabrina und Vater
- Ihr Stehen zwischen den Fronten Vater und Tochter
- Fehlender Respekt; als frech erlebtes Verhalten
- Übermüdung der Tochter durch nächtliches Weggehen, Chatten, TV
- Als passiv bewertetes Verhalten im Rahmen der Ausbildungsplatzsuche
- Minimalismus beim schulischen Einsatz
- Unordnung im Zimmer
- Sabrina widersetzt sich Lenkung, akzeptiert keine Grenzen; nimmt sich, was sie will
- Fordernde Konsumhaltung, keine Beiträge im Haushalt
- Angst, dass Tochter entgleitet und auf die schiefe Bahn kommt
- Anstößiges Aussehen der Tochter (mit Blick auf Kundinnen von Frau Reber) (vgl. Widulle 2011b, S. 46)

(2) Ressourcen, Intaktes, Umfelder der beklagten Sachverhalte – Lösungs- und Stärkenblick
- Sabrina raucht, kifft, trinkt nicht
- Bindung zu linken Gesellschaftsveränderern (mit „guten Werten"?)
- Schulische Leistungen gut bis ausreichend; keine Auffälligkeiten in der Schule; macht Hausaufgaben, lernt für Tests
- Macht zweimal wöchentlich Stallarbeiten, geht zum Reitunterricht, schwärmt vom Reitbrevet
- Macht sich Gedanken zu beruflicher Zukunft
- Bis vor zwei Jahren harmonisches Familienleben
- Freundlich gegenüber anderen Menschen
- Von Chefs gelobt

(3) Verhalten bzw. in der Fallschilderung wiedergegebene Äußerungen Sabrinas
- Nicht an Beratung interessiert
- Schleicht aus dem Haus

- Reagiert nicht bei Anrufen/SMS
- Unberechenbarkeiten rund um Sabrinas abendliches Fortgehen
- Hält Eltern von Freunden fern
- Beklagt sich darüber, wie ein kleines Kind behandelt zu werden (muss am Wochenende um ein Uhr nachts zu Hause sein); Freundin dürfe mehr, habe mehr Freiheiten
- Murrt
- Schläft relativ wenig
- Bedient sich und hinterlässt „Schlachtfelder"
- Redet nicht gerne mit den Eltern über die Probleme

Bei einer *Familienanalyse Reber,* die auf Papiergrundlage mit beschränkter Informationsbasis und ohne nachfragen zu können vorgenommen wird, sollte wenig interpretiert werden. Folgendes kann für die Familie zutreffen, problem- und lösungsrelevant sein. Der Familienalltag ist stark geprägt durch eine Ablösungskrise mit einem Autonomiekonflikt. Die beklagten Sachverhalte erscheinen relativ normal, jedenfalls nicht ungewöhnlich. Für diese Familienphase typische, erwartbare Bewältigungsaufgaben sind u. a. Infragestellung elterlicher Autorität, Hinwendung zu Peers, Streben Jugendlicher nach Autonomie und Selbstverantwortung (vgl. die Rezeption bei Haye/Kleve 2002, S. 46). Auch Unbedingtheit, Egozentrismus, Regelbruch und Verschiebung von Grenzen sind in Sabrinas Altersgruppe ubiquitär. Dennoch darf damit keinesfalls Leid von Familienmitgliedern bagatellisiert werden. Primäre Antipoden sind die fünfzehnjährige Sabrina und ihr Vater, Herr Reber. Die Mutter verstärkt eher die Konfliktseite Herr Reber, sie steht aber auch, obwohl konfliktbeteiligte Partei, zwischen den Kontrahent_innen, leidet unter der Situation und sucht Beratung. Über die Partnerschaft der Eltern erfahren wir wenig. Dem Subsystem Eltern steht Sabrina allein gegenüber. Die Kommunikation verläuft wenig empathisch, statt Perspektivwechsel dominieren anscheinend Vorwürfe. Beide Seiten spielen ihre Machtquellen aus. Konflikte werden unnachgiebig aus einem Gegnerdenken heraus geführt. Keine Partei will Boden preisgeben; Fronten sind festgefügt. Für positive Gefühle gibt es vermutlich sehr wenig Raum. Das Familienleben wird von allen als belastend erlebt.

Nun gilt durchschnittlich Familie mit jugendlichen Kindern nicht gerade als durch Intimitätsakzeptanz geprägter, harmonischer, allseits mit ständigem Wohlgefühl besetzter Platz. Konfliktanfall ist mehr oder minder vorprogrammiert. Was in dieser Familie aber ansteht, ist einmal wieder miteinander sprechen zu lernen (zumindest manchmal) und zudem Aushandlung und Kompromissbereitschaft anzustoßen (zumindest hin und wieder).

Es ist prinzipiell möglich, Familienberatung in folgender Zusammensetzung durchzuführen: Einzelberatungen mit Frau Reber, Sabrina, Herrn Reber; Sitzung mit dem Paar; Beratung mit allen drei Familienmitgliedern. Folgender Ablauf wird meistens von den Teilnehmer_innen gewählt, wenn die Zahl von sechs Treffen vorgegeben wird: erste und zweite Beratung mit Frau Reber; dritte Beratung mit Frau und Herrn Reber; vierte Beratung mit Sabrina; fünfte und sechste Beratung mit den drei Familienmitgliedern.

Fall Reber – Mögliche Planungsstruktur der Beratung

1. Treffen: Erstgespräch mit Frau Reber
- Kennenlernen der Situation (Belastungen; Ressourcen …)
- Auftrag; Ziele; Rolle der Beraterin bzw. des Beraters
- Vertrauensaufbau; Entscheidung Beratung oder nicht

2. Treffen: Gespräch mit Frau Reber
- Probleme ordnen, hierarchisieren
- Ein Thema des Autonomiekonflikts – Schilderung der aktuellen Situationen und der Belastungen
- Neue Ideen
- Anregungen für Frau Reber: Gewinnung von Herrn Reber und Sabrina

3. Treffen: Gespräch mit Herrn und Frau Reber (als Eltern und ggf. als Paar)
- Kennenlernen von Herrn Rebers Sichtweisen
- Schilderung der Situation als Eltern; Gemeinsamkeiten und Unterschiede
- Themen Kommunikation und Kompromissbereitschaft
- Unverhandelbares

4. Treffen: Gespräch mit Sabrina
- Kennenlernen der Situation aus Sicht von Sabrina
- Ein bis zwei Themen des Autonomiekonflikts – Schilderung der aktuellen Situationen und der Belastungen
- Neue Ideen
- Themen Kommunikation und Kompromissbereitschaft
- Unverhandelbares
- Gewinnung von Sabrina, u. a. durch Antizipation möglicher Gewinne

5. Treffen: Familiengespräch I (zu dritt)
- Sammlung von Themen
- Kennenlernen von Sichtweisen und Wünschen; Finden von guten Gründen auf beiden Seiten
- Zukunfts-, Lösungsorientierung, Kompromissbereitschaft einführen
- Ggf. Lösungssuche zu einem Thema (Vorgehen vergleiche 6.)

6. Treffen: Familiengespräch II (zu dritt)
- Konfliktbearbeitung und Lösungssuche zu einem Thema:
  - Das Wichtigste für mich ist ...
  - Weshalb es für mich so wichtig ist ...
  - Unannehmbar für mich ist ...
  - Ich biete an ... Ich gebe ...
- Brainstorming zu weiteren Lösungen bzw. Einigung; Verabredungen
- Verabredung zu Prinzipien des Umgangs mit den anderen Dissensthemen

Es sind auch andere Varianten plausibel. Bei acht Sitzungen wird z.B. mehrheitlich zusätzlich für je eine Sitzung mit Herrn Reber allein und zu dritt plädiert.

Schließlich gibt es fallrelevante Erkenntnisse aus dem Fachgebiet der Familienmediation.

Arbeitsregeln für Familienkonflikte

(1) Themen sammeln
- Unsere Familie aus meiner Sicht ... Was stört mich, was läuft nicht gut (nacheinander)? Worum soll es hier gehen?
- Techniken: Prozess-/Regelwächter-Interventionen; offene Fragen; Zusammenfassen ...

(2) Zentrale Anliegen bestimmen, dabei ggf. Selbstklärung begleiten
- Jede_r formuliert besonders bedeutsame Inhalte/Absichten/Anliegen: Mich stört ganz besonders ... Am wichtigsten ist mir ... Ich will endlich ... Du sollst (nicht) mehr ... Mir ist daran besonders wichtig ...
- Techniken: Prozess-/Regelwächter-Interventionen; offene Fragen; visualisieren ...

(3) Sichtweisen erkunden: Schneisen legen – hinter die Fassade schauen – tiefere Schichten erreichen
- Thema A, B, C – es wird nacheinander gesprochen (auseinandersetzen; getrennt anhören)
- Positionen: Eigeninteressen, Vorwürfe, Wünsche, (Maximal-)Ansprüche, eigene Interessen
- Meine Gründe: dahinterliegende Bedürfnisse und Interessen
- Bestimmung von Gemeinsamkeiten und Gegensätzen
- Die Menschen wissen nun, worum wer aus welchen Beweggründen streitet.

- Ziele: in Bewegung bringen; Grund schaffen; Funken Hoffnung; Entemotionalisierung; aus Beziehungskonflikt Sachkonflikt machen.
- Vorsicht: Noch will jede_r eigene Interessen durchsetzen.
- Techniken: Prozess-/Regelwächter-Interventionen; offene Fragen; wiederholen; Spiegeln (= Gedanken, Gefühle, Wünsche, Bedürfnisse herauslesend auf den Punkt bringen); Zusammenfassen; Ich-Botschaften; fokussieren/zentrieren; in kleinere „Pakete" entflechten; normalisieren; anerkennen; Ressourcen herausarbeiten ...

(4) Lösungsideen: Wege finden
- Was wäre anders, wenn? Wo können sich die Beteiligten bewegen? Aufgabe: Möglichst viele Lösungsideen, nicht bewerten; Philosophie: ich gebe und ich bekomme; beide bewegen sich; nach Brainstorming: unannehmbare Ideen streichen und/oder Aushandlung (geben/nehmen) = Verlieren mit Entschädigung oder Kompromiss (niemand oder beide verlieren etwas) oder dritte Wege; gesamte Verhandlungsmasse mit Blick auf Gerechtigkeit beachten
- Techniken: Ausgangslage zusammenfassen; Prozess-/Regelwächter-Interventionen; Brainstorming; direkte Ansprache ...

(5) Umsetzung: Die Gefahr der Folgenlosigkeit mindern
- Wenn etwas schiefgeht, was könnte das sein? Woran würden wir erkennen, das Gefahr droht? Was dann tun? Prävention und Reaktionsmöglichkeiten bei Schwachstellen, Rückfällen – Alternativplanung
- Techniken: Brainstorming; offene Fragen; hypothetische Fragen; geschlossene Fragen; Ich-Botschaften; Zusammenfassen ...

(6) Abschluss (Rückblick; Ausblick)
- In welcher Stimmung gehen wir? Wie sehe ich die Sache? Wie weiter?
- Techniken: Zusammenfassen (lassen); Ich-Botschaft (Feedback); ...

(vgl. Redlich (Hrsg.) 2005; Thimm 2015, S. 80 ff.)

In verfahrenen Situationen sind strukturierende und ideeneingebende beraterische Aktivitäten angezeigt.

Ein umfangreicher, auch für den Fall Reber sehr nützlicher Wissensbaustein Umgang mit Dissens ist in Kapitel D.3.5 abgebildet.

Didaktisch-methodische Überlegungen
Lehr-Lern-Ziele sind:

- Die Studierenden durchdenken den Aufbau und Ablauf eines Beratungsprozesses.
- Sie analysieren den Fall und probieren einige Interventionen aus.

Der geplante Ablauf könnte so aussehen:

1. Lesen des Textes zu Familie Reber, Fallanalyse und Struktur des Beratungsprozesses (Unterrichtsgespräch)
2. Gruppenarbeit
3. Drei Rollenspiele im Plenum
4. Feedback zur Gesamtveranstaltung, ggf. Evaluation

Die Fallbearbeitung erstreckt sich über die beiden letzten Seminarsitzungen. Ein Hauptaugenmerk liegt darauf, die immer auftretende Parteinahme der Studierenden für die Jugendliche und die negative Einstellung gegenüber Herrn Reber zu kontrollieren und reflektieren. Manchmal ist es sinnvoll, wenn einige Freiwillige den Part übernehmen, „gut gemeinte Gründe" des Vaters einzusteuern und Laut zu geben, wenn sein Abgehängt-Werden im Prozess droht.

(1) Der Fall motiviert zur Mitarbeit und greift ein sehr verbreitetes Thema auf. Deshalb wird er verwendet, obwohl kein_e Studierende_r so schnell in einer Erziehungs- und Familienberatungsstelle arbeiten wird. Für die Familienanalyse kann das Wissen um Familienstrukturen und -entwicklung verwendet werden; zudem liegen eigene Erfahrungen als Familienmitglied vor, die besprechbar werden. Der Grundtenor geht fast immer in die Richtung von Entdramatisierung; gleichwohl sind die Teilnehmer_innen ganz überwiegend bereit anzunehmen, dass sich die Eltern sorgen, ärgern, ohnmächtig fühlen. Zum Ende dieser Phase werden die Liste Probleme, der Ressourcenüberblick und der Vorschlag zur Planungsstruktur, die als eine unter mehreren Möglichkeiten eingeführt wird, gelesen. Auch die Arbeitsregeln für Familienkonflikte werden, wenn nicht schon geschehen, zur Lektüre verteilt. Fragen können gestellt werden.

(2) Die Teilgruppenarbeit ist mit unterschiedlich umfangreichem Input-Material versehen. Die sparsamsten Anregungen und größten Freiräume bieten sich für die zweite Gruppe; das sollte kommuniziert werden. Nachdem sich die Gruppen mit circa acht Teilnehmer_innen gefunden haben, wird die Anleitung zur Fallarbeit gelesen. Wenn die Studierenden dafür offen sind, kann der/die Dozent_in die Gruppen besuchen.

(3) Drei Rollenspiele werden im Plenum inszeniert. Die erste Gruppe kommt noch in der 14. Sitzung dran, die anderen beiden in der 15. Einheit – dafür sollten zu Beginn einige Minuten Besprechungszeit zur Verfügung gestellt werden, um sich die Gruppenerarbeitung der Vorwoche zu vergegenwärtigen. Genügend Raum für zweite und dritte Anläufe (dies sollte vorher besprochen werden) und Zeit, um Geschehen und Erleben nachzubesprechen, sollten eingeplant werden.

(4) Feedback zur Gesamtveranstaltung kann unterschiedlich gestaltet werden. Zwei Fragen sollten auf jeden Fall aufgeworfen werden: Was ich hier gelernt habe … und Was ich als Dozent_in verändern/verbessern würde … Möglich ist, anonym auf Zetteln zu schreiben, diese in einer Box zu sammeln, ziehen und vorlesen zu lassen. Ggf. findet eine größere Evaluation statt.

Anleitung Fallarbeit

Zum Ablauf der Fallarbeit (70 bis 80 Minuten; ungefähre Zeitangaben):

1. Lesen Sie das Fallbeispiel und die Aussagen zu Problemen, Ressourcen, Verhalten/Äußerungen Sabrinas/10 Min.
2. Teilen Sie sich in drei Gruppen/5 Min.
   Zweites Beratungsgespräch: Bearbeitung von einem Thema (Frau Reber – Sozialarbeiter_in)
   Drittes Beratungsgespräch: Paar-/Eltern-Gespräch mit Herrn und Frau Reber
   Fünftes oder sechstes Beratungsgespräch: Familiengespräch zu dritt plus Sozialarbeiter_in
3. Lesen Sie nur die Informationen (Anregungen) zu Ihrem Beratungsgespräch. Die Impulse für die anderen Gruppen können Sie zu Hause lesen/5 Min.
4. Vorbereitungsüberlegungen (bis 15 Min.)
   In welcher Verfassung könnten Frau Reber, Herr Reber, Sabrina sein? Was könnten Frau Reber, Herr Reber, Sabrina mit Blick auf das Gespräch brauchen? Was will ich als Professionelle_r erreichen? Worauf würde ich ggf. besonders achten, und zwar mit Blick auf etwas, das ich üben will?
5. Besprechen Sie miteinander, was in dieser Beratungsphase aus Ihrer Sicht zentral ist (Themen, Herausforderungen, Gefahren, Anforderungen an Beratung). Nutzen Sie Seminarwissen und Lebenserfahrung dafür. Formulieren Sie ggf. Fragen/15 Min.
6. Bestimmen Sie einen Ausschnitt aus dem Gespräch, den Sie gestalten wollen; mindestens 10 bis 15 Minuten, gespielte Zeit/5 Min.
7. Diskutieren Sie kurz, welche Anregungen Sie aufnehmen wollen/5 Min.
8. Verteilen Sie die Rollen und machen sich ggf. Gedanken über Ablösung/10 Min.

Plenum: Führen Sie die Gesamtgruppe im Plenum in Ihre Überlegungen ein, was in dieser Beratungsphase ansteht, denkbar und möglich ist, zu beachten sein könnte.

Ziel: Kommen Sie in ein natürliches, fließendes Gespräch! Vergessen Sie im Zweifelsfall Planungsüberlegungen. Sie sollen nicht alle Probleme lösen, sondern im besten Fall Anstöße zum Umgang geben. Im Notfall kann vertagt werden, verbunden mit einer Aufgabe.

Gruppe 1 (zweites Beratungsgespräch): Bearbeitung von einem Thema mit Frau Reber
Einige *Ergebnisse aus der ersten Sitzung,* mögliche *Themen von Frau Reber* für die Beratung (Anregungen):

- Wirksamer Grenzen setzen
- Beziehung zur Tochter verbessern, den Gesprächsfaden neu aufnehmen
- Sicherheit steigern, welche Freiräume angemessen sind
- Ideen bekommen, wie sich Frau Reber verhalten kann, wenn Vater und Tochter miteinander streiten
- Sich über Konsequenzen klarer werden, die Frau Reber gegenüber Sabrina für angemessen hält
- Umgangsstrategien: mit „Schlachtfeld"-Thema, Weggeh-Unberechenbarkeit, Kundinnen-Fragen, Ausbildungsplatzsuche …
- Entgleitensangst
- Einflussmöglichkeiten auf Sabrina (vgl. Widulle 2011b, S. 46)
- …

Erinnerungsstütze aus der Seminareinheit Ziele (vorschlagsweise übertragen auf Frau Reber) – allerdings wird in der Praxis wohl sehr selten jemand mündlich und in einem kurzen Beratungsprozess so „wohlformulierte, korrekte" Ziele bilden …
Frau Reber hat folgendes *Zukunftsbild* entwickelt: Ich möchte, dass in unserer Familie wieder mehr Harmonie herrscht und wir beginnen, wieder miteinander zu sprechen und zu kooperieren.

Teilziele:
- Mein Mann soll seine Sturheit ein Stück ablegen. Indikatoren: Sabrina und Herr Reber reden in den nächsten zwei Wochen zwei- bis dreimal in einer halbwegs friedlichen Atmosphäre. Er reduziert die abwertenden Bemerkungen gegenüber Sabrina stark (maximal x pro Woche). (sehr hoch angelegtes Fremdziel – „beplant" werden könnte nur, was Frau Reber tun will, so dass die Wahrscheinlichkeit steigt, dass Herr Reber dieses oder jenes macht)

- Sabrina soll mehr Verantwortung zeigen. Sie soll dreimal pro Woche den Geschirrspüler ausräumen. Sie soll spätestens am Tag nach dem Bringen der frischen Wäsche einsortieren und die gebrauchte Kleidung in die Wäschetonne werfen (mäßig bis ziemlich hoch angelegtes Fremdziel – auch hier gilt die eben formulierte Einschränkung)
- Ich, Frau Reber, möchte mehr positive Aktivitäten in meiner Familie erleben. Mindestens einmal pro Woche möchte ich zu dritt „eine schöne Stunde" haben (recht anspruchsvolles Eigenziel). Alternative: dies einmal pro Woche mit Sabrina und mit Herrn Reber getrennt
- Ich, Frau Reber, möchte neue Ideen (mindestens drei) bekommen, wie ich mit Sabrina reden kann, ohne dass es eskaliert oder sie auf Durchzug schaltet. (herausforderndes, aber erreichbares Eigenziel)

Heute geht es um die Vertiefung eines von Frau Reber bestimmten Themas (Kategorie dringlich).

Ablaufimpulse für die Problembearbeitung:
- Themenbestimmung
- Problemdefinition (aus Sicht der drei Beteiligten); Bedeutsamkeiten, Leidensdruck
- Neues Zielverhalten (für Frau Reber, nicht für Sabrina!)
- Konstruktive Sichtweise auf Probleme schaffen (Ablösung – Ich selbst in dem Alter; nachvollziehbare Gründe für Verwicklungen und Aufschaukelungen – die Welt mit Sabrinas Augen, mögliche Motive …)
- Wie komme ich dem Ziel näher? Bisherige Lösungen und neue Lösungsideen für heute
- Handlungsplanung – genau, kleine Schritte, Plan B …

Mögliche Techniken: offene Fragen; Paraphrasieren; Zusammenfassen; hypothetische zukunfts- und lösungsgerichtete Fragen; zirkuläre Fragen; Skalieren/Prozentfragen; Umdeuten; Verschlimmerungsfragen; informieren; vorsichtig werben und für Probieren plädieren …

Einige mögliche Anlagen und denkbare Verlaufsrichtungen:

- Variante 1: Frau Reber spricht sich die Spannungen, die Belastungen von der Seele. Sie erhält Zuspruch, ihre Ressourcen werden herausgearbeitet. Die intakten Bereiche in der Familie werden fokussiert. Das Problem wird als „unerfreuliche Realität der Ablösung" normalisiert. Dadurch gewinnt Frau Reber neue Einordnungen und Bewertungen. Gedanken und Gefühle sind weniger negativ; sie entwickelt mehr Gelassenheit.

- Variante 2: Frau Reber bestimmt ein Thema mit Sabrina für diese Beratung, das sie genauer untersucht. Dabei lernt sie, die „guten Gründe", die Bedürfnisse, Interessen, Motive Sabrinas zu verstehen, ohne ihre eigenen Standpunkte zu verleugnen. Sie entwickelt im Anschluss mit der/dem Berater_in neue Umgehensweisen (Erweiterung des eigenen Repertoires).
- Variante 3: Frau Reber ist sich sicher, dass man in der Familie nicht allein weiterkommt. Sie erarbeitet in der Beratung mögliche Attraktoren oder Druckmittel, die zumindest Sabrina und vielleicht Herrn Reber in die Beratung ziehen könnten.
- Variante 4: Frau Reber spielt Szenarien durch, sich von ihrem Mann zu trennen und/oder Sabrina in ein Heim/eine Wohngemeinschaft zu geben/gehen zu lassen. Man redet über Worst-Case-Szenarien. Frau Reber merkt, was eine Verschlimmerung ist, und was sie nicht will.

Gruppe 2 (drittes Beratungsgespräch): Paar-Eltern-Gespräch mit Herrn und Frau Reber
Herr Reber hat sich auf nachdrückliches Bitten seiner Frau bereiterklärt mitzukommen. Frau Reber ist durch den bisherigen Verlauf sehr motiviert.

Ablaufimpulse:
- Würdigung, dass Herr Reber dabei ist; Information über Bisheriges
- Sichtweise von Herrn Reber auf den Konflikt
- Themenbestimmung mit den beiden; ein realistisches Ziel für dieses Gespräch verabreden
- Bestandsaufnahme Konsens und Dissens zwischen Eheleuten mit Blick auf Sabrina
- Was hat sich bewährt, was nicht?
- Hat unsere Partnerschaft (wie wir reden, Konflikte klären ...) etwas mit unseren aktuellen Schwierigkeiten mit Sabrina zu tun?
- Wie weiter mit Sabrina: Austausch zu Ideen, Wünschen, Erwartungen zwischen Herrn und Frau Reber
- Neues Zielverhalten (für Frau und Herrn Reber, nicht für Sabrina!)
- Konstruktive Sichtweise auf Probleme schaffen (Ablösung – Ich selbst in dem Alter; nachvollziehbare Gründe für Verwicklungen und Aufschaukelungen – die Welt mit Sabrinas Augen, mögliche Motive ...)
- Wie komme ich dem Ziel näher? Bisherige Lösungen und neue Lösungsideen für heute
- Handlungsplanung – genau, kleine Schritte, Plan B ...
- ...

Mögliche Techniken: offene Fragen; Paraphrasieren; Zusammenfassen, direkte Kommunikation zwischen Eheleuten anregen; um Stellungnahme zu den Gedanken des anderen bitten; hypothetische zukunfts- und lösungsgerichtete Fragen; zirkuläre Fragen; Skalieren/Prozentfragen; Umdeuten; Verschlimmerungsfragen; informieren; vorsichtig werben und für Probieren plädieren ...

Gruppe 3 (fünftes und sechstes Beratungsgespräch): Familiengespräch zu dritt
Sabrina hat sich auf nachdrückliches Bitten der Eltern bereiterklärt mitzukommen. Die vierte Sitzung war sie allein in der Beratung. Ihr wurde in Aussicht gestellt, dass (auch) sie etwas durch die Beratung gewinnen könne.

Ablaufimpulse:
- Würdigung, dass Sabrina und Herr Reber dabei sind; Schilderung von Bisherigem
- Mit Sabrina, Herrn und Frau Reber ein realistisches Ziel verabreden
- Was drückt? Abfrage und Ranking (getrennte Listen)
- Was mir das Allerwichtigste ist
- Was läuft in der Familie trotz allem noch ganz gut? Was tut jede_r dafür?
- Wünsche an die anderen Familienmitglieder
- Unzumutbarkeiten, besonders sensible Punkte mit Blick auf die Wünsche der anderen Seite
- Ich würde geben, verzichten, anders machen ... Ich möchte bekommen ...: Kompromisse und Tauschhandel
- ...

Mögliche Techniken: offene Fragen; Paraphrasieren; Zusammenfassen; bei Spannungen Kommunikation über Berater_in laufen lassen; bei entspannterer Situation direkte Kommunikation anregen; um Stellungnahmen zu den Gedanken des anderen bitten; hypothetische zukunfts- und lösungsgerichtete Fragen; zirkuläre Fragen; Skalieren/Prozentfragen; Umdeuten; Verschlimmerungsfragen

D. Unterstützungsprozesse in der Sozialen Arbeit lehren und lernen

1. Einleitung

Das Methodenseminar Unterstützungsprozesse (an der Evangelischen Hochschule Berlin mit vier Wochenstunden im fünften Semester angesiedelt) findet nach dem halbjährigen Praktikum statt und kann an Erfahrungen in Feldern und mit Klientel anknüpfen. Je nachdem, ob Gemeinwesenarbeit oder Bildungsbereich, Jugendarbeit oder Flüchtlingsbetreuung, Schwangerschaftskonfliktberatung oder Kinderschutz, Frauenhaus, Jugendamt, Heim, Betreutes Jugendwohnen, Straffälligenhilfe den Referenz- und Anwendungsraum darstellen, werden Unterstützungen unterschiedlich angelegt sein. Und auch innerhalb eines Handlungsbereiches werden die Prozesse immer und stark variieren. Gleichwohl sind vergleichbare und teilweise ähnliche Überlegungen anzustellen, wenn Unterstützung auf den Weg gebracht wird. Es wird neben den je besonderen Fallzugängen auch nach allgemein gültigen Standards gesucht. In der Folge geht es um ein klassisches Feld der Hilfe: erzieherische Hilfen. Daran sind auf professioneller Seite eine leistungsgewährende Stelle (das Jugendamt) und eine leistungserbringende Stelle (der freie Träger) beteiligt. Die Erziehungshilfen gelten als fachlich gut entwickeltes Feld. Professionell relevante Themen können in Breite und Tiefe gewinnbringend aufgerufen, der Stoff kann sowohl hilfechronologisch als auch systematisch günstig gegliedert werden.

Dieses Seminar greift *ideale und reale Verlaufsstadien bzw. wiederkehrende feldübergreifende fachliche Anforderungen* auf:

1. Vorläufige Überlegungen für erste Schritte *Vor der Hilfe:* Problem- und Hilfeverständnisse in der Sozialen Arbeit; Zugänge und Motivation
2. *Planung von Hilfen:* Hilfebeginn (Informationssammlung; Aufträge); Diagnostik/Fallverstehen; Zielentwicklung und Hilfeplanung; Hilfeplangespräch
3. *Durchführung von Hilfen:* Systematik von Interventionsstrategien; gelingende und schwierige, scheiternsgefährdete Fälle; günstige ungünstige Verlaufsvariablen; z. B. Interventionsprinzip Kooperation; Veränderungs-, Wirksamkeits- und Lenkungsfaktoren
4. *Auswertung von Hilfen:* Kollegiale Beratung; Berichte; Selbstevaluation

Die Lehre erfolgt überwiegend in Fallarbeit und mit aktivierenden Methoden. Ursprünglich plante ich für jedes Semester ein echtes Verantwortungsprojekt, indem ich von drei- bis fünfköpfigen Studierendengruppen reale Hilfeplangespräche analysieren lassen wollte. Das beinhaltete ein Vorgespräch mit der Jugendamts-Fachkraft; teilnehmende Beobachtung mit Tonaufzeichnung der Hilfekonferenz; Transkription; schriftliche Gesprächsanalyse; mündliche oder schriftliche Präsentation der Erkenntnisse im Jugendamt bzw. im Seminar. Mit angestrebten Kooperationspartnerschaften und diesem Ernstvorhaben wurde auch anfangs die stringente Stoffaufbereitung und -vermittlung in der Veranstaltung begründet. Tatsächlich konnten nur drei Prozesse mit Jugendämtern realisiert werden. An den Student_innen scheiterte das Vorhaben nicht, obwohl die zeitliche Beanspruchung für diese Form des Leistungsnachweises erheblich war. Über die Qualität und den möglichen Nutzen der studentischen Erkenntnisse können sich Leser_innen ein exemplarisches Bild machen (siehe Anhang 3.4 und 3.5). Die Jugendämter fragten unser Angebot nicht ab. Auch die vereinfachte Variante, eine Aufzeichnung mit ein paar schriftlichen Erläuterungen zu schicken, fand keinen Zuspruch – trotz des Einsatzes von türöffnenden Schlüsselpersonen, vieler Mails, Projektvorstellung in Jugendamts-Teamsitzungen oder der 18-monatigen Deponierung von diversen Aufnahmegräten in den Dienstschreibtischen. Verbale Zustimmung paarte sich mit tatsächlicher Nicht-Inanspruchnahme. Über Gründe kann spekuliert werden; geäußert wurde fast immer „prinzipiell schon, aber es passt gerade nicht". Dem Seminar fehlte damit das Herzstück: ein Auftreten von Studierenden in der sozialen Praxis (natürlich gecoacht) mit einem Arbeitsprodukt, das mit professionellen Maßstäben gemessen werden will und Gebrauchswert beansprucht. Fortan standen nur noch die drei alten Texte für Gesprächsanalysen zur Verfügung; ich sammelte die Diktiergeräte nach zwei Jahren ein und gab die Idee, zum Thema Hilfekonferenz ein verbindliches Praxisforschungs-, Ausbildungs- und Transferprojekt zu begründen, auf. Nach meiner Erfahrung sind viele Klient_innen übrigens bereit mitzumachen, wenn Professionelle Aufzeichnungswünsche damit motivieren, lernen, besser werden zu wollen und sich kollegialer Kontrolle zu unterziehen.

Immerhin ist die Literaturgrundlage zum Hilfethema sehr zufriedenstellend. Schwabe (2005), Schwing/Fryszer (2006), Hochuli Freund/Stotz (2011) werden zur Anschaffung empfohlen; Müller (1993) und Kluge/Zobrist (2013) sind überdies weitere geeignete Grundlagenwerke. Stofffülle könnte (auch hier) moniert werden, die Bearbeitungstiefe und generell Verharren bei zündenden Themen bleiben auf der Strecke. Der unschlagbare Vorteil ist, dass systematisch gearbeitet wird, Zusammenhänge entstehen und bis dato unverbundene Wissensbestände und Erfahrungen aufeinander bezogen werden; aus Fragmenten wird Ganzes.

Die *Inhalte im Überblick:*

Sitzungsnummer und Thema (vier Unterrichtsstunden = 180 Minuten)	Inhalt	Methoden (mit Text sind veröffentlichte Produkte gemeint, nicht Wissensbausteine)
1 Vor der Hilfe	(A) Seminarplanung, Praktikumserfahrung, Leistungsnachweise (B) Problem- und Hilfeverständnisse in Sozialer Arbeit	Unterrichtsgespräch Dozenteninput Texte Pantucek 2006; ggf. Blandow 2004

Sitzungsnummer und Thema (vier Unterrichtsstunden = 180 Minuten)	Inhalt	Methoden (mit Text sind veröffentlichte Produkte gemeint, nicht Wissensbausteine)
2 Vor der Hilfe Planung von Hilfen	(A) Zugänge und Motivation (B) Informationssammlung (Situationserfassung)	(A) Unterrichtsgespräch Dozenteninput Texte ggf. Kähler/Zobrist 2013; Klug/Zobrist 2013; Schwing/Fryszer 2006 (B) Unterrichtsgespräch Dozenteninput Fall Merhold Text Hochuli Freund/Stotz 2011
3 Planung von Hilfen	Aufträge, Auftragsklärung	Unterrichtsgespräch Dozenteninput Fall Familie B. Text ggf. Schwing/Fryszer 2006
4 Planung von Hilfen	Fallverstehen/Diagnostik	Unterrichtsgespräch Dozenteninput
5 Planung von Hilfen	Fallverstehen/Diagnostik: Instrumente und Hypothesen	Unterrichtsgespräch Dozenteninput Instrumentensammlung Anwendungsübung Fälle P. und Merhold Text Hochuli Freund/Stotz 2011
6 Planung von Hilfen	Fallverstehen/Diagnostik: Sozialpädagogische Familiendiagnose	Studentische Leitung/Referat mit Text Uhlendorff/Cinkl/ Marthaler 2008 Dozenteninput (Gast) Fallbeispiele
7 Planung von Hilfen	Ziele	Unterrichtsgespräch Dozenteninput Fall Hilfeplan Melanie Texte Hochuli Freund/Stotz 2011; Schwabe 2002; 2005; ggf. Pantucek 2006
8 Planung von Hilfen	Ziele Hilfeplanung, Schwerpunkt Hilfeplangespräch	Unterrichtsgespräch Dozenteninput Studentische Leitung: Fall Hilfeplangespräch Ulrike (siehe Anhang 3.)
9 Planung von Hilfen	Reste der achten Einheit Hilfeplanung, Schwerpunkt Hilfeplangespräch Ggf. Einstieg in (A)	Unterrichtsgespräch Dozenteninput Studentische Leitung: Fall Hilfeplangespräch Moni Text Schwabe 2005
10 Planung von Hilfen Durchführung von Hilfen	(A) Hilfekonzept (B) Dissens (C) Überblick Intervenieren	(A) Unterrichtsgespräch Dozenteninput Fall Familie Dorn Text Schwabe 2005 (B) Studentische Leitung/Referat mit Text Schwabe 2005 und Rollenspiel (C) Unterrichtsgespräch Dozenteninput

Sitzungsnummer und Thema (vier Unterrichtsstunden = 180 Minuten)	Inhalt	Methoden (mit Text sind veröffentlichte Produkte gemeint, nicht Wissensbausteine)
11 Durchführung von Hilfen	Gelingende Hilfe	Unterrichtsgespräch Dozenteninput Fall Familie K. Text Yolci 2009
12 Durchführung von Hilfen	(A) Gelingende Hilfe (B) Interventionsprinzip Kooperation	(A) Fall Merhold Unterrichtsgespräch (B) Unterrichtsgespräch Dozenteninput Studentische Leitung mit Rollenspiel Text Thimm 2016
13 Durchführung von Hilfen	Scheitern von Hilfen – Abbrüche	Unterrichtsgespräch Dozenteninput Studentische Leitung/Referate mit Texten Ader 2006 und Hamberger 2008 Planspiel Martin
14 Durchführung von Hilfen Auswertung von Hilfen	(A) Wirk-, Lenkungs- und Veränderungskräfte (B) Kollegiale Fallberatung (oder in 15)	(A) Unterrichtsgespräch Dozenteninput Ggf. studentische Leitung/ Referat mit Text Nüsken/ Böttcher 2018 Text ggf. Thimm 2014 (B) Studentische Leitung/ Kurzreferat mit Text Tietze 2003 Planspiel Fallberatung
15 Auswertung von Hilfen	(A) Berichte (B) Evaluation	(A) Unterrichtsgespräch Studentische Leitung/ Kurzreferat mit Text Brack/Geiser 2009 Fallbeispiele (B) Unterrichtsgespräch Dozenteninput Text Schwabe/Soltau 2007

Einerseits kann außerordentlich anregend und niveauvoll gearbeitet werden, da Studierende zum Ende des Studiums über theoretische Wissensbestände verfügen und praktische Erfahrungen relativ breit und reichhaltig vorliegen. Andererseits sind Studierende häufig sehr identifiziert mit ihren Praktikumserfahrungen und dem Handeln ihrer Anleiter_innen („Wir haben damals immer …"). Gerade wenn Praxiserfahrung im Jugendamt vorliegt, kommt es nicht selten zur Fixierung auf und zum rechtfertigenden Vertreten von Abkürzungsstrategien und Routinen, die fachlich nicht unbedingt gewollt sind.

2. Vor der Hilfe

Der erste Block *Vor der Hilfe* umfasst die Themen Problem- und Hilfeverständnisse in der Sozialen Arbeit und Zugänge und Motivation mit sechs (bis acht) Unterrichtsstunden in den ersten beiden Einheiten.

2.1 Problem- und Hilfeverständnisse in der Sozialen Arbeit

Thema und Inhalt

Soziale Probleme, die jedenfalls einer stationären Unterbringung zugrunde liegen, treten oftmals komplex, vernetzt, intransparent, dynamisch auf (vgl. auch im Folgenden Dörner 1989, S. 58 ff.). Komplex meint, dass mehrere Systeme und Merkmale an der Problementstehung beteiligt sind (Gesundheit; Erziehung; Schule; Paarbeziehung; Finanzen; Wohnen o. ä.). Die variablenreiche Verwobenheit kann verwirren und Durchblick erschweren. Vernetzt bedeutet dabei, dass sich Phänomene wechselseitig beeinflussen. Es gibt ggf. unbeabsichtigte Schwapp-Effekte, also Nebenwirkungen, und Fernwirkungen. Intransparent bedeutet, dass nicht alle Phänomene, Probleme und gar Zusammenhänge offenliegen und bekannt sind. Dynamisch heißt, dass sich Kräftefelder ständig verändern. Soziale Probleme sind nicht statisch, sie entwickeln sich eigendynamisch. Präzisiert für die Soziale Arbeit: „Probleme […] sind nicht eindeutig und endgültig formulierbar. […] Jede Akteurin und jeder Akteur beschreibt die Probleme anders […]. Jedes Fallproblem kann als ein Symptom eines anderen Problems aufgefasst werden" (Pantucek 2006, S. 49).

Um *Probleme zu lösen,* sind diverse Schritte gehen – dabei ergeben sich in der Umsetzung Unterlassungen und abkürzendes Vorgehen, weil Zeit fehlt, man keine Motivation hat, man etwas als erledigt verbuchen möchte, Verhaltensweisen gewohnheitsmäßig, quasi automatisiert ablaufen. Die Schritte folgen selten linearer Logik.

- Informationen sind zu sammeln – nicht zu viele, nicht zu wenige.
- Die Situation ist als Fall von … zu generalisieren, um ein Set von möglichen, für diesen Typus bewährten Handlungsstrategien zu mobilisieren – bei Gefahr der Übergeneralisierung, durch die vorschnell subsumiert wird und weichenstellende, besondere Einzelheiten drohen, verloren zu gehen.
- Probleme sind zu hierarchisieren; es ist die Regel, dass es bei mehreren Beteiligten von Helfer- und Klientenseite zu verschiedenen, wechselnden, si-

tuationsgezeichneten, ggf. von verschleiernden Erwägungen bzw. unbewussten Impulsen geprägten Rangfolgen kommt.

- Ziele sind zu entwickeln, konkretisieren, zergliedern und auf Widersprüche und Zielkonflikte hin abzuklopfen und ebenfalls zu rangieren, auszusortieren; wenn es notwendig wird, sollen die Betroffenen Kompromisse suchen.
- Schwerpunkte bei „Veränderungsprojekten" sind zu bilden – nach Dringlichkeit oder Wichtigkeit oder Lösbarkeit oder Lust der Klient_innen, dazu Reihenfolgen: zuerst und dann ...
- Geeignete Umsetzungen wollen ersonnen werden – dazu gehören Zeitvorstellungen und Verantwortlichkeiten.
- Der Weg der Problembearbeitung ist auszuwerten, ggf. führt das zu Korrekturen an Zielen, Wegen, Schritten, individuellen Projekten.

Erschwerend ist, dass manchmal das eine und manchmal das andere mehr Zeiteinsatz und Aufmerksamkeit benötigt, wenn die besonderen Bedingungen beachtet werden. „Die Umstände sind immer verschieden. Mal ist dieses wichtig, mal jenes" (Dörner 1989, S. 309). Pantucek stellt für die Soziale Arbeit fest: „Fallprobleme besitzen keine vollständige Liste von Lösungen, ebenso wenig lässt sich eine endliche Listung von Lösungsoperationen formulieren" (2006, S. 57).

An den Anfang gehört auch die Frage *Wie wird ein Geschehen zu Fall* (vgl. Blandow 2004, S. 119)? Die folgende Sammlung enthält wesentliche Variablen und kann am Ende dieser thematischen Sequenz verteilt werden.

Wissensbaustein: Vom Geschehen zum Fall

- Rechtliche Faktoren wie sozialrechtliche Anspruchsgrundlagen und gerichtliche Auflagen
- Fachliche Faktoren aus verschiedenen wissenschaftlichen Disziplinen
- Klientelbezogene Faktoren wie präsentierter Leidensdruck; Motivation und Wille zur Hilfe; Annahme der Spielregeln im Rahmen der Klientenrolle; „Belohnungsbereitschaft" von Adressat_innen gegenüber Professionellen; Nachfragemacht, -kompetenz, -unterstützung (Unterstützung durch statushohe Akteure); Hilfegeschichte; „Hilfefähigkeit"
- Auffälligkeits- und Gestörtwerdensniveau anderer durch die Symptomatik
- Aufträge, Erwartungen, Interessen statusrelevanter Dritter wie Ärzt_innen, Richter_innen, Lehrkräfte, Polizei
- Organisationsfaktoren wie Philosophie, Konzept; Budget; zum Problem passende Arbeitsroutinen
- Regionale und kulturelle Üblichkeiten bzw. Normen

- Subjektive Fachkraftfaktoren wie berufliche Erfahrungen; biografische Faktoren; Werte; inneres Arbeitsprogramm; akute Belastungen; Gestimmtheit
- Gesellschaftliche Relevanz; politische Bedeutung; mediale Aufmerksamkeit mit Blick auf Symptomatik, Störung, Hintergründe
- Vorhandensein von Angeboten
- Zufall in Form nicht beeinflussbarer lebensweltlicher Ereignisse

Fallstatus: Hilfe – Beobachtung – keine Hilfe

Schließlich wird die erste Einheit abgerundet mit der Unterscheidung in Fall von …, Fall für …, Fall mit … (vgl. Müller 1993).

Didaktisch-methodische Überlegungen
Lehr-Lern-Ziele sind:

- Fälle werden als mehrdeutige, komplexe, in Entstehung und Entwicklung nicht eindeutig bestimmte und bestimmbare, instabile Situationen verstanden, an deren Zustandekommen und Fortgang mehrere Wirkungsräume und Einzelfaktoren beteiligt sind.
- Der Begriff der Unbestimmtheit von sozialberuflichem Handeln wird reflektiert.
- Die These „Klient_innen werden gemacht" wird auf der Grundlage des Wirkungsraummodells im Gespräch überprüft, Einzelfaktoren werden zusammengetragen und bewertet.

Die Bestandteile der ersten Einheit sind:

1. Brainstorming Kennzeichen sozialer Probleme und Lösungen
2. Lektüre Pantucek
3. Diskussion zur Zentralkategorie Unbestimmtheit
4. Lektüre Blandow
5. Erfahrungsaustausch: Wie wird aus einem Geschehen ein Fall?; Rezeption Wissensbaustein

(1) und (2) Zentrale Wissensbestände sind implizit bei den Studierenden vorhanden; sie werden freigelegt und systematisiert sowie differenziert. Die Eingangsfrage kann sein: Was sind Kennzeichen der Probleme, denen sich die Soziale Arbeit widmet? Die Antworten sind immer reichhaltig und erbringen Stoff in der intendierten Richtung. Die Folgefrage nach Eigenarten sozialpädagogischer Lösungen motiviert ebenfalls und führt zu reger Beteiligung. Arbeitsteilig kann Pantucek (2006, S. 49–58, ggf. in Auszügen) Textgrundlage sein.

(3) Nach Einführung des Begriffs Unbestimmtheit und der Markierung des sicherlich im Gespräch häufig geäußerten Satzes „Es kommt eben auf den Einzelfall an" kann gefragt werden: „Wie denken Sie darüber, einen Beruf in einem so unwegsamen, unübersichtlichen Gelände auszuüben?" „Ist da nicht ein Minderwertigkeitsgefühl vorgezeichnet?" „Wären Sie mit Blick auf richtig und falsch nicht lieber Architekt_in oder Ingenieur_in?", schließlich „Ist nicht Beliebigkeit Tür und Tor geöffnet?" Nach meiner Erfahrung stellt sich kaum eine resignative, auch keine wegwischende, wenig nachdenkliche Stimmung ein – vielmehr nehmen die Studierenden konstitutive Gegebenheiten Sozialer Arbeit eher gelassen hin und vertreten diese gar offensiv.

(4) und (5) Auch das Thema der Entwicklung eines Geschehens zum Fall erweist sich als spannend und ergiebig mit Blick auf die Beiträge der Lerner_innen. Sowohl aus Praktikum und Fachlektüre als auch aus Lebenserfahrung schöpfen die Student_innen reichhaltige Geschichten. Blandow (2004, besonders S. 119–122) kann zur Anregung und zum Einstieg dienen. Die Verteilung des Wissensbausteins und ein Dozenteninput zu Fallmodalitäten nach Müller (1993, S. 28–49) bilden den Schluss der ersten Einheit. Das oft gehaltvolle Unterrichtsgespräch mündet in Visualisierungen, die ggf. qua Handout auch als Anknüpfung in der zweiten Einheit (erklärt durch die Lerner_innen) (wieder-) verwendet werden können.

2.2 Zugänge und Motivation

Thema und Inhalt

Immer ist es unterschiedlich, wie genau die Student_innen über *Zugänge und Motivation* nachgedacht haben. Mit den Büchern von Kähler/Zobrist (2013) und Klug/Zobrist (2013) liegen kompakte Schriften vor, die relevante Themenaspekte aufbereiten.

Zunächst werden Begriffe geklärt. Selbst- und Fremdmeldung und das breite Feld dazwischen werden andiskutiert. Druck (Außen- und Innendruck) und Zwang (Zwang zu … und Zwang in …; sanktionsbewehrt mit oft einschneidenden Folgen wie Leistungskürzung, Herausnahme von Kindern, Widerruf einer Bewährung …) werden differenziert und geklärt. Darauf bauend kann über Kernmerkmale wie Reaktanz bzw. Widerstand und Verhältnisse von Auflage und Hilfe gesprochen werden. Dabei wird Müllers Unterscheidung in Angebot, Eingriff, gemeinsames Handeln (vgl. 1993, S. 107 ff.) aufgegriffen. Push- und Pullfaktoren, also Druck und Sog, werden als veränderungsrelevante Kräfte eingeführt bzw. wiedererinnert. De Shazers Differenzierung von Kliententypen aus den 1980er Jahren (Geschickte_r; Kunde/Kundin; Besucher_in; Klagende_r, vgl. Schwing/Fryszer 2006, S. 106, 117 ff.) hat an analytischem Potenzial nichts eingebüßt. Arten und Ausprägungsgrade von Motivation variieren. Kontakt-motivation; Beziehungsmotivation; Eingangsmotivation (freiwillig/unfreiwillig; selbst-/fremdinitiiert, ggf. Resultat von Leidensdruck und/oder Zuversicht; ggf. auch nur kalkuliert-taktisch bzw. instrumentell etc.); Veränderungsmotivation gilt es, als möglich und berechtigt anzuerkennen. Schließlich lege ich in meinen Seminaren einen Schwerpunkt auf die Erarbeitung von Strategien im Umgang mit Unfreiwilligkeit bzw. fehlender bzw. schwankender Motivation.

Hier kann auch die in der Erziehungshilfe bedeutsame Unterscheidung in Leistungsfall, Gefährdungsbereich und Graubereich bzw. Beobachtungsnot-wendigkeit eingeführt werden.

Wissensbaustein: Professionelle Strategien im Umgang mit Unfreiwilligkeit bzw. schwacher Motivation

Eine mögliche *Überschrift* ist: Wie kann ich Ihnen helfen, mich wieder loszuwerden? Die „unmögliche" Herausforderung lautet: Wie kann jemandem geholfen werden, die/der (ggf. zunächst, noch) kein Interesse an Hilfe hat? Wie können Sie jeman-den beraten, der nicht bemerkt, dass sie/er ein Problem hat bzw. die/der daran nicht arbeiten will? Eine Grenze: Sie können Anwesenheit „erzwingen", aber nicht Veränderungsmotivation! Diese ereignet sich – oder auch nicht ... Die Klient_in-nen sind ggf. verpflichtet zu kommen, aber nicht verpflichtet, sich helfen zu lassen.

Denkbare Einstiegskommentare: „Meine Arbeit bringt es mit sich zu kontrollieren, ob gerichtliche Anordnungen erfüllt werden. Es ist aber auch ein wichtiger Teil, Ih-nen bei möglichen Problemen zu helfen." „Ich bin hier, weil ich einen Anruf von je-mandem erhalten habe, der meint, dass Sie Ihr Kind vernachlässigen. Ich muss solchen Anrufen nachgehen, um zu sehen, ob etwas Wahres an der Beschuldi-gung ist. Ich möchte auch sehen, ob es eine Möglichkeit gibt, Ihnen zu helfen, so-fern Sie Hilfe benötigen." (vgl., auch für das Folgende, die Vorlage Kähler/Zobrist 2013). Was sind mögliche *Vorgehensweisen?*

(1) Selbstverständnis/Haltungen
* Annahme der Doppelrolle (Hilfe und Kontrolle; Freiwilligkeit und Zwangsele-mente nicht als hilfeverhindernde Gegensätze sehen)
* Beruflichen Charakter des eigenen Tuns sich immer wieder vor Augen führen
* Begrenzung von Emotionalität
* Sich in unbekömmlichen Situationen die Ergebniserwartung (das Ziel für den/die Klient_in) bzw. den gesellschaftlichen Auftrag bzw. die „höheren Werte" vergegenwärtigen
* Kontextualisierung, Entindividualisierung: Mein „Gegenstand" ist eine soziale Situation und nicht der Mensch (erbringt ggf. weiteren Blick; weniger Erfolgs-

druck hinsichtlich Personenveränderung; weniger Widerstand von Adressat_innen; facettenreichere Hilfeziele)

- Mit Ablehnung, Misstrauen und Widerstand rechnen (Normalisierung); sich relativ unabhängig von Zuneigung und Sympathiebekundungen machen
- Zugang und Motivation differenzieren; aus unfreiwilliger Hilfe mit nicht-motivierten Klient_innen können sich Freiwilligkeit und Motivation entwickeln (Motivation als gestaltbares Phänomen statt als statische Eigenschaft)
- Bei schwacher Motivation und geringer Mitarbeit „wenigstens" Kontrollarbeit nach den Regeln der Kunst, nach bestem Wissen und Gewissen erbringen
- Ehrlich sein, keine falschen Versprechungen

(2) Rollen-, Zweck-, Aufgabenkommunikation
- Information über Ausgangslage, Rolle, Aufgaben, Bedingungen – dabei Trennung in „das könnte hilfreich sein" und „wir kontrollieren XY, um … weil …"
- Benennung von verhandelbaren und unverhandelbaren Anteilen; innerhalb nicht verhandelbarer Elemente der Leistungserbringung ggf. Wahlmöglichkeiten eröffnen
- Wiederholtes Reflektieren vor und v.a. mit Adressat_innen über Zweck und Ziele der Begleitung: Wofür sind wir hier? (regelmäßig über Anordnungselemente, Regeln, ggf. drohende Sanktionen sprechen; Einholen von Klienten-Feedback zu dessen/deren Sichtweisen, Erleben)
- Kontrollelemente, Beratungshäufigkeit … als veränderbare Variablen betonen
- Kontrollfreie Bereiche: „Unsere Kontrolle erstreckt sich über …, unter Zwang geschieht dies – und jene Bereiche sind Ihre Sache, da mischen wir uns nicht ein."

(3) Interaktion/Einwirkung auf Motivation
- Umgang mit Vertraulichkeitsprinzip klären; Grenzen benennen
- Das eigene Verhalten erklären; um Einsicht bzw. Duldung werben
- Parallelhandlungsprinzip gemäß sinnvoller Balance: Entgegenkommen und Abverlangen; Einschränkung und Ermöglichung; harte und weiche Elemente; Erwerb von Privilegien und reizvollen Gütern: Variation Freiraumgrade, Verringerung der Kontakthäufigkeit, tatkräftige Hilfe bei Ämtern … (Pull-Faktoren)
- Dosiert (je nach Falllage) Empathie äußern, z.B. Zumutungen wahrnehmen und ansprechen
- Möglichst (angemessen) häufig bzw. auch das Hilfemotiv betonen: „Mein Beruf ist vor allem Unterstützung bei Problemlösungen. Dabei würde ich Ihnen gerne helfen. Mit anderen Klient_innen habe ich in ähnlichen Situationen einige Erfolge gehabt."
- Getrennte Problemlisten erstellen, Dissens zulassen
- Gemeinsamkeiten suchen („uns verbindet …"); gemeinsame Ziele (auch bei unterschiedlichen Problemdefinitionen Schnittmenge?) aushandeln; abgestimmte Wege (mit beidseitigen Leistungen); ggf. „Baby Stepps"

- Durch gezielte, an den Äußerungen entlang kommunizierte Akzeptanzbotschaften Mitarbeitsbereitschaft anstoßen: Wertschätzung für (regelmäßiges, pünktliches ...) Kommen; Anerkennen von Kooperation, bzgl. des Erkennens von Problemen, der Annahme von Ratschlägen; Komplimente bei Aufgabenerfüllung

Didaktisch-methodische Überlegungen

Lehr-Lern-Ziele sind:

- Die Studierenden werden sich über Unterschiede vor der Hilfe und zu deren unmittelbaren Beginn bewusst. Sie reflektieren darüber, wie Merkmalsausprägungen wie Motivation sowie Druckart und -intensität in professionellem Handeln berücksichtigt werden können.
- Die Studierenden erweitern ihr Repertoire im Umgang mit Unfreiwilligkeit.

Schritte der Stofferarbeitung sind:

1. Aktualisierung von Vorwissen zu Druck, Zwang, Reaktanz bzw. Widerstand, Push- und Pullfaktoren, Kliententypen nach de Shazer sowie Kontaktmotivation, Beziehungsmotivation, Eingangsmotivation, Veränderungsmotivation; Fallstatus: Leistungsfall, Gefährdungsbereich und Graubereich bzw. Beobachtungsnotwendigkeit; ergänzender Dozenteninput
2. Lektüre Schwing/Fryszer
3. Inszenieren bzw. reflexives Füllen und Veranschaulichen von Grundbegriffen
4. Wissensbaustein Professionelle Strategien im Umgang mit Unfreiwilligkeit lesen
5. Übungen zum Umgang mit Unfreiwilligkeit, fehlender bzw. schwankender Motivation

Der Gegenstand verlockt wiederum zur Aktualisierung von Vorwissen und Arbeit mit Erfahrungen der Teilnehmer_innen. Insbesondere jene, die ihr Praktikum in Ämtern absolviert haben, können Sachverhalte und Termini sicher verbinden. Insgesamt geht es um Vermittlung, Klärung, Festigung von Fachbegriffen für die weitere Seminararbeit und die berufliche Zukunft und weniger um die Vermittlung einer Hilfephilosophie. Die Vielfalt von Ausgangsbedingungen, Zugängen, Motivation wird deutlich. Es wird akzentuiert, dass Fakten von Meinungen, „harte" und „weiche Wirklichkeiten", Wissen und Vermuten zu unterscheiden sind.

Die Reihenfolge, in der Teilaspekte besprochen werden, liegt nicht fest – nur die Themenbereiche Zugänge, Freiwilligkeitsgrade und Motivation sollten je definiert und für sich durchgearbeitet werden. Alle methodischen Wege bieten sich an: Plenumsgespräch; Kleingruppenarbeit; Textarbeit und Schaubilder; Plan- und Rollenspiele, in denen das mehr oder weniger versteckte Material aufgespürt wird. Z. B. können

- Student_innen an einer Beispielsituation Push- und Pullfaktoren aus ihrer Sicht bestimmen,
- sie de Shazers Kliententypen im Spiel verkörpern,
- Einstiegssätze bzw. „Knackpunkte" bzw. typische Herausforderungen für freiwillige, angebotene, auferlegte Hilfen gesucht werden,
- Indikatoren für die unterschiedlichen Arten von Motivation gefunden werden,
- im Rollenspiel Strategien im Umgang mit Unfreiwilligkeit ausprobiert werden.

Die Durchführung dieser Aufgaben gelingt meist gut oder sehr gut, wodurch ein Gefühl von Kompetenz, von berechtigtem, vollwertigen Mitsprechen-Können entsteht.

Es stellt sich auch hier die Frage, wann und wie der Wissensbaustein zum Umgang mit Unfreiwilligkeit und schwacher Motivation eingesetzt wird, wenn Rollenspiele verwendet werden (vgl. grundsätzlich A.3) – vor, parallel, nach den Übungen? In dieser Sequenz plädiere ich für folgende Reihenfolge: Zuerst werden im Brainstorming Strategien gesammelt – entweder allgemein oder auf eine beschriebene Situation fokussiert. In einem zweiten Schritt wird gespielt. Dann wird nachbereitend der Wissensbaustein diskutiert.

Immer äußern sehr viele Studierende am Ende der Einheit, dass sie Bewusstsein, Sprache und Begriffe für Ungefähres, Gefühltes geschärft oder gar gefunden haben und Zusammenhänge erkennen. Der erste Block Vor der Hilfe umfasst circa sechs Unterrichtsstunden, so dass in der zweiten Einheit schon mit der Fallarbeit begonnen werden kann. Je nachdem, welche Aspekte vertieft behandelt und welche Input- und weitere Methodenvarianten genutzt werden bzw. wie viel Zeit für Diskussion zur Verfügung steht, kann sich die Vor-der-Hilfe-Thematik bis weit in die dritte Einheit erstrecken. Dieser Hinweis auf jeweilige zeitliche Weitungsmöglichkeiten gilt durchgängig.

3. Planung von Hilfen

Der zweite umfangreiche Block Planung von Hilfen umfasst die Themen Informationssammlung, Fallverstehen, Ziele, Hilfeplangespräch, Hilfekonzept, Umgang mit Dissens und nimmt Raum zwischen der zweiten und zehnten Einheit, also über die Hälfte der Gesamtzeit ein.

3.1 Informationssammlung (Situationserfassung)

Thema und Inhalt

Ein früher Schritt in der *Falleingangsphase* ist generell die Sammlung von Informationen. Dafür wird folgender, eher „einfacher" Fall verwendet (eine zweiseitige Fallschilderung wird verteilt; siehe Anhang 2.). Meike Merhold, 19 Jahre, ist Mutter einer einjährigen Tochter Lisa. Sie hat kurz vor der Geburt die Schule (Gymnasium) abgebrochen und ist von zu Hause (alleinerziehende Mutter; Lehrerin; wohnhaft in einer ihr gehörenden „Villa") abrupt ausgezogen. Inzwischen hat sie sich von dem Lebensgefährten und Vater des gemeinsamen Kindes Niko Nachmann (N.N.; 30 Jahre; Taxifahrer; erheblicher Drogenkonsum) getrennt. Die junge Frau wird von Nikos Mutter Monika Nachmann (M.N.; Architektin) stark unterstützt (Besorgung der Wohnung; beide malen, die „Schwiegermutter" „coacht"; finanziell …). Meike Merhold (M.M.) besucht eine Berufsorientierung und wendet sich mit einem starken Erleben von Belastung und Überforderung an die dort tätige Sozialarbeiterin. Zwar liegt eine ausführliche Fallschilderung vor. Der nicht aus dem Weg zu räumende Mangel ist aber, dass die Situationserfassung als Lehrgegenstand nicht dialogisch im Kontakt mit der jungen Frau erfolgen kann – so kann man auch nicht (nach-)fragen.

Situationserfassung (Fakten)

- *Fallzugang:* Selbstmelderin; freiwillig, mit Innendruck; Ort: niederschwelliges Beratungsangebot; Frau als Gesprächspartnerin
- *Soziale und wirtschaftliche Situation:* gehobene Mittelschicht in herkunftsfamilialen Kontexten; M.M. ohne schulische und berufliche Zertifikate; ökonomisch abhängig von M.N.; durch das Kind stark gebunden; lebt zum ersten Mal alleine in einer Wohnung
- *Persönliche Situation (M.M.):* Trennung vom Partner; junge adoleszente Mutter in Alleinverantwortung; Mehrfachbelastung

- *Familienform/aktueller Zustand von Partnerschaft:* Partnerschaft im Trennungsprozess (nicht verheiratet); neue, starke Anforderungen aus Elternschaft; Androhung Partnergewalt
- *Herkunftsfamilie:* recht abrupter Auszug aus dem Elternhaus; Vater wird nicht erwähnt; Beziehungsabbruch, zur Zeit kein Kontakt zur Mutter
- *Beziehungs- und Konfliktdynamiken:* enge Beziehung zu „Schwiegermutter" M.N., mit Erwartungsdruck (auch Ressource); manifeste Konflikte mit N.N.; Kontaktabbruch Mutter – Tochter
- *Belastungen/Probleme:* psychische und gesundheitliche Probleme von M.M.; Verlust der Peers, sozial tendenziell isoliert; keine freie Zeit; Kind kränkelt; keine klare Perspektive; ungeklärte Beziehungen: M.M. – Mutter; M.M. – N.N.; M.M. – M.N.; Kind Lisa – N.N.; Frau Merhold – Frau Nachmann
- *Ressourcen:* Kind; M.M. kann sich auf eine neue und unberechenbare Lebenssituation einstellen; Leistungsbereitschaft, Lebenswille, Grundverantwortung gegeben; Bereitschaft für professionelle Unterstützung; solide schulische Grundbildung; wurde als Teil eines „schönen Paares" wahrgenommen; Hobbys Malen und Tanzen; Frau Nachmann; Berufsbildungsmaßnahme (?); eigene Wohnung (?)

Je nach Feld, Organisationsvorgaben und Fall wird die Gliederung der Situationserfassung unterschiedlich ausfallen. Hier rege ich eine Struktur an, die als Handout vor der genaueren Arbeit am Fall Merhold verteilt und spezifiziert werden kann.

Wissensbaustein: Gliederung Situationserfassung

(1) Zugang

(2) Aktuelle Situation – sektoral nach Lebensbereichen a. individuelle Situation b. Familienstand und Beziehungen: Familienstruktur: Partnerschaft, Elternschaft (elterliche Sorge, Aufenthalt), weitere Hauptbeziehungen, Herkunftsfamilie ... c. weitere soziale Netzwerke, Kontakte d. Schule, Beruf, Arbeit; ökonomische, materielle Lage e. Wohnsituation f. Gesundheit, körperliche und psychische Einschränkungen g. Freizeit h. ggf. rechtliche Besonderheiten i. Kontakte zu Hilfeeinrichtungen, professioneller Infrastruktur j. Auftreten, Kooperationsverhalten ... (insgesamt: beschreibende Haltung der Professionellen, auch Originaltöne/Zitate in der Sprache der Adressat_innen)

(3) Vorgeschichte (Lebensgeschichte, belastende Ereignisse, Kontakt mit Hilfesystem ...)

(4) Verdichtung, Zusammenfassung der Situation; Akzentuierung von Belastungen und Ressourcen

(5) Erwartungen, Anliegen, Wünsche der Adressat_innen

In der Erziehungshilfe gewinnt die hier nicht explizit-prominent aufgerufene erzieherische Situation besondere Bedeutung. Weitere Anregungen für den ersten Prozessschritt enthält die Veröffentlichung von Hochuli Freund/Stotz (2011, S. 148 ff.; 172 f.).

Didaktisch-methodische Überlegungen
Lehr-Lern-Ziele sind:

- Die Student_innen sehen und üben Informationssuche und -aufbereitung als strukturiertes Vorgehen und können relevante Informationen bestimmen, die für den Fall bedeutsam sind.
- Sie unterscheiden und trennen Fakten und Deutungen, Beschreiben und Bewerten.
- Sie bauen eine positive Grundhaltung zu dialogischer Situationserfassung auf.

Der Seminarinhalt wird so erarbeitet:

1. Brainstorming: Vorschläge zu fallrelevanten Informationsbereichen
2. Einzelarbeit mit Partnerabgleich zur Situationserfassung; erste Listung von Problemen und Ressourcen; exemplarische Vorstellung im Plenum
3. Informationsgewinnung und Sortierung (Problemhierarchisierung) im Rollenspiel gemäß vermittelter Kriterien wie Dringlichkeit, Lösbarkeit etc.
4. Plenumsdiskussion zu Situationsklärung im Fall und zur Art des Falls

Es ist unbefriedigend, die Informationsgewinnung „über Papier" vorzunehmen. Deshalb können auch Rollenspielphasen eingebaut werden. Insbesondere bietet sich das in der Sequenz an, wenn Probleme hierarchisiert werden (Priorität A, B, C). Dazu werden z.B. Probleme und Ressourcen auf Karten geschrieben und auf dem Tisch arrangiert. Es ist sinnvoll, die Zahl der Probleme, die geordnet werden, auf maximal sechs zu beschränken. Als Sortierkriterien sollte man zuerst an Dringlichkeit und Lust auf Anpacken denken, Wichtigkeit und Lösbarkeit werden ggf. überprüfend eingesetzt (bei gleichzeitiger und gleichgewichtiger Verwendung aller vier Kriterien Gefahr der Überfrachtung, der Verwirrung und Verzettelung des Sozialarbeiterin-Doubles sowie Überforderung und Entmutigung der Klientin; vgl. C.3.2).

Die Studierenden, vor allem die Frauen, identifizieren sich tendenziell mit Meike Merhold. Das bietet Grund und Anlass für Nachfragen und Nachdenken; ggf. kann für Übertragungen sensibilisiert werden. Als Recherchemethode für harte und weiche „Falldaten" wird vor bzw. neben möglichem Aktenstudium das Gespräch eingeführt, mit Checkkriterien für Informationsgespräche (die ja immer auch Intervention sind) wie Raumschaffung (z. B. durch Zeit; offene Fragen), Entlastung (z. B. Erlaubnis zum Klagen), Schöpfen von Hoffnung (z. B. Aufmerksamkeit für Ressourcen), Strukturierung (Vermeidung von sprunghafter Gesprächsführung; kriteriengeleitete Rangierung der Probleme). Es gibt immer Gelegenheiten, auf bewertende Äußerungen und auf Interpretationen hinzuweisen, die keine Beschreibungen und keine Fakten sind. Der Fall kann auch im Licht des Materials der ersten und zweiten Einheit gesehen und beurteilt werden (Wie entsteht ein Fall? Wie sind soziale Probleme beschaffen? Wieso spricht man eher von einem einfachen Fall? etc.).

3.2 Aufträge, Auftragsklärung

Thema und Inhalt

Um das Thema Aufträge anspruchsvoll und vielschichtig aufzuwerfen, wird ein verwickelterer *Fall* verwendet. Die Familie besteht aus Frau und Herrn B., beide stark drogenabhängig, und zwei Töchtern im Kita- sowie Grundschulalter. Sie wohnen in einer gemeinsamen Wohnung und erhalten Sozialpädagogische Familienhilfe. Zur Finanzierung der familialen und drogenbedingten Ausgaben prostituiert sich Frau B., mitunter heimlich. Im Fallbeispiel gibt es offizielle (Hilfeplangespräch) und informelle Aufträge an die Familienhelferin sowie verschiedene mündlich ausgesprochene Bitten, Wünsche, explizite Aufträge, angedeutet oder ausformuliert, teilweise hinter dem Rücken der Partnerin bzw. des Partners mitgeteilt.

Zu finden sind in dem zweiseitigen schriftlichen Fallbeispiel mit vielen wortwörtlichen Aussagen diverse Varianten von fachlich gewünschten und wenig günstigen Auftragsarten: explizite und implizite, offene und verdeckte, diffuse und klare, eindeutige, mehrdeutige, widersprüchliche, uneinig vorgetragene bzw. sich widersprechende Aufträge. Zum professionellen Umgang. „Unmögliche" Aufträge können im besten Fall umformuliert werden: „Machen Sie etwas, um …" „Helfen Sie mir mit/bei …" „Bitte lassen Sie die Finger von …" Weitere professionelle Strategien werden erörtert; die folgende Liste sollte ggf. ergebnissichernd erst nach dem Unterrichtsgespräch mit Arbeit am Falltext verteilt werden.

Wissensbaustein: Auftragsklärung

Zur *Klärung von Aufträgen bzw. zur Überführung von Anliegen in Aufträge* können eingesetzt werden:

- Wiederholen, laut sagen und bestätigen bzw. korrigieren lassen
- Gefühle ernst nehmen
- Verständnis äußern
- Ungutes Erleben offenlegen
- Auf Probe stellen
- Transparent machen
- Eigene Grenzen formulieren
- Vor- und Nachteile von XY erkunden lassen
- Widersprüche, eigenen Konflikt verdeutlichen
- Konkretion, Indikatoren anfragen (Woran würden Sie merken, dass ...?)
- Reihenfolge bilden (lassen)
- Motive suchen
- Druck durch Dritte thematisieren
- Unterstützungsformen klären
- Unterscheidungen aktivieren, z. B. realistisch/weniger realistisch

Weitere Sortierung und Differenzierung kann nach dem Absender erfolgen: Organisationsauftrag; Klientenauftrag; gesetzlicher Auftrag; fachlicher Auftrag; Auftrag durch verschiedene Dritte. Trotz Grauzonen sollten begriffliche Schärfungen zu Termini wie Ziele, Wünsche, Anliegen, Mandat vorgenommen werden. Nützlich sind Unterscheidung und Diskussion von konstitutiven (maßgeblichen; bestimmenden) und nicht-konstitutiven Aufträgen (vgl. Müller 19993), was womöglich auch kontrovers erörtert werden wird.

Alternativ zum früheren Zeitpunkt bzw. ergänzend passt hier auch die Thematisierung von de Shazers Klententypologie. Biene (2011) warnt vor dem Abgabe- und dem Kampfmuster und hält solche verstellten Anfänge sowohl für verbreitet als auch für erfolgsverhindernd. Auch wenn die Kreation von Kooperation an dieser Stelle nicht geübt werden kann, sollten diese Phänomene thematisiert werden – der Auftragskontext bietet sich dafür an.

Didaktisch-methodische Überlegungen

Lehr-Lern-Ziele sind:

- Den Student_innen wird die Vielfalt von Kriterien bewusst, die an Aufträge u. ä. (Anliegen, Wünsche, Bedürfnisse etc.) herangetragen werden können.

- Sie können günstige und weniger günstige Aufträge unterscheiden.
- Sie kennen mögliche Strategien zur Auftragsklärung.

Das Vorgehen:

1. Brainstorming
2. Lektüre Schwing/Fryszer; Kurzdiskussion
3. Einzelarbeit am Fall (Aufträge; Gelungenes etc.)
4. Ergebnisse im Plenum (gefundene Auftragsarten; begründete Bewertung des Fachkrafthandelns); Strategien der Auftragsklärung
5. Wissensbaustein zu Klärungsstrategien lesen und kommentieren

Als Einführungstext nach einem Brainstorming zu Aufträgen und vor der Bearbeitung des schriftlichen Fallbeispiels oder als anschließende Vertiefung (je nach Praxiserfahrung und Vorkenntnissen) eignen sich Auszüge aus Schwing/Fryszer (2006, S. 112–128). Die Arbeitsfragen für die Einzel- oder Paararbeit am schriftlichen Fall lauten: Welche Art von Aufträgen werden erteilt? Welche Aufträge sind annehmbar und welche nicht? Wieso? Die Erarbeitung verläuft fast immer flüssig. Auch zu Umgangsstrategien können Studierende, ggf. mit Impulsen, relevantes Material generieren.

Im Fallbeispiel Familie B. wird das Handeln der Fachkraft konkret und recht breit abgebildet. Dabei stehen wirksame Standardinterventionen neben fragwürdigen Strategien mit Blick auf die Herausforderungen. So räumt die Familienhelferin auf und spült mal ab; sie spielt mit den Kindern, während die Eltern sich „im Schlafzimmer vergnügen"; Herr B. läuft während der Arbeitszeit der Professionellen leicht bekleidet durch die (seine) Wohnung; Mutter und Fachkraft teilen Geheimnisse vor dem Partner und Vater; die Helferin koaliert mit Frau und Herrn B. gegenüber dem Jugendamt (Themen Prostitution und anfangs auch noch bei Partnergewalt); die Fachkraft erhält phasenweise einen verdeckten Beobachtungsauftrag vom Jugendamt (Kinderschutzrelevanz). Besonders engagiert erlebe ich die Studierenden, wenn sie in die urteilende Rolle gehen können. Die Fragen lauten: Was werten Sie als Erfolg/Misserfolg? Was ist am Handeln der Fachkraft aus Ihrer Sicht günstig, ungünstig, ambivalent zu bewerten? Welche wesentlichen Informationen fehlen, um aus der Fallschilderung Schlüsse zu ziehen?

Zum Ende der dritten Einheit werden die mit Spannung aufgenommene dreijährige Entwicklung im Fall, wie es real weiterging, und der Schluss der Hilfe präsentiert. Im Kern profitierte Frau B. von ihrer Scheidung und stabilisierte sich; Herr B. blieb drogenabhängig und verelendete. Eine Fremdunterbringung der Kinder konnte vermieden werden.

3.3 Fallverstehen/Diagnostik

Thema und Inhalt

Der Prozessschritt Analyse (nach Hochuli Freund/Stotz 2011) wird von mir mit Diagnose zusammengelegt und erhält zehn bis zwölf Unterrichtsstunden in der vierten, fünften und sechsten Einheit. Thema ist die *Auswertung und Bewertung der Informationen* mit dem Ziel, begründete Entscheidungen über die Notwendigkeit und die Gestaltung von Hilfe und insbesondere professionellem Handeln zu fällen. Der Bedeutungshof von *Diagnose* ist: Erkundung eines „Gegenstandes"; Erkennen von Besonderheiten; Einordnen; Verstehen; Erklären; Verdichten auf Wesentliches. Jede Diagnose, jedes Fallverstehen fällt mit ihrer/seiner Philosophie und ihren/seinen Instrumenten Entscheidungen darüber, was als relevant definiert wird. Es geht um die Bestimmung von Hilfebedarf aufgrund von Entscheidungen darüber, was unproblematische und was problematische Bereiche und Umgangsweisen sind. Aus der Einschätzung, aus der Beurteilung folgt der Hilfe- und der Betreuungs-(Erziehungs-)plan. In anderen Leistungssystemen bzw. Fachgebieten spricht man von Vollzugsplänen, Behandlungsplänen, Integrationsplänen, Förderplänen. Je bestimmender die Diagnose, je vorschreibender, kleinschrittiger und ausgearbeiteter ist tendenziell die Handlungsplanung für die Fachkräfte. Je vager die Einschätzungen im Fallverstehen, je zufälliger und beliebiger fällt nicht selten das Fachkraft-Handeln aus.

Es ist bei der Vielfalt der theoretischen Zugänge und der verwirrenden Verwendung von Begriffen nicht leicht, eine Orientierung für Studierende zu schaffen, hinreichend Sicherheit zu vermitteln und zugleich offene Fragen nicht ex cathedra unzulässig abzuschließen. *Fallverstehen/Diagnostik ist ein komplexes, inhomogenes Phänomen:*

(1) *Unterschieden* werden können Art, Umfang, Tiefe und Genauigkeit von Diagnostik/Fallverstehen und eingesetzten Instrumenten – je nach Zweck, Institution, Zeitpunkt im Fallverlauf, beteiligten Disziplinen und Berufsgruppen, Zielgruppe, Handlungsebene (Steuerung; Face-to-Face-Arbeit ...), Setting ...

(2) Zur *Analyse* werden Auftragsklärung, Genogramm, Zeitstrahl, Netzwerkuntersuchung und Belastungs-Ressourcen-Profil eingeführt. Instrumente können im Rahmen von Eigendiagnose (selten), im Kontext von Dialog zwischen Fachkraft und Adressat_in und im Fachkraftrahmen ohne Adressat_innen (mit oder ohne Rückmeldung an Adressat_in) eingesetzt werden.

(3) Unterschieden werden *Bereiche:*

* Stressoren, Belastungen, Probleme, Defizite, Störungen

- Ressourcen, Können, Stärken, Fähigkeiten, intakte Felder (je getrennt nach Person- und Umfeldbereich)

Folgeschritte: Gewichtung nach A-, B-, C-Prioritäten gemäß Dringlichkeit, Wichtigkeit, Lösbarkeit und Lust, Motivation, Bereitschaft der Adressat_innen; Vermerken von Konsens und Dissens der Beteiligten

(4) Differenziert wird auch nach möglichen *Zwecken:* Orientieren im Fall (Bestimmung der Problemart); Zuweisen zu Leistungssystem und Institution (Zuständigkeit); Abschätzen von Risiken (z. B. bei Kindeswohlgefährdung; Sanktion; eingreifender Hilfe ...); Gestalten der Hilfe; Überprüfen des Verlaufs der Hilfe

(5) Auch die Anlage der *Professionellenrolle* variiert: Experte_in bzw. Dialogpartner_in; kriteriengeleitete Recherche von (harten) Daten bzw. Sinnverstehen aus angestoßenen Erzählungen; Fremd- und/oder Selbstdeutung

(6) Als bevorzugte *Methoden* der Sozialen Arbeit werden eingeführt: Gespräch; Beobachtung; Aktenanalyse; Hausbesuch; Einsatz von Instrumenten: Visualisierungen, Raster, Interviewleitfaden, Skalen ... Ergänzende Befunde aus Psychologie und Medizin betreffen vor allem die Testung bzw. Erhebung zu Funktionsniveaus: körperliche Erkrankungen, psychische Störungen bzw. Krankheiten, Teilleistungsstörung, Intelligenz ...

(7) Weiter wird das *theoriegeleitete Fallverstehen* vorgestellt und relevante Bezugstheorien werden bestimmt: Makrotheorien, z. B. Armut, Gender, Klasse, Krise; individualpsychologische personenbezogene Theorien: z. B. Coping, Deprivation, Bindung, Grundbedürfnisse, Entwicklungsaufgaben; systembezogene Theorien: z. B. gruppendynamische Aufschaukelung; situative Eskalation; Koalitionsbildung in Familien; Mehrgenerationenblick. Je nach Gegenstand und Erklärungsanspruch fragen die theoretischen Zugänge nach gesellschaftlichen Bedingungen; Funktion des Problems (wozu?); Situationsdynamik; Systemeinflüssen wie Gleichgewicht; Wechselseitigkeit; Motiven und Motivation; Entwicklungsverzögerungen; Einbettung in Beziehungen; Ressourcenumgebung für die Problematik ... Zeitliche Suchrichtungen sind unterscheidbar: Vergangenheit (Problem- und bisherige Lösungsgeschichte); Gegenwart (Bedingungen des Auftretens, der Aufrechterhaltung); Zukunft. In der Folge können Hypothesen zur Problementstehung und zur Lösung entwickelt werden. Das geschieht in diesem Block am schon bekannten Fall Merhold.

(8) Eine zentrale Frage lautet: *Fallverstehen und/oder Diagnostik?* Verwendete Konzepte/Begriffe in der Sozialen Arbeit sind: systemische Diagnostik; soziale

Diagnose; psychosoziale Diagnose; sozialpädagogische Diagnose; diagnostisches Fallverstehen; Fallverstehen. In der Sozialen Arbeit werden Lebenssituationen dialogisch erschlossen, medizinisch werden physische und psychische Symptome mit einem vorgegebenen Schema und Kategorien konfrontiert und werden subsumiert. Ich halte den nicht besetzten Begriff des Fallverstehens für geeigneter, weil er die Besonderheiten in der Sozialen Arbeit aufnehmen kann und keine Definitions- und Terraingefechte mit anderen Disziplinen und Professionen auslösen muss. Ich bestehe in der Seminararbeit aber nicht darauf.

Gegenstand von Diagnose/Fallverstehen in der Sozialen Arbeit sind soziale Sachverhalte, die sich an einer oder mehreren Personen in ihrem Alltag und bei der Lebensbewältigung auswirken. Besondere Wichtigkeit in der Sozialen Arbeit hat die Beachtung von Subjektivität, Subjektlogik, subjektivem Sinn. Weiter ist die Verwicklung und wechselseitige Faktorenbeeinflussung in Problemkonstellationen von Interesse. Ferner liegt das Augenmerk auch auf Ressourcen. Und schließlich sind auch Hilfeerfahrungen und Hilfegeschichte bedeutsame „Inputvariablen". Qualitätsmerkmale für Fallverstehen sind: interdisziplinär; mehrperspektivisch; akzeptiert; partizipativ; aktivierend; Person-im-Umfeld-Blick; methodenplural; relevante Recherchebereiche; führt zu Handlungsideen; günstige Wirkungen im Prozess; verfahrensökonomisch.

Folgende auf Trennungsakzente angelegte Merkmalsgegenüberstellung entstand mit der Zeit – sie kann nach einem Vergleich von Fallverstehen mit psychiatrischer Diagnostik im Gespräch ggf. auch erst am Ende der Reflexion zu Fallverstehen/Diagnostik verteilt werden.

Wissensbaustein: Diagnostik/Fallverstehen I

Sozialpädagogische Diagnose/Fallverstehen	Klassische (psychiatrische) Diagnose nach ICD u. ä.
Paradigma Dialog	Paradigma Experte
Gegenstand: materielle, soziale, psychische Problemverknüpfung; Breite (Lebensumstände, Beziehungen, Fähigkeiten, Bewältigungshandeln, Wünsche …)	Gegenstand: abgegrenzte Dysfunktion; Genauigkeit
Problemverständnis: mehrdeutig; beurteilerabhängig Beurteilung	Problemverständnis: eindeutige, personenunabhängige, „richtige" Beurteilung
Passend, nützlich – unpassend, nicht nützlich	Richtig – falsch
Weiche Hypothesen (Fakten; externe Sichtweisen, Selbstdeutungen; Zusammenhangsvermutungen; Konstruktion statt Abbild)	Eher harte Hypothesen (Fakten, Sachverhaltsaufklärung bzw. deskriptive Einordnung, nicht unbedingt Erklärungsanspruch)
Auch Mit-Fühlen, Intuition als Quellen professioneller Deutung	Eher klinische Neutralität
Auch unspezifischer, weiter, vernetzender Blick	Störungsgerichteter, fokussierter Blick

Sozialpädagogische Diagnose/Fallverstehen	Klassische (psychiatrische) Diagnose nach ICD u. ä.
Verstehen von Subjektlogik, persönlicher Bedeutsamkeit	Standardabweichung von Normalität; Mittelwert-Grundlage
Entwicklung, Bildung, Erziehung	Heilung als Symptomkontrolle, -beseitigung
Eher losere, (inter-)subjektive Verknüpfungen von Problem und Lösung	Aus Diagnose (richtigem Erkennen) folgt Indikation
Selbstreflexiv; Fallbesprechung; Hilfegeschichte, Hilfesystem/Professionelle	Fallbesprechungen (ein zentraler Fokus: Vorgehen)
Fallverständnis wird mitgeteilt, es wird nach Korrekturen gefragt	Befund und Therapie werden mitgeteilt und erläutert
Partizipation	Compliance
Dynamisch; man rechnet mit Veränderungen – der Situation, der Erkenntnisse, der Arbeitsbeziehung etc.	Statischer, Anpassungen möglich
Lose standardisierte Verfahren, z. B. Gespräche; natürlicher; subjektiver; zufälliger)	Standardisierte Verfahren/Instrumente: Tests, Beobachtungsbögen, Checklisten; schematisch-kategorial
Was ist los? Was braucht …?	Was hat …? Was ist zu tun?

Schließlich wird noch ein gesamtes Verfahren vorgestellt: die sozialpädagogische Familiendiagnostik nach Uhlendorff, Cinkl und Marthaler (2008). Hier stehen die Selbstdeutungsmuster der Familienmitglieder zu ihrem Alltag, ihren Schwierigkeiten und „subjektive Hilfepläne" (W. Schefold) im Vordergrund. Es werden ausführliche Interviews mit Klient_innen geführt, die dann in Teams ausgewertet werden. Aus der Analyse gehen Konfliktthemen (d.m. Probleme), sozialpädagogische Aufgabenstellungen und Handlungsvorschläge für die praktische Arbeit mit den Familien hervor, die mit den einzelnen Familienmitgliedern dialogisch validiert werden.

Folgendes Handout wird in der sechsten Einheit verteilt.

Wissensbaustein: Diagnostik/Fallverstehen II

(1) Charakteristika – Definitorische Merkmale
Hochuli Freund//Stotz verwenden den Begriff Diagnose so, wie ich für Fallverstehen definieren würde:

„Diagnosen sind differenzierte, wissens- oder methodengestützte Deutungen zu einem Fall bzw. einer Fallthematik und enthalten Hinweise für das weitere Vorgehen. Sie haben eine sozialökologische Ausrichtung, wollen die subjektive Sichtweise und Eigenlogik von Klienten entschlüsseln und enthalten Erklärungen für das, was problematisch ist in diesem Fall. Diagnosen sind als Hypothesen zu verstehen, die im Verlaufe eines Unterstützungsprozesses überprüft und weiterentwickelt werden. Ziel einer Diagnose ist es, auf der Grundlage von Fallverstehen Hinweise für hilfreiche Interventionen zu generieren" (2011, S. 242).

Hier wird der Prozess des Fallverstehens von dem Produkt der Diagnose unterschieden.

- Enges (und weiteres) (Fall-)Verstehen: einfühlendes und rationales Nachvollziehen (und bedeutungserzeugendes, interpretierendes, Zusammenhänge stiftendes Erschließen) von subjektiver Wirklichkeit (und bedingenden Umständen) – in Klammern stehen die Erweiterungen
- Professionelle Aufgaben: Fragen, Zuhören, Vorschläge; Selbstreflexion und Selbsterläuterungen befördern; Hilfen beim Versprachlichen geben; Deutungsangebote
- Diagnose: erkennende, bewertende Aussage aus expertischer Perspektive mit standardisierten Verfahren (Subsumtion = Unterordnung eines Einzelfalls unter einen Typus von Problem)
- Professionelle Aufgabe: Einordnung eines Einzelfalls, einer Dysfunktion etc. in nicht-stigmatisierender, kooperativer Weise in ein vorliegendes Schema
- Eine (soziale/sozialpädagogische) Diagnose ist ein methodisch strukturiert angelegter Befund zu einem sozialen Sachverhalt, wobei der Befund mit Beschreibung, Erklärung, Prognose (zu wahrscheinlichem Problemverlauf und/ oder Lösungsmöglichkeiten) ausgestattet ist.
- Diagnostik: Der Prozess, der zum Erstellen einer Diagnose (Produkt) führt
- Mit Blick auf Zeitpunkte können unterscheiden werden: Eingangsdiagnostik; Zwischendiagnostik; Abschlussdiagnostik.

(2) Gegenstand und (weitere) Zwecke von Diagnostik/Fallverstehen in der Sozialen Arbeit
„Gegenstand" ist nicht eine Person, nicht ein Verhaltensausschnitt, sondern „Fälle", d.h. ein Mensch/mehrere Menschen in einer Belastungssituation (in verwickelten Konstellationen), die mit eigenen Mitteln nicht bewältigt werden kann. Der Fokus liegt auf Gegenwart und Zukunft. Die Konstellationen sind komplex sowie nicht statisch, sondern dynamisch, so dass nur Momentausschnitte zu erhalten sind. Fallverstehen/Diagnostik bedeutet: Erkundung einer komplexen Entwicklung und Ausprägung einer Problematik, d.h. Belastungen und Ressourcen kennenlernen (Lebensqualitäts-, Funktions- und Zufriedenheitsniveaus), beschreiben, erklären und mit geeigneten Handlungsfolgen versehen. Erster Zweck ist damit eine Verfachlichung statt Zufälligkeit und Dominanz von Intuition, Gefühl, Routine – auch zwecks Ausweis seriöser, transparenter, nachvollziehbarer, rationaler Arbeit. Diagnostik und Fallverstehen sollen: Problemkontext erheben; intakte Bereiche, Kompetenzen, Schutzfaktoren, Ressourcen erkunden; Bedeutungen und Zusam-

menhänge von Problemen erschließen; Ordnen (Wichtigkeiten und Dringlichkeiten, Ursachen und Folgen); Handlungsideen anregen.

Weitere, nicht selten verborgene bzw. geschönte Zwecke sind:

- Klärung von Zuständigkeit; Feststellung von Unzuständigkeit; Verweigerung von Leistungen
- Legitimation von Kosten durch Nachweis besonders komplexer Schwierigkeiten (Menge; Gewicht) = „Eintrittskarte" für aufwändige Hilfen
- Entlastung professioneller Systeme bei Scheitern (Schuld; Verantwortung)

Notwendig sind Fragen nach Interessen; Nutzen; Auftraggeber; Schwerpunktsetzungen und Auslassungen: Was interessiert (nicht)? Wonach wird (nicht) gefragt?

(3) Vorgehen/Phasen
- Fakten sammeln (beschreiben)
- Mehrere Perspektiven einsammeln bzw. einnehmen; Problemdefinitionen und Problemerklärungen zur Sprache und bei mehreren Versionen miteinander in Kontakt bringen
- Hypothesen (Zusammenhangsvermutungen) aufmachen und explorieren
- Verständigung mit Adressat_innen beachten (durchgehend)

Folgende Schritte sind analytisch unterscheidbar, einzelne Schritte wiederholen sich ggf., werden also mehrfach gegangen:

A. Was 1 (Situationsbeschreibung; Beteiligte: Adressat_in und Fachkraft)
- Sammlung und Beschreibung von Tatsachen (Fakten; harte Daten) zu Gegenwart (Lebenssituation) und Vergangenheit entlang an Lebensbereichen oder Bewältigungsdimensionen.
- Daneben: Sammlung von Sichtweisen
- Belastungen/Problemfelder und Ressourcen/intakte Bereiche interessieren gleichermaßen
- Schwerpunkt gegenwärtige Situation
- Fallzugang
- Anliegen und Aufträge

In dieser Phase (Was ist los? Was sehen Adressat_innen, was sehen Fachkräfte als Probleme, was als Ressourcen? Problemgeschichte und Lösungsversuche?) werden Adressat_innen und Drittpersonen befragt und Dokumente werden ausgewertet. Ggf. kommen Instrumente zum Einsatz.

B. Was 2 (Analyse; Beteiligte: Adressat_in und Fachkraft)
Erste Sortierung und Einschätzungen in der Dimension relevant/weniger bzw. nicht relevant – aufgrund von Äußerungen Betroffener oder Dritter; Gesetzen; professionellen (fachlichen) Gesichtspunkten; Alltagsverstand, Lebensweisheit, Berufserfahrung der Fachkraft

C. Wieso, warum, wozu (Analyse/Diagnose; Beteiligte: Adressat_in und Fachkraft)
Erklärungen durch Selbstdeutungen der Klient_innen, wissenschaftliches Wissen, Handlungswissen der Professionellen und subjektive Sichtweisen der Fachkraft. In der Sozialen Arbeit sprechen wir von Hypothesen (Zusammenhangsvermutungen). Diese können problem- oder lösungsorientiert formuliert werden. Die Situationsbeschreibung und Analyse können mit Hilfe von Instrumenten vorgenommen werden: Genogramm; Netzwerk-Karte; Zeitstrahl; Lebenslinie; Bilanzkurve; Selbsteinschätzungsbögen; Checklisten zur Fremdeinschätzung etc.

D. Was ist gut/nicht gut (Diagnose; Beteiligte: Adressat_in und Fachkraft)
Markierung bzw. Aushandlung der zu bearbeitenden Probleme aufgrund begründeter Bewertungen (Ist-Soll-Diskrepanz) – die Begründungen können ethisch-normativ (z. B. Gewaltfreiheit), auf der Grundlage von Bedürfnissen der Adressat_innen, auf der Basis von Rechten, mit Blick auf prognostisch positive und negative Folgen für den Einzelnen, für von ihm/ihr Abhängige oder das Gemeinwesen ... formuliert werden. Es entsteht – fortlaufend, angereichert – als Produkt ein gegenüber früheren Stadien substanzielleres, entwickelteres Belastungs-Ressourcen-Profil.

E. Was ist los und was soll geschehen (Diagnose/Planung; Beteiligte: Adressat_in und Fachkraft)
Zusammenschau der Daten und Perspektiven der Betroffenen und weiterer Beteiligten:

* Einschätzungen zur Art der Probleme/Belastungen und Ressourcen: Was läuft falsch, was stört ...? Was wird gekonnt, was läuft besser/gut? Wieso ist das so? = z. B. Entscheidung für zwei zentrale, wiederum elaboriertere, „sattere" Hypothesen; (vorläufige) Einschätzung als Fall von ...; (vorläufige) Einschätzung als Fall für ...
* Aussagen zu Bedarf: Was wird gebraucht? Was ist das Fehlende, für das zu sorgen ist? Hilfekonzept: Mit welchen großen Hilfelinien wollen wir der identifizierten Situation begegnen?
* Ggf. Konsens- und Dissensbereiche zwischen Professionellen und Betroffenen

F. Wohin (Planung; Beteiligte: Adressat_in und Fachkraft)

- Zielentwicklung: Zielinhalte; erwünschter Zustand; Zieladressat_in; Absichten, Wünsche, Befürchtungen ..., die mit Ziel verbunden sind; erste Mittelabschätzung (machbar?)
- Zielformulierung: Vision, Nah- und Teilziele, Eigen- und Fremdziele; Priorisierungen; Konsens/Dissens
- Zielvereinbarung, z. B. nach Smart-Modell

G. Wer, wie, womit (Planung; Beteiligte: Adressat_in und Fachkraft)
Hilfe- und Handlungsplan

(4) Eckpunkte für Fallverstehen und Diagnostik in der Sozialen Arbeit

- Spontane Selbstdeutung, Unterstützung bei der Selbstdeutung und Fremddeutung sind gleichberechtigte Wege der Erkenntnisgewinnung.
- Adressat_innen wissen nicht immer und vollständig, was ihre Probleme sind und was sie brauchen. Adressat_innen wissen allerdings teilweise, was ihre Probleme sind und was sie brauchen.
- In der Sozialen Arbeit werden Instrumente und Vorgehensweisen bevorzugt, die die Adressat_innen in den Prozess hineinholen und aktivieren. In der Sozialen Arbeit ist Fallverstehen/Diagnostik schon ein Bestandteil von Intervention.
- Fremddeutungen von Expert_innen können sich widersprechen (z. B. Aggressivität als Folge von frühkindlicher Deprivation oder als gelerntes Verhalten oder als Folge einer spezifischen Familiendynamik).
- Wegen der Komplexität der Gegenstände gibt es nicht ein seriell verwendbares Verfahren. Vollständigkeit ist nicht möglich.
- Diagnostik ist ein laufender Prozess, kein Einmalakt. Fallverstehen/Diagnosen sind vorläufige Konstruktionen.
- Erhoben werden soll nur das, was für die Aufgabe jeweils erforderlich ist. Das ist allerdings nicht jederzeit eindeutig und sicher.
- Fachkräfte nehmen prinzipiell eine kritische Haltung zur Glaubwürdigkeit von Quellen ein.
- Fachkräfte nehmen auch eine kritische Haltung zu den eigenen spontanen Gefühlen, gefühlsmäßigen Einschätzungen, Klassifizierungen und Attribuierungen ein. Sie nehmen dieses Material aber auch als Quelle von Erkenntnisgewinnung an.

Didaktisch-methodische Überlegungen
Lehr-Lern-Ziele sind:

- Die Student_innen sehen Fallverstehen als unverzichtbaren Schritt im Hilfeprozess und kennen die Eigenart und Charakteristika für die Soziale Arbeit.

- Sie können Beispiele des theoriegeleiteten Fallverstehens und der Sozialpädagogischen Diagnose kriteriengeleitet bewerten.
- Sie üben Hypothesenbildung und Instrumenteeinsatz (Genogramm; Netzwerkkarte; ggf. Zeitstrahl).

Die Menge an Dozenteninput in der Einheit zu Fallverstehen/Diagnostik ist recht groß. Dennoch bestehen auch in dieser Einheit Aktivierungsmöglichkeiten. Folgende Bestandteile enthält die Umsetzung des Themas in der Lehre:

1. Unterrichtsgespräch und Dozenteninput zu den Begriffen Fallverstehen und Diagnostik; Besonderheiten in der Sozialen Arbeit
2. Sichtung gängiger Instrumente in der diagnostischen Phase; Bewertungen im Plenum
3. Textlektüre Hochuli Freund//Stotz zu theoriegeleitetem Fallverstehen, insbesondere zu Hypothesenbildung im Fall P.
4. Hypothesen zum Fall Merhold (Partnerarbeit; Plenum)
5. Referat Sozialpädagogische Familiendiagnose
6. Anwendungsbeispiel zu (5), mit Gast
7. Wissensbaustein zu Diagnose/Fallverstehen lesen
8. Bilanz im Plenum

(1) Vorweg: Das Interesse der Lerngruppen an theoretischer Tiefung und Genauigkeit variiert, ist aber oftmals nicht sehr ausgeprägt. In diesen Abschnitt des Seminars gehören sachlogisch auch die Erarbeitung und Diskussion der Begriffe Fallverstehen und Diagnose und die erinnernde Rekapitulation von Besonderheiten in der Sozialen Arbeit. Erschwerend und verwirrend ist, dass ich den Terminus Fallverstehen präferiere, die verwendeten Quellen (Hochuli Freund/ Stotz 2011; Uhlendorff/Cinkl/Marthaler 2008) aber den Begriff Diagnose benutzen. Die Studierenden sind interessiert daran, die in sozialmedizinisch-psychiatrischen Seminaren und Praxisstellen kennengelernten Diagnostikmodelle mit einheimischen Zugängen der Sozialen Arbeit zu vergleichen. Je nachdem, wie viele Student_innen welches „Lager" auf welche Weise argumentativ vertreten, fällt das Niveau der Differenziertheit aus. Die Rolle der Seminarleitung variiert auch hier, je nach Prozess, zwischen Moderation und Standpunktvertretung. Minimalkonsens ist eigentlich immer, dass die einzusetzenden Verfahren von Zweck, Erkenntnisinteresse und Gegenstand abhängig sind. Eine Teilleistungsstörung sollte diagnostiziert werden, ein Paarproblem verstanden werden, eine Angststörung oder depressive Phase oder ein Drogenthema macht womöglich härtere und weichere Verfahren in Kombination nötig. Das Ziel dieser Einheit wird fast immer erreicht, wenn ich die Beiträge zugrunde lege: Eigenheiten, Chancen und Grenzen der Zugänge in der Sozialen Arbeit ins Bewusstsein zu rücken, um Potenziale, Gefahren, ein Ergänzungsverständnis zu durchdenken.

(2) Die Einheit enthält auch eine methodische Besonderheit. Auf vier Tischen mit fünf bis sieben Stühlen liegen circa zehn Instrumente in Kopie, die in der diagnostischen Phase in Unterstützungsprozessen wie etwa Erziehungshilfen eingesetzt werden können. Die Studierenden erhalten 60 bis 90 Minuten Zeit, die Unterlagen zu lesen, prüfen, bewerten. Zur Verfügung stehen, verbunden mit einem Einschätzungsauftrag:

Instrumentensammlung Situationserfassung/Analyse

(1) Netzwerkuntersuchung
„Soziales Atom" (aktualisiert, nach Moreno; Netzwerkkarte (mit Beziehungslinien; z. B. nach Pantucek) – Zweck: Information, Selbstprüfung, Bewertung von Beziehungen – kann im Team oder mit Adressat_innen verwendet werden

Kommentar:

(2) Ressourcen (diverse)
Ressourcengliederung und ressourcensuchende Fragen; Ressourcenbogen Hilfen zur Erziehung – Zweck: Lenkung der Aufmerksamkeit auf Ressourcen; interessante Fragestellungen, die Lust auf „Schatzsuche" machen (mit Adressat_in)

Kommentar:

(3) Themenraster Exploration Familiensituation (Schwing/Fryszer)
Zweck: Strukturierte Informationssammlung und -dokumentation (Fachebene oder mit Adressat_in)

Kommentar:

(4) Systematisch visualisierte Lebensgeschichte (mit Kindern ab circa fünf Jahre und Jugendlichen) (Tomas/Mittag)
Zweck: Erzeugung von Erzählungen als Begleitung und Erklärung von Bildermalen (Erkennen von Relevanzen – in Vergangenheit, Gegenwart und/oder Zukunft)

Kommentar:

(5) Zeitstrahl, Zeitschiene (diverse)
Zweck: Übersicht zu Ereignissen und Zeitpunkten; Verbindungsmöglichkeiten von Lebensereignissen, Hilfen, Hilfefolgen (mit oder ohne Adressat_in)

Kommentar:

(6) Genogramm (diverse)
Zweck: Übersichtsschaffung über Mitglieder, Beziehungen, Themen (intergenerational) (mit oder ohne Adressat_in)

Kommentar:

(7) Sozialpädagogische Diagnose (Landesjugendamt Bayern) (alt – neu; lang – kurz)
Zweck: Strukturiertes Informationserhebungsraster zur Vorbereitung von Hilfeentscheidungen

Kommentar:

(8) Interviewleitfaden Sozialpädagogische Familiendiagnose (Uhlendorff/Cinkl/Marthaler)
Zweck: Systematische Informationssammlung (Selbstsicht, -deutung)

Kommentar:

(9) Situationserfassung Mind Map (diverse)
Zweck: Übersicht zu relevanten Sachverhalten, visualisiert und gegliedert nach Lebensbereichen

Kommentar:

(10) ICF – Internationale Klassifikation der Funktionsfähigkeit ... (Weltgesundheitsorganisation WHO)
Zweck: Einschätzung akuter Funktionsbeeinträchtigungen

Kommentar:

Auswertungsgesichtspunkte sind: Welches Instrument gefällt, welches weniger oder nicht, und wieso? Welches Instrument könnte für Adressat_innen heikel sein und wieso? Sollte es in Organisationen ein verbindliches Set an Instrumenten geben oder sollten die Mitarbeiter_innen frei entscheiden, was sie einsetzen? Immer entwickeln sich nach der Selbstlernphase interessante Seminargespräche. Deutlich wird oft zweierlei: Die Vorlieben und Abneigungen für einzelne Instrumente streuen recht breit. Und die Mehrzahl votiert dafür, wenige Instrumente verbindlich einzusetzen. Daraus eventuell resultierende Spannungen in der realen Durchführung vor Ort, wenn Professionelle mit Ansätzen arbeiten, hinter denen sie nicht stehen, müssen in „Trockenübungen" wie Meinungsäußerung im Seminar nicht bearbeitet werden. Es spricht tatsächlich viel dafür, trägerspezifisch Vorgaben zu machen,

An einem der bis dahin eingesetzten Fälle (dem Fall Merhold) werden Genogramm- und Netzwerkkartenerstellung geübt, Teilnehmer_innen (z. B. solche, die schon in der Sozialen Arbeit tätig sind) erhalten zudem die Hausaufgabe, in der Woche bis zur nächsten Sitzung mindestens ein weiteres Instrument auszuprobieren (vor allem mit dem Fokus der dialogischen Erstellung mit Klient_innen) und dann im Seminar darüber zu berichten. Die digitale Instrumentensammlung wird verschickt.

(3) und (4) Zur Einführung in die Hypothesenbildung, im dritten Semester wurde das Thema schon einmal besprochen (vgl. C.3.3), eignet sich ein Text aus dem Standardwerk von Hochuli Freund/Stotz (2011, S. 216–244, ggf. in Ausschnitten S. 225 ff.); die Lektüre muss leider womöglich in der Seminarzeit erfolgen, da eine Hausaufgabe mit vorbereitendem Lesen erfahrungsgemäß nur von der Hälfte erledigt wird. Hier kann auch am Fallmaterial, das den Klienten P. und seine Situation abbildet (vgl. ebenda, S. 225 ff.), gesehen und überprüft werden, wie Hypothesenbildung geht und wie weit diese trägt. Die rezeptive Arbeit klappt gut; schwieriger ist, wenn die Hypothesenbildung auf die bekannten Fälle Meike Merhold oder Familie B. übertragen werden soll. Dabei kommen die Studierenden meistens nur mit Dozentenunterstützung zu befriedigenden Ergebnissen von hinreichender Komplexität, die dann nicht ihre ganz eigenen Werke sind. Vor allem die differenzierte Verschriftlichung fällt vielen schwer.

Folgende *Hypothesen* entstanden im Durchführungszeitraum der Lehrveranstaltung für den Fall Merhold:

Problementstehung
Schwangerschaft als Individuationsversuch und risiko- und kostenreiches Sprungbrett in die Verselbstständigung: Meike ist Teil eines herkunftsfamilialen Systems, das nur sehr beschränkt Selbstentwurfschancen für die junge Frau ermöglicht. Die Binnenorientierung von Meikes Mutter und die klaren Vorstellungen, wie die Tochter sein soll, bieten eingeschränkte Chancen, sich auf eigene Weise abzulösen und biografische Suchbewegungen nach einer passenden Identität unter dem Dach der Mutter zu vollziehen. Die alleinerziehende Mutter könnte geneigt sein, ihr einziges Kind in Abhängigkeit zu halten. Die frühe Schwangerschaft kann vielleicht als abrupter Fluchtversuch gedeutet werden. Eine Auseinandersetzung mit der Mutter traut sich Meike (aus welchen Gründen auch immer) nicht zu.

Wiederholungen: Meike steuert gleiche Konstellationen an, die sie eventuell selbst erlebt hat: Konfliktscheu, Konfliktvermeidung, ggf. Tabuisierung und

Totschweigen von dissensträchtigen Themen (Vermutung); Trennung auf der Paarebene; Status des Alleinerziehens. Gibt es hier Vermächtnisse, Glaubenssätze, „Verschreibungen", etwa: Auf Männer ist sowieso kein Verlass. Männer stören und wir brauchen sie nicht?

Meike zwischen zwei Müttern: Meike hat sich nun zwei Mutter-Meike-Beziehungen kreiert. Will sie über Frau N. den Absprung schaffen, will sie sich an ihrer Mutter rächen, will sie damit ihre eigene Mutter zum entgegenkommenden oder beziehungsklärenden Handeln auffordern?

Meikes bedrohte Adoleszenz: Meike hat sich ein eher pflichtenarmes, leichtes, lustbetontes Leben als junge Frau verbaut bzw. erschwert. Gleichzeitig hat sie sich einen Partner mit einer verlängerten Adoleszenzphase ausgesucht, die dieser mit einem starken Kinderwunsch versieht. Wieso verzichtet sie auf dieses Moratorium? Steht dahinter überhaupt eine Entscheidung? Gibt es heimliche Botschaften bzw. Wünsche und Sehnsüchte, die sie auf diese Bahn „zwingen"?

Überlastungskrise: Jede erste Geburt kann auch als kritisches Lebensereignis verstanden werden, weil noch keine Erfahrungen und Bewältigungsroutinen vorhanden sind. Im Fall von Meike kommen als „Stressoren" hinzu: ungeklärte Mutter-Meike-Beziehung; Konflikte mit Niko; Kind kränkelt; Isolation; erstes Alleinwohnen; Schulabbruch mit berufs- und lebensplanerischer Ungewissheit. Eine solche Kumulation von Belastungen muss zu Labilisierung führen; ein „Zusammenbruch" und die Notwendigkeit externer Hilfe brauchen nicht unbedingt familiendynamische und benötigen keine pathologisierenden Erklärungsversuche, sondern sollten als „normale Reaktion" gedeutet werden.

Lösungsorientierung
Mutter – Tochter: Wenn Meike die Beziehung zu ihrer Mutter klärt und von dieser gar „uneigennützige" Unterstützung erhält, entsteht neuer Freiraum, ihre Ablösung und ihre Selbstentwicklung spannungsärmer aus sich heraus zu entwickeln.

Meike – Niko: Wenn Meike zwischen der Vater-Kind-Ebene und der Paarebene unterscheiden kann und wenn sie moderierende Unterstützung für Absprachen und Konfliktklärungen mit Niko erhält, dann kann Lisa vielleicht die Vaterbeziehung erhalten werden. Zudem kann das Paar (falls gewollt) im Trennungsprozess ausloten, welche Potenziale die Beziehung noch hat.

Meike selbst: Wenn Meike eine nicht verwickelte Vertrauensperson hat, sind erste Hilfe und Entlastung möglich, so dass der Druck sinkt und ein Nacheinander der Belastungsbewältigung greifen kann.

Wenn Meike pflichtenfreie Räume erschafft und wenn Meike als junge Erwachsene kräftigende Erfahrungen macht und in Peer-Kontexte kommt (junge Mütter und Väter, junge Menschen ohne Kinder), wird sie Klärungsprozesse, Mutterrolle, Lebensplanung ... sicherer und mutiger angehen und ggf. ein Gefühl etwas verlieren, viele schöne Dinge zu verpassen.

Zuerst sollten die Studierenden für sich in Partnerarbeit tätig werden (Vorschlag: pro Paar zwei bis drei Hypothesen). Dann kann im Plenum zusammengetragen und verbessert werden. Ggf. werden von Dozierendenseite Hypothesen(teile) eingespielt. Interessant sind drei überdurchschnittlich häufige Erfahrungen: Die Student_innen präferieren sozialpädagogische gegenüber psychologischen Hypothesen. Sie achten ferner stark darauf, ob Hypothesen durch Fallinformationen gedeckt oder (hoch-)spekulativ sind. Und sie fragen, manchmal vielleicht auch eng, nach dem unmittelbaren Nutzen für das weitere professionelle Handeln.

(5) und (6) Zur Vertiefung und zum Anschaulich-Werden bietet sich, den Komplex Verstehen abschließend, die Vorstellung der Sozialpädagogischen Familiendiagnose an (vgl. Uhlendorff/Cinkl/Marthaler 2008; Cinkl/Krause 2012). Motivierend wirkte immer, dass ein Mitautor (S. Cinkl) viele Jahre regelmäßig Gast in der sechsten Einheit war. Das studentische Referat gelingt fast immer (sehr) gut, wenn der Rat zu erheblicher didaktischer Stoffreduktion beherzigt wird. Denn es kommt ja nicht auf die Vorstellung des kompletten Modells an, sondern auf die Philosophie und das Vorgehen: Konflikt-, Hilfethemen und Hilfeansätze aus biografischen Interviews herauszuhören und ein Stück herauszulesen. Mit dem Gast wird genau das im Anschluss an das Referat an einer Tonaufnahme geübt. Die Studierenden erweisen sich bei interessanten und gar bei prominenten Besucher_innen meist als besonders wach und engagiert.

(7) und (8) Ganz am Ende können der Wissensbaustein Diagnose/Fallverstehen gelesen, Bilanz im Plenum gezogen, offene Fragen beantwortet werden.

3.4 Ziele

Thema und Inhalt
Ziele geben einer Hilfe Richtung und sind verbindendes Dialogthema (Was soll das hier bringen), das inzwischen theoretisch gut systematisiert ist (vgl. von Spiegel 2004; Schwabe 2005).

Meist bleiben Ziele implizit, sind ggf. nicht einmal bewusst. Explizite Ziele beginnt man zu formulieren, wenn man selbst einen Mangel verspürt oder wenn man verpflichtet wird. Dann startet ein mehr oder weniger umfangreicher Planungsprozess. Zentrale Fragen hinsichtlich der *Zielentwicklung und -formulierung* sind:

1. *Adressat_in:* Wer soll bzw. will das Ziel erreichen? *Inhalt:* Was soll erreicht werden? *Zweck:* Wozu soll das Ziel erreicht werden? *Motive und Gründe:* Wieso soll das Ziel erreicht werden? *Mittel:* Wie soll das Ziel erreicht werden? Mit Blick auf Hilfen zur Erziehung können Phasen unterschieden werden.
2. *Kontaktaufnahme und Problembeschreibungen einholen:* Was belastet wen? Wer leidet worunter wie stark? Sichtweisen der Betroffenen sollten mit eigenen Beobachtungen und ersten hypothetischen Gedanken ergänzt werden; auch Ressourcen sind zu erkunden (lagesondierende Informationssammlung)
3. *Wünsche, Anliegen, Aufträge der Adressat_innen kennenlernen:* Was soll sich ändern? Was soll besser werden? Erste Ideen werden deutlich. Eventuell gelingt eine Verknüpfung von Problemen und Ressourcen. Ggf. entstehen im günstigen Falle (auch!) Eigenziele, Konsensziele, Wir-Ziele (statt ausschließlich Fremdziele, Dissensziele, Ich-Ziele). (Bedarfsabklärung; Arbeitsbündnis)
4. *Reflexion (im Team): Zielqualität* (wie stark gewollt, wie eindeutig, wie konkret, wie mitgetragen von Bezugspersonen etc.); „Fallen"; unklare Aufträge; Ambivalenzen; subjektive Hilfepläne (das, was Betroffene selbst als hilfreich erleben; Wege der Umsetzung); Koppelungsmöglichkeiten mit Auflagen
5. *Zielfindungsprozess im engeren Sinne* – vor, im Rahmen, nach der Hilfekonferenz: Je nach Kontext und Situation können Ziele gesetzt sein oder ausgehandelt werden. Der Prozess der Zielklärung kann in drei Sequenzen unterteilt werden:
   - *Grundlagen für Zielfindung schaffen:* In dieser Phase werden Zielbereiche erkundet und Bedürfnisse und emotional positiv besetzte Visionen werden zur Sprache gebracht. Im Mittelpunkt steht, wie der neue erwünschte Zustand beschaffen sein sollte.
   - *Zielbildung:* Durch Fragen, Stellungnahmen und Formulierungsvorschläge werden Richtungs- und Teilziele in Dialogen ersonnen und definiert.
   - *Zielbestimmung und -konkretisierung:* Schließlich werden einige erreichbare, indikatorengestützte Ziele aufgeschrieben und mit einem Handlungsplan versehen. Günstige Bedingungsvariablen sind: Konsens; Klarheit; Konkretion; Bedeutsamkeit; Freiwilligkeit …
6. *Arbeit an der Zielerreichung:* Präsenthalten der Ziele im Alltag; In-Frage-Stellen des Ziels, der Art der Unterstützung … bei mangelndem Engagement
7. *Zielüberprüfungen:* Einschätzungen einsammeln und abgeben, was erreicht wurde; weitere Zielrelevanz einschätzen; Suche und Bestimmung anderer, weiterer Ziele (vgl. Widulle 2011a).

Oft ist es nicht einfach, von Problembeschreibungen und -untersuchungen zu konkreten und erreichbaren Zielen zu kommen (vgl. in der Folge Schwabe 2005). Die Festlegung auf Ziele beinhaltet fast immer, mit der Offenlegung und der Verbindlichkeitssetzung als Adressat_in auch in eine Mitarbeitsverpflichtung zu geraten. Positiv gesehen: „Ziele [...] unterstützen den Wechsel von Vergangenheits- auf Zukunftsorientierung, schaffen Hoffnung auf Veränderung und sind Basis für das Arbeitsbündnis" (Widulle 2011a, S. 139). Selbstgesetzte, energiegeladene Ziele mit intrinsischer Motivation werden allerdings nicht selten neben fremdgesetzten oder mindestens anstrengenden und nicht kräftig und kontinuierlich verfolgten Zielen koexistieren. Mitentscheidend für das Verfolgen von Zielen sind die Motive von Menschen genauso wie die Gestaltung von ermöglichenden Bedingungen. Vor der Zielklärung stehen oft Explorationsaktivitäten und die Auseinandersetzung mit Ambivalenzen, d. h. mit jener inneren Seite, die Status Quo-Erhalt, Nicht-Veränderung, das Alte, Routinierte, Vertraute protegiert und erhalten will. Womöglich geht es erst einmal um das Kennenlernen von Hindernissen und weniger um erwartete und erwünschte komplikationslose Bemühungen belasteter Menschen.

Der Lernstoff kann sehr weitgehend an Fällen und aktivierend erarbeitet werden. Die Seminararbeit beschränkt sich auf zwei Zielmodelle, wobei die Auswahl durch Relevanz, Verbreitung und Lehrbarkeit begründet wird (vgl. zu den Modellen Schwabe 2005): das Mehrebenen- und das Smart-Modell. Diese sind durchaus gemeinsam verwendbar, aber auch alternativ einsetzbar.

Folgender Text wird im Unterricht gelesen, z. B. mit der sehr offenen Frage „Was erfahren wir über Ziele?" oder unter zieltheoretischen Einzelaspekten.

Wissensbaustein: Ziele

Als *Merkmale (und Potenziale) von „guten" Zielen* können gelistet werden: Richtungen werden selbstklärend entwickelt, ggf. werden dabei Prioritäten und Umsetzungswege überprüft und fortgeschrieben; dynamische, flexible Ziele begleiten sich verändernde Situationen. Ziele ermöglichen insgesamt Überblick und (Selbst-) Steuerung. Der Zeitpunkt stimmt; Kooperationsbereitschaft, Vertrauen und Motivation sind hinreichend gegeben bzw. es besteht dazu Transparenz, wie die Arbeitsbeziehung beschaffen ist, und wer was von wem will. Ziele sind klar, positiv, bedeutsam, hierarchisiert und mit vorhandenen und entwickelten Fähigkeiten erreichbar.

Häufig bleiben Ziele vage oder überfordernd hochgesteckt; die *Smart-Kriterien* (spezifisch; messbar; attraktiv und annehmbar; realistisch; terminiert) können günstig für Zielklärung und -entwicklung eingesetzt werden. Beispiel: F. soll in der Schule besser lernen (Hilfeplan-Ziel):

- Erster Klärungsschritt: Will F. in der Schule besser werden? Bei Bestätigung heißt das Ziel nun: F. will in der Schule besser werden.
- Weitere Klärungsschritte: Was heißt „besser werden"? Über mehrere dialogische Zwischenschrittchen („Ich will ein besseres Zeugnis haben." „Ich will in Mathe besser werden." „Ich will in Mathe die Note 3 erreichen.") steht am Ende: „Ich will in Mathe in der nächsten Klassenarbeit in drei Wochen eine 3 schreiben."

Dieses Ziel entspricht den Smart-Kriterien. Nun geht es zu den Handlungsschritten. Diese können sein:

- Hausaufgaben notieren
- Feste Zeiten für Mathe-Lernen einräumen, z. B. vier Tage in der Woche eine Stunde (Mo, Di, Mi, Do)
- Eine_n Lernhelfer_in organisieren
- Selbstbewertung (z. B. 0 bis 7) unter dem Aspekt der Zufriedenheit mit den Übungseinheiten vornehmen; Fremdbewertung der Lernhilfe damit kontrastieren
- Belohnungen für Einhaltung der Übungszeiten festlegen
- Dem/der Lehrer_in Bescheid geben, dass das Programm läuft
- Feedback-Gespräche zwischen Lernhilfe und F. zum Erleben der Unterstützungsqualität festlegen und durchführen

Dieses Modell impliziert: Die Lage ist rational durchschaubar. Jemand hat Willen und Fähigkeiten, etwas zu unternehmen. Rückschläge, Unlust, Ambivalenzen, Überraschungen hindern nicht an der Durchführung des rationalen Handlungsplans. Die Arbeit kann tendenziell dem Coaching-Modell folgen. Schwabe rechnet jedoch mit *Hindernissen:* Schwankungen und Widersprüchlichkeit der Motive; mangelnde Unterstützung von Umfeldpersonen und nicht hinreichend ausgeprägte Fähigkeiten; Auseinanderfallen von Wollen und Sollen. Zudem antizipiert er mögliche falsche Zeitpunkte sowie diverse „handwerkliche" Probleme auf Seiten der Professionellen bei der Zielentwicklung.

Einige Präzisierungen:
(1) Mit der *Zielpyramide* liegt ein vierschrittiges Modell vor (vgl. Schwabe 2005, der ein Dreischritte-Modell zugrunde legt), das Unterscheidungen in Ebenen und Schritte nahelegt und besonders die emotionale Basis beachtet: Vision bzw. Richtziel (mit Leuchtfeuer-Charakter); Teilziele (bei Schwabe wegfallend); Entwicklungsaufgaben (Was muss ich lernen, schaffen, klären, um ein Ziel zu erreichen? Voraussetzungen, Fähigkeiten); Handlungsschritte. Für Veränderung ist u. a. erheblich, ob wir eine Vision zum Leben erwecken können, die emotional berührt, etwa: „Mir scheint, du bist manchmal selbst unglücklich, wenn du in Streit gerätst. Da

überwältigt es dich und dann stehst du vor einem Scherbenhaufen. Dabei willst du vielleicht vor allem zu deiner Klasse gehören, einen geachteten Platz haben. Sehe ich das richtig?" Sodann ist zu prüfen, welche Entwicklungsetappe zu dem emotional eingebetteten Ziel führen könnte: „Was für dich ansteht, ist aus meiner Sicht, andere Formen zu suchen, wie du Respekt und Dabei-Sein erlangen kannst. Da gibt es bestimmt fünf Wege. Wenn du willst, helfe ich dir, einen für dich passenden zu finden."

Der modellhafte Weg der *Zielfindung im Mehrebenen-Modell*, hier am Beispiel Felix, kann folgende Bestandteile enthalten:

Ein positiv besetztes Bild (gefühlsmäßig verankert): Ich bin Teil einer Klassengemeinschaft und schaffe die Anforderungen. Ich habe Freunde und keinen Superstress mit meiner Mutter. Ich kann beruhigt einschlafen. Ich akzeptiere, dass Schule zu meinem Leben gehört. Weil das „mein Job" ist, gehe ich hin (verbunden mit kräftigen Gefühlen und Visionen: Stolz auf sich selbst; Stolz der Eltern; ein guter Beruf; Familie ernähren können; anerkannte Person sein; sich was leisten können; unabhängig sein …).

Teilziele (diesen Schritt lässt Schwabe aus − es ist tatsächlich zu vermuten, dass man viele Klient_innen verliert, wenn es zu komplex wird … und die Teilziele liegen nah an Handlungsschritten): Ich bringe mein Verhältnis zu Lehrer M. in Ordnung. Ich verhalte mich so, dass die Lehrer_innen meine neuen Bemühungen wahrnehmen können. Ich arbeite aktuelle Lücken in Mathe in den nächsten vier Wochen auf. Ich kläre meinen Konflikt mit den Mitschüler_innen X., Y., Z.

Entwicklungsaufgaben (Voraussetzungen schaffen): Manchmal kann nicht gleich mit der Umsetzung losgelegt werden, weil zuvor und parallel etwas Zentrales gelernt werden muss, um wirksam zu handeln. Entwicklungsaufgaben sollen nicht überfordern; sie bergen Risiken, weil man scheitern kann. Mit Rückschlägen ist zu rechnen. Im Fall Felix zu lösende Aufgaben könnten sein: Ich möchte es schaffen, die Auftretenshäufigkeit bedrohlicher Situationen mit Mitschüler_innen zu mindern und neue Umgangsweisen mit brenzligen Situationen lernen. Und ich bekomme mit, worauf Lehrer_innen bei mir verärgert bzw. wohlwollend reagieren und übe, dass ich mich besser an die Regeln A und B halte.

Handlungsschritte/Planung: wer − mit wem − was − wie − (bis) wann und wo? Bei der Entwicklung und Verfolgung von Handlungsschritten sollte u.a. berücksichtigt werden, dass es gerecht zugeht bzw. möglichst viele der Beteiligten Aufgaben übernehmen.

(2) Im Umkehrschluss werden *Ziele unwirksam bleiben* (vgl. auch in der Folge Schwabe 2005), die vage, allgemein und abschreckend unrealistisch und damit

demotivierend sind. Mitunter werden zu viele Ziele aufgerufen bzw. Zielkonflikte werden nicht erkannt. Oder das Thema unvereinbarer, sich widersprechender Ziele (z. B. zwischen Eltern und Kindern oder Mutter und Vater) wird in seiner schwächenden Kraft oder gar torpedierenden Substanz nicht erkannt oder nicht ernst genug genommen. Auch statische, überholte Ziele entfalten keine Bewegkraft. Sinnvolle Neuentscheidungen unterbleiben. Oft werden Ziele zu früh oder in Krisen erfragt, wenn die Lebenssituation und die innere Verfassung gänzlich ungeeignet sind. Auch Menschen, die überwiegend planlos leben bzw. die ihre Wünsche etc. bisher aus verschiedenen Gründen nicht realisieren konnten, sind schwer für Zielentwicklung zu begeistern (vgl. auch Pantucek 2006, S. 89 ff.). Es gibt Eltern und junge Menschen, die nur eingeschränkt über basale Voraussetzungen und Fähigkeiten zur Zielarbeit verfügen (aufgrund verstörender biografischer Erfahrungen; akuter Belastungen; Kompetenzmangel ...). Die Lebenssituation diktiert andere Themen bzw. festigt dysfunktionale (aber für das Gegenüber aus seiner oder ihrer Perspektive sinnvolle) Bewältigung. Gerade unter der Bedingung eingeschränkter Freiwilligkeit werden Fremdziele Eltern, Kindern und Jugendlichen (zunächst) oft nicht annehmbar erscheinen. Insbesondere auch in Zwangskontexten gibt es Vereinbarungen, die im pädagogischen Binnenraum gesagt werden, aber dem „Draußen-Leben" nicht standhalten (die in den Lebenswelten kassiert werden). Ggf. liegen generell negative Erfahrungen mit Hilfe in Ämtern, Heimen, Schule etc. vor.

(3) Prinzipiell zu unterscheiden sind *Eigenziele (Ich will) und Fremdziele (Er/sie soll)* (vgl. Schwabe 2005). Ziele, die eine Person selbst hat bzw. formuliert, sind deren eigene Ziele. Diese können mehr oder weniger erfolgreich verfolgt werden: Hausaufgaben schnell machen, um dann Freunde zu treffen; Paul aus der Nachbarklasse zum Freund bekommen; den Konflikt mit dem Vater aus der Welt schaffen; den Sozialpädagogen für sich einnehmen oder aber auf Distanz halten ... Pädagog_innen können und sollen Menschen bei der Bewusstwerdung und Verfolgung eigener Ziele helfen (Zielentwicklung anregen; Dilemmata klären; Umsetzungswege dialogisch ersinnen; die Durchführung begleiten, erinnern, kontrollieren ...). Zudem gibt es Ziele, von denen Professionelle gerne hätten, dass jemand anderes sich diese zu eigen macht: Tom soll weniger kiffen, schlagen, Regeln „vergessen". Die Frage heißt dann: Wie können wir einen Menschen dazu bringen, das Fremdziel in den Bereich des „Ich will" (zumindest manchmal, ein bisschen) zu holen? Realistisch ist als Schritt in diese Richtung oft zunächst eine Weckung der Bereitschaft, sich überhaupt mit dem herangetragenen Ansinnen ernsthaft zu beschäftigen. Fremdziele zeigen sich in einem Kontinuum: von „absolut unannehmbar" über „eventuell unter bestimmten Umständen teilweise erträglich" bis zu „da hätte ich eher draufkommen können" (dann aber ein verborgenes Eigenziel, in der Praxis nicht die Regel). Wenn Fremdziele verfolgt werden, wird das Verhalten der Fachkraft beplant, nicht das der Adressat_innen.

Folgende *Abstufungssystematik* soll ordnende Funktion haben, wobei die genannten Zielmodalitäten nicht scharf zu trennen sind (die Beispiele beziehen sich auf Schulschwänzen bzw. Schulprobleme). Der Fall: Felix, 13 Jahre, schwänzt stunden- und tageweise die Schule. Im Hintergrund stehen Familien-, Peer-, Sozialverhaltens-, Leistungsprobleme.

* Vom eigenen Wollen bzw. Können entferntes und deshalb vermutlich eher *abgelehntes Fremdziel:* Felix soll ab morgen lückenlos und motiviert die Schule besuchen.
* *Ambivalent erlebtes Fremdziel:* Felix soll durch gute Leistungen einen glatten Übergang auf die weiter führende Schule schaffen und später einen perspektiveröffnenden Abschluss bekommen.
* *Probeweise akzeptiertes Fremdziel:* Felix soll mit Unterstützung bis zu den Sommerferien mindestens 90 % der Unterrichtszeit anwesend sein und versetzt werden.
* *Vorgeschlagenes übernommenes Fremdziel:* Felix spricht mit einer Vertrauensperson über die Gründe, manchmal nicht in die Schule zu gehen, und erlaubt, dass die Vertrauensperson mit der/dem Lehrer_in über seine Chancen redet.
* *Selbst initiiertes Eigenziel:* Ich will mit neuen echten Chancen auf einen Neustart regelmäßig in die Schule gehen und bekomme als Belohnung einen eigenen Computer und erweiterte Verfügung über Weggeh-Zeiten, wenn ich die Versetzung schaffe (vgl. Schwabe 2005).

(4) Es ist legitim, als Pädagoge_in Fremdziele aufrechtzuerhalten. Diese setzen Fachkräfte z. B. mit Zwang, Verlockung, „Nerven" oder Aushandeln (Ich will haben … – Ich gebe …) durch (vgl. auch in der Folge Schwabe 2005). Im Verlauf der probeweisen *Annäherung an ein Fremdziel* könnten folgende Schritte animierend wirken:

* Was sollen andere tun? Wie sollen sie es genau machen?
* Was könntest du beitragen, dass der/die Professionelle ihre/seine Unterstützung möglichst günstig anlegen kann?
* Was hast du bisher schon selbst getan, was in die gewünschte Richtung weist?
* Könntest du davon mehr tun, falls ja, wie?

An das Fremdziel (Beispiel: Kein Auszug in das Betreute Einzelwohnen, sondern noch ein Jahr in der Heimgruppe wohnen bleiben) werden probeweise Relativierungen herangetragen, die es annehmbarer machen. Dabei müssen wesentliche Teile aus dem Eigenziel, aus der Heimgruppe auszuziehen, bewahrt werden (Weggehzeiten; Minderung der Kontrolle; Freundin treffen; nachts mit der Band proben ...). Das Eigenziel muss also in Teile zerlegt werden, um „Portionen" in das Fremdziel „Kein Umzug" zu integrieren. Ggf. muss die „bittere Pille" Fremdziel mit Entschädigungen erträglich gemacht werden. Günstig ist fast immer, wenn Spielräume für eigene Interessen gewonnen werden, sofern man sich auf das Fremdziel einlässt. Oft erleichternd und Türen öffnend sind diese Relativierungen: Nicht immer, aber manchmal. Nicht alles, aber Teile. Dieses heute, jenes morgen und weiter schauen wir dann. Nicht allein, aber zusammen bzw. andere gehen in Vorleistung. In der Durchführung nicht so, aber anders. Noch nicht machen, aber beobachten, nachdenken, innerlich damit beschäftigen. Als Experiment für beschränkte Zeit deklarieren, die mögliche Brauchbarkeit wird als ergebnisoffen definiert. Kompromisse durch „Federn lassen" auf allen Seiten.

Erhebliche Rückschläge könnten z. B. dazu führen: Richt- bzw. Leitziel bzw. den emotionalen Hintergrund überprüfen und ggf. modifizieren; Teilziele und korrespondierende Schritte neu verhandeln; neue Umsetzungswege suchen; Aufgaben neu verteilen; ergänzende Attraktionen („erstrebte Prämien") ersinnen.

(5) Die *Rolle der Fachkraft* ist auch beim Zielthema zu unterscheiden: unparteiliche Moderation (z. B. in einem Eltern-Kind-Konflikt, also bei Dissens); Interessenvertretung und Standpunkteinnahme bei weiterer Prozess- und Moderationsverantwortung; Durchsetzung von Fremdzielen.

(6) *Bewertungskriterien Hilfeplanziele:*
* Unterscheidung Wünsche, Wille, Aufträge, Auflagen, Ziele
* Personengenaue Unterscheidung von Ziel-Sender und -Empfänger (Adressat_in)
* Positive Zielformulierungen
* Zieldifferenzierung: Richtungsziel mit „Leuchtfeuer"-Charakter (Vision); ggf. Handlungsziele; Handlungsschritte
* Schlüssig zusammenpassende, realistische und nachvollziehbare Ziele
* Verknüpfung von Zielen mit Ressourcen
* Trennung in Fremd- und Eigenziele; Konsens und Dissens zwischen Beteiligten markiert
* Leistungsziele bzw. Handlungsziele auch für Einrichtung und Professionelle
* Andere Umfeldakteure in der Zielentwicklung bedacht (Eltern; Schule; Therapie ...); Einbindungsqualität (vgl. Schwabe/Thimm 2018).

Aus diesem Geist und mit diesen Verfahren lassen sich biografiesensible, individuell passende Hilfeziele planen und gestalten.

Didaktisch-methodische Überlegungen

Lehr-Lern-Ziele sind:

- Der Gegenstand Ziele soll in seiner Ambivalenz und mit Chancen und Grenzen verstanden werden. Auch die Risiken für Klient_innen gilt es wahrzunehmen.
- Ziele der Fachkraft für das eigene Handeln (Unterstützungsziele), Ziele für die Klient_innen, eigene Ziele der Klient_innen sollen unterschieden werden. Das Bewusstsein für Besonderheiten von Fremdzielen wird geschärft.
- Die Studierenden sollen für „gute" Ziele sensibilisiert werden.
- Klarheit dafür entsteht, dass Zielklärung und Zielentwicklung essenzielle Prozesse sind, die dem „Sagen von Zielen" vorausgehen.
- Methodisches Knowhow für Zielentwicklung (Haltungen, Strategien, Techniken der Gesprächsführung, z. B. Herausfragen, Konkretion, Konfrontation; lösungs- und ressourcenorientiertes Herantreten) wird erkannt und in Ansätzen vermittelt.

Wie die Ausführungen zeigen, imponiert das Thema nicht nur als fachlich zentral, sondern auch als lebens- und erfahrungsnah und motivierend. Als Grundlagentexte eignen sich neben dem Wissensbaustein und Schwabe (2005) auch Hochuli Freund/Stotz (2011, S. 245–260, kompakt S. 260 f.) und Widulle (2011a). Die siebente und teilweise auch noch achte Sitzung enthält folgende Bestandteile:

1. Gedanken und Erfahrungen zu Zielen äußern; Zielentwicklung als komplexen, voraussetzungsvollen, variantenreichen, gestuften Prozess verstehen (neben freier Aussprache auch Dozenteninput)
2. Hineinversetzen in mögliche Perspektiven von Klient_innen zu Zielen
3. Lektüre des Wissensbausteins und Ziele formulieren nach Smart und Mehrebenen-Modell
4. Reflexion „Was tun in Sackgassen?" in Partnerarbeit und Plenum
5. Vorstellung von Kriterien der Analyse von Hilfeplanzielen (Dozenteninput)
6. Anwendungsbeispiel Analyse eines positiven Hilfeplans
7. Textlektüre Schwabe (2002)
8. Ergebnisdiskussion Ziele
9. Übung Ziele für Professionelle formulieren

(1) Das Bewusstmachen der eigenen Erfahrungen mit Zielen eröffnet anschaulich eine realistische Breite und sensibilisiert für Übertragung und weitere Fallstricke bzw. Misslingensfaktoren. Das Thema wird mithin begonnen mit Fragen wie Was sind Ziele? Welche Arten von Zielen kennen Sie? Wann setzt man sich Ziele? Wofür sind Ziele gut? und nicht zuletzt Welche Erfahrungen haben Sie bei ihren Zielverfolgungen gemacht? und Was hat Ihnen geholfen, Ihr Ziel

zu erreichen? Die Student_innen denken dabei ganz überwiegend an Eigenziele. Für die Folgeschritte zentral ist, Widulles modellartig entwickelte Schrittfolge von Kein-Ziel-Haben bis etwas wollen und ein wohlformuliertes Ziel aufschreiben als Orientierung für eine womöglich aufwändige Begleitung zu begreifen und verstehen.

(2) Veränderung „ist eine Tür, die nur von innen aufgeht" (Sprichwort). Gerade deshalb sollte Zielentwicklung soweit wie möglich an Eigenvorstellungen der Klient_innen anknüpfen. Die Studierenden werden aufgefordert, verschiedene Zielformulierungen aus von Dozentenseite verteilten Hilfeplänen zu hören und auf sich wirken zu lassen (mit Skizzierung der Situation in drei Sätzen). Aus der Identifikation sprechen sie dann vermutend zu der Frage „Wie erlebt die/der Adressat_in die Formulierung des Ziels?" Die Student_innen werden gebeten, darauf zu achten, wovon die Wirkung bei ihnen abhängt.

(3) Die Student_innen lesen den Wissensbaustein zu Zielen und sollen anschließend mit den Zielmodellen aktiv umgehen; ein Teil der Gruppe arbeitet mit Smart, ein Teil nach Schwabes Ebenenmodell. Sie formulieren an kleinen Fallbeispielen „gütegerechte" Ziele. Es ist durchaus möglich, in der sozialberuflichen Praxis fallweise z.B. den Schwerpunkt auf die Vision mit energiegeladenem „Leuchtfeuer" in Verbindung mit „smarten Zielen" zu setzen. Aber zur Sensibilisierung und zum Üben ist es nützlich, erstens die Ebenendifferenzierung zu beachten, zweitens die Modelle auseinanderzuhalten und drittens anzuerkennen, dass häufig Entwicklungsaufgaben als notwendiger Schritt auf dem Weg der Zielerreichung gerade bei komplexeren, nicht so leicht erfüllbaren Zielen zu sehen, zu formulieren und anzugehen sind.

(4) Neu ist für Studierende oft, Sackgassen zu antizipieren und Auswege zu erarbeiten – etwa in folgende Richtungen. Schwierigkeiten, Rückschläge könnten dazu führen: das Richt-/Leitziel bzw. den emotionalen Hintergrund zu überprüfen und ggf. zu modifizieren; Ziele neu zu verhandeln; neue Umsetzungswege zu suchen; Aufgaben neu zu verteilen; ergänzende Verstärker zu ersinnen. Fast immer erleichternd und Türen öffnend sind Relativierungen, die Menge und Schwierigkeitsgrad der Herausforderungen sowie die zeitliche Dimension betreffen. „Auf Probe" fällt leichter als für immer (und alles und sofort) (vgl. Schwabe 2005).

(5) und (6) Es wird im Unterricht ein guter Hilfeplan aus der Praxis im Bereich der Zielformulierung kriteriengeleitet analysiert, nach den Ausprägungsniveaus „voll erfüllt", „teils erfüllt", „nicht erfüllt" gemäß vorgestellter Kriterien (siehe Wissensbaustein Ziele (6)). In dem zugrundeliegenden, ausführlichen, auf der Vorarbeit einer Familienhelferin (die mit der Mutter und Tochter vorbereitend

Ziele entwickelt hat) beruhenden Hilfeplan sind z. B. folgende zielbezogene Formulierungen enthalten (Ausschnitte):

- Wunsch bzw. Vision von Melanie (15 Jahre, Sekundarschülerin, schwanger, wohnhaft bei drogenabhängiger Mutter): „Mit meinem Freund, dem Vater, und dem Kind in einer eigenen Wohnung, das wäre mega, dann wären wir eine richtige kleine Familie."
- Richtungsziel: „Zur Überbrückung des stationären Therapieaufenthaltes der Mutter und zur Vorbereitung auf Mutterschaft und Entbindung wird ein Platz in einer Mutter-Kind-Einrichtung gesucht."
- Teil- und Handlungsziel: „Melanie beteiligt sich aktiv an der Einrichtungsauswahl."
- Handlungsschritt: „Melanie besucht gemeinsam mit ihrem Freund und ihrer Mutter eine vom Jugendamt vorgeschlagene Mutter-Kind-Einrichtung."

(7) Um zu präzisieren, welche Ziele besonders schwierig zu erreichen sind, und um zum Hilfeplangespräch überzuleiten, wird Schwabes planungstheoretischer Aufsatz (2002) gelesen, in dem differenziert wird, was planbar ist und was nicht. Dabei werden u. a. als Variablen deutlich: Maß der Abhängigkeit von anderen, Verfügung über Mittel wie Geld sowie ein unterstützendes Netzwerk und Ausprägungsgrad lösungsförderlicher Fähigkeiten.

(8) Im Plenum erfolgt unter der Fragestellung „Was hat es gebracht?" eine Erkenntnisdiskussion zum Zielthema.

(9) Durch Ziele soll eine Richtung im Unterstützungsprozess entstehen und die Interventionsplanung vorbereitet werden. Planbar sind vor allem der Rahmen einer Hilfe und das Handeln der Fachkraft aufgrund professioneller Ziele „für sich selbst". Zuletzt wird demnach an einem der schon bekannten Fallbeispiele (Familie B.) geübt, dass die Fachkraft Ziele für die eigene Adresse entwickelt.

3.5 Hilfeplanung, Schwerpunkt Hilfeplangespräch

Thema und Inhalt

Klargeworden ist bis zu diesem Zeitpunkt der Seminararbeit: *Planung* kann Bedingungen schaffen – kann Weichen stellen bzw. Entscheidungen herbeiführen für Orte, Settings, Ablaufelemente, methodische Verfahren und professionelle Aktivitäten. Planung kann Klientenziele für überschaubare und erreichbare Vorhaben hervorbringen. Und mit Planung können Aufgaben, Projekte herauskristallisiert, geordnet, in bearbeitbare Teile zergliedert werden. Aber nichts kann sicher vorausgesehen oder gar programmiert werden. So sind die Hilfeplanung und als Produkt der Hilfeplan ein Entwurf, eine Skizze einer Route im hindernisreichen, unüberschaubaren, von plötzlich überraschend eintretenden Ereignissen geprägten Gelände. Menschen entwickeln sich nicht nach Fahrplan, sondern spontan, komplex, auch widersprüchlich, mit Bewegung vor, zurück, zur Seite, auf der Stelle verharrend. Hilfeplanung eröffnet, ideal gedacht, Gelegenheit zum dialogischen, gemeinsamen Nachdenken und zur Aushandlung zwischen Klient_innen und Professionellen. Allerdings ist Hilfeplanung auch ein administratives, rechtlich vorgeschriebenes Verfahren. Ein zentraler Moment ist das Hilfeplangespräch (auch Hilfekonferenz).

An das Hilfeplanverfahren sind viele Qualitätsmerkmale und Gelingensfaktoren herangetragen worden, z. B. die eben angedeutete Aushandlungs- und Dialogphilosophie, hinreichendes Fallverstehen, Partizipation, Gebrauchswert und Handlungsorientierung, Auftragsklärung, Auslagerung von aufwändigen Teilprozessen wie Motivation oder Konfliktbearbeitung, klare Ablaufstruktur und Moderation. Gibt es wiederkehrende Arten der Aufgabenbewältigung und typische Abläufe in realen Hilfeplangesprächen (HPG)? Bildete man 100 verschiedene Gespräche ab, würde die außerordentliche Heterogenität vielleicht selbst Fachkräfte überraschen. Als ähnlich erweisen sich in HPGs oft Länge, Teilnehmerzusammensetzungen, schriftliche Fixierungen in Form eines Hilfeplanes. Unterschiede sind in den Abläufen zu verzeichnen. Hitzler zeichnet die Diversität so nach, indem sie Verschiedenheiten benennt: „Auf welche Weise […] Aufgaben bearbeitet werden; ob sie in klar abgegrenzten Phasen oder in kleineren zirkulären Einheiten abgehandelt werden; ob Entscheidungen als solche ausgeflaggt oder implizit im Subtext der intraprofessionellen Kommunikation gefällt werden; ob Themen detailliert aufgegriffen werden oder nur in groben Zügen thematisiert; ob die Sachstandserhebung in Form eines Fachberichts oder in Form einer koproduzierten Erzählung entsteht; ob Zielvereinbarungen als wesentlicher Bestandteil des Gesprächs explizit gemacht oder retrospektiv aus der Gesprächsentwicklung abgeleitet und nur schriftlich festgehalten werden; ob Beteiligte eher mit Inhalts- oder mit Beziehungsarbeit beschäftigt sind, und weitere mehr" (Hitzler 2012, S. 66). Zunehmend setzt sich durch, HPGs auf wenige Themen zu beschränken und auf systematische Kleinarbeitung in diesem Rahmen zu verzichten. Kurz: Es gibt kein stehendes, standardisiertes Ablaufmuster. Offenheit, Uneindeutigkeit und Unbestimmtheit werden von Fachkräften (und Adressat_innen) offenkundig toleriert. Der je besondere Zweck und die spezifischen Absichten (abhängig von Entwicklungen und vom Stand der Dinge), die mit der Hilfekonferenz verfolgt werden, sind entscheidende Maßstäbe dafür, ob und inwiefern ein Hilfeplangespräch als gelungen bezeichnet wird. Es gibt kein Modell für *das* gelungene HPG.

Diese *Varianz* kann nicht als Zufall oder ausschließlich oder vorrangig als Entgleisung bewertet werden, sie ist „Wesensmerkmal". Hilfeplangespräche sind oft unspektakulär, alltagsnah, nicht selten durch fragmentiertes Sprechen gekennzeichnet. Der fachliche Charakter ist häufig nicht gleich ersichtlich. Dabei sollen im HPG durchaus gerichtet Aufgaben erfüllt werden, mit Blick auf die gesetzlich normierte Funktion („Entscheidung über die im Einzelfall angezeigte Hilfe") sind Vorgaben im SGB VIII festgelegt (Stichworte: mehrere Fachkräfte; zusammen mit Adressat_innen, aber auch anderen Diensten und Einrichtungen …). Trotz dieser Vorgaben und Einbindung in institutionelle Settings wirken diese Gespräche teilweise informell.

Im HPG findet sowohl *Kommunikation zwischen Professionellen und Adressat_innen als auch interprofessionelle Kommunikation* zwecks Kooperation zwischen leistungsgewährenden und -erbringenden Akteuren statt.

> „Einerseits geht es um die Berichterstattung des Dienstleisters mit Blick auf die getroffenen Vereinbarungen (ab dem zweiten HPG, KT). Andererseits aber geht es auch um gemeinschaftliche Evaluation der Hilfe mit den Betroffenen ebenso wie eine Anpassung der weiteren Planung an konkret aufgetretene Veränderungen und Bedürfnisse. Bedarfe nach offener Aushandlung und Unsicherheitsräumen entstehen in dieser Situation demnach ebenso wie Bedarfe nach vertrauensvollem Umgang und Gesichtswahrung gegenüber der Klientel, aber auch – in anderer Form – gegenüber den Vertretern der komplementären Institution" (Hitzler 2012, S. 129).

Zur Seite der Adressat_innen

(1) In Hilfeplangesprächen geht es (sehr oft) auf der *Inhaltsebene* um einen auswertenden Rückblick *(„Sachstandsbericht")* auf den Hilfeverlauf. Themen für die Fortschreibung werden zudem identifiziert und definiert. Die Berichtsphase (Sachstand; Entwicklung; Hilfeverlauf) steht fast obligatorisch meist am Anfang. Hier werden Themen angesprochen, die dann als abgehakt gelten, genauso wie solche, die n. M. vertieft und somit weiterbearbeitet werden. Wird eine Entwicklung positiv dargestellt, wird eine Hilfe als greifend bewertet. Negative Schilderungen bzw. Konstruktionen eröffnen Entscheidungsbedarf. Zu beachten ist, dass ein Bericht immer auch ein Rechenschaftsbericht des freien Trägers ist. Fort- und Rückschritte können den Adressat_innen bzw. den die Hilfe durchführenden Fachkräften zugerechnet werden. „Schwierigkeiten sind begründungspflichtig und laufen Gefahr, auf das Nichtgreifen und damit die Inadäquatheit einer Hilfe zurückgeführt zu werden" (Hitzler 2012, S. 197).

(2) Problematisch in HPG ist allerdings nicht selten, dass nicht primär die Leistungen der Einrichtung ausgewertet werden, sondern das Verhalten der Adressat_innen, wodurch diese unter der Hand zu Alleinverantwortlichen für eine *Zielerreichung* werden (können). „Während zunächst also die Organisation und die Fachkräfte ihre *Arbeit* an konkreten Zielen ausrichten sollen, geht es nun darum, dass AdressatInnen lernen, den jugendhilferelevanten Bereich ihres *Lebens* zielorientiert zu gestalten" (Albus u. a. 2010, S. 90).

Insgesamt bleibt das HPG als Format nicht unberührt davon, wie über „Steuerung durch Zielentwicklung" gedacht wird. Festgeschriebene Ziele ohne nähere Erläuterung suggerieren Konsens und Umsetzbarkeit, die Gefahr besteht, „eine differenzierte Auseinandersetzung mit den verschiedenen Anliegen, die in einem Hilfeplangespräch zum Ausdruck kommen, zu erschweren und den Blick auf den Hilfeprozess zu verengen" (Albus u. a. 2010, S. 98).

(3) (Auch) Das *Beteiligungsgebot der Adressat_innen* wird sehr unterschiedlich wahrgenommen und zeigt sich als different. Als minimale Äußerung wird z. B. Kindern und Jugendlichen häufig eine Zustimmung zum im HPG Besprochenen „abgerungen" sowie die Erklärung, dass es „nichts weiter" zu sagen gibt (vgl. Albus u. a. 2010, S. 78). Allerdings, Reden ist nicht identisch mit Beteiligung und Schweigen kann eine bewusste Entscheidung, z. B. gegen Scheinbeteiligung, sein, so dass ein „Sagezwang" problematisch werden kann: „Denn Schweigen kann ein Hinweis dafür sein, dass es nicht möglich ist, die eigenen Relevanzen ‚hilfeplantauglich' einzubringen und Mitsprechen unter Umständen kein adäquates Mittel der Teilnahme ist. Gilt Sprechen im Hilfeplangespräch nicht nur als eine, sondern als verpflichtende Form der Beteiligung, werden authentische Stellungnahmen mitunter verhindert [...]" (ebenda, S. 78). Beteiligung und Sprechen gehen nicht ineinander auf, eine Verpflichtung zum Reden untergräbt ggf., den präferierten Beteiligungsstatus in Form von beobachtendem Schweigen umzusetzen. Anwesenheit und die Inanspruchnahme von Redezeit sind mögliche Voraussetzungen, sich zu beteiligen, aber damit nicht identisch. Beteiligungsfördernd wirkt, wenn unter dem Aspekt der Abfolge Adressat_innen sektoral jeweils den ersten Beitrag erbringen können. Beteiligungsförderlich ist generell, von der Frage auszugehen, was für die Betroffenen wichtig bzw. zentral sein könnte (Orientierung an ihrem Relevanzsystem). Zudem sollten Professionelle n. M. Verfahrenslogik und fachliche Deutungen verständlich kommunizieren (vgl. Albus u. a. 2010, S. 87). Weiter ist ein „Reden über" Anwesende zu minimieren. Insgesamt muss grundsätzlich geklärt sein bzw. werden, woran und in welchem Maße junge Menschen und Erziehungsberechtigte beteiligt werden können und sollen und woran nicht. Und schließlich ist zu fragen, welche Orte und Arten der Beteiligung neben und außerhalb des HPG ggf. sogar alltäglich beteiligungsrelevanter sind.

(4) Zur *Asymmetrie* gehört zentral, dass die einen lebensweltliche, ggf. bedrohliche u. ä. Informationen preisgeben und die anderen nicht. „Spezifisch für das Verhältnis einer Profession und ihrer Klientel ist es, dass erstere über Ressourcen verfügt, um ausgewiesene Probleme der letzteren zu bearbeiten, für welche diese keine Lösung findet" (Hitzler 2012, S. 124). Befunde zur Analysekategorie *Macht* zeigen, dass der Einsatz z. B. als Verteilung von Redebeiträgen (Menge; Art), besonders in Form von Redezeit, Unterbrechungen, Themenwechsel, erfolgt. Als wesentlicher empirischer Befund gilt: Die absolute Redezeit ist kein Gradmesser für Machtausübung, selektiv Reaktionen im Gesprächsverlauf (an wichtigen Stellen, das Machtwort) zu fokussieren ist ggf. aussagekräftiger mit Blick auf Machtpotenzial und -ausübung (vgl. Hitzler 2012, S. 120).

Auch wenn beide Seiten über Machtmittel verfügen, liegen entscheidungsrelevante, der Kommunikationsgestaltung vorgängige Machtquellen bei den Fachkräften:

- Rückendeckung durch die Institution
- Problem-, Lösungswissen
- Letztliche Deutungs- und Definitionsmacht über verhandelte Inhalte, Begriffe, Themen und deren Relevanz für den Fall
- Gesetzlich verbriefte Entscheidungsrechte
- Verfügung über hilfebezogene (materielle) Ressourcen

(5) „Bei der Interventionsplanung gilt es, konkrete Antworten zu finden auf die Frage ‚Was tun?' [...] Erkenntnisse aus Analyse und Diagnose sowie vereinbarte Grobziele bilden den Rahmen [...]" (Hochuli Freund/Stotz 2011, S. 281). Ggf. können für die Hilfeplanung also Ergebnisse der Zielentwicklung (Smart-Ziele; Handlungsschritte aus dem Mehrebenen-Modell) übernommen werden. Ganz praktisch stehen am Ende *ein Hilfeplan und ein Betreuungs-, Erziehungs- oder Förderplan* der leistungsdurchführenden Stelle. Letzterer macht Aussagen über: Wer macht was wie wann? Wer ist wofür verantwortlich? Was muss besonders beachtet werden? Bei der Planung ist auch zu berücksichtigen, wer mit wem zusammenarbeitet. Im Sinne einer rollenden Planung sind die ersten Schritte genauer zu antizipieren. Schwerpunkt kann eher „die Situation" oder das Verhalten von Menschen sein. Zu berücksichtigen sind u. a. das Verhältnis von Aufwand und Ertrag, die vielfältigen organisationalen und lebensweltlichen Rahmenbedingungen, Ressourcen sowie Hindernisse, Widerstände, allgemein: Restriktionen (vgl. Hochuli Freund/Stotz 2011, S. 276 ff.) und nicht zuletzt Risiken und Nebenwirkungen. Was sich womöglich so leicht proklamieren lässt, ist tatsächlich nur sehr bedingt und eingeschränkt planbar. Noch einmal: Die konstitutive Ungewissheit lässt vor allem Rahmenüberlegungen und erste professionelle Schritte (günstig im Gefolge von Eigenzielen der Adressat_innen) planbar erscheinen.

Ein *Fazit*: Hilfeplangespräche sind strukturell widersprüchlich und notwendig spannungsreich. Hilfeplanung ist sowohl Instrument der Steuerung als auch Beteiligungsverfahren, ist Teil des Verwaltungshandelns und unberechenbare Kommunikation, strategische Inszenierung und authentische Begegnung. Gerade weil viele und teilweise widersprüchliche Anforderungen, Erwartungen und Interessen aufeinandertreffen, werden auf Eindeutigkeit beruhende Standards nicht realistisch und selten erfüllbar sein.

Wissensbaustein: Hilfeplangespräche in der sozialen Praxis

(1) Hilfeplanung unterliegt der *Doppelanforderung* von Fremddeutung, Einmischung, Hilfesteuerung und Förderung von Selbstdeutungen, Zurücknahme, Beteiligung. „KlientInnen können […] durchaus als ,ExpertInnen' für ihre Lebenswelt, ihre Problemgeschichten, ja selbst für deren Lösungen angesehen werden." Zugleich seien Klient_innen in Probleme und in eskalierte Konflikte verstrickt, sie überforderten sich und andere auch nicht selten mit zu hoch gesteckten Zielen. „Insofern bedarf Hilfeplanung der Strukturierung durch erfahrene ExpertInnen, welche die Idee der KlientInnen offen erkunden, aber auch ihre eigenen Erfahrungen und Überzeugungen einbringen; ExpertInnen, die KlientInnen in Bezug auf unterschiedliche, für sie passende Möglichkeiten beraten und ihnen ermöglichen, so weit als möglich ,informierte' Entscheidungen selbst zu treffen (Müller 2006, 81 ff.)" (Schwabe 2010, S. 49).

(2) Interessenunterschiede sind erwartbar. Im HPG begegnen sich Beteiligte mit (fachlichen) Überzeugungen, institutionell geprägten Selbstverständnissen, persönlichen Eigenarten, mehr oder weniger festgelegten Interaktionsrollen, mitgebrachten Beziehungsgrundlagen, die aber auch situations- und kommunikationsdynamischen Überraschungen ausgesetzt sind bzw. diese selbst erzeugen. Im HPG treffen i. d. R. vier Parteien aufeinander: Jugendamt, freier Träger, Erziehungsberechtigte, Kind/Jugendliche_r. Ggf. sind diese Parteien – Mutter bzw. Vater, Gruppenpädagogin und Einrichtungsleitung, RSD-Fachkraft und Bereichsleitung beim öffentlichen Träger etc. – wiederum untereinander uneins. Ggf. kommen Erwartungsgruppen (anwesend; abwesend) wie Verwalter_innen der Finanzmittel, Lehrkräfte, Richter_innen hinzu. Daraus können Beziehungsunsicherheiten, Koalitions- und Loyalitätsthemen, Kompetenz- und Statuskämpfe entstehen, die allerdings nicht selten vor den Adressat_innen verborgen bzw. gemildert inszeniert werden. Die Abhängigkeit des freien Trägers vom öffentlichen Träger bleibt fast immer unthematisiert und ist Adressat_innen nicht unbedingt bekannt. „Die Einrichtung, die auf Belegung durch das Jugendamt angewiesen ist, wird […] latent einer Evaluation unterzogen, was auf die Kommunikation Einfluss nehmen kann" (Hitzler 2012, S. 197).

(3) Die Vertreter_innen des Jugendamtes kennen im Normalfall ab dem zweiten HPG einen vorab versandten Entwicklungsbericht sowie die Vorgeschichte, zumeist aber keine Verlaufsdetails. Der mündliche Sachstandsbericht soll gewährleisten, dass alle Beteiligten in Bezug auf wesentliche Informationen auf einen verbindenden Wissensstand kommen. Das bedeutet notwendig, dass *Themen und Einzelheiten aus dem Leben der Adressat_innen* angeschnitten werden, über die Teile der Anwesenden schon Bescheid wissen. Berichtende müssen oftmals intime „Informationen über Anwesende so aufbereiten und vortragen, dass sie für

bislang uninformierte Teilnehmer lokal verwertbaren Charakter gewinnen. Dabei stehen ihnen zwei Möglichkeiten offen: entweder sie sprechen in der dritten Person über die anwesenden Klienten und negieren so ihren Subjektstatus in der Interaktion; oder sie sprechen in der zweiten Person mit ihnen, was dazu führt, dass sie sie zu Adressaten von Informationen machen, die ihnen bereits bekannt sind [...]" (Hitzler 2012, S. 136). Reden über ... lässt das Gegenüber zum Fall bzw. Objekt werden und befördert Distanz und Passivität, wird doch so der/die Anwesende wie abwesend behandelt. Gleichzeitig ist es unerlässlich und legitim, wenn sich Fachkräfte schnell und unkompliziert miteinander verständigen wollen. Empirisch belegt ist: Reden mit ... führt häufiger dazu, dass Adressat_innen anschließend das Wort ergreifen als Reden über ... (vgl. Hitzler 2012). Oft wird in einem HPG zwischen diesen Modalitäten gewechselt.

Eine zentrale Aufgabe der Professionellen ist, Adressat_innen zum Sprechen zu bringen bzw. einen günstigen Start mit Mitteilungsbereitschaft nicht zu gefährden. Dies geht mitunter mit folgenden Strategien bzw. Kommunikationsmustern einher:

- Konfliktvermeidung durch Abblendung kontrollierender Aspekte
- Humor und Heiterkeit
- Verschleiernde oder entschärfende Formulierung problematischer, beschämender, trennender Sachverhalte
- Leichte Distanzierung von der eigenen Institution

Ziel ist oft, die Gegenüber durch die Art der Formulierung von Defiziten nicht zu brüskieren und Redefluss und darüber hinaus Aktivierung zu erzielen. Ggf. sollen Klient_innen aber auch „in Schranken verwiesen" werden bzw. ein Machtanspruch der Fachkraft setzt sich durch.

Gegenüber Adressat_innen positionieren sich Professionelle tendenziell als wissende, kundige Expert_innen. Damit einher gehen in der Kommunikation *Machtpositionen* wie Rechte der Themensetzung im HPG, Recht zum „einbahnigen" Erfragen von persönlichen Sachverhalten, Recht auf Ziehen von folgenreichen Schlüssen, Kontrolle und Lenken von Gesprächsabläufen.

(4) Ein komplexes Gespräch wie das HPG benötigt *Moderation*. Das ist deutlich erschwert, wenn man selbst Interaktionsbeteiligte_r mit klaren Interessen ist. In unterschiedlichen Prozessphasen stellen sich für die Moderation unterschiedliche Aufgaben. So gilt es auch zu beobachten, was die Adressat_innen momentan bewegt und ggf. umzulenken. Im Gespräch sind so viele Aufgaben zu erfüllen, dass jede Gesprächsleitung darauf angewiesen ist, dass ihr zugearbeitet wird bzw. komplementäre Rollen eingenommen werden (adressatenbezogen: Unterstützung, Hinterfragung, Anerkennung; gesprächsbezogen: Kleinarbeit, Herausfiltern von Konsens, Widersprüchen und Dissens ...) (vgl. Schwabe 2005). Das (gemeinsame) Ziel von Fachkräften des öffentlichen und des freien Trägers soll abgespro-

chen und insgesamt verfolgt werden. Auf dieser Grundlage sind Aufgaben- und Rollenteilungen möglich.

(5) Rollen und Funktionen der prozessverantwortlichen Fachkraft sind nach Schwabe (2005) (potenziell):

Rahmen schaffen: Atmosphäre gestalten (Sitzordnung; Ruhe und Ungestörtheit; Smalltalk; Spielecke; Bewirtung …); ggf. Sprachmittlung sichern; Gespräch explizit eröffnen; Personen vorstellen, ggf. Teilnahme begründen; Organisatorisches klären (Zeit, Protokoll …); Zweck benennen, Sinn erläutern bzw. herstellen, motivieren; Übergang zwischen Alltag und Hilfekonferenz thematisieren; Bedeutsamkeit (Wichtigkeit) und Bedeutung (Stellenwert) dieses Gesprächs für den Hilfeprozess … (am Anfang); Zufriedenheit erfragen; wichtige Ergebnisse sichern, Terminierungen, für Engagement danken (stimmiges Ende); Gespräch explizit schließen.

Informieren: Wissensstand zu Themen und Aufgaben der Hilfekonferenz herstellen; Adressat_innen über Rechte aufklären; Hilfeangebote erklären, Vor- und Nachteile, Alternativen (geschieht meist im Vorfeld); eigene Rolle in der Institution/im Hilfeprozess, Kompetenzen, Entscheidungsbefugnisse erläutern; rechtliche Bestimmungen, Verfahrensschritte und Verantwortlichkeiten erklären; über Beschwerdemöglichkeiten aufklären; jeweilige Rolle, aus der in der Hilfekonferenz gesprochen wird, markieren; Informationsbedarfe erkennen, abklären; Informationsfragen verständlich beantworten.

Moderieren und Strukturieren: Mitteilung von Gesprächsregeln; Regelüberwachung; zur Ordnung rufen; Themenagenda aufstellen, Liste vorstellen und „abarbeiten"; Probleme, Einschätzungen, Wünsche erfragen; roten Faden halten (Themen zu Ende bringen; neue Themen vormerken); hohe und gerechte Beteiligung aller, angemessene Redezeiten sichern, Vielredner unterbrechen; Personen miteinander ins Gespräch bringen; Zeit-Themen-Regulierung beachten; Rückfragen, was bzw. ob etwas verstanden wurde; Inhalte „übersetzen"; komplexe Zusammenhänge verständlich machen; Feedback anregen; Gesprächsbeiträge auf den Punkt bringen; Zusammenfassen; Klarheit schaffen (z.B. zu Konsens und Dissens); bei Streit versachlichen; Pausen ansetzen und einhalten.

Beraten: Innere Stimmen zum Sprechen bringen; heikle Situationen empathisch begleiten; Verständnis äußern; aktuelle Belastungen und Befindlichkeiten erkunden; Herausarbeitung von Wünschen, Prioritäten, Aufträgen …; Emotionen als Ressourcen bzw. Quellen für Erkenntnis- und Lösungsprozesse nutzen; Erforschen von Vorbehalten, Blockaden ansprechen; Deeskalieren; Umformulieren; Deutungen; Metakommentare; nonverbale Signale ansprechen; eigene Gefühle, Meinungen äußern.

Instruierendes Stellungnehmen und Lenken durch Grenzsetzung und Anforderungen: Benennung von fachlichen Ansprüchen; Einschätzungen zu Vergangenheit und Gegenwart; Formulierung von Erwartungen für Gegenwart und Zukunft; an Vereinbarungen erinnern; Abweichungen markieren; für Engagement und Erfüllung anerkennen; bei strittigen Themen Partei ergreifen; Machtverhältnisse verdeutlichen; eigene Verpflichtungen transparent machen; Grenzen benennen; affektarme Konfrontation.

Kontrollieren: Grau- und Gefährdungsbereich bzw. Selbst- und Fremdgefährdung ggf. als Kontext markieren; Kontrollrollenelement kommunizieren; Erbitten und Mitteilen von Informationen aus „zweiter Hand"; Ankündigung von Kontrollvorhaben und Sanktionen bei Nicht-Einhaltung von Standards/Vereinbarungen; Einschaltung von Gericht erwägen, in Aussicht stellen; Bedingungen und Auflagen als solche deutlich machen und abverlangen.

Vereinbaren, Verabreden und Ergebnisse sichern: Zwischenergebnisse formulieren; Selbstverpflichtungen anregen, erbitten; Pakte, Vereinbarungen ansteuern; Verbindlich-Machen von Vereinbarungen (Ansprechen von Halbherzigkeit, Vorbehalten, erkennbar formaler (Pseudo-)Zustimmung; Rituale einführen ...), Verbindlichkeit einklagen, fordern; Nicht-Erreichtes verdeutlichen, ggf. klären, wann es wie wo weitergeht; schriftliches Festhalten von Ergebnissen, Konsens, Dissens.

(6) In Hilfekonferenzen geht es auf der Ebene fachlicher Ansprüche um rückblickende Auswertung, Ziele (Entwicklung; Überprüfung), die mit der Hilfe verbunden sind, um die Art der Hilfe und Umsetzungsüberlegungen sowie genaue Absprachen zum Fortgang. Die *normative Ablaufstruktur* für HPG stellt sich so dar:

- Einstieg, Rahmensetzungen, Ankoppelung
- Sachstandsbericht aus verschiedenen Perspektiven
- Erörterung und Bewertungen
- Vorhaben
- Entscheidungen und Vereinbarungen
- Schluss, Feedback, Verabschiedung

(7) Es stehen sich gegenüber: *idealisierende Normen und flexibles Vollzugshandeln,* in dem soziale Situationen (hier der HPG-Ablauf mit beschränkten Ressourcen wie Zeitlimits, unterschiedliche Sprech-, Motivations-, Einsichtsniveaus, Kompromissbereitschaften etc.) bewältigt werden. Welche Kommunikationsstrategien „gut" sind, kann nur für die spezifische Situation, konkrete Ziele und mit Blick auf jeweilige Interessen entschieden werden. Schon in normaler Alltagskommunikation sind anspruchsvolle Leistungen so zu erbringen, dass Beteiligte bereit sind, sich einander auszusetzen und sich aufeinander zu beziehen, und daraus mög-

lichst Befriedigung zu ziehen: Rederechte wollen verteilt sein; Themen sind ein-
und auszuführen; Sachinhalte und Bezüge sind verständlich und hinreichend in-
teressierend zu entfalten; geteiltes und getrenntes Wissen ist zu beachten; die
Kommunikation sollte kontextadäquat (Institution; Arbeitsbeziehung; Situation ...)
angelegt sein; Beziehungsgrundlagen sind zu schaffen und erhalten; Störungen
und Konflikte sind wahrzunehmen und zu bearbeiten. In der beruflichen Kommunikation gibt es besondere Hindernisse bzw. Herausforderungen: Adressat_innen
sprechen ggf. nicht freiwillig mit Professionellen, sie zeigen sich misstrauisch,
Kampf- oder Abgabemuster (vgl. Biene 2011) lassen sich ggf. belegen. In der Situation entfaltete Wortbeiträge sind nicht identisch mit der ganzen Sicht auf die
Dinge, können strategisch motiviert sein und lassen nur begrenzt Schlüsse auf
„Echtheit", Konstanz etc. zu. Mitteilungen zeigen somit zunächst nur an, was in einem bestimmten Kontext und in einer spezifischen sozialen und kommunikativen
Situation sagbar ist und gesagt wird.

(8) Zur *Gesprächswirklichkeit:* Beim Anhören oder Lesen durchgeführter professioneller Gespräche (nicht spezifisch HPG, hier im Rahmen ambulanter Hilfen nach
SGB VIII) erleben sich Fachkräfte desillusioniert. Sie hatten sich „als wirkungs-
mächtiger, [...] eindeutiger, rationaler oder auch als weniger dominant wahrgenommen" (Reichmann 2013, S. 236). Die Analysen zeigten, dass die Fachkräfte
„während des Interaktionsvollzugs nicht in der Lage waren, alle wesentlichen Bedeutungsgehalte gleichzeitig zu erfassen und in ihre Reaktion einzubeziehen, vielmehr reagierten sie selektiv auf bestimmte Bedeutungsgehalte und übersahen
andere. Dies geschah manchmal selbst dann, wenn Adressat_innen überhörte Inhalte erneut formulierten, durch eine besondere Betonung darauf hinwiesen oder
sich deutlich frustriert zeigten, weil sie nicht angemessen wahrgenommen wurden. [...] Die Persönlichkeiten der Adressat_innen erschienen in Folge der Analyse
und Interpretation der Transkripte komplexer, tiefer und interessanter und ihre
intellektuellen und kommunikativen Kompetenzen wurden deutlicher sichtbar"
(ebenda, S. 236 f.). Im Fazit zur Analyse von Gesprächen (wenn auch nicht vom
Typus HPG) in ambulanten Hilfen heißt es mit Blick auf uneindeutige Situationen:
Fachkräfte „verhielten sich dabei ausweichend [...] und diffus, versuchten durch
rigide Vorgaben die Steuerungshoheit wiederzuerlangen, gingen spontane Allian-
zen mit anderen Gesprächspartner_innen ein [...]. Sie nahmen ihre eigene Überforderung kaum bewusst wahr und hatten kein realistisches Bild ihres eigenen
Handelns" (Reichmann 2013, S. 240).

(9) Adressat_innen werden „gemacht" (bei Hitzler *„establishing caseness"*): „In
der Interaktion werden verfügbare Informationen über die Klientin in Passung mit
den Möglichkeiten der Institution gebracht, sodass aus einem Individuum mit ein-
zigartiger Lebensgeschichte und spezifischen Problemen ein für die jeweilige Institution mit ihren Mitteln bearbeitbarer Fall wird. [...] Dies geschieht idealtypi-

scherweise in einer Aushandlung von Beschreibungen und Schlussfolgerungen, bis beide Seiten [...] zufrieden sind [...]" (Hitzler 2012, S. 123).

(10) Die Vorbereitung des HPG (ab dem zweiten Gespräch) verläuft zwischen betreuender Fachkraft und Adressat_innen meist intensiver als zwischen freiem und öffentlichem Träger. Nach der Berichtsphase gibt es zwei Möglichkeiten: Es kann eine *interprofessionelle Kommunikation* oder ein Gespräch mit den Adressat_innen eröffnet werden. Erfahrungen zeigen: Interprofessionelle Kommunikation „ohne Publikum" ermöglicht offeneren, direkteren, weniger vorsichtigen Umgang mit Einschätzungen bzw. Meinungen. Gesichtswahrende Vorsicht ist (etwas) weniger notwendig, so dass Beschönigungen und Verschleierungen – z. B. hinsichtlich der Wahrnehmung und Deutung von Problemlagen der Adressat_innen – weniger angewendet werden. Der „hemmungsfreiere" Austausch führt zu kompletteren Bildern. Unter Professionellen werden eher Unsicherheiten angesprochen als im Beisein der Adressat_innen. Richtungsentscheidungen fallen eher unter Professionellen als mit Adressat_innen. Im HPG selbst wird Dissens zwischen Professionellen meist unterdrückt. Gegenüber Adressat_innen treten Professionelle im HPG, jedenfalls an der Oberfläche, tendenziell als Einheit auf, die ggf. auseinandergehende Einschätzungen im HPG-Verlauf angleicht und Unterschiede minimiert, indem Strategien eingesetzt werden, Strittigkeit zu entschärfen.

(11) Zu unterscheiden sind der Prozess der Hilfeplanung, Hilfekonferenz und Hilfeplan. *Qualitätskriterien* für den Hilfeprozess und/oder das Hilfeplangespräch sind (vgl. Schwabe 2005):

Atmosphäre: Rahmengestaltung wird beachtend gestaltet: Sitzordnung, Begrüßung und Vorstellung etc.; positive Kontaktqualität (Empathie, Zugewandtheit, Respekt, Interesse, Wertschätzung, Ressourcen, passendes Verhältnis von positiven und negativen Bewertungen ...); alle Beteiligten können ihre Einschätzungen geben und werden gerecht und stimmig in die Aufgabenverteilung eingebunden; Lebendigkeit und Natürlichkeit sind gegeben.

Verständlichkeit und Transparenz: Klientengerechte Sprache; Rollentransparenz und Rollenklärung werden praktiziert; Grenzen von Aushandlung werden definiert; Forderungen an Adressat_innen werden deutlich kommuniziert; Beschwerdemöglichkeiten sind bekannt gemacht; Regelungen zur Schweigepflicht werden besprochen.

Zielorientierung: Adressat_innen werden zur Zielfindung und -konkretisierung aufgefordert, werden unterstützt; die Ebenen der Zielentwicklung werden reflektiert und Steuerung findet statt; Handlungsziele bzw. Eigenziele werden erarbeitet, es gibt Indikatoren; Fremdziele werden von Eigenzielen geschieden; die Relevanz und Angemessenheit alter Ziele wird überprüft; Ziele und Aktivitäten werden unterschieden; nicht nur die Adressat_innen werden für die Zielerreichung verantwortlich gemacht; Scheitern an Zielen ist nicht identisch mit negativer Hilfeverlaufsbeurteilung, Zielerreichung nicht unbedingt mit Deckung des Hilfebedarfs.

Partizipation (situations-, alters- und entwicklungsgerecht): Beschränkungen und Hindernisse der Partizipation werden besprochen; Zeitfenster, Themenliste und Reihenfolge werden abgestimmt; Ziele für die Hilfekonferenz werden exploriert; Ideen werden erfragt; Bedenken, Bedürfnisse, Interessen von Adressat_innen kommen zur Sprache; Informationen durch Fachkräfte zu Rechten, Hilfen, Verfahren ... werden gegeben; Redebeiträge werden ermuntert, aktiviert, Zuhören findet statt; zurückhaltende Teilnehmer_innen werden animiert; die Verständlichkeit des Gesprochenen ist gegeben bzw. wird überprüft; Redezeiten für alle, jede_r kommt zu Wort und kann ausreden; unterschiedliche Perspektiven sind erlaubt, Konsens und Dissens werden wahrgenommen und offengelegt; Gefühle werden ernst genommen; ggf. wird eine Vertrauensperson der Adressat_innen dazu geladen; Ergebnisse werden zusammengefasst, Zustimmungsgrade werden erfragt.

Gebrauchswert: Nützlichkeit der Hilfekonferenz für Adressat_innen und Verbesserungsvorschläge werden eruiert.

Verbindlichkeit: Die Bedeutung von Verbindlichkeit wird markiert; Möglichkeiten bei Sinneswandel und Umsetzungsproblemen werden besprochen; Aufgaben werden genau besprochen; Informationsmodalitäten bei Umsetzungsproblemen werden vorab thematisiert; bei Skepsis wird nachgefragt; Kinderschutzaufgaben werden deutlich markiert.

Kooperation zwischen Professionellen: Vorabsprachen sind gelaufen; abgestimmtes Vorgehen ist erkennbar; die Atmosphäre ist durch Wertschätzung, Respekt gekennzeichnet; Balancen zwischen Kommunikation der Fachkräfte untereinander und der Kommunikation mit den Adressat_innen.

(12) Zu möglichen *Kriterien für gute Hilfepläne:*
- Nicht alle Dimensionen sind in jedem Hilfeprozess/Hilfeplan gleich wichtig. Von daher ist eine Maximalerfüllung nicht in jedem Fall erstens zwingend und zweitens realistisch.
- Das Fallverstehen erfolgt vorher und ist gesondert dokumentiert.
- Hilfepläne unterscheiden sich, je nachdem, ob das erste, zweite, letzte ... Gespräch vorliegt.
- Hilfeplanprotokolle können für die Adressat_innen, die Vorgesetzten, die Fachkräfte des freien Trägers oder für die Akte geschrieben werden.

- Besonders interessante Merkmale sind Qualität der Ziele, Umgang mit Dissens und heiklen Themen.
- Der Hilfeplan kann nur Relevanz entfalten Wirkung, wenn Abweichungen in der Praxis an das Jugendamt kommuniziert werden.

Kriterien sind erfüllt, z. T. erfüllt oder nicht erfüllt (vgl. Schwabe/Thimm 2018):

- Stil (qualitative Einschätzung)
- Gliederung, Struktur, roter Faden, Übersichtlichkeit
- Alltagsnahe Sprache; wörtliche Zitate; dichte Beschreibungen; Verben (diese aktivieren; ermöglichen Handlungsschritte)
- Kontaktqualität; Zwischen-den-Zeilen-Qualität; „Sound"
- Selbstsichten aufgeführt
- Relevante Umfeldpersonen anwesend
- Ziele und Handlungsschritte
- Nennung von/Ansatz an Ressourcen (personal, sozial, materiell …)

(13) Fazit: In HPGs werden Balancen gesucht, ggf. finden Pendelbewegungen statt. Jeweilige Lösungsentscheidungen sind instabil und nicht verallgemeinerbar. Die bisherigen Ausführungen legen nahe, dass HPGs in der Gefahr stehen, mit Ansprüchen überfrachtet zu werden, zumal dann, wenn konstitutiv Widersprüchliches nicht wahrgenommen und zugelassen wird. Spannungsfelder sind z. B.:

- Mehrfachanforderungen und Aufgabenfülle, mit der Folge von uneindeutigen Rollen der Professionellen, z. B. auch: Klärung inhaltlicher Fragen, Standpunktvertretung sowie Moderation (Funktionieren der Interaktion; Ablaufverantwortung) als parallele Aufgaben
- Fachlich-pädagogisches ergebnisoffenes Gespräch und Aushandlung unter Berechtigten versus Legitimationsinstrument für vorher getroffene Entscheidungen
- Beteiligung und Expertenhoheit, Asymmetrie
- Verschiedenste Kommunikationsbezüge in größeren Gruppen mit mehreren Interessen, was wechselnde Koalitionen mit wechselnden Positionierungen ermöglicht; Kommunikation unter Professionellen und mit Adressat_innen; direkte und indirekte Kommunikation; Reden mit/Reden über

Herausfordernde Aufgaben sind:

- Klare Moderation mit Aufsicht über Gesprächsverlauf (gerechte Beteiligung; günstiges Klima; Konfliktklärung; Gesprächsstruktur; Gründlichkeit bei wichtigen Themen; Zielorientierung …) ohne Verabsolutierung der eigenen Interessen

- Sicherung von Beteiligung
- Klärung von relevanten Inhalten, ggf. Umgang mit Uneinigkeit

Grundlagen und Fortgeschrittenenwissen zu Konfliktbearbeitung liefert der Folgetext, der sich sehr eng an Schwabe (2005) anlehnt (zur Erweiterung und Vertiefung Herrmann 2013).

Wissensbaustein: Umgang mit Dissens

Die Fachkraft könnte ggf. eine vermittelnde, moderierende Rolle einnehmen. Man bietet in diesem Fall den durch Dissens entzweiten Parteien seine Dienste an. Die/der Berater_in verfolgt dann keine eigenen Ziele und moderiert „von außen". Zu klären ist anfangs: Wie groß ist die Bereitschaft, zu verhandeln? Wie stark ist der Konflikt eskaliert (Eskalationsstufe)? Was steht auf dem Spiel? Wie entwickelt sind die Verhandlungskompetenzen? Muss die Moderation Schutzaufgaben wahrnehmen?

Prinzipiell gibt es folgende *Lösungsanlagen* für Konfliktthemen:

- *Nachgeben mit Kompensation:* Hier gibt eine Partei ihre Wünsche und Forderungen an die andere Seite auf und braucht dafür eine Entschädigung. Die Kompensation soll hoch genug ausfallen, so dass sich die nachgebende Partei sowohl gerecht behandelt fühlt als auch ihr Gesicht wahren kann.
- *Kompromiss:* Beide Seiten machen Zugeständnisse an die andere Seite. Jede_r muss Abstriche hinnehmen. Die Zugeständnisse müssen in etwa als gleich gewichtig erlebt werden.
- *Dritte Lösungen:* Weder das Eine noch das Andere … Es wird eine Lösung gefunden, die weder als Nachgeben noch als Kompromiss erlebt wird.

Folgende *Schrittfolge für Konfliktvermittlung* (Konfliktmoderation) kann als Grundschema dienen:

(1) Abklären von Bereitschaften: Ggf. sollten im Vorfeld in Einzelgesprächen Positionen und Gefühle geklärt werden bzw. das Eskalationsniveau sollte bekannt und als noch handhabbar eingeschätzt werden.

(2) Definition der eigenen Rolle: Zum Beispiel: „Vielleicht erhofft jede_r von euch, dass ich mich auf die eigene Seite schlage. Das werde ich nicht tun. Ich könnte euch aber helfen, so miteinander zu reden, dass das, was jede_r sagt, bei der anderen Person ankommt. Ob sich daraus eine Lösung entwickelt, weiß ich noch nicht."

(3) Positionen klären durch Äußern von Standpunkten – Formulierung der Positionen in einer die Unterschiede akzeptierenden Sprache
Die Kontrahent_innen formulieren, „was Sache ist" („Kannst du noch mal erläutern, was dein Standpunkt ist?"). Anschließend spricht der/die Vermittler_in: „Du, Lena, willst das und das … und du willst nicht, dass … Und Sie, Herr Bruder, wollen, dass … und Sie wollen nicht, dass …"

Je klarer die Unterschiede zwischen den Positionen und Wünschen der Beteiligten herausgearbeitet werden, umso mehr Ansatzpunkte für Zwischenlösungen und Kompromisse lassen sich später finden. Vorsicht: Unterschiede nicht zu schnell verwischen, nicht gleich einebnen.

(4) Von Statements über Ziele und Motive zur Übersetzung in Gefühle
Bevor Lösungen (Kompromisse, dritte Wege …) erarbeitet werden können, sollten Kontrahent_innen Ideen von den Zielen und Motiven der anderen Seite gewinnen. Und sie sollten nachvollziehen, mit welchen Gefühlen und Bedürfnissen diese zusammenhängen. Was, welche Gründe stehen also dahinter? Bei mehreren umstrittenen Themen wäre es günstig, ein Hauptthema (ein besonders wichtiges Bedürfnis, ein zentrales Motiv …) in den Konflikten zu finden.

Gestartet wird so: „Kannst du noch mal erklären, wieso dir deine Position so wichtig ist?" und „Was willst du damit erreichen?" und/oder „Was ist dein Beweggrund für diese unnachgiebige, harte, entschlossene … Haltung?"

Ziele, Absichten, Motive
Nach Möglichkeit können beide Kontrahent_innen ihre Position auf dahinterstehende Ziele zurückführen, die etwas mehr Spielraum aufmachen: z.B. von der Position „Ich habe keine Lust, mir irgendwie von meinem Vater reinreden zu lassen" zu „Ich will, dass nicht so und so mit mir geredet wird" oder von „Der interessiert sich null für mich. Der ist vernagelt" zu „Ich will, dass mein Vater nicht nur mit seinem Blick durch die Welt läuft." Nicht immer können die Partner eigenständig Ziele und Motive hinter den Positionen nennen. Und auch wenn man die Kontrahent_innen fragt „Ist dir klar, Lena, wieso dein Vater so denkt …? Ist Ihnen, Herr Bruder klar, wieso Lena unbedingt …?" werden gerade in der Verhärtung nicht selten feindselige, unlautere, „niedere" Beweggründe unterstellt. Im ersten Schritt müssen Unvollkommenheiten ertragen werden. Die Ausflüge in die Welt der/des anderen müssen kurz bleiben, da sich schnell Widerstand regen wird, wenn zu Beginn längere Zeit mit einer Seite verbracht wird.

Dahinter stehende Gefühle, ggf. gar „tiefe existenzielle" Bedürfnisse
Nicht selten muss der/die Moderator_in aktiver werden und selbst neue Sichtweisen einspielen, wenn dies entweder durch Aufforderung zur jeweils eigenen Suche und Artikulation oder aber durch Aufforderung zum Perspektivwechsel, „annehmbare" Ziele und Motive hinter „unannehmbaren" Positionen beim anderen zu fin-

den, nicht gelingt. Dann muss die Moderation Gesagtes positiv umdeuten, umformulieren, übersetzen und plausible „tiefere" Dahinter-Gründe herausholen. Die Annahme (Unterstellung) ist: Die Position ist nur ein Vehikel zur Erfüllung von Bedürfnissen. „Also, dein Gefühl ist, dass deine Meinung sowieso in deiner Familie nie zählt und fast immer gemacht wird, was dein Vater will? Du möchtest wie eine junge Erwachsene gesehen und ernst genommen werden ... Stimmt das so? Und Ihr Eindruck ist, dass Lena jede Regel ablehnt und dass sie zufrieden wäre, wenn Sie sich nicht mehr einmischen? Trifft es das?"

In den beiden ersten Teilschritten geht es also darum, Anklagen in persönliche Gefühle und dahinterstehende Motive zu übersetzen. Der/die Moderator_in arbeitet daran, verfestigte Stellungen zu dekonstruieren (hinterfragen, zerlegen), indem tiefere Gründe erschlossen werden. Oft entsteht Bewegung, wenn Motive und gar Gefühle wahrgenommen werden. Mindestens gilt es, eine jeweilige Achtung für die inneren Bewegkräfte der anderen Seite zu erzeugen. Bei starker Verhärtung muss zunächst an der emotionalen Enteisung in Einzelkontakten gearbeitet werden.

Zusammenfassung
„Halten wir fest. Herr Bruder macht sich Sorgen ... und Lena möchte .../wird geleitet von ..."

Gemeinsamkeiten herausarbeiten
Leitfragen sind: Was verbindet? Worin besteht Konsens? Worin seid Ihr euch ähnlich? Für was könntet Ihr euch beide engagieren? Welche gemeinsamen Ziele sind deutlich geworden?

Hier sollte die Überschrift gelten: Es darf auch banal sein! Nach Gemeinsamkeiten (Soaps gucken; Thunfisch-Pizza; Comics; Monopoly-Spielen; die Dankbarkeit der Großmutter erleben ...) zu fragen, bringt oft eine andere Energie in die Aushandlung, so dass Lösungen im Folgeschritt ggf. anders erzeugt und bewertet werden können. Nützlich ist, den Dissens genauso wie den Konsens schriftlich festzuhalten (Flipchart).

(5) Schlichten, Verhandeln, Kompromisse ... – Lösungsrichtungen und Methoden
Nicht selten ist es hilfreich, als vermittelnde Fachkraft selbst schon Ideen für Kompromisse und dritte Möglichkeiten mitzubringen. Diese sollten allerdings nicht zu früh eingebracht werden. Die Kontrahent_innen müssen erst einmal eine Weile gearbeitet haben. Ich folge weiterhin Schwabe (2005) und differenziere mit Blick auf die Varianten:

- *Nachgeben mit Kompensationen (Erträglich machen, was ich eigentlich nicht will):* Beide Seiten schreiben auf: Drei Dinge, die sein müssten/nicht sein dürften. Hier werden Wünsche, Forderungen gesammelt, die als Güter, Kompensationsmöglichkeiten, Preis ... auf die Waagschale gelegt werden. Dann werden die „Musts" und „NoNos" laut vorgelesen. Ggf. muss dann gefragt werden: „Was, Lena, könntest du zugestehen, wenn dein Vater sich auf XY einlassen würde?" Im guten Fall findet nun der Tauschhandel statt: Ich gebe dir … und ich bekomme dafür … Dem/der Unterlegenen sind Wahlmöglichkeiten innerhalb eines begrenzten Spektrums zu eröffnen. Auch hier sollte auswertend nachgefragt werden, ob die Kompensationen ausreichend und bedeutsam genug sind, wenn die Würfel gefallen sind.

- *Kompromiss (Am Wichtigsten für mich ist …):* Beide Seiten schreiben auf: die drei wichtigsten Anliegen … Dann werden die Realisierungsmöglichkeiten durchgespielt (Was könnte gehen?). Dabei wird unterschieden zwischen: Was kann ich selbst tun? Was müsste mein Gegenüber tun? Was müssten andere tun? Wenn sich herausstellt, dass ein Anliegen von Lena selbst umsetzbar ist und auch Herr Bruder ein solches gefunden hat, liegt die Bewegungspflicht bei der einzelnen Person. Man tauscht in diesem Fall Selbstveränderung gegen Selbstveränderung bzw. „Geschenk und Geschenk" auf der Ebene von wichtigen Anliegen, die ggf. mit einem Abrücken von der ursprünglichen Position verbunden sind.

- *Weder das Eine oder das Andere (Weder meins noch deins, sondern etwas Drittes …):* Beide Seiten geben zunächst auf Probe ihre Position, verbunden mit einer Lösung im Kopf, auf. Dann wird ein Brainstorming initiiert – hier kann die Fachkraft mitwirken.

Bei allen drei Lösungsanlagen werden Lösungen dann erstens nach der eigenen Priorität (A – B – C) und zweitens nach der Realisierbarkeit bewertet. Schließlich fallen Entscheidungen auf Probe mit zeitlicher Begrenzung des Experimentierzeitraums. Das Verhandlungsergebnis sollte aufgeschrieben und unterschrieben werden.

(6) Hilfreiche Maximen zur Konfliktwahrnehmung sind: Nicht die andere Person, sondern der Unterschied ist das Problem. Hinter Positionen verbergen sich Interessen und Bedürfnisse. Hinter Konflikten stehen oft verletzte Gefühle und gestörte Beziehungen. Hinter dem Konflikt versteckt sich oft ein Wunsch nach Anerkennung. Jede Konfliktkonstruktion entspringt einer persönlichen Wahrheit.

Hilfreiche Maximen zur Konfliktlösungssuche sind: Es gibt meine, deine und eine dritte Lösung. Eine Suche nach übergeordneten Zielen bzw. nach einer Interessen-Schnittmenge kann Bewegung erzeugen. Die Bestimmung des jeweils drängendsten Problems kann Ordnung und Richtung für die Lösungssuche schaffen. Jede Partei darf unhintergehbare, besonders wichtige Elemente bestimmen. Das Prinzip des Tauschgeschäfts wird akzeptiert.

Zentrale Strategien für die Moderation … Und was schwierige Gespräche in Gang halten kann: Unterstellte Motive befragen; Störendes in Wünsche verwandeln; Positionstausch (Seiten- und Blickwechsel); gemeinsame Interessen suchen; Kompromisshaltung anstreben; Aushandeln (Ich gebe ... ich bekomme); Offenes und Strittiges vertagen (festhalten); Visualisieren: A-B-C-Prioritäten, Gemeinsamkeiten – Trennendes, Bewegung in den Positionen durch Pfeile markieren ...; Emotionen ansprechen, die beide Konfliktpartner_innen betreffen; Sprache, die prägnant und verständlich ist sowie berührt; Einzelgespräche bei Verhärtung, um zu klären, was hinter dem gezeigten Widerstand steht (Ziel auch: Auftrag erhalten, erneuern, modifizieren ...); Auszeit, Vertagung; Zwischenlösung anstreben

Ggf. muss am Ende ein Schiedsspruch der Vermittlung stehen (vgl. hier und insgesamt Schwabe 2005).

Didaktisch-methodische Überlegungen

Lehr-Lern-Ziele sind:

- Die Studierenden kennen Charakteristika von Hilfeplanung, die die Heterogenität begründen.
- Sie erlangen Sensibilität für die durch Fachkräfte gestaltbaren Faktoren im Rahmen der Rollen, Strategien und Gesprächsmittel.
- Sie gewinnen Orientierung im Umgang mit Dissens und wissen prinzipiell, was professionell getan werden könnte.

So wünschenswert es wäre, die Studierenden lernen und üben nicht Moderation. Einige Versuche haben gezeigt, dass in der derzeitigen Struktur der Veranstaltung der Raum dafür fehlt.

Die Seminararbeit zu Hilfeplanung umfasst acht Unterrichtsstunden in drei Einheiten (die achte zur Hälfte, die neunte und die Hälfte der zehnten Sitzung) und gliedert sich wie folgt:

1. Dozenteninput zu Grundlagen der Hilfeplanung
2. Lesen des Wissensbausteins zu Hilfeplanung und des Textes Schwabe (2005) (drei Schaubilder)
3. Hilfeplangespräch I (analysiert nach Rollen und Funktionen der Fachkraft; Phasen)/studentischer Beitrag
4. Hilfeplangespräch II (analysiert nach Qualitätskriterien; Gesprächsmittel)/ studentischer Beitrag
5. Dissens im Hilfeplangespräch/studentischer Beitrag (Verwendung von Schwabe 2005)
6. Hilfekonzept (Fallbeispiel und Schwabe 2005)
7. Ggf. Inszenierung eines gelungenen Hilfeplangesprächs

(1) und (2) Im Input werden aufgegriffen: Unterscheidung Hilfeplanung, Hilfeplangespräch, Hilfeplan; Funktionen des Hilfeplans (z. B. Erfüllung einer Pflicht; Legitimation; Kontrolle; Steuerung, z. B. durch Zielgenerierung bzw. -verschriftlichung; Partizipation; Motivation; Grundlagenschaffung für Feinplanung; Auswertung; Übergabe; aber ggf. auch: Selbstwerterhalt und Steigerung des Kompetenzerlebens der Fachkraft; Machtdemonstration u. a. m.); Spannungsfelder/Widersprüche; Ablauf und Herausforderungen unterschiedlicher Hilfeplanungen (Erstgespräch oder Fortschreibung; Zwang, Druck, Freiwilligkeit; Leistungs-, Gefährdungs-, Graubereich; Konflikte; Krise; Zeitfaktoren u. a.). Als Lektüre eignen sich der Wissensbaustein, Schwabes Grundbestimmungen (2005, S. 329) sowie die drei Schaubilder (2005, S. 334 ff.), die innere Situationen und besonders mögliche innere Spannungsfelder der drei Akteursgruppen Fachkräfte freier und öffentlicher Träger sowie Klient_innen abbilden. Hier ist Raum für Gespräche, auch zum Umgang mit solchen Spannungen, die aus teilweise gegensätzlichen Interessen und Erwartungen stammen (vgl. Schwabe 2005, S. 337 ff.).

(3) Im theoretischen Teil der ersten Textbearbeitung eines transkribierten Hilfeplangesprächs (HPG) (vgl. die Anmerkungen zu einem fehlgeschlagenen Kooperationsprojekt mit Jugendämtern in D.1.) führen die zwei Studierenden im Rahmen ihrer Anleitung der Lerngruppe in die Rollen in Hilfeplangesprächen ein (vgl. Schwabe 2005 und den Wissensbaustein zur Hilfeplanung). Als zweiter Aspekt werden Möglichkeiten der Gliederung bzw. Phasierung des Gesprächs vorgestellt (chronologisch; thematisch; Reihenfolge der Beteiligten …). Dann wird das HPG Ulrike (siehe Anhang 3.3) von den zwei Referent_innen vorgestellt – der Fall mit Vorgeschichte, die thematische Grobstruktur, der Status (Folgegespräch) und Zeitangaben haben sich als nützliche Vorab-Informationen herausgestellt. Schließlich werden arbeitsteilig drei circa zweiseitige Teile des Textes an drei Kleingruppen verteilt. Nach der Lektüre sollen die Gruppen eine Analyse der Rollen aller Beteiligten und besonders der Moderation durch die Jugendamtsmitarbeiterin vornehmen. Die beiden Student_innen, die diesen Sitzungsteil leiten, gehen in die Gruppen und assistieren ggf. bei der Bearbeitung der gestellten Aufgabe. Da dieses HPG immer Emotionen auslöst, ist es sinnvoll, vor dem Einholen der Ergebnisse zu fragen: „Was gefällt Ihnen an dem Gespräch, was nicht?" Die Lerngruppe moniert immer und breit Beschämung, Kleinmachen, Erniedrigung, Dominanz, türenschließende Kommunikation, Machtmissbrauch seitens der Jugendamtsmitarbeiterin. Nach der Äußerung von Unmut kann die Sacharbeit aufgenommen werden. Die Erarbeitung von Rollen und Funktionen, immer am Text belegt, kann ergänzt werden von der Frage nach eingesetzten Gesprächsmitteln; dabei sollte zunächst mit dem Vorwissen der Studierenden gearbeitet werden. Als Funktionen, die in der Vorab-Listung nicht aufgeführt sind (vgl. Schwabe 2005; Wissensbaustein zu Hilfeplangesprächen), kommen bei diesem HPG Welterklärung und Erziehung hinzu. Die Zeit beträgt mindestens 120 Minuten für die Arbeit am HPG I (und auch für die Arbeit am HPG II in der neunten Einheit).

(4) Die verantwortlichen zwei Student_innen nehmen mit Blick auf das HPG II zwei thematische Inputs vor: Zum einen informieren sie über Qualitätskriterien (vgl. Schwabe 2005), zum anderen über Gesprächsmittel (siehe Anhang 3.1 Anregungen zur Analyse von Hilfeplangesprächen). Dann kann wiederum arbeitsteilig in Kleingruppen an Gesprächssequenzen angewendet werden, was zuvor gelehrt wurde. Es hat sich bewährt, dass bei den Qualitätskriterien eine Beschränkung auf Partizipation, Kooperation und Zielorientierung erfolgt, da das HPG dazu Material liefert. Die Akzeptanz gegenüber dem HPG Moni ist deutlich höher als im ersten Fall Ulrike. Als Funktion, die in der Vorab-Listung nicht aufgeführt ist, kommt bei diesem HPG personale und rollenbezogene Selbstdarstellung hinzu. Die Lerngruppe erhält durch die beiden HPGs einen Überblick über mögliche Analysekriterien und ein gestärktes Bewusstsein für Gelingensfaktoren.

(5) Zum Thema Hilfeplanung gehört unbedingt auch der Umgang mit Dissens – und zwar zwischen Professionellen und Klient_innen und unter Klient_innen (vgl. Schwabe 2005, S. 355 ff.). Dabei kann die Fachkraft als Akteur_in konfliktbeteiligt sein, mit einer Person bzw. Position sympathisieren, ggf. herrscht sogar Verpflichtung für Standpunkte (Kinderschutz; Gewaltverbot), oder zum Konfliktgegenstand bzw. Kontrahent_innen neutral stehen In jedem Fall steht der/die Professionelle in der Prozess- und Moderationsverantwortung. Das Thema kann auf der genannten Materialgrundlage (besonders zum Verteilen an alle Teilnehmer_innen eignen sich S. 360–363 und S. 367 ff.) günstig in studentische Verantwortung übergeben werden. Dabei sollte durch diese eine Komplexitätsreduktion vorgenommen werden (das betrifft z. B. das 12-Schritte-Modell und vorgestellte Techniken zur Dissensintervention). Der Einsatz von Rollenspielen hat sich bewährt – als Vorspielen durch die Referent_innen und als Trainingsübungen in der Lerngruppe. Wenn Grundlagen der Konfliktarbeit fehlen, kann das Thema weit in die zehnte Sitzung reichen. Aber noch einmal: Grundlagen der Moderation können nicht trainiert werden (konzeptionell Platz ist dafür in der Veranstaltung Soziale Arbeit mit Gruppen). Der Wissensbaustein zu Dissensbearbeitung wird am Ende verteilt, wenn (das gilt durchgängig) er sich nicht stark mit einem studentischen Handout überschneidet.

(6) Schließlich kann in der zehnten Sitzung der Begriff des Hilfekonzepts gewinnbringend eingeführt werden. Dabei geht es um die „großen Linien", um Arbeitsprinzipien und -richtungen im Fall: Situation/Ausgangslage; Probleme und Ressourcen; Hypothesen zur Problementstehung und ggf. -lösung; Ziele;

Bedarf; Hilfeentscheidung; Hilfegestaltung; gemeinsame und unterschiedliche Sichtweisen der verschiedenen Beteiligten, Originaltöne der Betroffenen. Dafür wird die Lektüre des Textes von Schwabe (2005, S. 101–104 und S. 109 ff.) vorgeschlagen, wodurch auch eine Wiederholung und damit verbunden eine Festigung von Wissen und Haltungen intendiert ist. Den zweiten Block Planung beschließe ich mit dem Fallbeispiel der Familie Dorn (vgl. Schwabe 2005, CD-ROM Fall 4), wodurch wiederum Erkenntnissicherung zur Hilfeplanung insgesamt erreicht werden kann.

(7) Es ist auch möglich, am Schluss ein gelungenes Hilfeplangespräch mit dem/ der Dozent_in in der moderierenden Rolle zu inszenieren.

4. Durchführung von Hilfen

Der dritte Block der Hilfedurchführung umfasst den Zeitraum der zehnten (z. T.) bis zur Mitte oder zum Ende der 14. Sitzung, also circa 16 bis 18 Unterrichtsstunden. Es wird gestartet mit einer Gliederung des breiten, verzweigten Interventionsfeldes. Dann wird ein gelungener Fall auf eingesetzte Interventionen hin untersucht und die Interventionsplanung für den schon bekannten Fall Merhold vorgenommen. Anschließend wird das in jedem Fall auftretende Prinzip Kooperation vertieft behandelt. Dieses ist fachlich hochrelevant, ist ansonsten curricular nicht abgesichert (wird gleichwohl hier und dort im Studiumsverlauf thematisiert), ist zudem gut lehrbar und stößt auf Interesse der Student_innen. Weiter werden Abbrüche als häufig der Rubrik Scheitern zugeordnete Ereignisse zum Thema, bevor drei Fragen generalisierend aufgeworfen werden: Was sind Wirkkräfte, an denen sich entscheidet, wie Hilfen sich entwickeln? Was sind Lenkungsmittel für Fachkräfte? Und wie verändern sich Menschen?

4.1 Überblick Intervenieren

Thema und Inhalt

Problematische Lebenslagen, die Professionelle auf den Plan rufen, sind dynamisch, Bearbeitungsthemen mäandern und entziehen sich dem einfachen Zugang. Schwierigkeiten bei der Lebensbewältigung und korrespondierende Belastungen sind komplex, teilweise undurchschaubar; ökonomische, soziale, rechtliche, gesundheitliche, psychische Problemzentren und -ausläufer bedingen einander und sind miteinander verflochten. Es gibt selten einfache und schnelle Lösungen. Koppelungen zwischen Problem und Lösung sowie zwischen Zielen, Wegen und Schritten sind mal fester und dann lose und ereignen sich unter Ungewissheitsbedingungen. Wirkungen sind nicht herstellbar, auch eine Zurechnung von bestimmten Interventionen zu bestimmten Wirkungen bei Adressat_innen ist kaum zu belegen. Ob die sozialarbeiterischen Impulse im vielstimmigen Ensemble der Einflussfaktoren ausschlaggebend für professionell erhoffte bzw. eintretende Wirkungen sind, ist fast immer schwer entscheidbar.

Wissensbaustein: Spannungen in der Berufsrolle und in Arbeitsbeziehungen

Das sozialarbeiterische Kompetenzprofil liegt in den Verbindungen, die fallspezifisch in vernetzter Prozessgestaltung durch „ganzheitliches", alltagsnahes, umfeldbezogenes, flexibles und kooperatives Handeln gefunden werden. Sozialarbeiter_innen vollziehen unmittelbare Frontline-Arbeit mit Adressat_innen, aber sie organisieren und koordinieren auch, sie planen und entwickeln Konzepte für Angebote und Einrichtungen (vgl. z. B. Heiner 2007). Insgesamt werden Dazwischen-Positionen in *Ambiguitäts- und Polaritätsräumen* eingenommen:

Grundsätzlich: Sozialarbeiter_innen vermitteln zwischen *Individuum und Gesellschaft*. Von den Adressat_innen werden sie nicht selten als *Helfende und Kontrollierende* zugleich erlebt.

Personenveränderung (Verhalten) und Umfeldveränderung (Verhältnisse) sind Bezugspunkte, zwischen denen fallweise Wege gesucht werden müssen, wobei (in unterschiedlichem Maße) veränderbare und (tendenziell) unveränderbare Faktoren zu unterscheiden sind. Insbesondere ökonomische und gesellschaftliche Bedingungen wie z. B. Arbeitsmarktsituation, Herkunftsbenachteiligungen, gewachsene Mentalitäten wie Vorurteilsstrukturen, gesetzliche Grundlagen gelten als schwierig und (bestenfalls) langfristig zu bearbeitende Felder.

Problem- und Ressourcenwahrnehmung sollten gleichwertig berücksichtigt werden.

Entscheidungen sind insbesondere in stationären Betreuungssettings häufig zu treffen zwischen dem *Wohl der Gruppe und Bedürfnissen und Bedarfen der/ des Einzelnen*.

Auch für die *Gestaltung des Arbeitsbündnisses* sind Polaritäten belegt. In der Praxis changieren Sozialpädagog_innen zwischen Offenheit und Strukturierung. Sie pendeln zwischen Selbstdeutungen Betroffener (nachvollziehendes Fallverstehen) und auf stellvertretender Deutung beruhender Expertenperspektive. Sie lassen Verantwortung und entlasten punktuell von der vollen Selbstverfügung, sofern diese eine untragbare Bürde wird. Lenkende Einflussnahme und gebotene Zurückhaltung gilt es mal so und dann wieder anders im Dazwischen zu gestalten. Symmetrische und asymmetrische Beziehungselemente müssen balanciert, Nähe und Distanz austariert werden. Professionelle halten ggf. im Sinne von „Containment" (W. Bion); gleichwohl sollen sie sich hinreichend heraushalten und überflüssig machen.

In der Positionierung mit Blick auf andere Berufsgruppen stehen die Sozialarbeiter_innen zwischen *eigenverantwortlicher Fachlichkeit und abhängiger Zuarbeit*, zwischen Aufgabenannahme und Aufgabendelegation, zwischen Dissensbewusstsein und Konsenssuche, zwischen Einmischung und Zurücknahme.

Hinsichtlich ihrer Einbindung in Institutionen pendeln sie zwischen *Organisations- und Adressateninteresse*, z. B. zwischen knappen Ressourcen und einzelfallspezifischen Aufwänden sowie zwischen Routinen und nicht standardisierbarem „Einmaligkeitsgebot".

Die Liste der Ambiguitäten und Spannungen ließe sich fortsetzen. Ausgehend von einem Pendel-Selbstverständnis müssen fall- und situationsweise Verortungen gesucht werden. In der Verständigungs- und Handlungssituation sollen Entscheidungen getroffen, manchmal erst ex post transparent gemacht, erläutert, vertreten werden. Dabei müssen in praktischem Handeln auch Antinomien aufgelöst werden, die paradox, logisch teilweise unvereinbar sind.

Interventionen und generell *Beziehungen zwischen Fachkräften und Adressat_innen* sind gezeichnet von Zweckbindung, Rollenhandeln, Lohnarbeit und werden geprägt von den persönlichen Werten der Fachkraft genauso wie von den Einrichtungskonzepten, die Leistungserbringung und dabei auch Beziehungsauffassungen rahmen oder gar vorgeben (wollen). Ohne Frage macht es Unterschiede, ob die professionelle Beziehung in Kontexten wie Bildung, Erziehung, Hilfe (Beratung, Begleitung, Assistenz, Betreuung, Training ...) angesiedelt ist und welcher Grad an Selbstinitiiertheit durch Betroffene bzw. von Freiwilligkeit zugrunde liegt. Solche Arbeitsbeziehungen können sich in einem Einmal-Akt erschöpfen oder über Jahre bestehen, eine Fachkraft kann zu wenigen oder hunderten Adressat_innen Kontakt aufbauen, gestalten, pflegen. Ganz überwiegend werden Fachkräften ein „ausgewogenes Verhältnis von Nähe und Distanz" (Gahleitner 2017, S. 202), „Nähe-Distanz-Balance", „distanzierte Anteilnahme" anempfohlen. Was das im Einzelnen heißt, wird umstritbar sein.

Die *sozialpädagogische Beziehung* wird nicht um ihrer selbst willen eingegangen, sondern sie ist als Entwicklungs- und Lernhilfe, als Betreuung und Begleitung, als Exklusionsverhinderung und Inklusionsvermittlung, mit Zwecken wie z. B. Beschaffung von Gütern, Erwerb von kulturellem Kapital, Schutz vor Gewalt und Obdachlosigkeit oder Wiederherstellung von Gesundheit verknüpft. Die Beziehung dient den angestrebten Ergebnissen (ob selbst- oder fremddefiniert) als Medium, wobei sie selbst auch ein Wirkfaktor sui generis ist, als solcher eingesetzt wird oder werden kann. So müssen sich Nähe und Distanz gerade daran bewähren, ob sie erstens dem Zweck dienlich sind und zweitens die Beziehungsqualität als solche von Professionellen bzw. Adressat_innen als wohltuend, stärkend, ermutigend, nützlich, passend, erträglich, aushaltbar erlebt wird.

Professionelle treten Adressat_innen, ob sie wollen oder nicht, in einer *Rolle* gegenüber, die immer Vorgaben, Verpflichtungen, Grenzen etc. mit sich bringt. Diese zwangsläufig asymmetrische Seite im Kontakt ist z. B. geprägt durch: Entlohnung; arbeitsfreie Zeit mit limitierter Verfügbarkeit; oft keine Wahlbeziehung; Einbindung in eine Institution mit Berichtserwartung im Team, Konzept, Fachaufsicht, Aktenführung etc.; Umgang mit Adressat_innen relativ unabhängig von Sich-Mögen und Gegenleistungen; Begrenztheit der Beziehung (zweck- und zielgerichtet; partikular; temporär); Pflicht zur Beachtung von Adressatenrechten, Berufsethik, Beschwerdemöglichkeiten u. a. m. Neben Rollenübernahme (Role Taking) gibt es

Ausgestaltungsräume (Role Making). Relativ unabhängig (wenn auch gerahmt) vom Rollenhandeln treffen, in *symmetrischer Dimension, Mensch und Mensch* aufeinander. Auf dieser Ebene herrscht Gleichwertigkeit, von hier gewinnen professionelle Beziehungen Farbe und Einmaligkeit. Nicht der Funktionär wird womöglich im Nachhinein erinnert, sondern „Er/sie handelte als Mensch!" (vgl. Gahleitner 2017, S. 228 ff.; 274 ff.; 281 ff.). Person und Rolle gehen in Sozialer Arbeit ineinander über. So werden ggf. berufliche Haltungen (z. B. Empathie, Perspektivübernahme, Motivverstehen, Ressourcenfokus) zu personalen und umgekehrt, so dass womöglich nicht mehr auseinandergehalten werden kann, was in dieses oder in jenes Feld gehört. Auch wenn Person und Nähe sowie Rolle und Distanz auf den ersten Blick zusammenzugehören scheinen, lassen sich vielfältige Beispiele finden, dass die Rolle gerade der Schutzmantel ist, der sektorale und punktuelle Nähe aushaltbar und produktiv macht.

Damit sind unmittelbare Kennzeichen des beruflichen Handelns in der Sozialen Arbeit skizziert, die im Fall Interventionen rahmen, hervorbringen, prägen, tönen. Wenn Interventionen auch nie abschließend gesammelt werden können, wenn es auch keine ultimative Ordnung geben kann, wenn man im Einzelfall auch nur beschränkt richtige und falsche Interventionen planerisch bestimmen kann und sich Interventionslehre insgesamt – so zeigt auch diese knappe Einführung – auf dünnem Hilfe- und Lehr-Eis bewegt, so honorieren es die Student_innen, wenn das Wissensgebiet überblicksbezogen systematisiert wird.

Einschätzungen und Bewertungen von Interventionen können nach folgenden Kriterien vorgenommen werden: richtig; erfolgreich; akzeptiert; zufriedenstellend. Fragen stellen sich:

- *„Richtig"*: Für wen? Wer entscheidet? Nach welchen Kriterien? Nach Gefühl und/oder rational? Zu welchem Zeitpunkt? Wie stabil ist die Einschätzung?
- *„Erfolgreich"*: Gemessen woran, wie, wozu (zu welchem Zweck)? Gibt es neben subjektiven auch objektive Maßstäbe? Wer formuliert als Maßstab eine Ergebniserwartung? Wie eindeutig und wie stabil ist der Erfolg?
- *„Akzeptiert"*: Was? Wieso? Nur selbst oder auch durch relevante Andere? Voll oder partiell bzw. mit Reserven? Schmerzvoll bzw. mit Verlusten und Kompromissen oder leicht?
- *„Zufriedenstellend"* – auch hier: Was (genau), wen, inwiefern. in welchem Ausmaß, wie stabil, wie viel Ambivalenz, zu welchem Preis bzw. mit welchen Risiken und Nebenwirkungen?

Wissensbaustein: Systematisierung von pädagogischen Interventionsebenen und -arten

Motivation Adressat_in, z. B. zu	*Pädagogische Leitlinien, z. B.*	*Zeitstruktur: Phasierung*
• Kontakt • Inanspruchnahme (Kommen) • Mitarbeit • Veränderung	• Hilfe zur Selbsthilfe/Ermäch- tigung • Lebensweltorientierung • Intermediäre Funktion • Interessenvertretendes Han- deln • Menschenrechte • Berufsethik • Engere fachtheoretische Konzeption	• Anlass-, Anliegenklärung • Anfang • Kern-, Hauptphase • Schluss
Professionelles Personal: *exemplarische Aufgaben*	*Intervention*	*Gesetze, Institution z. B.*
• Biografische Prägungen re- flektieren • Fähigkeiten entwickeln • Motive bewusst machen • Berufsidentität kognitiv konzi- pieren/zeigen • Gefühle verkraften	• Fall von • Fall für • Fall mit	• Leistungsverpflichtungen • Arbeitskonzept
Fallstatus	*Interventionsformen*	*Interventionsbereiche*
• Eingriff versus Angebot • Fremdinitiiert versus selbst- initiiert • Druck, Zwang, Auflage versus selbstbestimmt ohne Außen- druck • Stellvertretendes Handeln versus selbst machen • Ziel: gemeinschaftliches Handeln, Koproduktion	• sprechen – handeln/ verbal – nonverbal • materiell – immateriell • mittelbar – unmittelbar • Person – Situation • intentional – nicht-intentional • rational – intuitiv	• Individuum • Arbeitsbeziehung • Verfahren • Ort; Setting • Aufgaben • Kooperation, Vernetzungen

Sozialpädagogisches Handeln
- *Kontaktebene:* Da-Sein; informell-absichtsarmes bzw. spontanes, intuitives H.; informell-absichts-volles H.; verfahrensgestütztes H.
- *Grundbedingungen:* ansprechbar sein, aushalten, sich zeigen, aufmerksam sein, Empathie, Respekt, Takt ...;
- *Begleitendes Unterstützen:* mitschwingen, halten, aushalten, beruhigen, ermuntern, üben, zeigen, klären, trösten, Hoffnung wecken, Konflikte moderieren, raten, Ressourcen erarbeiten, vermitteln ...;
- *Gegenwirken:* (konträren) Standpunkt einnehmen, Nein sagen, konfrontieren, Grenzen vertreten, irritieren, herausfordern, Auflagen/Sanktionen verkünden, lenken ...

Einige grundlegende, im Weiteren verwendete Erkenntnisse im Bereich Inter-vention in einer *Bilanz:*

- Angebot und Eingriff sind zu unterscheiden. Aus Eingriff soll nach Mög-lichkeit mindestens teilweise „gemeinsames Handeln" werden (vgl. Müller 1993).
- Interveniert werden kann eher im Wirkungsraum Person, einbettendes System oder Situation bzw. direkt oder indirekt.

- Interventionen können materiell oder immateriell, sachbezogen oder personenbezogen-interaktiv angelegt sein.
- Interventionen können Klient_innen (z. B. Beratung) oder interprofessionelle Räume und Strategien (z. B. Netzwerkbildung) betreffen.
- Entscheidungen zur Rollen- und Beziehungsgestaltung sind zu treffen
- Rezeptwissen trägt nicht, „zu vielgestaltig ist das je Besondere, dem man nur Rechnung tragen kann durch elaboriert entfaltetes fallbezogenes Wissen […]" (Niemeyer 2019, S. 410). Das Besondere sind etwa Biografien, Situationen, weitere soziale Kontexte, innere Verfassungen.

Didaktisch-methodische Überlegungen

Lehr-Lern-Ziele sind:

- Die Student_innen erwerben bzw. stärken Bewusstsein für konstitutive Spannungsfelder beruflicher Sozialer Arbeit.
- Sie reflektieren Merkmale des Arbeitsbündnisses als Grundlage und Medium von Intervention.
- Die Studierenden lernen: Intervention ist nicht fall- und situationsunabhängig bestimmbar und lehrbar, sondern aus Bausteinen der Hilfegestaltung und Ad hoc-Erfundenem je neu zu mixen. Die gute Mischung steht nicht fest, sondern muss auf dem Hilfeweg, so dialogisch wie möglich, miteinander gefunden werden.

Zum Ablauf. Die zweite Hälfte der zehnten Einheit startet mit einem Input; die beiden Wissensbausteine werden anmoderiert und es wird zum Lesen aufgefordert. Erarbeitungsfragen können sein: Wo und wie haben Sie Spannungen beim Intervenieren erlebt? Gab es bisher schon mal innere Konflikte zwischen Mensch und Rolle bzw. Nähe und Distanz? Wie sind Sie mit Spannungen und Konflikten umgegangen? Wie kommen wir zu Mischungen und wie können wir herausfinden, „welche Mischung etwas bringt"? Sinnvoll ist ein Nacheinander von Einzel-, Partner- und Plenumsarbeit. Für die Beiträge in der Großgruppe sollten 45 Minuten zur Verfügung stehen.

4.2 Gelingende Hilfe

Thema und Inhalt

Der zugrundeliegende Fall K. motiviert die Student_innen durch günstiges Handeln der Fachkraft und positive Entwicklungen der Adressat_innen. Es wird zwischen Interventionsstrategien und Gestaltungsprinzipien unterschieden – beides können Wirkkräfte sein. Im Rahmen einer von mir aufbereiteten Fallanalyse eines beschriebenen Familienhilfe-Prozesses (alleinerziehende türkeistämmige Mutter mit zwei Söhnen) (vgl. Fallschilderung Yolci 2009; vgl. Fallanalyse Thimm 2014; 2015) konnten mittelbare und unmittelbar-personenbezogene gelingenden Interventionsstrategien identifiziert werden (additive Listung):

Hilfeprozessgestaltung und professionelle Kooperation	Schlüsselperson Frau K. (Mutter)	Kinder und erweiterte Familie	Lebensverhältnisse
• Rollenanlage der Fachkraft zwischen informellen und formellen Merkmalen Aushalten von Differenzen und Austragen von Konflikten • Eintreten für die Belange der Adressatin in den Umfeldern • Fachkrafthaltung Veränderungszuversicht • Variantenreiche Settings für Gespräche • Günstige Nähe-Distanz-Regulation • Verlässlichkeit und hohe Präsenz • Androhung von Herausnahme der Kinder • Ethnisch-kulturelle Sensibilität • Trennung der Arbeit mit Mutter und Kindern • Verteilung der Aufgaben auf verschiedene Akteur_innen • Zusammenbringen mit Menschen in ähnlicher Lebenssituation • Sprachmittlung; gute sprachliche Verständigung • Arbeit mit Netzwerkkarte und Video-Feedback (Rollenspiele) • Einbezug medizinischer und psychologischer Diagnostik • Aktivierung von Fachdiensten, die über medizinische, ökonomische, psychologische Kompetenzen verfügen; Vermittlung zum Fachdienst Erziehungsberatung • Schriftliche Planung und Vereinbarungen • Kooperation zwischen Familienhelferin und Amt • Dichter Informationsfluss zwischen Beteiligten	• Gewinnen und Erhalten von Vertrauen • Ermutigen • Aktivieren des Willens • Tatkräftige Unterstützung • Dranbleiben, nicht abwimmeln lassen • Gemeinsame Projekte, geteilte Ziele • Raumgeben für Bedürfnisse und Ängste • Begleiten zu Ämtern • Erweitern der Erziehungskompetenz (mit Rollenspielen) • Ermächtigung gemäß Kompetenzzuwachs (alles zu seiner Zeit: abnehmen, mitmachen, anleiten, coachen)	• Interesse an Motiven und Hintergründen für auffälliges Verhalten • Klare Positionen zu Verhalten der Söhne • Aktivieren von Familiennetzwerk • Einbinden von Peers der Kinder • Einbinden der Schule; Schulwechsel; schulische Erfolge • Schulbesuchs- und Drogenkontrollen bei Söhnen • Mitgehendes Begleiten in brenzligen Situationen	• Begleitung im strittigen Scheidungsprozess • Neue Wohnung für Kindesmutter • Einmündung in den Arbeitsmarkt mit sinnstiftender Tätigkeit

In seltener Prägnanz wird das Ineinander von unmittelbar personengerichteten Strategien, Beziehungs- und Berufsrollengestaltung, Umfeldressourcen- und interprofessioneller Netzwerkarbeit deutlich.

Zum zweiten Bestandteil dieses Themas wird die Interventionsantizipation im Fall Merhold. Hier fehlt noch die Abrundung nach der Hypothesenbildung. Folgende Interventionen wurden von vielen Student_innen über Jahre zusammengetragen, womit ein *Möglichkeitstableau* von Interventionen und kein konkretes Hilfekonzept vorgestellt wird:

Interventionsplanung Merhold

- *Phase 1/Bildungsmaßnahme:* bis 14 Tage – Gespräche (ggf. auch bzw. alternativ Erziehungsberatung) (parteiliche Beratung)
- *Phase 2/Jugendamt:* bis sechs Wochen (fließender Übergang mit 1) (Moderation, Vermittlung einer Hilfe zur Erziehung, Weiterleitung in Erziehungs-, Familien-, Paarberatung)
- *Phase 3/Sonstige Hilfen* (Gemeinwesen, Jugendamt, Fachdienste Beratung)

Krisenhilfe in der Berufsbildungseinrichtung

- Grundsätze: Druck rausnehmen; Entschleunigung, n.M. keine übereilten Entscheidungen – Zeitfenster für M.M. öffnen; günstiger Einstieg: Normalisierung der Schwierigkeiten in dem Sinne, dass eine „junge Mutter zu sein mit das Schwerste auf der Welt ist"
- Definition der Situation als vorübergehende Krise; emotionale und soziale Entlastung befördern, mit ihr die Situation strukturieren; Netzwerk-Thema aufmachen; „Nebeneffekt": ein positives Bild von professioneller Hilfe erhalten; Anteile bestimmen: Wer macht was?
- Bestimmung der A-Themen (A, B, C gemäß Wichtigkeit; Dringlichkeit; Lösbarkeit; Lust); Zuerst-und-dann-Prinzip
- Ressourcen, Kraftquellen bestimmen
- Vermittlung zum Jugendamt (ggf. Erziehungs- und Familienberatung)

Stufenplan

- Lebensbereiche/Schritte in A-, B-, C-Hierarchie bringen: Kind; Qualifizierung; N.N.; Mutter; Schwiegermutter; Wohnung; finanzielle Situation/Unterhalt; Außenkontakte/Freizeit (etwas Schönes erleben) – überprüfen, ob Problem- und Aufgabenhierarchisierung aus dem „Erste Hilfe"-Gespräch noch stimmt
- Einige A-Themen: Alltagsbewältigung befördern durch Tages- und Wochenpläne; Anmelde-/Verabredungspflicht des Kindsvaters auf den Weg bringen; Aufnahme sozialer Kontakte (Krabbelgruppe, junge Mütter, kinderfreier Tag/Abend …); verlässliche Einbindung und Beziehungsreflexion (Grenzen?!) mit Frau N. (Was war bisher hilfreich? Was setzt mich unter

Druck? Was soll bleiben? Was soll überprüft werden? Was soll sich ändern?)

- Weitere Themen: Brief an die eigene Mutter schreiben, um eine Klärungsphase (moderiert) einzuleiten; Klärung sozialer und materieller Hilfen; weitere Beratungsthemen erkunden: Zukunftsplanung Meike M.; Klärung Beziehung zu N. N. (moderierte Gespräche, auch mittelfristige Umgangsabsprachen mit dem Kind (Lisa den Vater erhalten/Häufigkeit, Dauer, Setting der Kontakte zum Kind); Rollen der Mütter ... (vermittelte Gespräche)
- Teilziele und Handlungsschritte entwickeln; kurz- und mittelfristig, aber ggf. auch entlastende Setzungen auf Anzeichen oder Wunsch (?): „das machen wir mal auf Probe so ..."; nicht alles – aber Teile; heute, morgen, übermorgen; „das macht M. und das andere" ...

Involvierte Stellen, Dienste, Hilfen

- Auftragsbeschaffung der Sozialarbeiterin in der Qualifizierungsmaßnahme, diese sollte ggf. das Jugendamt einschalten; klären, wer welche Aufgabe übernimmt: Beziehungsklärungen, Beratung von M. M., Vermittlung weiterer Hilfen, Netzwerkaktivierung ... (M. M. einbinden, ihr Regie lassen, aber ggf. auch hier und dort Vorschläge nahebringen – immer auf Widerruf)
- Rollenklärung der Professionellen
- Zielentwicklung: Was will M. M.?; Schrittplanung
- Weitere denkbare Hilfen: Krabbel-/Junge Mütter-Gruppe; Kur/Auszeit am Ort X.; Einzelfall-/Familienhilfe); ggf. Informationen zu kindbezogenen Rechten und Pflichten ...
- Langfristig: Paarberatung bzw. Familienberatung (mit unterschiedlichen Beteiligten) denkbar; ggf. Mutter-Kind-Einrichtung

Haltungen

Für die Beratungssituationen: entlasten lassen; Gefühle wahrnehmen und aussprechen lassen; Empathie; Zuhören; Respekt, Anerkennung für ...; Zuversicht und Hoffnung ausstrahlen ...

Methoden/Techniken

- Moderation und ggf. Mediation
- Ggf. Genogramm-Arbeit, ggf. später
- Familienbrett/Klötzchenskulptur, um aktuelle, aber ggf. auch zukünftige Situationen zu visualisieren, ggf. später
- Zum besseren Verständnis innerfamilialer Dynamiken sind ggf. auch szenische Darstellungen und Rollentausch anzubieten, um herauszufinden, was passt
- Ressourcentabelle erstellen, Netzwerkuntersuchung (Netzwerkkarte etc.)
- Weitere Beratungsstrategien für Einzelgespräche: Räume für Gefühlsausdruck aufmachen; tiefe Gefühle, Ambivalenzen normalisieren; Ressourcen-

fokus: Was hat in anderen, durchgestandenen schwierigen Lebenssituationen geholfen (worauf ich mich verlassen kann, was mich stark macht, was ich schon geschafft, geleistet habe)?; psychoedukativ Wissen über Trennungsdynamik, Phasenstruktur, Belastungen und Bewältigung vermitteln; Liste für Abstimmungsnotwendigkeiten/-wünsche mit weiteren Beteiligten erstellen lassen; Unterstützungstabelle (gemäß verschiedener Lebensbereiche); Adressen nennen, auf Wunsch Telefonkontakt begleiten

Didaktisch-methodische Überlegungen
Lehr-Lern-Ziele sind:

* Die Studierenden üben sich in der Interventionsanalyse und können Interventionsstrategien am Fall bestimmen und nach Ordnungsprinzipien gliedern
* Sie erschließen verallgemeinernd strategienübergreifende Gestaltungsprinzipien.

Der gelungene Fall K. umfasst circa 30 „luftig" beschriebene Seiten. Die Lektürezeit kann mit einer Stunde veranschlagt werden. Der Fallverlauf enthält „keine Haken und Ösen" – von daher steht er für eine seltene Art. Die beschriebene Arbeit in der Familie läuft fast zu vorbildlich, ermutigt jedoch die Studierenden. Das Einsammeln der Fortschritte sollte sowohl sektoral als auch chronologisch erfolgen. Der kleine *Verallgemeinerungsschritt zu Gelingensprinzipien* (Was können wir aus diesem Fall für andere Fälle lernen?) erbringt etwas mehr Tiefenschärfe und kann auch zu verweilenden Diskussionen führen:

1. Gebrauchswert der Hilfeleistungen
2. Durchgehende Ermutigung mit Steigerung von Zuversicht, Aktivierung und Ermächtigung mit Selbstwirksamkeits- und Selbstwertsteigerung von Frau K.
3. Denken in Phasen (Zuerst-und-dann-Prinzip, beginnend mit Krisenintervention)
4. Transparenz der Kontrollfunktion (Kinderschutz)
5. Rollenflexibilität, Annahme der partnerschaftlich-informellen Beziehungsangebote seitens Frau K.; von Abnahme über unmittelbare Begleitung bis zu Wegebahnung und Stand-by-Hintergrundassistenz
6. Eigenständiger Bereich Arbeit mit Jungen (Söhne von Frau K.)
7. Kulturhintergrundähnlichkeit und gleiche Muttersprache
8. Lebensveränderungen (Scheidung; Wohnung; Arbeit)
9. Zielgerichtetheit; gemeinsame Ziele
10. Mobilisierung des lebensweltlichen Netzwerks mit protektiven Ressourcen
11. Arbeit in Umfeldern, Kooperation mit Schule, Ärzt_innen, Psychiatrie, Beratungsstellen

12. Zusammentreffen mit Peermodell
13. Verwendung von Methoden wie Videofeedback und Rollenspiel
14. Starker Krafteinsatz
15. Zeitaufwand

In der Folgestunde können die Studierenden in Kleingruppen am bekannten Fall Merhold aktiv werden (90 Minuten, einschließlich Plenum). Die Situationsklärung und die Hypothesen werden noch einmal hervorgeholt und in Erinnerung gerufen. Dann wird die Aufgabe der Interventionsplanung erteilt und die Grobgliederung vorgegeben. Die Teilnehmer_innen sprechen in Kleingruppen gerne und viel, 45 Minuten reichen ihnen selten. In einer Postergalerie können Gemeinsamkeiten und Unterschiede zwischen den Teilgruppen vergleichend wahrgenommen werden; von Dozentenseite kann ergänzt, bestätigt, akzentuiert werden. Ein unaufhebbares Manko ist, dass die Klientin für die Planung fehlt. Eine Besetzung mit einer/einem Student_in in einer Beobachtungsrolle als M. M., die sich in den Kleingruppen und/oder im Plenum stellungnehmend einschaltet, hat sich mal bewährt; in anderen Durchführungen kam es zu unproduktiver Verzettelung durch häufige Einwände. Auch wenn dies ein eher „einfacher, leichter" Unterstützungsprozess bzw. ein Fall für Beratung zu sein scheint, freuen sich die Studierenden nach getaner Arbeit meistens. Sie erleben sich als kompetent und haben miteinander ein Werk vollbracht – aber es kann, eher selten, auch zu gruppendynamischen Spannungen kommen (Konflikte um Rollenverteilung in der Arbeitsgruppe; Entwertungen; Ausstiege …), die ggf. aufgegriffen werden (aber ggf. auch heimlich bleiben und von mir nicht bemerkt werden).

Für die Beziehungs- und Rollenlage kann vertiefend in freiwilliger häuslicher Nacharbeit Thimm (2018) gelesen werden.

4.3 Interventionsprinzip Kooperation

Thema und Inhalt

Kooperation ist ein Verfahren, das auf gemeinsamen „Gegenständen", geteilten Zielen und abgestimmten Erbringungsweisen beruht. Unterscheidbar sind auf strikter Arbeitsteilung beruhende Koordination, additive Kooperation und integrativ angelegte Kooperation. Die trennenden Merkmale bei fließenden Übergängen liegen vor allem im Ausmaß der Verschränkung und der Aufeinanderverwiesenheit bei der Aufgabenbearbeitung sowie, damit zusammenhängend, in Kontaktintensität, -umfang, -qualität der abgestimmten Arbeit an der mehr oder weniger gemeinsamen Sache.

Ein einfaches Modell veranschaulicht einige *Variablen der Kooperationsdynamik*:

Thema

Subjektive Bedingungen, z. B.   Objektive Bedingungen, z. B.

Wissen über Möglichkeiten   Zeit

Motivation   Konzept, Programm

Qualifikation   Institutionelle Kultur

Kooperation als Kommunikationsprozess
(Aufgaben- und Beziehungsebene)

Bewertung

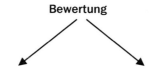

Positive Bewertung: Zufriedenheit   Negative Bewertung: Enttäuschung, z. B.
durch Vorteil = mehr Kooperation   Ausnutzung, Divergenz in der Sache, un-
                                           erfreuliches Klima, fehlende Effekte u. a.
                                           = Nicht-Kooperation; Schein-Koopera-
                                           tion

Zunehmend setzt sich kooperationstheoretisch ein kontextualisierender systemischer Blick durch. Ein Beispiel: Die Zwecke, gesetzlichen Grundlagen und beruflichen Kulturen etwa von Schule und Jugendhilfe sind notwendig unterschiedlich. Daraus können, ja müssen Hemmnisse und ggf. sogar Konflikte entstehen, die professionell zu handhaben sind. Neben der *Systemebene,* auf der Abwehr- und Ausscheidungsstrategien „negativer Risiken" und Ressortdenken mit eingespurten Zuständigkeits- und Finanzierungslogiken zu beachten sind, sollen einige ausgewählte Faktoren auf den *Professions-, Prozess- und Akteursebenen* genannt werden.

Im Wirkungsraum *Professionsverhältnis* können Bedeutsamkeits- und Statushierarchien sowie Kooperationsentwöhnung trennend wirken.

Im *Kooperationsprozess* zeigen sich nicht selten folgende typische Gefahren. Erstens: Ebenbild-Wünsche, der andere möge so sein, denken, wollen, wie man selbst, werden tendenziell dazu führen, Kooperation abwertend, missionierend, drängend entsprechend absolut gesetzter eigener Maßstäbe anzulegen. Nicht ungewöhnlich ist in der Praxis zweitens auch die Tarnung von Delegation als Kooperation. Institutionen und Akteure arbeiten mit knappen Ressourcen und unter hoher Belastung. Arbeitsintensive „Ablaufstörungen" führen mitunter zu ggf. ungeklärten und heimlichen Abnahmewünschen, die als Kooperationsanliegen maskiert und präsentiert werden. Das löst bei der Profession, die Empfänger solcher verkappten Abschiebung ist, Abwehr aus – im Fall und im übergreifenden Verhältnis. In der (auch beruflichen) Interaktion von Menschen kommt es drittens häufiger zu typischen Affinitäten der Ursachenzurechnung: Werden Teil- oder Gesamtprozesse erfolgreich gestaltet, so wird das der eigenen Tätigkeit zugerechnet, Misserfolge werden dagegen dem Versagen anderer Prozessbeteiligter zugeschoben. Besonders wenn wenig unmittelbare Kontakte stattfinden, ist dieses Muster häufiger anzutreffen. Weitere prozessual wirkende Kooperationshemmnisse können, etwa wiederum für Jugendhilfe und Schule, bestimmt werden: Unverträglichkeit von Konzepten; differente Berufskulturen mit geringen Berührungen; übergriffiges Hineinregieren in die Entscheidungsräume der Komplementärprofessionen; Wissensdefizite mit unrealistischen Erwartungen und trügerischen Hoffnungen.

Auf der *Personenebene* kann Offenbarungsangst entstehen, wenn durch Kooperationen zwangsläufig Blicke hinter die eigenen Kulissen zugelassen werden müssen. Neue Bearbeitungsweisen mögen Berufsroutinen erschüttern. Zeitliche Mehrbelastung dürfte günstigenfalls nicht mit dem Gefühl von Zeitverschwendung (Das mache ich besser und schneller allein.) einhergehen. Dominanzattitüden, Alleinmach-Mentalitäten (etwa, um „Monopolwissen" für sich zu behalten), forcierte Dissensformulierungen mit ungeschickter Selbstpräsentation und Unverträglichkeit von Personen können weitere Akteursvariablen sein, die sachbezogene Synergieeffekte verhindern. Man muss sich zeigen, wird angreifbar und rechenschaftspflichtig. Nicht zuletzt mag man keinen inneren Raum für Nöte und Bedürfnisse anderer zur Verfügung haben und stellen, weil man sehr mit den ureigensten Angelegenheiten beschäftigt ist.

Kooperation ist mithin nicht gerade risiko- und nebenwirkungsarm. Sie verursacht Aufwand. Sie sollte geplant angelegt sein.

In die Hand der Student_innen kann folgender Text gegeben werden.

Wissensbaustein: Kooperation

In der Praxis arbeitet jede Profession zunächst in ihrem gesetzlich und konzeptionell vorgegebenen Rahmen. Verschiedene Arbeiten werden getrennt, arbeitsteilig und im Rahmen von Vor- und Nachrangigkeit vollzogen, nebeneinander oder nacheinander im *Modus der Koordination. Kooperation* meint darüber hinaus die Zusammenarbeit verschiedener Mitarbeiter_innen mit gleichen oder unterschiedlichen Funktionen in einer Institution oder zwischen Institutionen auf der Grundlage einer gemeinsamen Aufgabe, eines gemeinsamen Fokus bzw. gemeinsamer Ziele (auch wenn daneben professionseigene Fokussierungen und Logiken weiterbestehen). Gemeinsame Kerne sind z.B. das „Wohl des Kindes" oder die „optimale Förderung seiner Entwicklung" oder „die Verhinderung weiterer Verelendung". In einem Kooperationsverhältnis geht man davon aus, dass kein_e Professionelle_r diese Ziele alleine erreichen kann. Man tut sich zusammen, um sie gemeinsam in Form einer Koproduktion zu realisieren. Jeder muss dazu konkrete Arbeitsleistungen beitragen und zusätzlich bereit sein, sich mit den andern Professionellen darüber zu verständigen, ob das, was er jeweils leistet, den Erwartungen der anderen entspricht, und wie man den Prozess der Zielannäherung gemeinsam einschätzt. Dazu ist es notwendig, dass man sich auf gemeinsame Problemdefinitionen verständigt und, bezogen auf diese, auch eine gemeinsame Sprache spricht. Stationäre Einrichtung und Schule oder Jugendamt und die Kinder- und Jugendpsychiatrie oder ein Familienhelfer und eine Therapeutin können im Modus der Koordination oder Kooperation zusammenarbeiten. Häufig geht jede_r Mitarbeiter_in bzw. jede Institution von seinen/ihren Erwartungen an Zusammenarbeit aus oder akzeptiert, was an Zusammenarbeit vom anderen angeboten wird, und thematisiert nicht, wie man sich die Zusammenarbeit vorstellt. Die Unklarheit, ob man koordinieren oder kooperieren möchte, führt oft zu Konflikten. manchmal müssen dazu auch zwei (sich) fremde Kulturen zusammenwachsen, die dabei auch von liebgewordenen Traditionen loslassen müssen, um auf einer anderen Ebene dazuzugewinnen. Ob das gelingt, ist zu Beginn nie sicher, weswegen viele ins Auge gefasste Projekte unterwegs abgebrochen werden (vgl. Schwabe in Schwabe/Thimm 2018, S. 211ff.).

Einige *Haupthindernisse* für gelingende Kooperation sind u.a.:

1. *In der Sache:* unterschiedliche Relevanzbewertung der gemeinsamen Aufgabe; Zieldivergenzen; Schwächen in der Leistungserbringung; überbetonte fachliche Fokusunterschiede der Berufsgruppen
2. *Strukturen:* keine klaren Leitungsvorgaben; fehlende Regularien, u.a. für Rechte, Pflichten, Berichterstattung; geringer Verbindlichkeitsgrad ohne Eingriffsberechtigung bzw. -interesse bei Verstößen; in Aufgabenbeschreibungen nicht abgesicherte Personal- und Zeitressourcen
3. *Kultur und Beziehungsebene:* mit der Sachebene undeutlich vermischte Beziehungsebene; keine dialogische, reversibilitätsgeprägte Kultur; ggf. versteckte, feindselige strategische Interessen, die den Partnern schaden; Unbalanciertheit und Unfairness im Geben und Nehmen; Ausgrenzung; Vorenthalten von Information bzw. Mitentscheidungsmöglichkeiten; Konkurrenz um Ressourcen, treffendere Problemdeutungen und Lösungen
4. *Kommunikation:* Verständigungsprobleme
5. *Personenebene:* Angst und Unsicherheit vor dem Blick und der Bewertung der anderen; Überlegenheitsgefühle und -demonstration; Gegner- statt Partnerdenken

Nicht selten zeigt sich Kooperation als formale Pflichterfüllung. In diesem Als-ob-Handeln tut man so, als ob man gemeinsame Interessen bzw. Ziele hätte. Man trifft sich, weil man sich treffen muss, und spricht, weil die Zeit zu füllen ist. Dabei kann es täuschend zugehen, es kann aber auch ein (vor-)bewusstes gemeinsames Spiel gegeben werden, wobei für alle Seiten von vorneherein feststeht, dass Für-sich-Bleiben die bevorzugte Variante ist.

Kurz: Kooperation muss von *der Sachseite und der Beziehungsseite,* das meint *vom Gegenstand, dem Wir als Arbeitsgemeinschaft und dem Ich der Akteure,* angelegt bzw. verstanden werden.

Positiv wirken Verhaltensweisen in der interpersonellen Begegnung wie: man beteiligt andere früh; man streicht die Ergänzungsbeiträge heraus, gönnt und lässt auch andere gut aussehen; positive Rede über andere vor und hinter dem Rücken; genügend informelle Interaktion – wer oft „mal so" miteinander spricht, ist sich geneigter; sich bedanken; um Rat fragen; Zuhören; Unsicherheiten zugeben; Zumutungen bleiben verkraftbar.

Die *Optimierung* von Kooperationsprozessen basiert auf begünstigenden *Input-Faktoren:*

- *(Zeit-)Investition:* Nehmen und Verbringen von Zeit; Planung von Zukunft in längerer Sicht
- *Energieaufwand:* Austausch zusätzlicher, ggf. „anstrengender", komplexitätssteigernder Informationen; dichte Kommunikation; ggf. Bearbeitung von Störungen
- *Abstriche von Unabhängigkeit:* akzeptierte Autonomieeinbuße; überprüfbare Festlegungen; soziale Kontrolle, z. B. durch abgestimmte Ziele und Miteinander-Arbeiten, so dass sich die Berufsgruppen-Akteure „live" erleben
- *Wohlwollen und Gegenseitigkeit:* Akzeptanz und Wertschätzung; Vertrauen; Offenheit

Kooperation wird nur dann gelingen, wenn zwei *Anerkennungsprozesse* vollzogen werden. Diese können als selbstverständlich erlebt werden und nicht weiter erklärungsbedürftig oder mit Ansprüchen verbunden sein, die man sich bewusstmachen und explizit gestalten muss:

- Anerkennung wechselseitiger Verpflichtungen: Das kannst du von mir, das kann ich von dir erwarten. Darauf können wir uns verlassen.
- Gegenseitige Anerkennung entweder von Unterschieden in der Position (Hierarchie; Weisungsbefugnis) und/oder des Status (Vor-/Nachrangigkeit; Bezahlung; gesellschaftliches Renommee) bzw. Etablierung einer prinzipiellen Gleichrangigkeit (trotz Unterschieden, die bleiben, wie z. B. Entlohnungshöhe)

Häufig wünschen sich Mitarbeiter_innen mit anderen Vertretern anderer Professionen eine gleichrangige Zusammenarbeit. Vor- und Nachrangigkeit in psychosozialen Arbeitsprozessen und damit auch zwischen Institutionen gehören allerdings in vielen Situationen zu den Grundbedingungen der Sozialen Arbeit (vgl. Schwabe in Schwabe/Thimm 2018, S. 213).

Zur Vertiefung eignen sich Thimm (2016) und Schwabe/Thimm (2018, S. 210 ff.; 246 ff.).

Didaktisch-methodische Überlegungen

Lehr-Lern-Ziele sind:

- Die Student_innen lernen einzelne kooperationsrelevante Faktoren und die Zuordnung zu übergreifenden Wirkungsräumen (z.B. Sache; Person; Situation; Gremium oder Kultur; Struktur; Ergebnis; Prozess) kennen und können diese als Analysekriterien für Kooperationssituationen verwenden.
- Sie erfahren und diskutieren Haltungen zur Zusammenarbeit, die vorrangig durch die pädagogische Perspektive (etwa: Was ist gut für den/die Adressat_in?), aber ggf. auch durch professionelle und persönliche Eigeninteressen geprägt sein kann.
- Sie probieren Haltungen, Strategien und Techniken zur kooperativen und unkooperativen Fallarbeit aus.
- Sie gleichen die Erfahrungen aus dem Rollenspiel mit ihrem Alltag ab und überlegen sich Beobachtungs- und Übungsthemen im regulären Alltag.

Folgende Arbeitsschritte schlage ich vor:

1. Brainstorming: Welche Erfahrungen habe ich im Praktikum mit Kooperation gemacht? Eine gute und eine schlechte Kooperation, an die ich mich erinnere ...
2. Übung I oder Übung II: Lektüre des Textes; spontanes Spiel oder Spiel mit verordneten Rollen: kooperativ, unkooperativ oder gemischt, ggf. Wiederholungen bzw. Varianten (bei Übung I)
3. Auswertung: Beobachter_innen zuerst, dann Sprechen aus der Rolle der Akteur_innen
4. Lesen des Wissensbausteins zur Kooperation
5. Abschluss: Was war neu? Was ist offen?
6. Hausaufgabe: Achten Sie auf kooperatives und eher unkooperatives Verhalten in ihrem (beruflichen) Alltag und setzen selbst bewusst entsprechend passende Strategien ein.

Das Thema Kooperation kann günstig in Rollen- und Planspielen aufgeworfen werden. Im vorgesehenen Zeitrahmen können die Ziele nur in Ansätzen erreicht werden. Vier Entscheidungen sind zu treffen: Wann setze ich den Wissensbaustein ein? Welche der beiden Übungen verwende ich? Arbeite ich mit oder ohne Rollenverschreibungen? Wie geschieht die Auswertung?

Es spricht viel dafür, den Wissensbaustein zur Ordnung und reflexiven Aneignung des „leibhaftigen unverstellten Erlebens" und der Beobachterrückmeldungen – also nach der Spielphase – einzusetzen. Nach aller Erfahrung verlaufen Kooperationsspiele authentischer, unbedenklicher.

Beide Übungen sind geeignet; der Zeitbedarf für Übung I ist geringer. Bei der Alternative Rollenverschreibung versus freies Spielen priorisiere ich für die Kooperationseinheit die erste Variante. Ein Vorteil von Vorgaben ist, dass Distanzierung von den vertretenen Positionen möglich ist („Das würde ich in echt nicht tun"), was zur ungehemmteren Rollengabe durch den Schutz des verordneten Rollenmantels einlädt. Außerdem schätzen viele Student_innen auch, „erlaubt anders" sein zu dürfen. Zudem wird ziemlich sicher erkenntnisförderndes Material produziert. Auf der anderen Seite ist die Betroffenheitsintensität im spontanen freien Spielen oft höher und die Lernenden kommen sich nicht selten auf die Spur in Form von jedenfalls für den Moment veritablen Aha-Effekten. Es sollte auf jeden Fall positives kooperatives Verhalten erfahren und gesehen werden. In der zweiten Übung kann in einer zweiten Version eine konstruktive Variante gegeben werden.

Die Auswertung sollte auf zwei Wegen erfolgen. Jede spielende Person erhält erstens eine_n Beobachter_in zugesprochen, der/die folgenden drei Fragerichtungen verfolgt. Erstens: Was sagt X.? Ggf.: Wie interpretiere ich das? Wie bewerte ich das? Die Rollenspieler_innen werden zweitens anschließend aus ihrer Rolle heraus befragt, z. B.: Welche Strategien habe ich eingesetzt? Welche Wirkungen habe ich beabsichtigt? Welche unbeabsichtigten Wirkungen habe ich hervorgerufen? Drittens: Was sind gelungene, was misslungene Strategien? Wie geht (ging) es mir mit kooperativem, wie mit unkooperativem Verhalten? Wovon hängt/hing es ab, welches Vorgehen ich wähle/gewählt habe?

Noch ein Wort zu Hausaufgaben: Durchschnittlich nur zehn bis 25 Prozent (also zwei bis sieben Studierende pro Seminar), so wird sich in der Folgewoche zeigen, probieren sich gemäß dem Auftrag aus, bekennen sich dazu im Plenum bzw. sind bereit zu berichten Ich sehe darin schlicht ein Zusatzangebot für jene, die an dieser Stelle „Feuer gefangen" haben.

Die gesamte Arbeitseinheit ist fast immer spannend, lebendig und gemäß Rückmeldung ertragreich.

Übung I – Rollenspiel: Kooperative und unkooperative Strategien

Es ist nicht gesagt, dass Kooperation immer gut und geeignet ist. Wenn Kooperation angestrebt wird: Kooperation baut auf Gemeinsamkeiten und Verschiedenheit. Einige *Bedingungen für das Zustandekommen* sind:

* Ein deutliches Selbstverständnis zu Aufträgen, Zielen, Arbeitsansätzen, Grenzen und Zuständigkeiten beider Partner

- Nutzen, Vorteil, Gewinn für alle Seiten (Systeme; Professionelle; Adressat_innen; Sache)
- Präventive, den Einzelfall übergreifende Konzeptionen mit Kooperationsfestlegungen
- Klare Strukturen, also Beauftragungen, Zielvereinbarungen, gemeinsame Aufgaben- und Rollenklärung, Verträge, Auswertungen
- Ressortübergreifendes verantwortliches Denken
- Gerechtigkeit im Geben und Nehmen; keiner darf sich ausgebeutet, benutzt erleben
- Wertschätzung für die Arbeit des Gegenübers und kritische Solidarität, auch durch Perspektivenwechsel
- Grenzbewusstsein (jeder entscheidet für die eigenen „Hoheitsgebiete", für die Nachbarprofession können nur Wünsche und Erwartungen formuliert werden)
- Gleichwertigkeit und Bescheidenheit als Elemente der Professionellenbeziehung

Kooperationsfördernde Kommunikation entwickelt sich im Ensemble verschiedener Haltungen, Strategien und Techniken. Kooperationsförderliche Zugänge sind:

- Sich Öffnen: „Ich habe da ein Problem ..." „Ich komme nicht weiter mit ..." „Ich bin unglücklich, unzufrieden, weil ..."
- Räume eröffnen: „Mich interessiert Ihre Sicht auf ..." „Genauer würde ich gerne wissen ..." „Und wie fühlen Sie sich dabei?"
- Wertschätzen: „Gut, dass Sie mich ansprechen." „Wir sind an dem Punkt, wo wir durch Ihre Initiative ..." „Ich erkenne an, dass ..." „Ich bin beeindruckt von ..."
- Gemeinsamkeiten suchen: „Wir sind uns einig, dass ..." „Ich höre, dass auch Sie ..."
- Entlasten: „Was brauchen Sie von mir?" und erst danach: „Welche Möglichkeiten sehen Sie für sich?"
- Zustimmung – bei Dissens mit einer erweiternden Wendung: „Einerseits verstehe ich, dass Sie ..., andererseits gebe ich zu bedenken .../ist es meine Aufgabe .../könnte man aus Sicht des Kindes ..."
- Aktivieren, Involvieren: „Das Kind braucht (Ihre) Hilfe." „Sie sind insofern wichtig, als ..." „Ihr Mittun ist unerlässlich, weil ..." „Haben Sie eine Idee, wie wir das anstellen?"
- Danken

Vergegenwärtigen Sie sich kooperative und unkooperative Haltungen und Strategien, z. B. als Familienhelfer_in und als Lehrer_in:

Kooperativ	Unkooperativ
Freundlich starten	Neutral oder gar vorwurfsvoll starten
Problemschilderung erfragen	Mit eigener Problemschilderung dominieren
Gemeinsamkeiten herausstreichen	Unveränderliche Unterschiede hervorheben
Entlastungsbeiträge anbieten	Beiträge ohne Gegenleistung anfordern
Wertschätzen, anerkennen	(Latent) abwerten
Vorgehen dialogisch entwickeln	Einseitige Setzungen
Räume zum Planen, „Spinnen"	Unfreundlichkeit
Auswerten, Feedback geben/bekommen	Keine Zeit haben/nehmen

Arbeitsauftrag für diese Partnerübung (mit zwei oder drei Personen): Suchen Sie sich eine Beispielssituation aus dem Alltag und verhalten Sie sich je circa fünf bis acht Minuten: A. kooperativ, B. unkooperativ; A. unkooperativ, B. kooperativ; A. unkooperativ, B. unkooperativ; A. kooperativ, B. kooperativ. Sprechen Sie anschließend über Ihre Erfahrungen, ggf. gestützt durch Beobachtungen einer dritten Person.

Übung II – Planspiel: Kooperation

Der Fall: Martin Faber (Pseudonym), 14 Jahre, wohnt auf Wunsch der Mutter in einer stationären Einrichtung in Berlin-Spandau. Er ist das zweite von sieben Kindern. Seine Eltern leben getrennt, seit Frau Faber aufgrund von Alkoholmissbrauch des Vaters mit den Kindern ausgezogen ist. Dennoch teilen sie sich das Sorgerecht. Frau Faber hat nach drei abgebrochenen Lehren die Ausbildung zur Kinderpflegerin erfolgreich beendet. Zurzeit wohnt sie mit ihrem neuen Partner zusammen. Beide leiblichen Elternteile haben regelmäßigen Kontakt zu Martin. Allerdings befindet er sich häufig in der Position zwischen den Stühlen, da beide Elternteile oft schlecht über den anderen reden und versuchen, Martin auf ihre Seite zu ziehen.

Auszüge aus den Heimunterlagen: „häufige Schulwechsel, zwischenzeitlich Aufnahme in einer Klinikschule; aufgrund von Verhaltensauffälligkeiten sechs Monate Einzelbeschulung, zuletzt Besuch eines Förderzentrums"; diverse Verhaltensauffälligkeiten: „Diebereien" in der Einrichtung, „Essanfälle", „sexualisiertes Verhalten (macht anzügliche Sprüche und Posen ...)"; Übergewicht (1,78 m, 90 kg); „Martin muss zur Körperhygiene teilweise angehalten werden, erledigt dies z.T. selbstständig (Duschen, Zähneputzen...)"; „nach ICD-10 leichte Intelligenzminderung"; „Lernbehinderung".

Martin muss im Hilfeverlauf schwierige Entwicklungen aufgrund vielfältiger Rückschläge in den Bereichen Familie, Schule, Freunde, Gewicht/Gesundheit verkraften. So kommt es zu der heutigen Helferkonferenz.

Aufgabe: Überlegen Sie zunächst, welche kooperativen/unkooperativen Mittel man in der Realität einsetzen könnte.

Bitte sprechen Sie dann frei in der „Bedienung" an nachfolgenden Haltungen und Strategien. Sie müssen nicht zu einem Ergebnis kommen, sondern sollen ausprobieren, wie es ist, kooperativ/unkooperativ zu spielen. Hier werden tendenziell *nicht-kooperative Vorgehensweisen* offeriert – greifen Sie einige auf, überziehen Sie aber nicht.

- *Intrapersonal und interpersonell:* überheblich reden, besser wissen, missionieren, bekehren; strikte Aussagen machen; sich gezwungen zur Kooperation erleben und zeigen; eigene Routinen für unantastbar halten; kompromisslos auftreten; sich nicht offen, sondern eher verschlossen zeigen; abstreiten; konkurrieren; Bedingungen setzen, fordern; nehmen ohne/mit wenig Gegenleistung; abwerten, nicht anerkennen, nicht akzeptieren; Vorwürfe machen; dominieren; misstrauen; vollendete Tatsachen schaffen; eigene Interessen eher verdeckt halten; nicht nach Gemeinsamkeiten suchen; Unterschiede übergewichtig hervorheben; Unverbindlichkeit, vage sprechen; unpersönlich sein, nur Rolle geben; Demonstration von Keine-Zeit-Haben, von Unwilligkeit; täuschen; tricksen
- *Interprofessionell:* die eigene Berufsgruppe/Fachlichkeit über die der anderen stellen; eigene Problemerklärungen und eigene Lösungsansätze als überlegen sehen; übertriebene Fachsprache; Verantwortung abgeben/abstreiten; delegieren, sich raushalten; gemeinsames Ziel vermissen lassen
- *Interinstitutionell:* die Interessen der eigenen Institution rücksichtslos/verdeckt-strategisch vertreten; eigene Ressourcen überzogen schützen; wenig Ahnung zu den Arbeitsbedingungen/Arbeitsweisen anderer haben; um Zuständigkeit/Nicht-Zuständigkeit kämpfen

Einige *Anregungen für die Rollengabe:*

Jugendamt: Sie sind überlastet.

- *Intrapersonal und interprofessionell:* überheblich reden, besser wissen, missionieren, bekehren; strikte Aussagen machen; sich gezwungen zur Kooperation erleben und zeigen; die eigene Berufsgruppe/Fachlichkeit über die der anderen stellen; eigene Problemerklärungen und eigene Lösungsansätze als überlegen sehen; Verantwortung abgeben/abstreiten; delegieren, sich raushalten; gemeinsames Ziel vermissen lassen

- *Interinstitutionell:* die Interessen der eigenen Institution rücksichtslos/verdeckt-strategisch vertreten; eigene Ressourcen überzogen schützen; wenig Ahnung zu den Arbeitsbedingungen/Arbeitsweisen anderer; um Zuständigkeit/Nicht-Zuständigkeit kämpfen
- Überlegen Sie sich Weiteres ...

Psychiatrie-Arzt/Ärztin: Sie wurden in den vergangenen acht Wochen viermal für Krisenintervention verwendet.

- *Intrapersonal und interpersonell:* Bedingungen setzen, fordern; nehmen ohne/mit wenig Gegenleistung; abwerten, nicht anerkennen, nicht akzeptieren; dominieren; vollendete Tatsachen schaffen; nicht nach Gemeinsamkeiten suchen; Unterschiede übergewichtig hervorheben; Demonstration von Keine-Zeit-Haben, von Unwilligkeit
- *Interprofessionell:* die eigene Berufsgruppe/Fachlichkeit über die der anderen stellen; eigene Problemerklärungen und eigene Lösungsansätze als überlegen sehen; übertriebene Fachsprache; Verantwortung abgeben/abstreiten; delegieren, sich raushalten
- *Interinstitutionell:* die Interessen der eigenen Institution rücksichtslos/strategisch vertreten; eigene Ressourcen überzogen schützen; wenig Ahnung zu den Arbeitsbedingungen/Arbeitsweisen anderer; um Zuständigkeit/Nicht-Zuständigkeit kämpfen
- Überlegen Sie sich Weiteres ...

Klassenlehrer_in: Sie sind vor allem genervt, dass Martin so viel Zeit kostet.

- *Intrapersonal und interprofessionell:* kompromisslos auftreten; sich nicht offen, sondern eher verschlossen zeigen; abstreiten; nicht nach Gemeinsamkeiten suchen; Unterschiede übergewichtig hervorheben; Unverbindlichkeit, vage sprechen; unpersönlich sein, nur Rolle geben; die eigene Berufsgruppe/Fachlichkeit über die der anderen stellen; eigene Problemerklärungen und eigene Lösungsansätze als überlegen sehen; übertriebene Fachsprache; Verantwortung abgeben/abstreiten; delegieren, sich raushalten; gemeinsames Ziel vermissen lassen
- *Interinstitutionell:* die Interessen der eigenen Institution rücksichtslos/strategisch vertreten; eigene Ressourcen überzogen schützen; wenig Ahnung zu den Arbeitsbedingungen/Arbeitsweisen anderer; um Zuständigkeit/Nicht-Zuständigkeit kämpfen
- Überlegen Sie sich Weiteres ...

Schulsozialarbeiter_in: Sie sind neu und suchen noch Rolle und Platz an der Schule.

- *Intrapersonal und interpersonell:* überheblich reden, besser wissen, missionieren, bekehren; strikte Aussagen machen; sich nicht offen, sondern eher verschlossen zeigen; abstreiten; konkurrieren; abwerten, nicht anerkennen, nicht akzeptieren; Vorwürfe machen; Unverbindlichkeit, vage sprechen; täuschen; tricksen
- Überlegen Sie sich Weiteres ...

Externe_r (Einzel-)Therapeut_in: Sie meinen, es besser zu wissen als die anderen.

- *Intrapersonal und interpersonell:* überheblich reden, besser wissen, missionieren, bekehren; strikte Aussagen machen; sich gezwungen zur Kooperation erleben und zeigen; eigene Routinen für unantastbar halten; kompromisslos auftreten; sich nicht offen, sondern eher verschlossen zeigen; abstreiten; konkurrieren; Bedingungen setzen, fordern; abwerten, nicht anerkennen, nicht akzeptieren; Vorwürfe machen; nicht nach Gemeinsamkeiten suchen; Unterschiede übergewichtig hervorheben; Unverbindlichkeit; vage sprechen; unpersönlich sein, nur Rolle geben; Demonstration von Keine-Zeit-Haben, von Unwilligkeit; die eigene Berufsgruppe/Fachlichkeit über die der anderen stellen; eigene Problemerklärungen und eigene Lösungsansätze als überlegen sehen; übertriebene Fachsprache
- Überlegen Sie sich Weiteres ...

Heimpädagogische_r Mitarbeiter_in. I und II

- *Heimpädagogin/Heimpädagoge I:* Sie sehen Martin optimistisch-professionell.
- *Heimpädagogin/Heimpädagoge II:* Sie sehen Martin skeptisch-professionell.
- *Intrapersonal und interpersonell:* überheblich reden, besser wissen; strikte Aussagen machen; sich gezwungen zur Kooperation erleben und zeigen; eigene Routinen für unantastbar halten; kompromisslos auftreten; sich nicht offen, sondern eher verschlossen zeigen; abstreiten; konkurrieren; Vorwürfe machen; misstrauen; nicht nach Gemeinsamkeiten suchen; Unterschiede übergewichtig hervorheben; Unverbindlichkeit; vage sprechen
- Überlegen Sie sich Weiteres ...

4.4 Scheitern von Hilfen – Abbrüche

Thema und Inhalt

Hilfen scheitern – sei es, das implizite oder explizite Ziele nicht erreicht werden oder Hilfen nicht-plangemäß beendet werden. Ggf. werden mehrere Hilfen nacheinander abgebrochen, weil Beteiligte unzufrieden sind. Das Thema ist wichtig, da jede zweite bis vierte stationäre Hilfe vorzeitig, im Dissens und ohne Zielerreichung bei weiterhin vorliegendem erzieherischen Bedarf abgebrochen wird (Häufigkeit je nach Definition von Abbruch; vgl. Tornow 2018). Unterscheidbar sind Abbrüche durch Betreute, Eltern, Einrichtung, Jugendamt. Einvernehmliche (vorzeitige) Beendigungen und Hilfeformwechsel werden in der Folge nicht als Abbruch bewertet. Faktisch entwickeln sich nicht-plangemäße Hilfebeendigungen in einem Prozess, in dem sich Gründe nicht immer auf einer Seite festmachen lassen. Zu einem verlaufsdynamischen, nicht-einseitigen, mehrdimensionalen Verständnis passt auch die Unterscheidung zwischen formalem Abbruch (tatsächlicher Vollzug) und innerem Abbruch (mentale Entfernung im Sinne von Nutzlosigkeitserleben; emotional negative Besetzung der Hilfe; Klient_in merkt: Einrichtung hat aufgegeben u. a. m.).

Zu den *Hintergründen von Abbrüchen* (vgl. auch Ader 2005; Hamberger 2008; Tornow/Ziegler 2012; Schwabe/Stallmann/Vust 2013; Tornow 2014). Die isolierbare Ursache für einen Abbruch, die im Einzelfall „wie der Blitz einschlägt", gibt es selten. Abbrüche sind oft verstehbar als Prozess des Driftens mit einer Vielzahl von Bedingungs-, Auslösungs- und Verfestigungsfaktoren. Einzelne Variablen werden von anderen beeinflusst; wechselseitige Aufschichtung und zirkuläre Verstärkung sind wirksam. Lineare, einfaktorielle Ursachenzuschreibungen erhellen weder die Komplexität der Einzelfälle noch die des Gesamtphänomens. Kurz: Rekonstruktiv ist der Abbruch meist Ergebnis eines mehr oder weniger langen Weges des Hineinschlitterns mit möglichen Wendepunkten, an dessen Zustandekommen mehrere Systeme bzw. Wirkungsräume beteiligt sind. Kein junger Mensch ist wie der andere: hinsichtlich der Hintergründe und Motive bei den Beteiligten, der Faktorenmischungen, der Verläufe, des Selbsterlebens, der Zugänglichkeit, der Ansatzpunkte für Hilfekonzepte. Deshalb ist (dialogisches) Fallverstehen auch für scheiternsgefährdete Hilfen und bei Abbrüchen unerlässlich. Folgender bündelnder Kurztext eignet sich am Ende der Einheit als dichte Sammlung für die Student_innen.

Wissensbaustein: Hilfeabbrüche

(1) Adressatenbezogene Faktoren. Dazu gehören Dauer, Umfang und Intensität der vorgängigen Problembelastung, das meint v. a. sehr negative (intensive), frühe bzw. länger andauernde verletzende familiale Herkunftserfahrungen und Abbruch-

erfahrungen nicht nur in der Familie, sondern auch in Schule und Jugendhilfe. Akzeptanz von Hilfe, Sinnzuschreibung und Nutzenerwartung zu Beginn (und im Verlauf) senken das Abbruchrisiko. Fragt man in Einrichtungen nach, werden diese adressatenbezogenen Faktoren genannt: Gewalt gegen Peers bzw. Mitarbeiter_innen; psychische Steuerungsprobleme mit Fremd- und Selbstgefährdung; exzessive Kriminalität; unberechenbare Affektregulation; Kontaktvermeidung durch Abwesenheit; keinerlei Einsicht nach Fehlverhalten (vgl. Schwabe/Thimm 2018).

(2) Organisation. Als Abbrüche beeinflussende Organisationsfaktoren gelten das Ausmaß an Flexibilität und Ressourcen; Mitarbeiterqualifikation, Personalausstattung; Lernen der Organisation, Reflexivität; Kooperation; Einrichtungskultur (z. B. verbindlich versus unverbindlich; positiv-optimistische versus negativ-pessimistische Grundstimmung).

(3) Setting. Abbruchrelevant sind auch der Grad der Anpassungsfähigkeit des Settings (Differenzierung; situative Änderungen) und Möglichkeiten zu temporären Auszeiten bei heftigen Konflikten. „Krisensensibilität" und flexibler Umgang mit Krisen weist die höchste Faktorstärke für die Abbruchhäufigkeit auf, noch vor „Problemlösestil der Einrichtung" und „Fallverstehen" (vgl. Tornow 2014, S. 31).

(4) Person Fachkraft. Abbrüche sind häufiger mitverursacht bzw. gehen einher mit: einem momentanen Belastungserleben, dem Ausmaß bzw. Fehlen an Sympathie bzw. Nicht-Mögen, dem Können und der Berufserfahrung, der Ursachenzurechnung von abbruchaffinen Auffälligkeiten, der Investition von Zeit und Energie in den Fall (Hypothese: je mehr, je unwahrscheinlicher der Abbruch).

(5) Hilfegestaltung. In diesem Bereich kann besonders erinnert werden an

- das Ausmaß an Eskalation, Handlungsdruck und Tempodiktat, u. a. am Hilfebeginn (vgl. Ader 2005; Schwabe 2006; Hamberger 2008),
- das Niveau des Fallverstehens,
- familienbezogene Klärungsprozesse mit Erlaubniserteilungen und Mitarbeitsmöglichkeiten auf Elternseite,
- die pädagogische Qualität, u. a. Ausmaß an Vertrauen, Beziehungssicherheit, Partizipation, Schutz, Ressourcenwahrnehmung durch Pädagog_innen …

Bei aller heterogenen Gewichtung einzelner Faktoren scheint klar: Je wohler sich der junge Mensch in der Einrichtung fühlt, je mehr Sinn- und Nutzenerleben vorherrscht, je integrierter er/sie in einer positiv gestimmten Gruppe ist, je mehr schulische Erfolge der junge Mensch hat, je klarer und eher Krisen erkannt werden und je weniger ihn/sie nach Hause zieht (Freund_in; Auftrag in der Familie; Heimweh; Clique), umso geringer ist das Abbruchrisiko.

Abbrüche im Einzelfall sollten genauer erkundet werden. Einige Fragen könnten sein: Was waren die Gründe der Entlassung von X.? Empfand man die Entlassung als ungerecht/gerecht, fachlich richtig/falsch, überfällig/zu früh oder ...? Wie einig war sich das Team? Wie war die Qualität des Fallverstehens (Muster; Biografie; Familiendynamik; Hilfegeschichte etc.)? Haben die Pädagog_innen etwas versäumt? Gibt es etwas, was aus dem Abbruch gelernt wurde? Aus diesem Katalog könnten auch Fragen an junge Menschen, Personensorgeberechtigte und Mitarbeiter_innen von Jugendämtern entwickelt werden.

Schaut eine *Einrichtung generalisierend* auf nicht-plangemäße Hilfebeendigungsraten und -varianten, stellen sich weitere Fragen, z. B.: Wie viele vorzeitige einvernehmliche sowie nicht-einvernehmliche Hilfebeendigungen oder Hilfeformwechsel hat es im Zeitraum XY gegeben? Welche Arten von unplanmäßigen Hilfebeendigungen werden als Misserfolg gesehen, welche sind ggf. unvermeidbar, welche sind sogar begrüßenswert? Welche Anzeichen von innerem Abbruch (z. B. permanente, ungut erlebte Konflikte um Regeln; Mangel an elterlicher Duldung der Unterbringung; Stellung in der Gruppe; Schwinden von Sympathie und Fürsprache bei den Pädagog_innen; Aufgeben von professionellem Fallverstehen; Fehlen von Akzeptanz, Sinn- und Nutzenerleben) vor dem formalen Abbruch lassen sich (fallweise; typischerweise) nachzeichnen? Gibt es wiederkehrende Muster in den nicht-plangemäßen Hilfebeendigungen bzw. „typische" Fallmerkmale (etwa Symptomatik; Lebenssituation und Problemlage; Motivation; Alter; Geschlecht; Rolle der Eltern; Eskalationsverläufe; Handeln im Jugendamt; Vorgehen in der Einrichtung ...)? Welche Rolle spielt Leitung?

Drei relevante Texte werden von mir besonders empfohlen:

(1) Blandow (1997) hat den ungewollten *Beitrag des Hilfesystems* zu „Erziehungshilfekarrieren" schon früh zum Thema gemacht – fast ein Klassiker. Er demonstriert eindrucksvoll an der Entwicklung von A. mangelndes Fallverstehen, Weiterreichungsketten mit Zuständigkeitsabschiebung, aktionistische Maßnahmereihung, unzureichende Haltekulturen – dabei werden auch hausgemachte Gründe wie Orientierungslosigkeit der Professionellen, Flüchtigkeit, ein Zuviel der Angebote in kurzen Zeitetappen u. a. m. moniert.

(2) Die fachlich innovative Forderungskoordinate des Textes Was leitet den Blick? (Ader 2005) liegt darin, für Fallerkundungen und Interventionen nicht nur das Klientensystem als alleinige Quelle und Bewegkraft zu definieren, sondern günstige bzw. hier vor allem *ungünstige Dynamiken („Eigenanteile") im Hilfesystem* zu mustern, und zwar aus den Bereichen Rollen und Strategien der Helfer_innen, Konzepte und Arbeitsweisen im Hilfesystem, Organisationsstrukturen, Interaktion zwischen Hilfe- und Klientensystem. Der Profit dieser

Aufmerksamkeitsrichtung entsteht dadurch, dass wir zu genuin selbst verantworteten und gestaltbaren Variablen der Hilfeleistung kommen. Einige der ungünstigen Fallverlaufsfaktoren in Jugendämtern sind: mangelnde Binnen- und Hilfeleister-Kooperation; Dominanz der Organisationsinteressen; Gewicht der Vorab-Normativität bei Fachkräften; unbegriffene Resonanz- bzw. Reinszenierungseffekte zwischen Familie und Helfer_innen; Abblendung und Verschenkung von emotionalen Interventionsanteilen (hier wird u.a. das „Tacheles reden" ins Gespräch gebracht); Ignoranz gegenüber subjektiven Adressatenlogiken. Ein auch für Fachdienste und Einrichtungen „harter Schlag" sind z.B. die Verweise darauf, dass häufige Fallzuständigkeitswechsel, Kommunikationslöcher zwischen Institutionen und Helfer_innen, hilflose symptomorientierte, mitagierende Maßnahmeabfolgen bzw. von Außendruck geleitete „Schnellschüsse", herausgleitendes Weiterleiten von Zuständigkeit und Verantwortung Schaden anrichten. Nicht zuletzt fehlt in schwierigen Hilfeverläufen nicht selten eine Passung von Angebot und Sinnerleben der Betroffenen.

(3) Hamberger hat in dem Werk Erziehungshilfekarrieren (2008) schwierige Hilfeverläufe mit Helfer-, Hilfeform- und Hilfeortwechseln sowie Abbrüchen analysiert. Er definierte u.a. folgende *Hilfefaktoren als problematisch:*

- Verstellte Anfänge, z.B. unzureichende Aufträge, nicht verständigungsorientiertes Fachkraft-Handeln
- Abrupte, überstürzte Entscheidungen
- Zögerliche Entscheidungen
- Maßnahmen ohne gestaltete Übergänge
- Vernachlässigung von Adressatenressourcen

Innerhalb von Hilfekarrieren lassen sich ex post Knotenpunkte und Weichenstellungen ausmachen, an denen sich Entwicklungen verdichten und sich Richtungsentscheidungen ergeben.

Als *Folgerungen für die alltägliche sozialpädagogische Praxis* werden u.a. genannt:

- Selbstreflexivität und offene Diskussion von Hilfeproblemen
- Stärkere Empathie, Kenntnis und Verstehen jugendlicher Lebensrealitäten, Lebens- und Sinnwelten
- Beteiligung, Generieren von Selbstdeutungen (Herausfinden, wie Adressat_innen sich sehen), Transparenz
- Realistische Planung mit Anerkennung eigener Grenzen
- Abgestimmte Fallverantwortung, verteilt auf mehrere Schultern
- Vernetzungen im Helfersystem mit Weitergabe von Wissen, Anknüpfen an vorgängige Prozesse, „rotem Faden"

- Flexibilität in der Hilfegestaltung und interne Möglichkeiten der Krisenintervention

Didaktisch-methodische Überlegungen
Lehr-Lern-Ziele sind:

- Die Student_innen erkennen dass sich (einrichtungsinduzierte) Abbrüche als Prozesse in verschiedenen Kräftefeldern konstellieren: Klient_in; Organisation; fachlicher und fachpolitischer Kontext; Situation (Gestimmtheiten bei Professionellen; Prozess-, Team-, Gesprächs-, Betreutengruppendynamik etc.); systemische Wechselwirkungen zwischen Faktoren.
- Sie machen sich ihre personennahen „Brillen" und Vorlieben, wenn sie Gründe und vor allem Motive zuordnen, bewusst.
- Als Quellen für schwierige Hilfeverläufe sollen auch erkannt werden: unvereinbare und unaufhebbare Widersprüche professionellen Handelns; Ungewissheit von Wirkungen; unvorhersehbare Ereignisse. Die Studierenden wissen: Trotz fachlich günstiger Leistungen können Hilfen scheitern.
- Sie reflektieren: Abbrüche, jedenfalls die Zeitpunkte sind auch zufällig, die Entscheidungen und Begründungen nicht zwingend, sondern Geschehnisse und Bewertungen werden nicht selten mit legitimatorischem Interesse arrangiert und vorgetragen. Es gibt nicht (immer) die „wahren Gründe", sondern ein Geflecht von Kräften, deren Wirkungen nicht objektiv bestimmt werden können.
- Die Studierenden beurteilen Teamkulturen als günstig, die nicht von vorneherein bestimmte Blicke tabuisieren und exkommunizieren, und erfahren, dass sich mit Verstehen von Ambivalenzen, Komplexität, Verwobenheiten „bessere" Lösungen finden lassen.

Die dreizehnte Einheit besteht aus einem 90minütigen Theorieteil und aus einer Planspiel-Sequenz. Eine Übernahme durch Studierende in der Referentenrolle bietet sich beim Thema der misslingenden Verläufe an, da geeignete Bezugsliteratur vorhanden ist. Die Werke von Ader und Hamberger werden fast immer engagiert und kompetent von Studierenden präsentiert. Das Schaubild mit Risikofaktoren aus Ader und Hambergers Fall Florian empfehle ich besonders. Wichtig ist, die Vortragenden zu animieren, vor dem Referat mit den aktivierenden Fragen zu starten „Was macht einen Fall zu einem schwierigen Fall?" und „Wie kommt es zu Abbrüchen von Hilfen?" Dabei wird immer relevantes Material aus der Lerngruppe produziert, auf das im studentischen Referat Bezug genommen werden sollte.

Der Text von Blandow eignet sich gut zur häuslichen Nachbereitung oder als vorbereitende Lektüre.

In der Planspiel-Übung wird der Stoff erfahrbar. Die Studierenden werden auch herausgefordert zu erarbeiten, was der Lerngegenstand mit der eigenen Person zu tun hat. Einrichtungsinduzierte Abbrüche sind oft das Ergebnis von Besprechungen im Rahmen von Fall-/Hilfekonferenzen bzw. Teamsitzungen. Folgende Situation in Fortführung des Falls Martin Faber aus der Kooperationseinheit liegt dem Spiel zur Frage „Abbruch oder nicht?" zugrunde.

Planspiel: Kann Martin bleiben?

Vorfall. Montag, 4. Juni 2019, es berichtet die betroffene Heimpädagogin II schriftlich: „Ich saß mit Martin am Frühstückstisch. Er hatte bereits das zweite Brötchen gegessen und war dabei, seine Mahlzeit zu beenden, als er im Kühlschrank einen Teller mit Bratkartoffeln und einem Schnitzel vom Vorabend sah und fragte, ob er das jetzt essen dürfe. Ich erinnerte ihn, dass er mir erst gestern Abend erklärt habe, dass er sich von nun an ausgewogen und gesund ernähren wolle. Als Alternative zum Schnitzel empfahl ich ihm, ein Stück Obst zu essen, was er aber nicht wollte. Ich akzeptierte dies, sagte ihm allerdings, dass er mich dann in Zukunft nicht mehr mit seinen Essproblemen ansprechen solle. Daraufhin schmiss er mir Bratkartoffeln nach und war im Begriff, mir den Teller hinterherzuwerfen, den ich ihm in einem kleinen Handgemenge abzunehmen versuchte. In der Rangelei berührte Martin wohl leicht den Topf mit den kochenden Eiern. Jetzt völlig außer Kontrolle nahm er sich den Topf und warf ihn nach mir. Ich bekam einiges davon auf die Kleidung und auch einiges auf die Haut. Dabei entstand eine etwa vier mal zwei Zentimeter große Brandwunde an meiner Hand. Immer noch außer sich vor Wut randalierte Martin in der Küche und riss einige Gegenstände zu Boden. Danach griff er mich körperlich an. Ich konnte mich befreien und redete aus einem Abstand beruhigend auf ihn ein. Als die Situation etwas deeskaliert war, stellte ich fest, dass meine Halskette zerrissen war. Ich rief die Heimleitung an und konnte an diesem Tag aus dem Dienst entlassen werden. Ich überlege, eine Anzeige wegen Körperverletzung zu erstatten."

Für das Rollenspiel (Simulation einer Fallkonferenz) wird folgender *Auftrag* gewählt: *„Positionieren Sie sich als Rollenträger_in gegen oder für den Abbruch. Es darf ruhig kontrovers zugehen. Suchen Sie Argumente für Ihre Entscheidung. Diese können aus allen Wirkungsräumen stammen: Organisation; Team; Fachlichkeit/professionelles Handeln; Beziehung Fachkraft – Betreute_r; Person Fachkraft; Person Betreute_r; Gruppe der Betreuten. Vertreten Sie begründet Ihren Standpunkt. Denken Sie auch an Ihre Praktikumserfahrungen mit Abbrüchen. Das Rollenspiel dauert circa 30 Minuten. Wir verlosen jetzt die Rollen. Die Einrichtungsleitung wird moderieren."* In einer anderen Variante wurden inhaltliche Anweisungen für die jeweilige Rollengestaltung gemäß einer Verteilung von abbruchförderlichen bzw. haltefreundlichen Variablen vorgegeben (schriftlich; je exklusiv ohne Kenntnis der Rollenverschreibungen anderer). Als Personal wirken mit: Heimpädagog_in I, II, III, IV; pädagogische_r Bereichsleiter_in; externe_r Therapeut_in von Martin; Heimleiter_in. Insgesamt spielten in meinen Seminaren circa 250 Studierende. Folgende *Begründungsbereiche und Einzelfaktoren für oder gegen den Verbleib* Martins wurden gehäuft verwendet:

1. *Organisation:* Personalbemessung; Entlastungsmöglichkeiten; Konzept; Ruf/ Image; Belegung, finanzielle Situation
2. *Team:* Loyalität, Verpflichtung, Sympathie gegenüber Antragsteller_in auf Abbruch
3. *Fachlichkeit/professionelles Handeln:* Auftrag, extern gerichtete Zusagen; schon getätigte Kraft-, Zeit-, Geldinvestitionen (in beide Richtungen wirkmächtig: Rauswurf oder Bleiben); Ursachendeutung und Verantwortungszurechnung für den Vorfall; Anzahl, Intensität, Gewichtigkeit der Vorfälle; übersituativer Plan zum Fall; Verlaufskonstruktion, Erkennen von Fort- bzw. Rückschritten; Erfahrungen mit „solchen Fällen"; „Zugzwang" durch Eskalation und Ankündigungen; im Nachhinein erkannte „Fehler", Übersehenes
4. *Beziehung Fachkraft – Betreute_r:* Dauer und Intensität der Arbeitsbeziehung; Grad der Wohlgesonnenheit, des Mögens
5. *Person Fachkraft:* Repertoire, Können der Fachkraft; akute Gestimmtheit in der Entscheidungssituation; eigene biografische Prägungen, empfundene Ähnlichkeiten; Werte; Belastungserleben (generell, durch den Fall); Basic Needs: Anerkennung, Identität, Sinnerleben, Sicherheit, Zugehörigkeit, Selbstwert, Selbstwirksamkeitserfahrung
6. *Person Betreute_r:* Dankbarkeitsniveau; Ausmaß an Einsicht, an glaubhafter Reue; Wille zu bleiben
7. *Gruppe:* Stabilität; Vermittelbarkeit, Akzeptanz der Entscheidung

Deutlich wird im Spiel, dass durch den Vorfall Arbeitsroutinen erschüttert und Reflexionen (neben Konflikten und Kontrollsteigerung) angestoßen werden. Dabei werden von den Beteiligten unterschiedliche Problem- und Lösungsgeschichten mit Diagnosen (was ist los?) und Interventionsüberlegungen (was tun wir jetzt?) konstruiert, hinsichtlich: Abfolge; Ursache und Wirkung der Ereignisse; Zurechnung der Gründe (Wirkungsräume eher Systeme oder Personen); Deutung und Definition von Absicht, des Grades der Wahlfreiheit und von Fähigkeiten zu Handlungsalternativen auf Seiten Martins; Verantwortung und Schuld, Irrtümer und Fehler Beteiligter; in der Folge dann: Handlungsvorschläge für die Situation. Die Erzählfragmente und Geschichten zu Martin sind an Kongruenz ausgerichtete Mischungen von harten Daten (Fakten), Sichtweisen (Meinungen) und Rahmensetzungen (Einordnung, Verstehensrichtung). Die erzählten Geschichten dienen der Identifikation von Problemen, der Stiftung von Zusammenhängen, der Erklärung von schwer verständlichen Dingen und münden oft in die Antizipation von zukünftigen Ereignissen. Geschichten (über die Frage, ob Martin bleiben kann, darf, soll) müssen je individuell für die Beteiligten, so zeigten Rollenspielauswertungen, Sinn ergeben, Selbstwirksamkeit (wieder-)herstellen und genügend Selbstwert für die weitere berufliche Tätigkeit (mit Martin) erzeugen (vgl. zum gesamten Abschnitt Klatetzki 2019).

Zur *Einflussfaktoren-Quantifizierung und -Relevanzsetzung* in den Rollenspielen. Es wurde sowohl beobachtet, welche Faktoren begründend verwendet wurden, als auch wurde nach Beendigung der Nachbesprechung mit Verteilung der präsentierten Faktorensammlung schriftlich und anonym nachgefragt: „Was, vermuten Sie, sind generalisierend Ihre bevorzugten Kriterien für die Entscheidung Gehen oder Bleiben? Kreuzen Sie die fünf wichtigsten an." Im Vorderfeld lagen personennahe Fachkraft-Faktoren wie akute Gestimmtheit, biografische Prägungen und Grad der Belastung durch den Vorfall. Auch die Belegung sowie die Verbundenheit mit Teammitgliedern mit Solidaritätspflicht wurden überdurchschnittlich oft angekreuzt. Schließlich erhielten auch die Vermittelbarkeit an die anderen Gruppenmitglieder und der Grad der Einsicht Martins hohe Zustimmung. Insgesamt verteilten sich die Nennungen aber recht gleichgewichtig auf die Wirkungsräume.

Entscheidungsrelevant im Fall Martin ist nach meiner Beobachtung aus den Planspielen, welche Schuld an der Eskalation der Pädagogin II zugeschrieben wird und wie viel Selbstkontrolle von Martin erwartet wird bzw. in welchem Ausmaß man ihm Entscheidungsmöglichkeiten zuerkennt. Die Versorgung des Helfer-Ich-Ideals bzw. die Wiederherstellung von Selbstwert, des Wohlergehens der Professionellen (Zufriedenheit durch Anerkennung und ein Gefühl von Selbstwirksamkeit unter strukturellen (!) Bedingungen, die das Personal bedürftig und verwundbar machen) scheinen eine zentrale Rolle einzunehmen, wenn ein Feld interventiv zwischen ärgerlicher Sanktion und Mitfühlen von Not bestellt wird. Dabei sind Martins Gegenleistungen, auch honorierende Rückzahlung für einen „Sympathiekredit", erheblich: Rollenverpflichtungen wie Gewaltverzicht einhalten; sich entschuldigen; strategische, gut getarnt-unterwürfige bzw. authentische Dankbarkeit; ehrerbietend Anteile der Pädagog_innen an seiner Besserung herausstreichen; weitere Besserung plausibel in Aussicht stellen (vgl. die Rede von „emotionalen Gabentauschplätzen" bei Klatetzki 2019, S. 163ff.).

Folgende *Lernererkenntnisse auf der Metaebene* sind intendiert und werden auch von einem Teil mindestens ansatzweise erreicht:

(1) Komplexitätsbewusstsein und Selbstreflexion. Abbrüche sind nicht selten unbestimmte, dynamische, verzwickte, unübersichtliche, mehrdeutige, mithin schwierige Faktorenkonstellationen (vgl. Klatetzki 2019, S. 45 f.). Die Faktorenvielfalt wird aufgemacht, durch die Zuordnung zu Wirkungsräumen gegliedert und dann hierarchisiert mit dem Impuls „Bilden Sie eine Rangfolge Ihrer fünf präferierten Faktoren. Was, meinen Sie, sind Ihre prioritär in Abbruchssituationen verwendeten Entscheidungsfilter?" Spannende Diskussionen können sich auch aus den kontrastierenden Fragen ergeben „Und was haben Sie im Praktikum etc. zu ‚Lieblingsfiltern‘ gestandener Routiniers erlebt? Verändert sich vergleichsweise etwas zu Ihrer Reihenfolge?"

(2) Realität – verbale Darstellung. Das eine ist die „Realität" von Abbrüchen in Form von Regelverstößen, Zeitaufwand des systematischen Fallverstehens, Eskalation des Mitteleinsatzes, schlaflosen Nächten mit Grübeln u. a. m. Das andere ist die Rede darüber, das In-Worte-Fassen; ggf. wird nach sektoraler Wirkungsraum-Zuordnung gesucht. Solche Kategorisierung ordnet die Welt und verschafft den Pädagog_innen Identität, Zugehörigkeit und wenigstens etwas Sicherheit angesichts konstitutiver pädagogischer Ungewissheit sowie fallspezifischer Enttäuschung. Durch das Sprechen entsteht eine neue, mächtige Wirklichkeit: Geschichten schaffen auch „ihre eigene Realität, die sie erzählen" (Klatetzki 2019, S, 57). Je nachdem, welche Mosaiksteine von Erleben, Gedanken, Gefühlen aus Hier und Jetzt und Dort und Damals (aus früheren Situationen – verarbeitet oder unbewältigt) wie gedeutet, gewichtet, gedanklich montiert werden, entsteht eine besondere Bezugsgrundlage. „Viel" oder „wenig", „schlimm" oder „nicht so schlimm", die Deutung und Definition von Ursache und Wirkung, von entscheidend oder marginal relevant, Schuldgrad, Sinn oder Unsinn sind Konstruktionen, die auch anders ausfallen können. Insbesondere die Behauptung von Kausalität, wenn zwei Dinge zunächst nur in zeitlichem oder sachlichem Zusammenhang und Wechselwirkung stehen (Korrespondenz; Korrelation), ist häufig gewagt. Geschichten, die zählen und sich vielleicht als Wirklichkeitsinterpretation durchsetzen, sind „wirklichkeitsnah" oder zumindest hinreichend plausibel, kollektiv teilbar und werden von vertrauenswürdigen Menschen erzählt, denen Autorität zugeschrieben wird (zur „Hierarchie der Glaubwürdigkeit" vgl. Klatetzki 2019, S. 58, 116, 129). Unter bestimmten Bedingungen können sich aber auch unter dem Einfluss charismatischer Opinion Leader Legenden durchsetzen.

(3) Reflexive Verfügbarkeit der Gründe. Menschliches Handeln erfolgt immer mit Gründen. Allerdings sind nicht alle Gründe gleich bewusstseinsfähig. Sprechen und Handeln unterliegen biografischen oder aus der Organisationsmitgliedschaft stammenden fallunabhängigen Resonanzen, die nicht immer und in jeder Situation für die Person klar und/oder verfügbar sind.

(4) Achtung Kontext – zur Zulässigkeit von Gründen. Der Kontext entscheidet mit darüber, wer was wie sagt oder macht. So gibt es Einrichtungs- und Teamkulturen, Rollen, Räume und Zeiten, die abbruchbezogene Mentalitäten, Blickrichtungen, Redeweisen nahelegen oder aber erschweren oder gar verbieten. In einer Einrichtung ist es z. B. üblich, Misserfolge mit der Personalausstattung zu erklären, woanders werden (auch) personennahe Motiv- und Verwicklungsreflexionen gefördert und belohnt. Studierende an Hochschulen dürfen fachliche Mängel oder Launen und Gestimmtheiten eher zugeben als gestandene Professionelle.

(5) Dynamik von Besprechungen – zur Zufälligkeit von Entscheidungen. Es ist häufig von vorneherein ein offenes Rennen, welche Positionen und Interessen mit der dazu passenden Erzählung sich in Teambesprechungen, kollegialer Beratung oder im Rahmen von Supervision (wo es immer um ggf. neue, stimmungsverändernde, handlungsmotivierende Lesarten geht) durchsetzen – im Planspiel „siegt" fast immer die Weiterarbeitsrichtung, sofern die hauptbetroffene Kollegin für sich hinreichend Zuwendung erfährt. Manchmal ist die Gesprächsdynamik auch entscheidend dafür, was hinten herauskommt. Insbesondere Gesehen- und Anerkannt-Werden von Person und Argument spielen eine gewichtige Rolle, wie vehement oder unnachgiebig gestritten wird und wie die Entscheidung ausfällt. Zudem sind das Ausmaß an individueller Betroffenheit und die Beziehungskonstellationen im Team relevant dafür, welche Richtung das Gespräch nimmt.

4.5 Verallgemeinerung: Lenkungs- und Wirkkräfte von Hilfen; Förderung von Veränderung

Thema und Inhalt

In dieser Einheit geht es um eine auswertende Bilanz auf zwei Ebenen: Mit Lenkungskräften wird erstens der Einzelfall angesprochen. Der Begriff der Lenkung wird dem der Steuerung vorgezogen, da er weniger deterministisch klingt. Sodann geht es zweitens um eine den Einzelfall übergreifende Gesamtbetrachtung. Dafür eignet sich Was leisten die Erziehungshilfen? (Nüsken/Böttcher 2018). „Der Kern des Buches beinhaltet exemplarische Kurzdarstellungen von 31 empirischen Evaluationsstudien zu (vorwiegend stationären) Hilfen zur Erziehung aus den Jahren 1959 bis 2011. Diese Darstellungen sind in acht Unterkapitel nach Merkmalen bzw. Blickrichtungen der Studien gegliedert. Dazu gehören etwa Gesichtspunkte wie Lebensbewährung, Hilfeverlauf, Kosten-Nutzen-Aspekte, Fallstudien oder katamnestische Befragungen. […] (Es, KT) werden jeweils besondere Merkmale der Studien unter generellen Aspekten von Evaluationsforschung hervorgehoben: Bedeutung und Aussagekraft quantitativer Untersuchungen; Ansprüche an Wirkungsevaluationen mit Kontrollgruppendesign; Vorzüge und Beschränkungen von Fallstudien und die Relevanz der Einbeziehung von Adressat*innenperspektiven. [...] Insgesamt erweisen sich zwei Drittel aller Hilfen als (mehr oder weniger) erfolgreich vor dem Hintergrund mehrerer Erfolgsfaktoren wie: Hilfedauer, Beteiligungsorientierung, Einbezug von Eltern, schulische und therapeutische Förderung, Nachbetreuung sowie Arbeitsbedingungen der Fachkräfte" (Moch 2019, o. S.).

Lenkungskräfte können auf unterschiedlichen Ebenen angesiedelt sein. Hier werden drei thematisiert: Organisationsebene (1), ohne unmittelbar geteilten Alltag stattfindende Fall„management"ebene (2) und Kontaktebene (3).

1. *Organisationsebene.* Prinzipielle Lenkungsmedien (und potenzielle Wirkkräfte) können sein: Leitbild; Programm; Konzept; Verfahren; Richtlinien; Vernetzung
2. *Ebene des einzelnen, besonderen Falls von XY für YZ.* Prinzipielle Lenkungsmedien (und potenzielle Wirkkräfte) können sein: Recht; Geld; Aufträge; Kooperationen; Fallverstehen, Supervision, kollegiale Beratung
3. *Kontaktebene Fall mit ...* Prinzipielle Lenkungsmedien (und potenzielle Wirkkräfte) können sein: Ziele, Hilfekonzept und Hilfeplan, Handlungsplan; Zeit, Ort, Setting; Themen, Aufgaben, Projekte; Anlage der Helferrolle, Arbeitsbeziehung; Qualität und Mischung einzelner Interventionen

Lenkungsmittel gehören zum berufsfachlichen Repertoire, werden absichtlich mit bestimmten Ergebniserwartungen eingesetzt und sind eine Teilmenge der Wirkkräfte. Wirkkräfte stammen aus allen Bereichen, können auch intentional geprägt sein (müssen es aber nicht), haben Folgen – etwas passiert. Als normativ verstandene Wirkkräfte auf der Ebene von Fall mit ... sollen die Studierenden folgende *erfolgversprechende Grundsätze von Hilfegestaltung* (für den Einzelfall – ja, der Erfolgsbegriff wird hier bewusst verwendet) kennen.

Wissensbaustein: Potenzielle Wirkkräfte auf der Ebene von Fall mit ...

(1) Deckung aus relevanten Kontexten
Kann eine Intervention auf mehrere Füße gestellt werden? Können andere das Unterstützungskonzept, das Angebot etc. mit vertreten, gestalten, füllen? Zu prüfen ist, wie viel Deckung (also Unterstützung, Mittun, Werbung, mindestens sabotagefreies Dulden) professionelles Handeln aus bedeutsamen Umfeldern erhält und wie die Deckung zu vergrößern ist. Potenzielle Bündnispartner par excellence sind Partner_in, Freund_innen, Eltern, weitere Verwandte – wenn auch nicht unabhängig von Problemstruktur und Lebenssituation.

(2) Bauen auf vorhandene Stärken der Adressat_innen
Günstig ist ein Blick, der es ermöglicht, in Adressat_innen außerhalb des Problemverhaltens zu investieren. Man muss dabei an (verdeckte) Potenziale von Menschen glauben, sonst findet man weder Zugänge zu ihnen (man prallt ab) noch Unterstützungszuversicht (man kapituliert im Vorhinein).

(3) Ein nicht immer selbstinitiiertes, aber mittelfristig akzeptiertes Arbeitsbündnis im Kooperationsmodus
In Kontexten der Sozialen Arbeit drohen in der Anfangsphase nicht selten diese zwei Gefahren: ein Kampf- und ein Abgabemuster (vgl. Biene 2011). Im Kampfmuster, häufig mit einem erheblichen Maß an Unfreiwilligkeit verbunden, wird ggf. in der Interaktion zunächst darum gerungen, was das Problem ist, wer es warum „hat" und was von wem zu tun ist. Im Abgabemuster droht die Gefahr, dass Lösungserwartungen an Professionelle delegiert werden, indem sich Adressat_innen entmutigt und inaktiv zeigen. Koproduktive Kooperation muss errungen werden. Dabei lässt sich niemand von einem Menschen begleiten, den er nicht auch mag und schätzt bzw. der (zumindest) nicht als bedrohlich oder aber nutzlos erlebt wird. Mindestens ein Teil der Adressatenperson muss zu einer Öffnung mit einem „Okay auf Probe" gebracht werden. Ohne ein hinreichendes Maß an innerer Zustimmung und Erlaubnis der Adressat_innen wird es jedenfalls keine den Professionelleneinflüssen zuzurechnenden Entwicklungsgewinne geben. Unabdingbar ist, Positives am Gegenüber zu sehen. Den Selbstwert stützende Signale, zuhören, Interesse an seiner/ihrer Welt zeigen, auf Gefühle eingehen, Meinungen erfragen – all das befördert Akzeptanz.

(4) Professionelle Standhaftigkeit
Exploratives, auf Veränderungen gerichtetes Verhalten braucht einen sicheren Ort und haltende Beziehungen. Beziehungstests bzw. herausfordernde Konfliktinszenierungen sind zu erwarten – und zwar vor allem zu Beginn, aber immer wieder auch in grundsätzlich konsolidierten, durch Sympathie und Vertrauen gezeichneten Unterstützungsprozessen.

(5) Hilfegeschichtliche und biografiesensible Perspektiven mit Kosten-Nutzen-Untersuchung
Sinnvoll sind ggf. wiederholte Kosten-Nutzen- bzw. Chancen-Risiken-Explorationen. Wichtig ist dabei ein kühler Blick: Was ist aufgrund der Entwicklungsniveaus und der Belastungsintensität realistischerweise (nicht) erwartbar bzw. angezeigt? Es ist zu untersuchen, welche Vorerfahrungen und akuten Lebensumstände Adressat_innen mitbringen, die ggf. dazu führen, Unterstützungsangebote und -weisen anzunehmen bzw. abzuschlagen, gar zu bekämpfen. Oft müssen funktionale Äquivalente (etwas, was an die Stelle tritt und vergleichbare Funktionen erfüllt) gefunden werden, wenn Menschen Verhaltensweisen aufgeben sollen bzw. wollen.

(6) Einlassen auf subjektive Sinnkonstrukte und Ambivalenzen

Falls Abwehr gegen Beratung bzw. Begleitung besteht, ist zunächst zu fragen: Was wären Voraussetzungen für ein Annehmen von Hilfe? Was muss zuerst passieren, damit Menschen sich überhaupt ernsthaft Unterstützungsangebote anhören und diese in Erwägung ziehen? Die Suche nach „guten Gründen" für Verhalten ist zentraler Teil der pädagogischen Arbeit. Was haben die Menschen davon, X und Y zu tun und Z zu lassen? Wenn sie sich auf Forderungen, Erwartungen etc. einlassen: Ist es nur aus professioneller Sicht ein Gewinn oder auch aus ihrer? Und gibt es ggf. Entschädigungen für in Kauf genommene Mühsal? Nutzbringender als eine kausale Ausrichtung (Warum-Fragen) ist es, Fragen nach der Finalität, nach dem Wozu zu stellen, um so Motive, Ziele, Vorstellungen zu (vermeintlich) positiven bzw. negativen Handlungskonsequenzen kennenzulernen. Wichtig ist, Antwort zu finden auf die Frage: Wieso soll er/sie sich aus seiner Verrechnungssicht auf unser Angebot einlassen? Selten sind Verhaltensweisen wie Schulschwänzen, Gewaltausübung, Drogengebrauch … im Erleben der Adressat_innen ambivalenzfrei. Man muss immer beide Seiten von Ambivalenzen sehen und bedienen (das Gute am Schlechten, das Sowohl-als-Auch …), um Themen von Menschen wirklich zu treffen. Dabei ist ggf. die Unterstellung von Teilpersönlichkeiten sinnvoll (dieser und jener und noch ein dritter Anteil).

(7) Zuschneidung von Hilfekonzepten auf die besondere Person

Hilfekonzepte bilden die großen Linien ab. Sozialarbeiter_innen arrangieren Orte und gehen als Person in reflektierten Kontakt; sie greifen Themen, Probleme, Aufgaben auf, vermitteln, informieren, leiten an, betreuen oder beraten. Jedes Belastungs-Ressourcen-Geflecht ist einmalig, auch jedes Hilfekonzept, das Setting, der kooperative Prozess sollten dann aus den Besonderheiten heraus entwickelt und gestaltet werden. Bestimmte Settings, Lösungen etc. passen für bestimmte Menschen, „Typen", Zielgruppen, für andere nicht.

(8) Problembearbeitung als Mäeutik und Basteln

Problembearbeitung und Arbeitsbündnisse können metaphorisch so konstruiert werden: Mit dem mäeutischen Habitus einer Hebamme verhilft man Menschen dazu, dass zum Vorschein kommt, was sich noch im Schatten der Latenz befindet. Hebammen unterstützen in der hypothetischen Erkundung, was fehlt und was gebraucht wird. Sie sind keine abnehmenden Macherinnen, sondern gehen mit, stehen zur Verfügung, suchen das Momentum. Die Fachkraft weiß vorab nicht, was erfolgreich ist und welche Mischung „es macht". So kommt sie um changierendes Basteln, um das Mixen nicht herum. Levy-Strauss (1962) versteht unter Basteln (bricolage) eine Tätigkeit, bei welcher Personen zufällig vor Ort gefundene Teile so lange miteinander in Kontakt bringen, bis sich aus ihnen ein sinnvolles Ganzes entwickelt bzw. sich etwas zueinander fügt. Dieses Werk stellt eine vorübergehende, zeitlich begrenzte „Lösung" für ein „Problem" dar, die jederzeit zurückgenommen und durch eine „bessere" ersetzt werden kann (vgl. Schwabe 1999; Schwabe in Schwabe/Thimm 2018, S. 301 f.).

Zudem geht es darum, die Frage aufzuwerfen, wodurch und wie Menschen sich verändern. Folgende *Bewegkräfte für Wendungen (Veränderungen)* sind bekannt, wobei die Faktoren individuelle Fähigkeiten, Passung, Sinn und Motivation in Entwicklungsprozessen besonders bedeutsam sind (vgl. zur Vertiefung, ggf. als Hausaufgabe Thimm 2014, auch in 2015).

Wissensbaustein: Veränderungen

(1) Push-Faktoren als äußerer Druck mit Abwendung von Nachteilen für Adressat_innen
Äußerer (Sanktions-)Druck, etwa angedrohte Scheidung, Sorgerechtsentzug, Verfolgungsdruck durch Polizei, in Aussicht stehende Inhaftierung ...
Negative Schlüsselerfahrungen (Verelendung, Vergewaltigung, Todesfall, Wohnungsverlust, Mobbing ...)

(2) Positive Erlebnisse
Positive Schlüsselerfahrungen, vom zeitlichen Umfang her stark differierend, die Einkehr und Neustart anstoßen: Kennenlernen von relevanten Menschen, überraschendes bzw. tiefes Sinnerleben, transzendierende neuartige Glückserfahrung ... – verbunden mit dem Erleben von Wert, von tieferen Emotionen, von interpretativen Zuschreibungen mit Wendepunkt-Qualität

(3) Kontextwechsel mit neuen (bewältigbaren, attraktiven) Verantwortlichkeiten, Erwartungen, Rechten, Pflichten
Statuswechsel mit neuen Anforderungen, etwa ein Arbeitsvertrag, die Mutterrolle ...
Kontextwechsel mit Wirkungsschwächung von gewachsenem und verfestigtem Rollen- und Imagedruck bzw. Loyalitätsverpflichtungen

(4) Zukunftsperspektive öffnende Anreize mit lohnenden Zielen
Neue Chancen bzw. erstrebenswerte Prämien, etwa ein Ausbildungsplatz, eine eigene Wohnung ...

(5) Relevante Beziehungen
Unmissverständliche resonanzbasierte Rückmeldung durch bedeutsame Personen
Reanimierung wichtiger Beziehungen (Familie; Kinder; Partner_in; Bewährungshilfe ...), wobei stützender Kontakt vom Gegenüber ggf. an Bedingungen geknüpft wird

(Neues) Entstehen befriedigender Beziehungen (Partnerschaft; Kinder ...)
Positive Modelle im sozialen Nahraum (ggf. mit Erleben von Ähnlichkeiten bzw. Vorbildaufladung und -zuschreibung)

(6) Selbst-Entwicklungen
Diskrepanzerleben (Vergleich zwischen früher und heute, zwischen Wunsch und Wirklichkeit, Plan und Umsetzung u. a.) entsteht, ggf. im Selbsterleben verbunden mit Gefühlen wie Schuld, Scham, Abscheu, Enttäuschung, Sehnsucht, Trauer, Wut, Ehrgeiz ...
Diskrepanz- bzw. Inkongruenzerleben wird als zentraler Motor für Veränderungen identifiziert und führt zu „inkongruenzgenerierendem Arbeiten". So kann z.B. in Beratung an folgenden Selbst-Dimensionen angesetzt werden (vgl. Sander/Ziebertz 2010):

- Steigerung des Inkongruenzerlebens auf der Ebene der Selbstinstanzen, etwa durch Diskrepanzen bewusstwerden lassen bzw. verdeutlichen – zwischen Selbst- und Idealkonzept oder Erleben bzw. Handeln und Selbstkonzept
- Steigerung des Inkongruenzerlebens auf der Ebene der Wahrnehmung – etwa durch Gegenüberstellung verschiedener Sichtweisen von Beteiligten bzw. der Zielperson selbst zu unterschiedlichen Zeitpunkten
- Steigerung des Inkongruenzerlebens in den Dimensionen von Planen, Ent-scheiden, Handeln – etwa durch Aufdeckung von verborgenen Wünschen, Be-dürfnissen, Absichten; durch Bewusstmachung von Alternativen, die selbst-explorativ durchgegangen werden; durch Anstoßen von positiven Gegenbil-dern; durch Entwickeln von neuen Bewertungsmaßstäben ...

Mit Blick auf Veränderungseffekte müssen das *Stabilitätsniveau bzw. kurz-, mittel-und langfristige Zeiträume* unterschieden werden. Es können einerseits verzöger-te Effekte eintreten (Impulse wirken später, Effekte treten außerhalb der profes-sionellen Interventionsräume auf), andererseits können sich kurzfristig starke Ef-fekte als nicht sehr haltbar erweisen und werden schon nach wenigen Stunden oder Tagen in der Lebenswelt „kassiert" und durch gelernte bzw. verfestigte „alte" Prioritäten, Glaubenssätze, Bewältigungsstrategien etc. ersetzt. Kurz: Wert- und Wichtigkeitsverschiebungen, „Überschreibungsprozesse", Lernen, Identitätswan-del etc. verlaufen heterogen und sind weder prozessual noch von der Ergebnisseite her vorab bestimmbar. Planen und steuern lassen sich nur Setting-, Verfahrens-und Handlungsfaktoren der Hilfe im Professionellen-System.

Didaktisch-methodische Überlegungen
Lehr-Lern-Ziele sind:

- Die Student_innen können Wirk-, Lenkungs- und für eine Person veränderungsrelevante Faktoren unterscheiden.
- Als Metaprinzipien sollen die Studierenden verinnerlichen bzw. stabilisieren: Nichts geht immer und überall. Alles hat Risiken und Nebenwirkungen. Behandele den anderen (fast immer) so, dass der gut aussehen kann.

Genauso soll aber auch trotz und geradezu wegen der in das professionelle Handeln unumstößlich eingelagerten Ungewissheit eine Bindung an gelehrte Haltungen, Standards und Verfahren vertreten und transportiert werden, ohne naive Gläubigkeit an fest erwartbare Ergebnisse, mithin Steuerungs- bzw. Machbarkeitsillusionen zu erzeugen.

In der vierzehnten Einheit wird dreistündig verallgemeinernd *Bilanz* gezogen, entlang der großen Fragen: (1) Was wirkt (möglicherweise)? (2) Wie kann ich als professionelle Fachkraft lenken? (3) Wie verändern sich Menschen?

(1) Was wirkt (möglicherweise)? Hierzu empfiehlt sich ein Brainstorming. Um nicht in Einzelfaktoren ohne Ordnung zu ertrinken, sollten Wirkungsräume benannt und vorgegeben werden: Organisation; Hilfeprozess; Situation; Person Adressat_in; Person Fachkraft; Interaktion; Lebenswelt/Alltag. Ich arbeite u. a. gewinnreich mit den Begriffen Passung und Wechselseitigkeit. Methodisch wird nach einer freien Phase der Wissensbaustein Potenzielle Wirkkräfte verteilt. Es wird vermerkt, dass diese Kräftesammlung aus dem Fundus des Dozenten stammt und wissenschaftlich nicht bewiesen ist. Nach dem Lesen werden die Teilnehmer_innen gebeten, in Zweiergruppen nach eigenen Erfahrungen zu suchen, die die Setzungen des Bausteins belegen oder ihnen widersprechen. Komplexitätssteigernd wird in dem Auftrag zur Partnerarbeit gefragt: „Unter welchen Umständen stimmt die Aussage eher und unter welchen Umständen eher nicht?" Jedes Paar sollte sich mit zwei Wirkfaktoren beschäftigen. Fast immer werden in der Lerngruppe auch Erfahrungen und Beispiele mit dem Tenor formuliert, dass konträre Wirkfaktoren günstig sein können – hier das eine (z. B. Abwarten; Nachgiebigkeit; Flexibilität etc.), woanders geradezu das Gegenteil (z. B. Entscheiden; ultimativer Druck; Festigkeit etc.). Um dem Eindruck von Beliebigkeit vorzubeugen und zu begegnen, werden regulative Haltungen und Verfahren wie Dialog, Partizipation, Transparenz, Teamprinzip, Fallverstehen als bedeutsam betont.

Eine studentische Themenvorstellung (z. B. Referat mit Aussprache in 75 Minuten) zur einzelfallübergreifenden weiten Perspektive kann günstig Nüsken/Böttcher (2018) zu Leistungen von Erziehungshilfen verwenden – es sollten

Ausschnitte gewählt werden, um die Komplexität beherrschbar zu halten. Hier dominieren dann wieder wissenschaftliche Ansprüche.

(2) Wie kann ich als professionelle Fachkraft lenkend Einfluss ausüben? Die Student_innen werden gebeten, die professionelle Perspektive einzunehmen. Es ist sinnvoll, das Fallmanagement im Amt und die unmittelbare Kontaktarbeit zu unterscheiden, was z. B. Faktoren wie Vertrauen, Macht, Geld oder den Stellenwert von Vorschriften betrifft. Hier kann das Gespräch in wesentlichen Teilen flottieren. Beiträge sollten gesichert werden.

(3) Wie verändern sich Menschen? Der Wissensbaustein zu Veränderungen sollte mit Aufwerfen der Grundfrage verteilt und gelesen werden. Zur näheren Befassung können die Fragen dienen: „Erinnern Sie sich bei der Lektüre insgesamt oder bei einzelnen Punkten an Gedanken wie ‚Ja, das stimmt. So denke ich auch, so habe ich das gemacht.'? Und/oder ‚Nein, so geht es nicht, so stimmt es nicht (immer), ich habe (stattdessen) …, weil/um zu …'" Es sind immer die Studierenden in der Mehrzahl, die einem möglichen Allgemeingültigkeitsanspruch von Aussagen widersprechen. Substanzielles Referenzmaterial aus dem eigenen Leben, aus beruflichen Bezügen, aus Praktika wird ganz überwiegend ausreichend und lebendig eingebracht. Einige essenzielle Einsichten könnten sein:

- Wege der Selbstveränderung sind sehr verschieden. Das betrifft z. B. Umstände, Anlässe, Motive, Ambivalenzgrade, Rolle von Hilfe, zeitliche Dimensionen, Stabilitätsniveaus, Verstärker, Hindernisse u. a. m.
- Für Veränderung braucht es sowohl Zustandselemente von Stabilität als auch Labilität.
- Veränderung bedeutet auch Verlust.
- Veränderung hängt ab von Fähigkeiten, Zuversicht, Gewinnantizipation, Einschätzung von Gegenkräften bzw. dem Preis, dem rechten Moment. Daraus entwickelt sich der Wille.
- Hilfe bzw. professionelle Angebote sind nur eine, ggf. auch schwache Variable im Kräftefeld.

Es wird eine Doppelperspektive verfolgt, je nach Gesprächsverlauf neben- oder nacheinander: Die Student_innen werden sowohl gebeten, sich beim Veränderungsthema in die Klient_innen zu versetzen als auch als selbst betroffener Mensch zu sprechen. Die erläuterte Frage „Wie haben Sie bzw. Personen in Ihrem Umfeld sich verändert?" wirft immer hinreichend Material auf, sofern eine Kultur der Selbstöffnung hergestellt werden kann bzw. eine solche vorherrscht. Am Ende äußern die Teilnehmer_innen zwar, dass sich jede_r nur selbst verändern kann, dass Professionelle aber Möglichkeiten und Gelegenheiten mitgestalten oder sogar schaffen können.

5. Auswertung von Hilfen

Die Zeit wird zum Ende der Gesamtveranstaltung knapp, so dass ich meistens zwei aus drei Themen auswählen muss. Es stehen verschiedene Formen der Einzelfall-Auswertung auf dem Plan: Fallberatung, Berichterstattung und Selbstevaluation. In der 15. Einheit fällt öfter die Fallberatung oder die Berichterstattung weg – beides schmerzt. Die letzten 15 Minuten (mindestens !) gehören den studentischen Rückmeldungen zum Seminar.

5.1 Kollegiale Fallberatung

Thema und Inhalt

Tietze (2003) hat Grundsätze und Vorgehen in der Kollegialen Beratung knapp und eingängig entfaltet. Im Kern geht es darum, unter Peers Lösungen für ein Problem bzw. Antworten auf eine Frage zu erhalten; das setzt, wenn es sich um eine laufende Hilfe handelt, bei der falleinbringenden Person auswertende Überlegungen voraus. Entlastung, Qualifizierung, Förderung der Reflexivität sind mögliche Effekte. Besondere Merkmale sind u. a., dass ohne Expert_innen und durch das festgelegte Vorgehen sehr strukturiert gearbeitet wird. Die *Phasen der Beratung* sind:

- Vorbereitung (Teilnehmer_innen; Setting etc.)
- Fallauswahl und Rollenverteilung
- Fallerzählung
- Einigung über die Bearbeitungsmethode (z. B. Hypothesen entwickeln; die Kehrseite der Medaille; das Gute am Schlechten; Überraschungen erfinden; klassisches Brainstorming)
- Ggf. Rückfragen (limitiert)
- Antwortende Ideenäußerung aus dem Kreis der Berater_innen
- Bilanz des Falleinbringers bzw. der Falleinbringerin
- Feedback

Rollen neben Falleinbringer_in und Berater_innen sind Moderator_in, Sekretär_in (Protokollant_in) und Prozessbeobachter_in. Eine sinnvolle Erweiterung des Tietze-Modells ist, die Rolle der Klientin bzw. des Klienten mit dem Recht der Unterbrechung und der einwendenden Äußerung zu vergeben. In ähnlichen Konzepten ist außerdem statt von Schlüsselfrage von Aufmerksamkeitsrichtung die Rede.

Didaktisch-methodische Überlegungen

Lehr-Lern-Ziel ist: Die Teilnehmer_innen lernen die Methode der kollegialen Fallreflexion kennen und erfahren deren Potenziale und Grenzen.

Die Leitung der Einheit (90 Minuten für Sachinput und Spiel) kann von Student_innen übernommen werden; sie sollten vorbereitet die Verfahrensbeschreibung, die Falleinbringung sowie die Moderation übernehmen. Es kann auf einen Seminarfall zurückgegriffen werden, meistens wählen die Seminarverantwortlichen aber einen verwickelten Fall aus ihrem Praktikum. In jeder Veranstaltung gibt es einige Teilnehmer_innen, die kollegiale Beratung praktisch erlebt haben und gerne darüber sprechen. Die Gegenüberstellung von Vorzügen und Möglichkeiten hier sowie Nachteilen und Beschränkungen dort führt zu realistischen Einordnungen, insbesondere das kollegiale Bearbeiten, womöglich noch im eigenen Team, wird immer auch als hemmend und möglicherweise einschränkend erlebt. Insgesamt sprechen aber sowohl die suchenden und reflexiven als auch die kollegialen Momente Studierende an.

Eine mögliche Ergänzung ist, die Methode des Reflecting Teams (vgl. Andersen 1990) einzuführen und auszuprobieren.

5.2 Berichte

Thema und Inhalt

Zunächst eine *Überblicksskizze:* Berichte werden aus eigener Initiative oder im Auftrag gefertigt bzw. sind für eine Leistungsberechtigung vorgeschrieben. Sie werden mit Klient_innen erstellt oder ohne, zur Kenntnis gegeben oder „hinter dem Rücken" verwendet. Es gibt, je nach Funktion, unterschiedliche Arten von Berichten, insbesondere anspruchsbegründende, ressourcenrechtfertigende Berichte, Berichte als Entscheidungshilfe bei richtungsweisenden Themen wie Umgang mit Kindern bei Trennung oder Inhaftierung, Fallberichte als Grundlage für Betreuungspläne bzw. Reflexion im Team oder Berichte über geleistete Hilfen und die Ergebnisse. Sie werden pro forma erledigt oder sie basieren auf zeitaufwändiger und womöglich mühseliger Arbeit.

Zum Beispiel Entwicklungsberichte: Die Berichterstattung zu Hilfeprozessen ist per se konstitutiver Bestandteil jeglicher öffentlichen Erziehung. Damit verbinden sich Zwecke. Nach außen geht es u.a. um Erfüllung von Informations- und Rechenschaftspflichten und damit um Absicherung und Legitimation für Entscheidungen zur Hilfefortsetzung oder Kosten. Reflektierte Berichterstellung stellt nach innen die Grundlage für die fachliche und organisatorische Planung der Arbeit dar, für die Abstimmung zwischen arbeitsteilig tätigen Personen und Berufsgruppen, für die Fallweitergabe sowie die Verlaufs- und Ergebnisbewertung. Ohne Dokumentation, also auch Berichte, sind Interventionen

und Fallverläufe kaum reflektierbar und die Fragen nach dem Zielerreichungsgrad und möglichen Gründen dafür sind nur vage zu beantworten. (Entwicklungs-)Berichte schreiben steigert die Bewusstheit. Last not least sollten, positiv gesehen, im selbstreflexiven Sinne die prüfende und ordnende Funktion des fixierenden Schreibaktes selbst sowie die Umgehung der Gefahr der (unbewussten) nachträglichen Verzerrung von Erinnerungen nicht unterschätzt werden.

Zur Seite der Gefahren bzw. des Schattens. Es soll hier nicht der Eindruck geweckt werden, dass Berichte per se Wahrheitsansprüchen unterliegen. Entwicklungsberichte können z. B. mit strategischen Absichten verfasst sein und dafür eigentlich berichtenswerte Dinge auslassen oder kleinschreiben, können Adressat_innen ggf. mit gewollter Akzentuierung besondere Hilfebedürftigkeit oder einen erfolgreichen Hilfeverlauf zuschreiben oder der eigenen Person oder der Einrichtung gute Arbeit attestieren. Ob mit verdeckten Interessen gefertigt wird oder nicht: Die Dokumente geben nicht nur Auskunft über die Adressat_innen, sondern auch über die Berichtsschreiber_innen mit ihren selektiven „Lieblingsbrillen", ihrem Selbst- und Weltverständnis, ihren deutungsbasierten Zurechnungen von Problemursachen und Anteilen an Erfolgen und Misserfolgen. Ein expertischer Habitus bzw. nüchterne Sprache kann mit Klienten- und/oder Eigenerwartungen an eine partnerschaftliche Helferrolle konfligieren.

Wissensbaustein: Entwicklungsbericht schreiben

Zu den Merkposten für gute Berichte. Meinungen sollten von Tatsachen, Bewertungen von Beschreibungen getrennt erfolgen bzw. die Unterschiede sollten erkennbar sein. Quellen wie Gespräche, Beobachtung. Fallbesprechungen, Diagnosen, alte und aktuelle Hilfe- und Betreuungspläne etc. sind zu nennen. Besonders verwiesen wird mit Blick auf Risiken darauf, dass das Schreiben sensibel für die Verselbstständigung von Schriftprodukten erfolgen soll (Eigenleben in Richtung auf vermeintliche Objektivität; Abbild- und Wahrheitsillusion; Rezeption in Richtung auf Vereigenschaftung statt als beschreibende subjektive Momentaufnahme). Weitere Kriterien sind ein möglichst taktvolles, partizipatives (Perspektive der Adressat_innen), nicht-etikettierendes, alltagstaugliches Vorgehen. Originalaussagen von Adressat_innen können verwendet werden. Inhalte des Berichts können sein: Problemlagen; ursprüngliche Ziele; Annahme der Hilfe und Arbeitsbeziehung; markante Beispiele wie Situationsbeschreibungen und Kennzeichen des Entwicklungsweges (sozial; emotional; leistungsbezogen …, positive Besonderheiten und Schwierigkeiten, Ressourcen). Nach der gegliederten Berichterstattung sollten wichtigste Ergebnisse zusammengefasst und Schlussfolgerungen gezogen werden.

„Folgende *Grundsätze* (Hervorhebung KT) gelten für das Erstellen eines Entwicklungsberichtes:

1. Der Bericht soll ein Datum, einen Ausstellungsort und eine Unterschrift haben.
2. Die Inhalte des Berichtes müssen den Tatsachen entsprechen, sie müssen also möglichst belegbar sein.
3. Ein Entwicklungsbericht ist immer auf die Reduktion von Inhalten auf das Wesentliche angewiesen; diese Reduktion kann auf beiden Seiten ein verzerrtes Bild über die Person entstehen lassen. Für den Bericht ist es notwendig, wesentliche Aussagen komprimiert zusammenzufassen, ein kurzes Praxisbeispiel kann hilfreich sein.
4. Lange Aneinanderreihungen von Einzelaspekten und von Fakten im chronologischen Ablauf können den Bericht unnötig verlängern und den Blick auf das Wesentliche verstellen.
5. Der Bericht sollte möglichst sachlich, neutral und ausgewogen geschrieben werden […].
6. Jedes Zitat muss als solches kenntlich sein.
7. Alles, was im Bericht geschrieben wird, ist das Resultat von Beobachtungen und unterliegt damit auch direkt oder indirekt einer Bewertung. Es ist darauf zu achten, eigene Interpretationen oder Meinungen auch als solche zu kennzeichnen. […]
8. Die Gefahr, dass der Bericht zu einer ‚Beschwerdeliste‘ oder, noch schlimmer, zu einer persönlichen Abrechnung wird, ist bei emotional belastenden Ereignissen durchaus gegeben. Hier kann es hilfreich sein, einige Zeit verstreichen zu lassen, bevor die notwendige Aktennotiz geschrieben wird. Gespräche mit Kolleg/-innen können auch sehr hilfreich sein.
9. Der Bericht oder Entwicklungsbericht kann nicht das Forum für die Selbstdarstellung eigener pädagogischer Leistungen sein […].

Krebs fasst die Kriterien für einen guten Entwicklungsbericht wie folgt zusammen: ‚Das Wesentliche wird wahrheitsgemäß berichtet, Verfälschungen durch Auslassungen oder zweckgerichtete Akzentuierungen sind unzulässig. (a) Einseitige Zuschreibungen sind zu vermeiden; (b) Was ausgesagt und gewertet wird kann begründet werden; (c) Das Bemühen um Verstehen ist erkennbar; (d) Die selbstkritische Reflexion des Berichtenden wird spürbar; (e) Beurteilen, wo erforderlich, verurteilen niemals‘ (Bundesarbeitsgemeinschaft der Ausbildungsstätten für Heilerziehung in Deutschland e. V. o. J., o. S.).“

Kurz: Berichte sind nicht „die Wirklichkeit“, können aber nützlich sein bzw. sind verpflichtend.

Didaktisch-methodische Überlegungen

Lehr-Lern-Ziele sind:

- Die Studierenden werden für unterschiedliche Zwecke, Kontexte, Arten von Berichten sensibilisiert.
- Sie lernen als Qualitätsmerkmale das Auseinanderhalten von Beschreibung und Bewertung, Struktur, Adressatengerechtigkeit, Prägnanz, Relevanz, Klarheit, Verständlichkeit kennen.
- Sie wenden ihr Wissen in der Untersuchung von Berichten an.

Das Thema kann günstig von Studierenden vorgestellt und moderiert werden; als Quellen eignen sich Schwing/Fryszer (2006, S. 99 ff.) und Brack/Geiser (2009). Ein Schwerpunkt sollte gewählt werden; ich empfehle Entwicklungsberichte. Beispiele können analysiert werden. Dabei können z. B. Themen wie Berichterstellung mit … versus Bericht über/ohne …, Defizit- und/oder Ressourcenorientierung, mehrere Adressat_innen mit unterschiedlichen Interessen und Erwartungen, innere Zerrissenheit der/des Berichtenden aufgerufen werden, was zu spannenden, kontroversen Debatten führen dürfte.

5.3 Selbstevaluation

Thema und Inhalt

Evaluiert werden können im Einzelfall der *individuelle Verlauf und/oder Ergebnisse*. Mit dem *Begriff Ergebnis* sollen Resultate des Hilfeprozesses bezeichnet werden. Es wird wahrgenommen, was herausgekommen ist und weniger wie und wodurch, was zum *Wirkungsbegriff* führt (vgl., auch in der Folge, Schwabe/Soltau 2007; Schwabe/Thimm 2018). Ergebnisse sind auch auf nicht-fachliche Faktoren rückführbar und zwischen Adressat_innen und Professionellen koproduziert. In Ergebniskonstrukte geht fast immer eine Mischung aus harten und weichen „Daten" ein. Nehmen wir das Beispiel „Es war gut, dass ich das mit deiner Hilfe durchstehen konnte, weil ich dabei gelernt habe, dass ich nicht alleine bin und nicht alles alleine machen muss". Weiche Daten sind hier Zuschreibungen (nicht alleine stehen), Einschätzungen (ich habe etwas gelernt), Bewertungen (gut). Harte Daten auf der Ergebnisseite sind objektivierbare Tatsachen wie Grad der Pünktlichkeit, Zu- und Abnahme an Gewicht, Zahl der Fehltage in der Schule. Ob und welche Ergebnisse erreicht werden, lässt sich nur im Abgleich mit einer Ausgangslage erkennen. So kommt die individuelle Messlatte in den Blick, weil für den einen etwas ein Fortschritt sein kann (75 % Schulbesuchszeit und ein 3er-Notendurchschnitt), was für eine andere einen Rückschritt darstellt. Dieses Beispiel verweist, nicht überraschend, auf zweierlei: Erfolgreicher Schulbesuch hängt nicht nur vom (pädagogischen) Handeln von

Eltern und in der Jugendhilfe ab, sondern ist bedingt durch viele Faktoren in der Schule selbst. Und Erfolge sind relativ und primär als „Vergleich mit sich selbst" zu zwei Zeitpunkten zu konstruieren, so dass einfache Effektsummierungen von Einzelfällen zu einer Gesamtbilanz sogar verschleiernd wirken können. Ggf. kommen positive Zahlen deshalb zustande, weil z. B. bei Neuaufnahmen in stationäre Hilfen „einfacher, leichter betreubare" junge Menschen mit günstigen Voraussetzungen bevorzugt aufgenommen wurden.

Bei der *Selbstevaluation (von Ergebnissen)* stellen sich diverse *Fragen:*

- Was muss zum Zeitpunkt X. erhoben werden, um Unterschiede im Sinne von Veränderungen feststellen zu können? Welche Faktoren im Einzelfall bzw. generell sollen als ergebnisrelevant gelten?
- Wie gehen Leistungen von Koproduzenten wie Schule. Eltern, Peers ein?
- Wie stabil sind die Ergebnisse, d.h. wie verfestigt ist der Zwischenstand bzw. wie valide die Momentaufnahme?
- Welche Funktion(en) hat die Evaluation: wissenschaftliche Aufklärung; Fortschreibung pädagogischer Praxis; Kontrolle; Legitimation des Geschehenen und/oder des Zukünftigen, Proforma-Obligation; Marketing; Absicherung etc.?
- Wer beauftragt, wer untersucht (eine oder mehrere Personen; in die Betreuung involviert oder Leitung bzw. Stabsstelle oder Externe), wer kennt und wer verfügt über die Ergebnisse?
- Welche Gütestandards werden angestrebt bzw. eingehalten (z. B. Methoden- und Datentyp-Mix; Mehrperspektivität; Wiederholbarkeit)?

Günstigenfalls werden in der Praxis sowohl Betreuungsverläufe als auch -ergebnisse systematisch und gestützt durch Instrumente evaluiert. Das macht vor allem dann Sinn, wenn Ausgangslagen als Referenzmaterial erhoben und Ziele entwickelt und formuliert worden sind.

Selbstevaluationsinstrument Hilfeauswertung

Ein identischer, kompakter *Fragebogen* für junge Menschen, Eltern, Einrichtung, Jugendamt, also für Selbst- und Fremdeinschätzungen, könnte enthalten:

- Zufriedenheit mit Ergebnissen (gar nicht ...; eher nicht ...; eher ...; voll zufrieden; weiß nicht)
- Bewertung von Veränderungen in vorgegebenen Bereichen, mit Beispielen (etwa verantwortliches Verhalten; gefühlsbezogene Stabilität; Konfliktfähigkeit; soziale Einbindung) (ja; teilweise; nein; weiß nicht)
- Wichtige Veränderungen und/oder wichtige Ergebnisse der Hilfe

- Zufriedenheit mit der Zusammenarbeit mit den Betreuer_innen (sehr; im Großen und Ganzen; eher weniger; weiß nicht)
- Frage nach einer Weiterempfehlung von Pädagog_innen, Gruppe, Einrichtung (ja; teilweise; nein; weiß nicht) (vgl. das Fragebogen-Formular in Schwabe/Soltau 2007).

Interessant ist der Vergleich zwischen den Antworten der Betroffenen und Professionellen.

Didaktisch-methodische Überlegungen

Lehr-Lern-Ziel ist: Die Studierenden gewinnen am Beispiel einen realistischen Eindruck zu Potenzialen und Grenzen von Selbstevaluation.

Es kann nicht um eine umfassende Einführung in oder die Vertiefung von Evaluation gehen. Die Studierenden sollen „nur" ein realistisches Bild davon gewinnen, was Selbstevaluation leistet, und über die limitierenden Faktoren nachdenken. Gleichwohl soll auch die Chancenseite mehrperspektivischer Befragungen thematisiert werden. Ein Fragebogen-Beispiel wird abschließend besprochen.

Quellenangaben

Ader, Sabine (2006): Was leitet den Blick? Weinheim/München: Juventa.

Albus, Stefanie u. a. (2010): Abschlussbericht der Evaluation des Bundesmodellprogramms „Wirkungsorientierte Jugendhilfe". Münster: Schriftenreihe des Instituts für Soziale Arbeit e. V.

Andersen, Tom (1990): Das reflektierende Team. Dortmund: Modernes Lernen.

Bamberger, Günter (2010; 4. Auflage): Lösungsorientierte Beratung. Weinheim/Basel: Beltz.

Behnisch, Michael/Lotz, Walter/Maierhof, Gudrun (2013): Soziale Gruppenarbeit mit Kindern und Jugendlichen. Weinheim/Basel: Beltz Juventa.

Berendt, Brigitte (2000): Was ist gute Hochschullehre? In: Zeitschrift für Pädagogik, 41. Beiheft, S. 247–260.

Biene, Michael (2011) Systemische Interaktionsberatung. In: Rhein, Volker (Hrsg.): Moderne Heimerziehung heute, Band 2/3. Herne: Eigenverlag.

Blandow, Jürgen (1997): Über Erziehungshilfekarrieren. Stricke und Fallen der postmodernen Jugendhilfe. In: Gintzel, Ullrich/Schone, Reinhold (Hrsg.): Jahrbuch der Sozialen Arbeit 1997. Münster: Votum.

Blandow, Jürgen (2004): Zielgruppen und Zugangswege für Hilfen zur Erziehung. In: Birtsch, Vera u. a. (Hrsg.): Handbuch Erziehungshilfen. Münster: Votum.

Brack, Ruth/Geiser, Kaspar (2009; 4. Auflage): Aktenführung in der Sozialarbeit. Bern: Haupt.

Brendel, Sabine/Hanke, Ulrike/Macke, Gerd (2019): Kompetenzorientiert lehren an der Hochschule. Stuttgart: utb.

Bundesarbeitsgemeinschaft der Ausbildungsstätten für Heilerziehung in Deutschland e. V. (o. J.): Der Entwicklungsbericht. In: http://heilerziehung.tripod.com/Didaktik/EntwBericht.htm (Datum des Zugriffs 12. 06. 2019).

Cinkl, Stephan/Krause, Hans-Ullrich (2012): Praxishandbuch Sozialpädagogische Familiendiagnosen. Opladen: Barbara Budrich.

Dörner, Klaus (1989): Die Logik des Misslingens. Reinbek: rororo.

Edding, Cornelia/Schattenhofer, Karl (Hrsg.) (2009): Alles über Gruppen. Weinheim: Beltz.

Freigang, Werner/Bräutigam, Barbara/Müller, Matthias (2018): Gruppenpädagogik. Weinheim/Basel: Beltz Juventa.

Gahleitner, Silke Birgitta (2017): Soziale Arbeit als Beziehungsprofession. Bindung, Beziehung und Einbettung professionell ermöglichen. Weinheim/Basel: Beltz Juventa.

Hamberger, Matthias (2008): Erziehungshilfekarrieren – belastete Lebensgeschichte und professionelle Weichenstellungen. Frankfurt/Main: Internationale Gesellschaft für erzieherische Hilfen.

Haye, Britta/Kleve, Heiko (2002): Die sechs Schritte helfender Kommunikation. In: Sozialmagazin, 27. H. 12/2002, S. 41–52.

Heiner, Maja (2007): Soziale Arbeit als Beruf. München: reinhardt.

Herrmann, Franz (2013): Konfliktkompetenz in der Sozialen Arbeit. München: reinhardt.

Herwig-Lempp, Johannes/Schwabe, Mathias: Soziale Arbeit. In: Wirsching, Michael/Scheib, Peter (Hrsg.): Paar- und Familientherapie. Berlin/Heidelberg/New York: Springer.

Hess, Thomas (2003): Lehrbuch für die systemische Arbeit mit Paaren. Heidelberg: Carl-Auer-Systeme.

Hitzler, Sarah (2012): Aushandlung ohne Dissens? Praktische Dilemmata der Gesprächsführung im Hilfeplangespräch. Wiesbaden: VS.

Hoch, Roman (2016): 400 Fragen für systemische Therapie und Beratung: Von Auftragsklärung bis Möglichkeitskonstruktion. Weinheim: Beltz.

Hochuli Freud, Ursula/Stotz, Walter (2011): Kooperative Prozessgestaltung in der Sozialen Arbeit. Stuttgart: Kohlhammer.

Huber, Ludwig (1999); An- und Aussichten der Hochschuldidaktik. In: Zeitschrift für Pädagogik, 45. H. 1, S. 25–44.

Kähler, Harro Dietrich (2009; 5. Auflage): Erstgespräche in der sozialen Einzelhilfe. Freiburg: Lambertus.

Kähler, Harro Dietrich/Zobrist, Patrick (2013): Soziale Arbeit in Zwangskontexten. München/Basel: reinhardt.

Klatetzki; Thomas (2019): Narrative Praktiken, Weinheim/Basel: Beltz Juventa.

Klug, Wolfgang/Zobrist, Patrick (2013): Motivierte Klienten trotz Zwangskontext. München/Basel: reinhardt.

Kreuzer, Max: Das Richtige tun und es richtig machen. In: Kreuzer, Max (Hrsg.) (2001): Handlungsmodelle in der Familienhilfe. Neuwied: Luchterhand.

Kron-Klees, Friedhelm (1994): Claudia – oder öffentliche Jugendhilfe als heilsamer Impuls. Dortmund: Borgmann.

McGoldrick, Monika/Gerson, Randy/Petry, Sueli (2016; 4. Auflage): Genogramme in der Familienberatung. Göttingen: Hogrefe.

Miller, William/Rollnick, Stephen (2015; 3. Auflage): Motivierende Gesprächsführung. Freiburg: Lambertus.

Moch, Matthias (2019): Rezension Nüsken, Dirk/Böttcher, Wolfgang: Was leisten die Erziehungshilfen? Weinheim/Basel: Beltz Juventa. In: https://www.socialnet.de/rezensionen/ 25144.php (Datum des Zugriffs 12.05.2019).

Müller, Burkhard (1993): Sozialpädagogisches Können. Freiburg: Lambertus.

Nestmann, Frank/Engel, Frank/Sickendiek, Ursel (Hrsg.) (2004a): Das Handbuch der Beratung 1. Disziplinen und Zugänge. Tübingen: dgvt.

Nestmann, Frank/Engel, Frank/Sickendiek, Ursel (Hrsg.) (2004b): Das Handbuch der Beratung 2. Ansätze, Methoden und Felder. Tübingen: dgvt.

Niemeyer, Christian (2019): Sozialpädagogik als Sexualpädagogik: Weinheim/Basel: Beltz Juventa.

Nilles, Jean-Paul (1998): Das Gespräch mit den Eltern. Ohne Ort (unveröffentlicht).

Noyon, Alexander/Heidenreich, Thomas (2009): Schwierige Situationen in Therapie und Beratung: 24 Probleme und Lösungsvorschläge. Weinheim: Beltz.

Nüsken, Dirk/Böttcher, Wolfgang (2018): Was leisten die Erziehungshilfen? Weinheim/Basel: Beltz Juventa.

Pantucek, Peter (2006): Soziale Diagnostik. Wien: Böhlau.

Pfäffli, Brigitta K. (2005): Lehren an Hochschulen. Bern: Haupt.

Redlich, Alexander (Hrsg.) (2009): Konflikt-Moderation in Gruppen. Hamburg: Windmühle.

Reichmann, Ute (2013): Gesprächsanalyse als Reflexionsmethode in der Jugendhilfe. In: Köttig, Michaela u.a. (Hrsg.): Soziale Wirklichkeiten in der Sozialen Arbeit. Leverkusen: Barbara Budrich.

Sander, Klaus/Ziebertz, Torsten (2010): Personzentrierte Beratung. Weinheim/München: Juventa.

Schubert, Franz-Christian/Rohr, Dirk/Zwicker-Pelzer, Renate (2019): Beratung: Grundlagen – Konzepte – Anwendungsfelder. Wiesbaden: Springer.

Schulz von Thun, Friedemann (1998): Miteinander reden. Reinbek: rororo.

Schwabe, Mathias (1999): Sozialpädagogische Prozesse in Erziehungshilfen zwischen Planbarkeit und Technologiedefizit. In: Zeitschrift für Pädagogik, 39. Beiheft, S. 117–130.

Schwabe, Mathias (2002): Das Hilfeplangespräch als „Planungsinstrument". In: Forum Erziehungshilfen 1/2002. Frankfurt/Main: Internationale Gesellschaft für erzieherische Hilfen.

Schwabe, Mathias (2005): Methoden der Hilfeplanung. Frankfurt/Main: Internationale Gesellschaft für erzieherische Hilfen.

Schwabe, Mathias (2006; 2. Auflage): Eskalation und De-Eskalation. Frankfurt/Main: Internationale Gesellschaft für erzieherische Hilfen.

Schwabe, Mathias (2010): Begleitende Unterstützung und Erziehung in der Sozialen Arbeit. München/Basel: reinhardt.

Schwabe, Mathias (o. J.): Modul Kommunikation. Berlin (unveröffentlicht).

Schwabe, Mathias/Soltau, Andreas (2007): Ergebnisqualität jenseits von Pseudo-Objektivität und falschen Versprechungen. In: FORUM Jugendhilfe, H. 4, S. 65–74.

Schwabe, Mathias/Stallmann, Martina/Vust, David (2013): Freiraum mit Risiko. Ibbenbüren: Münstermann.

Schwabe, Mathias/Thimm, Karlheinz (2018): Alltag und Fachlichkeit in stationären Erziehungshilfen. Weinheim/Basel: Beltz Juventa.

Schwing, Rainer/Fryszer, Andreas (2006): Systemisches Handwerk. Göttingen: Vandenhoeck & Ruprecht.

Simon, Titus/Wendt, Peter-Ulrich (2019): Lehrbuch Soziale Gruppenarbeit. Weinheim/Basel: Beltz Juventa.

Stahl, Eberhard (2017; 4. Auflage): Dynamik in Gruppen. Weinheim: Beltz.

Teke, Gülay (2012): Beobachterrolle – Rückmeldebogen. Berlin (unveröffentlicht).

Thimm, Karlheinz (2014): Professionelle Begleitprozesse – Veränderungstheoretische Rahmungen. In: Soziale Arbeit 63, H. 8, S. 298–308.

Thimm, Karlheinz (2015): Soziale Arbeit im Kontext Schule. Reflexion – Forschung – Praxisimpulse. Weinheim/Basel: Beltz Juventa.

Thimm, Karlheinz (2016): Bildungslandschaften. Bedingungen gelingender Kooperation. In: Soziale Arbeit 65, H. 10, S. 362–369.

Thimm, Karlheinz (2018): Nähe und Distanz in sozialpädagogischen Beziehungen. In: Unsere Jugend 70, H. 3, S. 130–138.

Thimm, Karlheinz/Hirschmann, Thomas (2012): Ronny und Lena – lösungsorientierte Kommunikation mit Eltern in der Schule (DVD mit Begleitbuch 234 Minuten; 90 Euro). Berlin: Institut für Innovation und Beratung an der Evangelischen Hochschule Berlin; Teltower Damm 118–122; 14167 Berlin.

Tietze, Kim-Oliver (2003): Kollegiale Beratung. Reinbek: Rowohlt.

Tornow, Harald (2014): Ursachen und Rahmenbedingungen stationärer Abbrüche in der Langzeitstudie ABiE. In: EREV-Beiträge zur Theorie und Praxis der Jugendhilfe, H. 8, S. 13–35.

Tornow, Harald (2018): ABiE reloaded. Abbrüche verhindern und wirksame Entwicklungen ermöglichen. In: Evangelische Jugendhilfe 95, H. 2, S. 124–132.

Tornow, Harald/Ziegler, Holger (2012): Ursachen und Begleitumstände von Abbrüchen stationärer Erziehungshilfen (ABiE). In: EREV Schriftenreihe 53, H. 3, S. 11–118.

Uhlendorff, Uwe/Cinkl, Stephan/Marthaler, Thomas (2008; 2. Auflage): Sozialpädagogische Familiendiagnosen. Weinheim/München: Juventa.

Von Spiegel, Hiltrud (2004): Methodisches Handeln in der Sozialen Arbeit. München/Basel: reinhardt.

Widulle, Wolfgang (2011a): Gesprächsführung in der Sozialen Arbeit. Wiesbaden: VS.

Widulle, Wolfgang (2011b): Gesprächsführung in der Sozialen Arbeit – Trainingsmaterialien. In: https://www.widulle.ch/index.php/inhalte/gespraechsfuehrung/trainingsmaterialien-gespraechsfuehrung (Datum des Zugriffs 21.07.2019).

Widulle, Wolfgang (2012): ‚Ich hab' mehr das Gespräch gesucht': Erfolgreich kommunizieren lernen im Studium der Sozialen Arbeit. Wiesbaden: Springer VS.

Yolci, Sahibe (2009): Möglichkeiten der Netzwerkarbeit in der interkulturellen Jugendhilfe. In: Aurich, Christiane u. a.: Erfahrungsberichte und Praxisbeispiele interkultureller Jugendhilfe. Berlin: LebensWelt (Eigenverlag).

Zwicker-Pelzer, Renate (2010): Beratung in der sozialen Arbeit. Bad Heilbrunn: Julius Klinkhardt.

Anhang

1. Fall Roland (zu C.)

Eingesetzt wird dieser Fall im Seminar Beratung in den Einheiten Belastungs- und Ressourcenexploration, Genogrammentwicklung, Fallverstehen (Hypothesenbildung) und Zielklärung (3. bis 6. Seminarsitzung).

Personen
- Martina Roland, 27 Jahre, gelernte Schneiderin, ledig und alleinerziehend
- Paul Roland, acht Jahre; besucht eine Ganztagsgrundschule
- Paula Roland, vier Jahre; besucht eine Kita
- Elke Roland (Mutter von Martina Roland), 47 Jahre; gelernte Schneiderin; ledig; ist nach einem Treppensturz seit zwei Jahren gehbehindert (läuft an Krücken); wohnt im Nachbarhaus in der Thermometer-(Hochhaus-)Siedlung in Berlin-Lichterfelde
- Ronny Albers (Vater von Paul), 26 Jahre; ledig; vorbestraft wegen Gewaltdelikten; derzeitiger Aufenthalt unbekannt; seit fünf Jahren besteht keine Verbindung zu M. R. und Paul
- Ralf Ehrhardt (Vater von Paula), 40 Jahre; verheiratet; Busfahrer; lebt mit seiner Familie in Zehlendorf; es gibt keinen Kontakt zur Familie Roland
- Carla Roland (Schwester von Martina Roland), 22 Jahre

(Angaben verfremdet)

Teil 1: Die Ausgangssituation
(Material für Genogramm, Hypothesen, Belastungs- und Ressourcenauflistung)

Frau Martina Roland (M. R.) lebt mit zwei Kindern (Paul, acht Jahre und Paula, vier Jahre) als alleinerziehende Hartz IV-Empfängerin in einer Zweizimmerwohnung in der Thermometersiedlung in Berlin-Lichterfelde. Sie möchte ihren Kindern eine gute Mutter sein, hat aber Schwierigkeiten, ihren Alltag zu organisieren. Es gibt einiges, was zu tun ist:

- Als alleinerziehende Mutter ist sie jedenfalls morgens, ab 16 Uhr und Samstag und Sonntag ganztägig mit Blick auf die Kinder eingespannt.
- Das Geld ist knapp, die finanzielle Situation ist angespannt. Das Jobcenter macht Druck und will Bewerbungen sehen.
- Eigentlich ist die Wohnung zu klein. Martina Roland schläft im Zimmer von Paula; als Familienbereich wird die Küche verwendet.

- M. R. pflegt Kontakte zu den Nachbar_innen im Haus. Häufig wird sie wegen ihrer lebenszugewandten Seite um Hilfen ganz unterschiedlicher Art gebeten.
- Frau Roland unterstützt punktuell auch ihre gehbehinderte Mutter. Das Verhältnis zwischen den beiden Frauen ist angespannt.
- Auch mit Paul gibt es Probleme. M. R. hat „Erziehungsschwierigkeiten".

Die hier zunächst nur fragmentarisch skizzierten Hintergründe sind weder in der Kita von Paula noch in der Schule von Paul bekannt. Frau Roland hatte in den vergangenen fünf Jahren keinen Kontakt mit dem Sozialpädagogischen Dienst des Jugendamtes. 2010 gab es drei Gespräche mit einer Sozialarbeiterin des Amtes, die jetzt im Ruhestand ist. Thema war damals häusliche Gewalt. Der damalige sporadische Lebensgefährte Ronny Albers ist aber für M. R. Geschichte; sie möchte daran nicht mehr erinnert werden.

Zum Kontakt mit dem Jugendamt kommt es im August 2015, weil die Kita in letzter Zeit gehäuft Auffälligkeiten registrierte: verspätetes Bringen von Paula; verspätetes Abholen; unregelmäßige Zahlung des Essensgeldes; Klagen von Paula, dass nicht immer genug Essen im Kühlschrank und sie abends oft länger mit ihrem Bruder allein zu Hause sei und ihre Mutter häufig schlechte Laune habe. Auch Paul besuchte die Einrichtung. Und die Leiterin konnte sich noch gut erinnern, dass M. R. damals wohl hin und wieder geschlagen wurde. Die Kita-Leiterin (KL) spricht M. R. in einer Abholsituation freundlich auf die Äußerungen von Paula an. Die KL merkt an, dass das Jugendamt manche Hilfe geben könne. Dabei schwang, so empfand es die Mutter, auch ein fürsorglich ummantelter Druck in ihrer Stimme mit. M. R. nahm den vorbereiteten Zettel mit Adresse, Name, Telefonnummer und Sprechzeiten in Empfang. An einem Donnerstag im August fasst sie sich ein Herz und ruft die Sozialarbeiterin Frau Kappeler an. Diese trinkt gerade einen Tee. In 20 Minuten beginnt ein Hilfeplangespräch.

**Teil 2: Die Problembeschreibung von Frau Roland
(weiteres Material für Genogramm, Hypothesen,
Belastungs- und Ressourcenauflistung)**

Im zweiten Gespräch (nach dem Erstgespräch) berichtet Frau Roland freimütig über ihre Situation. Offenkundig fühlt sie sich durch die Sozialarbeiterin des Amtes nicht bedroht und es ist „der rechte Moment". Sie sagt, dass sie bisher mit keinem Menschen so lange und offen darüber gesprochen habe, was sie bewege. In dem 75-minütigen Gespräch redet weitgehend Frau Roland. Die Sozialarbeiterin visualisiert die benannten Themen am Flipchart. Verabredet war, die Problempalette zu ordnen sowie herauszufinden, was im Alltag von M. R. gut läuft. Als Gesprächsmittel kommen zum Einsatz: aktives Zuhören; offene Fragen; geschlossene Fragen (Informationen; Präzisierungen; Hierarchisierung); Paraphrasieren; Zusammenfassen; Formulieren emotionaler Gehalte; reflektierende und deutende Aussagen.

Frau Roland schildert die letzten zehn Jahre so (Auszug aus dem Bericht einer Praktikantin). Im Jahr 2005, mit 17 Jahren, verließ sie die Gesamtschule mit einem durchschnittlichen Abschluss und lernte überbetrieblich den Beruf der Schneiderin, auch wenn sie lieber in die unmittelbare Dienstleistungsbranche gegangen wäre (Hotel, Arztpraxis …). Mit 18 Jahren kam sie über eine Mitauszubildende in Kontakt mit dem ein Jahr jüngeren Ronny Albers, der bis zum 22. Geburtstag ihr mehr oder weniger fester Partner war. M. R. wurde nach einem Jahr schwanger und lebte mit dem Kind bei ihrer Mutter, die sich nach der Geburt im Jahr 2007 um Paul kümmerte. Die Beziehung zu Ronny Albers sei vom ersten Tag an durchgängig belastet gewesen und es gab ständig Konflikte, die zunehmend mit Gewaltdrohungen einhergingen. Mit 21 Jahren (2009) bestand M. R. die Prüfung und konnte in einem kleinen Spezialbetrieb als Schneiderin anfangen. M. R.s Mutter hatte den Kontakt hergestellt. Schon nach wenigen Monaten, nach Ablauf der erfolgreich bestandenen Probezeit, leistete sich M. R. die eigene Wohnung und meldete Paul in der Kindertagesstätte an. Ronny Albers, mit unberechenbarem Lebenswandel und ohne Beschäftigung, „nistete sich in meiner Wohnung ein und wollte sein Regiment führen". Zunehmend kam es zu Partnergewalt. M. R. hatte kurzzeitigen Kontakt mit dem Jugendamt (über eine Nachbarin) hergestellt und es gab auch zwei insgesamt dreiwöchige Aufenthalte im Frauenhaus. Durch konsequente Abgrenzung und Skepsis gegenüber den „Änderungsschwüren" gelang es ihr, Ronny Albers von sich fern zu halten. Dieser hatte wenig Interesse an seinem Sohn und verschwand im April 2011 endgültig aus Pauls Leben. In dieser Zeit verlor Frau Roland ihre Arbeitsstelle; bis heute blieb sie ohne Beschäftigung. Im Sommer 2011 lernte sie an einer Badestelle an der Krummen Lanke einen 14 Jahre älteren verheirateten Mann kennen, der ihr Liebhaber wurde. M. R. wurde schnell schwanger und ihr Partner sprach anfangs von Scheidung und neuer Familie. Im achten Schwangerschaftsmonat trennte sich der Liebhaber allerdings von M. R. Seit Juli 2011 ist Frau Roland alleinerziehende Mutter von zwei Kindern. In diese Zeit falle auch der Bruch mit ihrer Mutter und der Schwester, die „von A bis Z mit Vorwürfen reagierten und mich als Versagerin sehen". In der Folge beschränkte sich das Leben von M. R. auf die Siedlung, in der sie selbst aufgewachsen ist. Die Kontakte zu Freundinnen und Bekannten aus der Schul- und Ausbildungszeit schliefen ein. „Ich habe keine beste Freundin und auch sonst kenne ich kaum Leute, die nicht von hier sind." Um nicht zu vereinsamen, entwickelte M. R. ein Netz von nachbarschaftlichen Beziehungen, die aber meist oberflächlich blieben. „Ich habe reingebuttert und gegeben. Bei mir haben sich die Leute ausgeheult. Aber Hilfe für mich, wenn ich Not hatte, das war nicht."

Teil 3: Die Familiengeschichte aus Sicht von Frau Roland
(weiteres Material für Genogramm und Hypothesen zur familiengeschichtlich bedingten Problementstehung)

Im dritten Gespräch nimmt Frau Roland das Angebot wahr, etwas über ihre Familie zu erzählen. Man einigt sich, nicht bis zu den Großeltern zu gehen, weil beide bei einem Verkehrsunfall früh verstarben, als M.R. noch nicht geboren war. Auch die Eltern der Kindsväter werden von M.R. als nicht relevant eingeschätzt. Von hier möchte sie die „Oma- und Opa-Lücke für die Kinder, vor allem für Paul" nicht füllen.

M.R. erzählt. Sie wird 1988 in Berlin-Lichterfelde geboren. Ihre Mutter arbeitet als Schneiderin in einem Modehaus am Kurfürstendamm. Ihren Vater konnte M.R. nie kennenlernen. Es sei eine Bekanntschaft über drei Monate gewesen, ein Engländer aus der Modebranche, der nicht einmal wisse, dass er eine Tochter in Berlin habe. Allerdings habe er E.R. wohl „den Himmel voller Geigen gehängt" und in Aussicht gestellt, dass mehr als eine Affäre denkbar wäre. Als E.R. eine Schwangerschaft andeutete, „machte er sich aus dem Staub und tauchte wohl nie wieder auf".

1985 starben die Eltern von Elke Roland, Martinas Großeltern, bei einem schweren Unfall auf der Transitautobahn. Elke Rolands Vater war bei einem Busunternehmen beschäftigt, das Urlaubsreisen von Berlin aus nach Österreich durchführte. Die Mutter arbeitete halbtags als Erzieherin und begleitete ihren Mann bei dieser Tour. Da Elke das einzige Kind war, musste sie mit 19 Jahren manches tun und regeln, was sie schlicht überforderte. Ein Onkel und eine Tante kümmerten sich in dieser Situation um E.R. „Es muss für meine Mutter ein bitterer Lebensabschnitt mit erheblichen Belastungen gewesen sein" – so äußert sich M.R. über die Zeit, zu der sie geboren wurde.

M.R. verlebte die ersten fünf Jahre in der Lichterfelder Siedlung mit ihrer Mutter in einer Dreizimmerwohnung. Sie sagt über diese Zeit: „Meine Mutter hatte gleich beim zweiten Mann, mit dem sie im Bett war, ein Kind am Hals. Sie war 19. Aber sie hatte ja auch keine Eltern mehr und nie Geschwister gehabt. Sie lernte nach der Mittleren Reife Schneiderin, machte mit 20 tatsächlich Prüfung und schaffte mich noch nebenbei. Ich wurde das erste Jahr einfach mit auf Arbeit genommen. Und dann wurde sie am Kurfürstendamm übernommen. Ich kam mit 18 Monaten in eine Krippe. Und so lebten wir ziemlich abgeschieden von der Welt in unserem Reich. Meine Mutter wollte einen Mann kennenlernen … aber wie sollte das gehen? Schließlich, so als sie 23 Jahre war, ließ sie sich mit einem Kunden ein. Der war fast 20 Jahre älter, war aber wohl so ein Lieber. Er zog bei uns ein, meine Mutter wurde schwanger und sie wollten heiraten. Er war Sozialarbeiter in einer Klinik für psychisch Kranke. Kurz vor der Geburt bekam er einen Schlaganfall bei der Arbeit – und war tot. Mutter war am Boden. Meine Schwester wurde geboren – und alles war nur auf Trauer …"

In der Folge berichtet M.R., wie ihre Mutter mit aller Konsequenz ihr Leben gemeistert habe. Auch die Schwester wurde mit zur Arbeit genommen und kam dann früh in die Krippe. Ihre Mutter arbeitete 30 Stunden in ihrem erlernten Beruf und sei immer stolz darauf gewesen, alles ohne Hilfe von Ämtern geschafft zu haben. Beide Mädchen erhielten eine „ordentliche Schulbildung", Carla machte sogar Abitur, ging als Au-Pair nach Frankreich und studiere nun sogar an der berühmten Sorbonne-Universität mit einem Stipendium in Paris „auf Wirtschaft". Nach dem Treppensturz, der sich bei einem Besuch in der Berliner Philharmonie ereignete, lag Elke Roland zwei Monate im Krankenhaus und lernte in der Reha wieder gehen. Aufgrund der guten Kontakte zu Kunden konnte Elke Roland genügend Privataufträge erhalten. Sie arbeitet zwar nicht mehr im Geschäft, kann aber mit ihren Einnahmen ihr Leben unter erschwerten gesundheitlichen Bedingungen mit einer kleinen Rente und eigener Arbeit bestreiten. Darauf sei ihre Mutter stolz.

Zu ihren Familienbeziehungen äußert sich M. R. wie folgt. Der Schwester sei alles in den Schoß gefallen, sie hatte dagegen immer zu kämpfen. „Das fing damit an, dass meine Mutter meine Schwester einfach lieber mochte. Mutter und ich hatten immer Kampf, meine Schwester und sie waren ein Herz und eine Seele. Da sind schon ständig verletzende Sachen gelaufen. Ich war die geduldete Nummer zwei. Auch mit Freundinnen lief es für mich schlechter. Ich musste mich immer anstrengen, meiner Schwester liefen alle nach. Ich wurde dann immer verkniffener und sie war die Strahlefrau, die Queen in der Klasse und in der Siedlung. Die fand auch viel schneller einen Freund, die konnte immer aussuchen."

M. R. berichtet dann, dass sie so schnell wie möglich „raus wollte, um nicht mehr zu stören. Ich konnte es nicht mehr ertragen, einfach nur da sein zu dürfen." Nachdem Carla vor drei Jahren nach Frankreich ging, habe sich die Großmutter durchaus für Paula interessiert und sich auch etwas unterstützend gezeigt. Paul dagegen wäre von Anfang an mit Distanz behandelt worden. „Auch er hätte weg sein können und meine Mutter hätte das nicht die Bohne interessiert. Er gehörte zum Inventar – mehr nicht."

Der Unfall und das Enkelkind Paula führten zu einer gewissen Annäherung. Aber „es ist zu viel geschehen und es wurde nie gut gesprochen. Nach wenigen Sekunden sind wir schon in Angriff und Verteidigung – und dann ist das Gespräch auch schon wieder vorbei. Es gibt zu viel Schutt zwischen meiner Mutter und mir. Jeder tut so seine Pflichten und wir passen auf, dass wir nicht in völlige Feindschaft geraten. Mehr ist nicht. Natürlich verachtet mich meine Mutter irgendwie. Sie findet, ich habe kein gutes Leben hingekriegt. Sie nörgelt an mir rum und macht mich eigentlich schwach. Was soll ich da groß den Kontakt verbessern. Ich denke aber auch, dass sie wegen der Behinderung Hilfe braucht. Und die Kinder sollen ja auch eine Oma haben. Mit meiner Schwester stehe ich mir fern. Sie will nichts von mir und ich will nichts von ihr. Was soll ich mich denn auch klein fühlen neben der kleinen Schwester. Das muss ich mir nicht antun."

Abschließend sagt Martina Roland: „Es ist schon doll, was meine Mutter geschafft hat. Andere wären zerbrochen, hätten aufgegeben. Das rechne ich ihr an. Aber sie ist so hart und ungerecht geworden – jedenfalls mir gegenüber und auf meine Kosten. Einmal, so vor drei Jahren, hat sie was Übles gesagt: Es wäre auf eine Art besser gewesen, sie hätte mich abgetrieben. Das habe ich nicht vergessen."

Verfremdet und aufgeschrieben von Karlheinz Thimm, didaktisch ergänzt als Lehrfall auf der Grundlage eines realen Falls. Dieser wurde von einer Praktikantin im Jugendamt aufgezeichnet; die hauptamtliche Kraft nahm sich für diesen „Ausbildungsfall" extra viel Zeit.

Teil 4: Anliegensklärung, Visions- und Zielentwicklung mit Frau Roland
(Text leicht verändert und übertragen vom Fall Korff auf den Fall Roland, entnommen aus Schwabe 2005, S. 163 ff.)

Im Beratungsgespräch im Jugendamt äußert Frau Roland u. a., dass sie Paula und Paul schon mal eine ganze Nacht alleine gelassen habe, als sie ein „Schäferstündchen" mit einem Nachbarn hatte und beide einschliefen. Frau Roland gesteht auch, dass sie manchmal nicht mehr wisse, wie sie ihre eigenen Bedürfnisse und die Ansprüche der Kinder unter einen Hut bekommen soll. Sie möchte abends raus, aber durch den Streit mit ihrer Mutter könne sie auf deren Hilfe nicht rechnen. Außerdem habe die Mutter gerade abends oft starke Schmerzen, nehme Medikamente und schlafe um 20 Uhr ein. M. R. gibt sogar zu, beide Kinder (vor allem Paul) hin und wieder „etwas, aber nicht richtig zu schütteln und rütteln". Frau Roland zeigt sich in diesem vierten Gespräch wieder sehr offen und kann sich flüssig ausdrücken.

An die Student_innen: Bitte verstehen Sie, dass zu Übungszwecken nur ein Teil der Problematik „durchgearbeitet" werden kann und keine komplette Beratung abgebildet wird. Der folgende, verdichtete (geraffte) Abschnitt steht unter der Überschrift

Auf dem Weg zu einer Vision, die berührt.

1 S. A.in: Beim zweiten und dritten Gespräch hatten wir ja zusammen überlegt, dass eine Familienhilfe vielleicht ganz gut wäre. Wenn sich das heute verfestigt und Sie sind überzeugt, dann mache ich mich schnell auf die Suche. Was ist Ihr Wunsch, was soll anders werden mit dieser Hilfe?

2 M. R.: Dass unser Familienleben harmonischer wird, dass ich geduldiger mit den Kindern bin, wir wieder mehr Spaß haben zusammen (traurig). War ja nicht so toll in letzter Zeit (wirkt verloren).

3 S. A.in: Da sind Sie selbst unzufrieden mit dem, was da passiert ist. Mehr mit sich selbst unzufrieden oder mit den Kindern oder … (zuckt mit den Schultern)?

4 M. R.: Klar bin ich unzufrieden mit mir. Drum will ich ja was tun.

5 S. A.in: Ja, drum haben Sie es organisiert, dass wir hier heute sitzen.

6 M. R.: Und damit das Jugendamt nicht denkt, ich wäre eine Rabenmutter oder so.

7 S. A.in: So, ist das rübergekommen, dass ich Sie für eine schlechte Mutter halte?

8 M. R.: Ich weiß nicht recht, was Sie genau denken.

9 S. A.in: Soll ich dazu was sagen? Wollen Sie?

10 M. R.: (Nickt stumm)

11 S. A.in: Ich halte Sie für eine mutige Frau, weil Sie hergekommen sind und für eine gute Mutter, weil Sie selbst gesehen haben, da läuft was aus dem Ruder. Was richtig ist, dass ich mir Sorgen um die Kinder gemacht habe. Denen ging es vielleicht nicht so gut. War schon nahe an der Grenze. Aber ich habe auch gespürt, dass Paul und Paula ihre Mama liebhaben und dass die mitleiden, wenn es ihrer Mama schlecht geht und dass die wollen, dass es ihrer Mama gut geht.

12 M. R.: (Mutter beim Zuhören gerührt) Die sollen schon ... die sollen zu ihrem Recht kommen. Sollen ihren Spaß haben, wieder lachen können.

13 S. A.in: (mit warmer Stimme) Sie anlachen, mit Ihnen Spaß haben ...

14 M. R.: (etwas scharf) Ohne dass ich mich zum Affen mache und sie mir auf der Nase herumtanzen.

15 S. A.in: Ja, was Sie da sagen, ist ganz wichtig. Ich bin froh, dass sie das sagen. Es geht ja auch um die Balance, dass auch Sie zu Ihrem Recht kommen als erwachsene Frau und Paul und Paula zu ihrem Recht kommen als Kinder. Dass das ausgewogen ist und Sie auch Entlastung haben.

16 M. R.: Ja, Balance ist ein gutes Wort. Wie auf einer Wippe. Das muss zum Ausgleich kommen.

17 S. A.in: Ist das ein Bild, was sie anspricht? Die Idee einer Wippe ...

18 M. R.: Ja, das gefällt mir. Das kann man sich auch vorstellen.

Nach einer kurzen Pause kommt es zur zweiten Gesprächssequenz im vierten Beratungsgespräch. In diesem Abschnitt will die Sozialarbeiterin eine Liste von Entwicklungsaufgaben und gemeinsamen Projekten zwischen Frau Roland und der einzusetzenden Familienhelferin erstellen.

Entwicklungsaufgaben

19 S. A.in: Frau Roland, Sie sagten vorhin, dass Sie gerne ein harmonischeres Familienleben hätten und mehr Spaß mit den Kindern. Sie haben dann das Bild der Wippe gefunden. Damit haben Sie eine schöne Richtung eingeschlagen. Wenn Sie selbst einen Beitrag für die Zielerreichung leisten wollen, was müssten Sie dann tun? Und welche Fähigkeiten bräuchten Sie dafür?

20 M. R.: Ich weiß schon, dass ich weniger rumschreien sollte ... und dass ich sogar mal die Kontrolle verliere, das ist nicht gut. Hinterher tut es mir leid.

21 S. A.in: Hmm

22 M. R.: Ich müsste mich halt rechtzeitig wieder einkriegen, das wäre so eine Aufgabe. Oder mich schneller rausziehen, wenn es über mich kommt.

23 S. A.in: Welche der beiden Fähigkeiten scheint Ihnen denn wichtiger zu sein oder geeigneter, um Ihr Ziel zu erreichen. Das Sich-vorher-Einkriegen oder das Sich-Rausziehen, wenn es in ihnen losgegangen ist?

24 M. R.: Puh, schwere Frage. Vielleicht eher das mit dem Rausziehen, also ja, ich muss das merken, wenn es zu viel wird und knallt. Das wäre eine Aufgabe, wenn ich das öfter schaffen würde.

25 S. A.in: Also das wäre so eine Fähigkeit, die Sie entwickeln müssten: zu spüren. Jetzt wird es zu viel, wenn ich jetzt nicht rausgehe, dann endet es übel.

26 M. R.: Ja wissen Sie, ich merke es erst immer hinterher, dass ich so gestresst war ...

27 S. A.in: Okay. Kommen wir mal auf die Familienhelferin. Was könnte die denn tun, dass Sie Ihrem Ziel näherkommen, eine Balance zwischen Ihren Bedürfnissen, Frau Roland, und den Bedürfnissen der Kinder zu finden

28 M. R.: Ach, ich weiß gar nicht richtig, wie ich den Paul stoppen kann, wenn der so angestochen durch unsere kleine Wohnung rennt. Der macht mich und Paula ganz nervös. Also, das sind so Situationen, wo ich gerne jemanden hätte, der mir sagt, was ich tun kann, wie ich ihn am besten anspreche. Das ist das Eine. Und dann will ich auch wieder arbeiten gehen. Aber ich traue mich nicht. Ich habe schon zwei Motivations- und Bewerbungstrainings geschmissen, weil ich kenne da ja keinen. Ich weiß nicht genau, was die Helferin da machen kann. Aber ein bisschen drauf gucken und mich motivieren wäre gut oder wenn sie mich mal begleitet.

29 S. A.in: Also das Eine ist die Frage nach der Verständigung und dem Einwirken auf Paul. Und Sie deuteten an, dass sie nicht so gut einschätzen können, was er fühlt und denkt, also wieso er etwas macht. Stimmt das so?

30 M. R.: Ja. Da sind häufiger Situationen, wo ich nicht weiß, was mache ich jetzt mit dem. Was will der jetzt von mir? Da wüsste ich noch hundert Situationen ... na, nicht hundert. So dämlich bin ich ja auch nicht.

31 S. A.in: Das hat mit dämlich nichts zu tun, eher mit Fremdheit oder Nicht-so-richtig-hinter-die-Kulissen-Blicken-Können oder auch mit mangelnder Traute, frühzeitig ein Stopp-Signal zu setzen. So dass das noch wirken kann. Da sind viele Menschen unsicher. Elternschaft gehört nun mal zum Schwersten, was die Welt zu bieten hat. Aber wichtig ist, glaube ich, dass diese Familienhelferin Ihnen nicht das Gefühl gibt, dämlich zu sein, wenn Sie fragen. Oder?

32 M. R.: Ja, ich traue mich schon zu fragen, wenn das nicht so ein Besserwisser ist, sondern jemand netter. Das mit der Elternschaft, was Sie eben gesagt haben, hat mir gut getan. So spricht sonst niemand mit mir.

33 S. A.in: Okay, sagen wir also mal als Zukunftsziel „Sicherer werden im Umgang mit den Kindern, insbesondere mit dem Jungen." Besser nachvollziehen, wie er tickt, was er braucht. Ihn also besser ansprechen und stoppen können. (Pause; starkes Nicken von M. R.) Und dann war da die Arbeit. Sie wollen wieder einsteigen. Ist das richtig?

34 M. R.: Will schon, aber das ist nicht einfach.

35 S. A.in: Was ist nicht so einfach: Mit ihrem Willen oder mit der Situation mit den Kindern oder mit dem Jobcenter oder was sonst?

36 M. R.: Angst … sagen wir es doch mal praktisch. Da ist Angst in mir.

37 S. A.in: Angst vor …?

38 M. R.: Angst vor allem. Wenn ich da aufs Amt muss oder ich stell mir so einen neuen Kurs vor und ich sitze da so neben Leuten wie … Nicht, dass ich was gegen Ausländer habe. Aber mit denen sollst du jetzt Bewerbungstraining machen. Ist doch ein bisschen peinlich.

39 S. A.in: Okay, der Wiedereinstieg in Arbeit macht Ihnen Angst. Da muss noch mal genauer drauf geschaut werden. Mir ist nur wichtig, ob Sie sagen, ja – das packe ich an. Das Ziel mit Blick auf Arbeit und Beruf heißt dann: „Aushalten (Überwinden??) von Unsicherheiten." Ist das auch etwas, was mit der Balance, mit der Wippe zu tun hat?

40 M. R.: Ja, ich muss ja. Die Kinder sind betreut. Und immer im Haus rumhängen und mit den Nachbarn zusammen sein, das ist doch kein Leben.

41 S. A.in: Okay, und wie ist das mit den Ängsten. Was denken Sie, was müssten Sie haben oder können, um die Angst besser bewältigen zu können?

42 M. R.: Ja, das Selbstvertrauen fehlt … so das Gefühl, Martina, du machst das schon, du schaffst das. Du bist doch wer.

43 S. A.in: Wie kann ich mehr Selbstbewusstsein entwickeln? Da gibt es Unterstützungsbedarf für Ihr Ziel!? Was noch, was soll die Familienhelferin noch tun, damit Sie diesem Bild der Wippe, diesem Wunsch nach Balance näherkommen.

44 M. R.: Na, ich will ja abends hin und wieder weg, so zwei, drei Tage die Woche. Die soll mir helfen, einen Babysitter zu finden. Und zwar einen Gescheiten, nicht wie meine Nachbarn, die mal kamen. Die haben den ganzen Abend rumgeknutscht und die Kinder mit Süßkram vollgestopft.

45 S. A.in: Wichtige Sache. Es gibt ja so ehrenamtliche Tanten oder Omas. Sie müssten dann mal schauen, ob Ihnen das liegt.

46 M. R.: Kenne ich nicht, schaue ich mir aber gerne an.

47 S. A.in: Und was ist mit dem Projekt, sich selbst besser zu spüren und sich rechtzeitig rauszuziehen? Ist das was, was Sie alleine machen oder ist das auch was, wo Sie denken: Es ist gut, das mit jemandem zusammenzumachen.

48 M. R.: Machen muss ich das, aber drüber reden wäre gut. Vielleicht weiß sie ja, wie andere damit umgehen. Wäre schon interessant, möchte ich gerne was hören.

Konkretisierte Zielentwicklung im fünften Beratungsgespräch
Die Familienhelferin Frau Hahn kommt zeitgleich mit Frau Roland im Jugendamt an. Zu Beginn findet circa acht Minuten Smalltalk statt. Dann geht es inhaltlich los.

49 S. A.in: Frau Roland, heute ist ja Frau Hahn dabei, um gemeinsam zu planen, wie Sie die Sachen, die Sie sich vorgenommen haben, konkret umsetzen können. Und dann ist ja zu besprechen, welche Rolle Frau Hahn dabei spielen soll, okay?

50 M. R.: Was war das noch mal. Also mit Paul anders klarkommen …

51 S. A.in: Ich habe mir die Sachen auch aufgeschrieben. Aber ich würde es besser finden, wenn Sie die Überlegungen von neulich mit eigenen Worten sagen. Das ist für mich auch ein Test, ob Sie da was von sich aus wollen oder ob ich Ihnen da was aufgeschwatzt habe.

52 M. R.: Stimmt, das ist auch für mich ein Test. Da haben Sie recht. Ich erinnere mich noch an die Wippe. Das stand für den Ausgleich. Die Kinder und ich – beide sollen was davon haben. Und dann haben wir über das Spüren gesprochen, damit es nicht zum Ausbruch kommt. Ich soll meinen Stress, meinen Ärger früher spüren, damit ich nicht von null auf hundert ausraste. Oder mich besser einkriegen. Ich habe mir ja auch was überlegt in der Zwischenzeit.

53 S. A.in: Erzählen Sie, das interessiert mich und bestimmt auch Frau Hahn.

54 F. H.: Ja, unbedingt …

55 M. R.: Ich habe mir überlegt, wenn es anfängt zu kribbeln, dass ich dann kurz rausgehen könnte. Aber nicht einfach abhauen, sondern ich frage die Kinder oder sage Bescheid: „Also, Mama kann gerade nicht mehr, ich brauche mal ne Runde frische Luft, aber ich komme in zehn Minuten wieder. Macht bitte keinen Scheiß, ich komme gleich wieder." Und dann gehe ich mal vor die Tür, rauche ein und schau mal, ob ich runterkomme.

56 S. A.in: Hört sich gut an, gutes Vorhaben. Muss man ausprobieren, ob es das ist, ob die Kinder das verstehen und aushalten. Ist schon etwas riskant, weil man aufpassen muss, was das mit ihnen macht. Oder ob man da noch etwas dran machen muss. Aber gut, eine Idee.

57 F. H.: Da würde ich Sie gerne unterstützen. Wenn Sie mir dann hinterher davon erzählen, was Sie probiert haben, dann werten wir aus. Hat das Experiment geklappt, was war gut daran, was kann noch besser gehen.

58 M. R.: Doch, finde ich gut. Ich weiß ja auch noch nicht, ob das klappt.

59 S. A.in: Also, das kann ich für den Hilfeplan schon mal festhalten. (liest laut vor) „Frau Roland macht Versuche mit dem Sich-besser-Spüren, bevor der große Ärger kommt, und überlegt gemeinsam mit Frau Hahn, was sie dann macht. Und die Experimente werden dann ausgewertet." Diese Sachen nenne ich mal Projekt „Experimente mit dem Ärger". Einverstanden?

60 M. R.: Kann ich aber nicht garantieren. Ist ein Versuch.

61 S. A.in: Ja, das darf ruhig erstmal ein Probieren sein, in den nächsten drei Monaten. Schreiben Sie mir mal nach vier Wochen eine kurze Nachricht, wie es läuft. Auch, was nicht geklappt hat, das darf sein, das wird vorkommen.

62 M. R.: Muss ich selber dran denken?

63 F. H.: Das machen wir zusammen. Ich schreibe übrigens nichts, was Sie nicht zu sehen bekommen. Das ist eine Regel.

64 S. A.in: Also das hätten wir. Womit machen wir weiter?

65 M. R.: Ja, mit der Arbeit. Ich habe ja gesagt, dass ich Schiss habe. Also wenn die mich einladen. Ich bin ja schon zweimal nicht hin, weil ich kein Vertrauen habe, keine Lust, kein … weiß nicht.

66	F. H.:	Keinen Drang, keine Motivation, keine Power dahinter!?
67	M. R.:	Ja, alles zusammen und die Angst. Ich will ja und ich muss ja … aber der erste Schritt ist der allerschwerste.
68	S. A.in:	In meinen Aufzeichnungen steht auch, dass Sie eine berufliche Perspektive entwickeln wollen. Das ist schon ein großes Projekt.
69	F. H.:	Wobei mir noch nicht klar ist, wie das aussehen kann, konkret.
70	M. R.:	Also, Schneiderin habe ich gemacht, weil meine Mutter das wollte. Das ist vorbei, dass ich das mache, was sie denkt für mich. Ich würde gerne mal ins BIZ gehen. Davon hat mir eine junge Nachbarin erzählt. Ich war ja bei der Berufsberaterin bei der Arbeitsagentur. Aber ich konnte nicht gut mitreden.
71	F. H.:	Also, dass wir uns erstmal schlau machen, was es so gibt – in den nächsten zwei Wochen. Was Sie interessiert. Und dann gehen wir zur Berufsberatung, mit mehr eigenen Ideen?
72	M. R.:	Ja, die hat mich beim letzten Mal gleich irgendwo hinschieben wollen.
73	F. H.:	Also wäre das ein erster Schritt. Sich klarer werden über Berufswünsche. Und erst dann die Möglichkeiten abklären, ja?
74	M. R.:	Ja, und wenn die dann was haben, dann muss ich hingehen. Das ist die nächste Hürde. Die sehe ich schon kommen. Da blockiert was.
75	F. H.:	Wollen wir das festhalten. Sich ein Bild machen, was Sie wollen und dann, was möglich ist. Und dann zu gucken: was gibt mir Kraft, was beflügelt mich und was sind Verhinderungen auf dem Weg zum Erfolg. Das könnten wir doch herausfinden.
76	M. R.:	Hört sich schon ein bisschen hochgestochen an mit dem Erfolg, finde ich.
77	S. A.in:	Und das mit der Kraft und den Verhinderungen, das zu klären? Als weitere Voraussetzung für Schritte in Richtung Job oder Beruf? Wie war das?
78	M. R.:	Ja, das war gut. Schreiben Sie das auf.
79	S. A.in:	Mal angenommen, Sie würden sich selber ein Bein stellen und dafür sorgen, dass Sie den Weg nicht anfangen, der heute sichtbar wurde. Wie würden Sie das anstellen?
80	M. R.:	(verwirrt) Was meinen Sie? Wieso Bein stellen? Nicht anfangen … Das wäre ja blöd von mir.
81	S. A.in:	Mal angenommen, da ist ein Teil in Ihnen, der Ihnen den Erfolg nicht gönnt, der dafür sorgt, dass Sie nicht weiterkommen. Was könnte dieser Teil unternehmen, um Ihre Aktivitäten zu verhindern, um Ihnen Kraft zu nehmen?
82	M. R.:	Na, zum Beispiel könnte ich mich krank fühlen an dem Tag. Oder ich könnte mir vorstellen, wie blöd alle gucken, als ob ich das Letzte bin. Da könnte ich mich vorher reinsteigern.
83	F. H.:	Also das wäre ein Zeichen für mich, Sie dann zu fragen. Frau Roland, wollen Sie das noch mit dem Beruf, oder haben Sie kalte Füße bekommen.
84	M. R.:	Können Sie machen. Machen Sie das.

2. Fall Merhold (zu D.)

Eingesetzt wird dieser Fall im Seminar Unterstützungsprozesse in den Einheiten Situationsklärung, Fallverstehen (Hypothesenbildung) und Intervention (2., 5., 14. Seminarsitzung).

Personen
- Meike Merhold, 19 Jahre alt
- Niko Nachmann, 30 Jahre alt, Taxifahrer
- Charlotte Merhold, 45 Jahre alt, Lehrerin, ledig und alleinlebend
- Monika Nachmann, 58 Jahre alt, Architektin und Malerin, verheiratet, getrenntlebend
- Falko Nachmann, 60 Jahre alt, Architekt, verheiratet, getrenntlebend

Die Situation
Im Rahmen eines beruflichen Qualifizierungsangebotes für junge Mütter verweist eine Fachlehrerin die 19-jährige Meike Merhold an die dort arbeitende Sozialarbeiterin. Meike Merhold hatte in der vorangegangenen Pause das Gespräch mit der Lehrerin über ihre belastende häusliche Situation gesucht, da sie fällige Hausarbeiten nicht erledigen konnte.

Meike Merhold berichtet ohne Umschweife von einer sie sehr belastenden Situation. Sie lebt seit vier Monaten mit ihrer einjährigen Tochter Lisa alleine in ihrer ersten eigenen Wohnung, nachdem sie aus der Wohnung des früheren Freundes Niko Nachmann, dem Vater von Lisa, ausgezogen ist. Sie schildert, dass sie geglaubt hatte, in Niko die große Liebe ihres Lebens gefunden zu haben. „Für diesen Mann" hat sie sich mit 17 Jahren „unter belastenden Streitigkeiten von meiner Mutter getrennt, die mich in keinem Fall ausziehen lassen wollte". Sie war bis dahin eine recht gute, motivierte Schülerin und sie ging, wie ihre Mutter, davon aus, dass sie das Abitur machen würde. Das sei „eine Selbstverständlichkeit" für Mutter und Tochter gewesen. Besonders gerne lernte sie Sprachen und konnte sich damals gut vorstellen, erst einmal für ein Jahr ins Ausland zu gehen.

Die Mutter habe sie bei solchen Plänen allerdings nicht ermuntert oder gar unterstützt. Als Begründung nannte die Mutter auch, dass sie nicht gerne alleine in dem großen Haus (in der Familienkommunikation immer „die Burg") leben würde, sich aber nach Möglichkeit „nie" von diesem vor zehn Jahren geerbten Elternhaus trennen möchte. Meike Merhold beschreibt ihre Mutter als „überaus häuslich". Ein weiteres Kennzeichen sei, dass die Mutter literarisch sehr interessiert sei, ja dass sie geradezu in der Welt der Bücher lebe. Außer der Schule und ihren Büchern habe die Mutter wenig Interessen. Vor allem sei es belastend gewesen, dass der Kontakt zu Freunden und Bekannten mit der Zeit spärlich wurde.

Während eines Tanzkurses lernte Meike Merhold, sie war damals 16 Jahre alt, den begeisterten Tänzer Niko Nachmann kennen, der schon bald um sie warb. Sie war stark beeindruckt von seiner Lebensart, denn mit ihm schien auch ihr Leben leichter, bunter und schneller. Sein Tagesrhythmus unterschied sich stark von ihrem, da er als Taxifahrer vorwiegend nachts arbeitete. Sein Freundeskreis besteht vorwiegend aus Künstler_innen, Schauspieler_innen und Musiker_innen. Ihrer Mutter konnte sie nicht viel über diesen Kreis berichten, da Frau Merhold schon früh stark abwehrend reagiert habe. Ein Grund mag, so vermutet Meike Merhold in dem Gespräch mit der Sozialarbeiterin, womöglich in der Befürchtung gelegen haben, dass die schulischen Leistungen und damit das Abitur gefährdet seien. In der ersten Zeit traf sie sich meist nach der Schule mit ihrem Freund, auch hielten sie sich am späten Nachmittag oft in der Tanzschule auf. Sie wurde zu einer begeisterten Tänzerin und sie hörte oft aus dem Freundeskreis, dass sie „ein schönes Paar" seien.

Sie war 17 Jahre alt, als sie die Schwangerschaft bemerkte und Meike Merhold war schockiert über diese neue Situation, die beide nicht geplant hatten. Ihr Freund reagierte allerdings gelassen und von Tag zu Tag freute er sich mehr über diese Veränderung. Er teilte ihre Ängste und Sorgen keineswegs und er vermittelte ihr die Zukunftsvision von einer glücklichen Familie, die viel Hilfe durch seinen Freundeskreis erhalten würde, vor allem aber durch seine Eltern, die sich riesig über ein Enkelkind freuen würden. Während der ersten Schwangerschaftswochen stellte Niko Nachmann „seine Verlobte" auch seinen Eltern vor. Beide Elternteile von Niko Nachmann vermittelten ihr Freude und Zuversicht hinsichtlich eines Lebens mit Kind und boten ihre Unterstützung an. Die Trennung der Eltern Nachmann fand vor zwei Jahren statt und soll sehr konfliktreich gewesen sein, worüber Niko Nachmann nicht gerne spricht. Sobald das Wort „Trennung" fällt, gerät er in „Hektik, in Anspannung" (läuft auf und ab; gestikuliert; wird laut; droht, sich etwas anzutun oder Meike zu bestrafen; schmeichelt; rennt aus der Wohnung und ruft dann „dauernd" an …).

Nachdem die Entscheidung für das Kind gefallen war, setzte sich Meike Merhold mit ihrer Mutter auseinander, die wie erwartet, „entsetzt" reagierte. Um „endlosen Streitereien aus dem Weg zu gehen", zog sie mit wenigen Dingen zu ihrem Freund in dessen Zweizimmerwohnung. Die dann folgenden Wochen waren ausgefüllt mit schulischen, medizinischen und partnerschaftlichen Aktivitäten. Lisa veränderte dann den Alltag völlig. Meike Merhold ging nach den Sommerferien nicht mehr zum Gymnasium, da sie sich eine Trennung vom Kind nicht vorstellen konnte. Ihr ging es über Wochen recht schlecht, sie war merkwürdig niedergeschlagen und passiv, sprach darüber allerdings wenig bzw. bagatellisierend. Ihr wuchs die neue Situation sukzessive über den Kopf. Meike Merhold erlebte ihren Freund als fahrig, ausweichend und insgesamt wenig hilfreich. Sie litt unter dem

Schulabbruch. Und sie belastete die ungeklärte Beziehung zu ihrer Mutter. Insgesamt schien ihr die Zukunft wenig klar. Ihre alten Schulfreundinnen sah sie kaum noch. Es kam immer häufiger zum Streit zwischen dem Paar, wobei sie sich immer wieder verschloss, während Niko Nachmann aufbrauste, „heute dies und morgen das versprach", seiner Freundin Vorhaltungen machte, „depressiv" zu sein und bei aufkommender Rat- und Sprachlosigkeit ohne genauere Angaben die Wohnung verließ. Oft telefonierte er dann zur Beruhigung mit seinem Vater.

In den letzten Wochen vor ihrem Auszug eskalierte die Situation, denn Niko Nachmann mied die Wohnung und übernachtete meist außer Haus. Er schien häufig „irgendwelche Drogen zu nehmen" und er bedrohte sie sogar körperlich. In diesen Wochen fand sie in Frau Nachmann eine berechenbare Gesprächspartnerin, die sich einerseits für ihre Enkelin interessierte, die Meike Merhold aber auch „die Mutter ersetzte". Letztlich besorgte und bezahlte Nikos Mutter auch die kleine Wohnung, in der sie jetzt lebt. Frau Nachmann ermutigte sie auch, die Orientierungsqualifizierung zu beginnen und gibt hier und da Geld.

Meike Merhold versuchte nach ihren Angaben zur Ruhe zu kommen, zumal sie zu erkennen glaubte, dass Lisa unter den Spannungen leidet. Lisas Vater will die aktuelle Trennung nicht akzeptieren und er kommt seit einigen Wochen fast täglich zu ihr und dem Kind. Allerdings „meldet er sich grundsätzlich nicht an und steht vor der Tür, wie es für ihn passt". Zur Zeit kränkelt Lisa, die meist von Frau Nachmann betreut wird. Frau Merhold hat den Kontakt zu ihrer Tochter abgebrochen, seit Nikos Mutter für Meike Merhold zunehmend an Bedeutung gewann. So gibt diese der „hoch talentierten" Meike Merhold einmal die Woche abends Malunterricht.

Die junge Frau äußert gegenüber der Sozialarbeiterin, sich kaum um ihre Zukunft kümmern zu können, da ihr die Zeit fehle und der Berg der unerledigten Dinge (Kita-Platz; Kinderarzt-Besuch; ungelöste Probleme mit ihrer Mutter; unspezifische Schuldgefühle; Schwächegefühl; ungeklärte Beziehung zu ihrem „Ex-Freund"; vielleicht bald eine Ausstellung mit Frau Nachmann …) immer größer werde. Sie fragt die Sozialarbeiterin um Rat, was sie tun könne, damit sie „wieder Boden unter die Füße" bekomme, „der Nebel sich lichtet" und „das Leben wieder lohnt".

Die Schilderung wurde von einer mir nicht bekannten Studentin im Praktikum vorgenommen, die den Fall kennenlernte. Zentrale Daten wurden auch hier verfremdet.

3. Hilfeplangespräch (zu D.)

Eingesetzt wird das Arbeitsmaterial zur Hilfeplanung im Seminar Unterstützungsprozesse in den Einheiten zur Hilfekonferenz (Gesprächsanalyse) (8. und 9. Seminarsitzung).

3.1 Anregungen zur Analyse von Hilfeplangesprächen

Diese Sammlung soll den Student_innen dazu dienen, Analysen von Hilfeplangesprächstexten für die Leitung von Seminareinheiten und Hausarbeiten vorzunehmen.

Überlegungen zur Analyse von Hilfeplangesprächen (Umgang mit Texten)

(1) Weichen bzw. Grundentscheidungen
Größenordnung des Textmaterials: Analyse des gesamten Gesprächs und/oder Bestimmung signifikanter Sequenzen (auch zu beachten: Auswahlkriterien; Umgebung der Ausschnitte)
Gesprächsanalyse mit oder ohne Kontextinformationen
Fokus Fachkraft (Jugendamt) oder alle Akteur_innen oder Dyaden, Triaden …
Methode der Datenerhebung (Audio; Video; Schriftdokument; teilnehmende Beobachtung)

(2) Mögliche Gesichtspunkte/Analyseaspekte
- Prozessschritte: Vorbereitung; Durchführung; Auswertung/Nachbereitung
- Bereich Vorbereitung: rechtzeitige Einladung mit Zeit und Ort; Bericht liegt vor; am Bericht haben relevante Bezugspersonen mitgearbeitet; Ziele und Rollen zwischen Fachkräften werden/sind abgesprochen; Konsens und Dissens zwischen Fachkräften sind geklärt
- Bereich Nachbereitung: Reflexion zwischen Professionellen über Verlauf; Protokoll mit mindestens drei Zitaten (Originalton der Betroffenen); Handlungsziele enthalten; Eigenziele; Fremdziele als solche benannt, Forderungen als solche deutlich; mindestens drei Smart-Kriterien erfüllt; Informationspflichten benannt; wichtige Termine definiert; Antworten auf Nützlichkeitsabfrage dokumentiert (vgl. Schwabe 2005)
- Ausmaß an Gefallen: Wie gefällt mir das Gespräch? Was fühlt sich gut an, was nicht? (Spontaneindrücke); erlebte bzw. empfundene Atmosphäre, Klima

- Gliederung: Phasen Anfang, Mitte, Schluss; Vergangenheit, Gegenwart, Zukunft; Themen, z. B. Lebensbereiche, Gelingen, Geschafftes und Offenes; Personen/Parteien (im Nacheinander)
- Redezeit: Verteilung der Redezeiten auf Phasen, Themen, Personen im Gesamtgespräch bzw. in der Sequenz; Redeanteil in Schlüsselszenen, z. B. bei Entscheidungen
- Aufgaben und Rollenanteile: Rahmen schaffen; Informieren; Moderieren und Strukturieren; Beraten; instruierendes Stellungnehmen und Lenken durch Grenzsetzung und Anforderungen; Kontrollieren; Vereinbaren, Verabreden und Ergebnisse sichern
- Inhalte (Gesamtgespräch und/oder Sequenzen):
  - Was erfahren wir? Was erfahren wir nicht?
  - Werden Zweck und Ziele des HPG kommuniziert?
  - Umgang mit Widersprüchen des HPG-Formats an sich; Umgang mit konfligierenden Normen (Expert_in versus Aushandlung; Beteiligungsgebot versus gefallene Entscheidung ...)
  - Umgang mit Dissens, Konflikten
  - Gibt es signifikante Wiederholungen? Was wird besonders betont?

Prozess (Gesamtgespräch und/oder Sequenzen):
- Wer nominiert die thematische Agenda? Wie geschieht dies?
- Wie lange werden welche Themen besprochen? Kommen alle zu Wort? Wie werden Themen beendet? Wie werden neue Themen eingeführt? Wer entscheidet über Zulässigkeit und Gültigkeit (Deutungshoheit) von Themen und Standpunkten? Wie geschieht das?
- Was lässt sich zu den sozialen Beziehungen aus dem Text heraus sagen? Lassen sich Bezogenheit, Kooperation, Reziprozität belegen? Wer stimmt wem an welchen Punkten (nicht) zu?
- Wer spricht wann? Wer folgt auf wen? Wie geschieht Sprecherwechsel? Werden Bezüge zu vorhergehenden Äußerungen hergestellt?
- Finden Parallelgespräche statt? Sprechen Personen gleichzeitig?
- Wie werden besonders relevante Beiträge eingeleitet und beendet?
- Gehen Rollen im Gespräch mit besonderen Sprechweisen einher?
- Verhältnis Sprechen, Redezeit, Beteiligung, Mitentscheidung an relevanten Punkten
- Verhältnis Kommunikation der Fachkräfte untereinander und mit Adressat_innen
- Reden mit – Reden über

(3) Untersuchungseinheit Gesamtgespräch
- Fachliche Knoten/Weichen
- Eröffnung; Themenagenda, -reihenfolge, -prioritäten; Störungen; Zielüberprüfung – Fremd- und Eigenziele; neue Ziele; Rückblick/Ausblick

- Zwei bis drei Schlüsselszenen der Selbstpositionierung als Klient_in zum Hilfethema (z. B. kooperationsbereit = 2, mittelmäßig einlassend = 1, ablehnend = 0)
- Ein bis drei typische Interaktionsmuster zwischen Adressat_innen und Fachkräften bzw. zwischen Fachkräften/eine bis drei Passagen (z. B. Gesprächsatmosphäre: entspannt, freundlich = 2; mittelmäßig entspannt = 1; angespannt, feindselig = 0; z. B. Steuerung durch Fachkraft: hoch = 2; mittel = 1; niedrig = 0) (Schwabe; mündliche Mitteilung)

(4) Breite und Tiefe

Je umfassender der Text und je mehr Analyseaspekte, je schwächer fällt der Tiefengrad aus. Zu entwickeln ist ein Fokus mit einer Untersuchungsfrage. Was will ich herausfinden bzw. wissen? Ist die Frage bearbeitbar? Ist sie relevant? Ist sie zu weit gefasst (ggf. in Teilfragen gliedern)? Vorgehensschritte bei der Gesprächsanalyse sind: Bestimmung des Untersuchungsziels; Bestimmung der Untersuchungsbereiche; Bestimmung des Textausschnitts (Entscheidung); mehrmaliges Lesen und Markieren zentraler Passagen; Anmerkungen am Rand; Bestimmung der Analyseaspekte; kriteriengeleitete Analyse; Bearbeiten der Schwerpunkte.

(5) Untersuchungshaltung

Gehe ich mit einem Vorverständnis von richtig, gut, Qualität … an die Aufzeichnung von HPGs heran oder „staune ich interessiert über das, was ich vorfinde"? Mit welchen theoriegeladenen Vorannahmen trete ich an das Material heran (zu Macht; Hierarchie; Asymmetrie; Gender; institutionell vorgeprägte Identität; Loyalität …)? Vorsicht: Es geht nicht um die Verdoppelung des Vorwissens, sondern um rekonstruktive Analyse.

(6) Vorab-Informationen

Folgende Vorab-Informationen werden benötigt bzw. sind nützlich (falls eine positive Entscheidung für die Verwendung von Kontextinformationen fällt), um Texte in die reale Fallentwicklung einzuordnen:

- Kurzbeschreibung Fallkonstellation
- Hilfeform nach SGB VIII
- Fallstatus: Leistungs-, Grau-, Gefährdungsbereich
- Wichtige Vorlauf-Informationen zum bisherigen Hilfeprozess (soweit gegeben)
- Stellung der Hilfekonferenz im Hilfeprozess (Status in der Kette: Falleinstieg/ erstes Gespräch, Fortschreibung/Folgegespräch oder Abschlussgespräch; regulär oder aus besonderem Anlass; das wievielte Gespräch …)
- Zweck, Intentionen: Wozu das Gespräch? Worum soll es gehen? Wer hat welche Interessen?
- Konsens und vor allem Dissens im Vorfeld (im Geflecht Erziehungsberechtigte, Kind/Jugendliche_r, Fachkraft Jugendamt, Fachkraft freier Träger)

- Ggf. relevante Vorbereitungsschritte zur Hilfekonferenz
- Beteiligte
- Gefühle, Einschätzungen … der Fachkräfte vor dem Gespräch sowie nach dem Gespräch

(7) Bearbeitungshinweise
Notwendig ist die Trennung von Beschreibung, Analyse, Bewertung. Nicht alle Gesprächsanalysekriterien sind immer und gleich relevant. Bei mehr als vier Personen entstehen meist Zuordnungsprobleme bei Tonaufzeichnungen. Alle Sprechenden sind zu anonymisieren.

(8) Gliederungsvorschlag für Gesprächsmittel
Die sprachliche Analyse kann sich folgender ergänzungsbedürftiger Gesprächsmittelgliederung und -listung bedienen:

Mittel/Strategie personales Verstehen
1 Zeichen des Zuhörens (nicht unterbrechen, zustimmende Laute, Pausen …)
2.a Explorierende Fragen zur Selbstklärung der Adressat_innen
3 Fokussierte Wiedergabe als Paraphrase und Spiegeln von Gefühlen, Gedanken, latenten oder manifesten Bedeutungsgehalten

Mittel/Strategie der sachlichen Klärung
2.b Explorierende Fragen zur Sachverhaltserkundung
2.c Explorierende Fragen zu Meinungen/Einschätzungen/Beurteilungen der Adressat_innen
2.d Explorierende Fragen zu Meinungen/Einschätzungen/Beurteilungen von Umfeldpersonen
4 Informierende Aussagen
5 Strukturieren durch Themenanwahl, -wechsel, -beendigung

Mittel/Strategie der Beziehungsgestaltung und Personenbewertung/-aufwertung
6 Ankoppelungs- und Motivierungsformeln (u. a. am Anfang und Ende des Gesprächs)
7 Wertschätzende Anerkennung

Mittel/Strategie der eigeninteressierten Einflussnahme
8 Gegenwirken/Konfrontieren (Formulieren von Grenzen, Anforderungen, Erwartungen, Fremdziele …)
9 Lenkung durch Lösungsvorschläge

Strategien übergreifende Mittel
10 Metakommunikation
11 Umdeuten als Haltung und Technik
12. Zusammenfassen
13 Ich-Botschaften (Selbstkundgabe)/Feedback
14 Konfliktmoderierende Mittel
15 Reflektierende Aussagen

3.2 Fallinformationen

Bei dem Hilfeplangespräch handelt es sich um ein Fortschreibungsgespräch aus dem Leistungsbereich des KJHG. Aufgrund der bald eintretenden Volljährigkeit der betreuten jungen Frau steht die Beendigung der jetzigen Hilfe im Raum. Ulrike – 17 Jahre alt – ist in einem Internat mit angegliederter Schule untergebracht. Nach Abschluss der zehnten Klasse strebt sie die Verselbstständigung in eine eigene Wohnung an. Im familialen System von Ulrike fanden Veränderungen statt. Sie möchte auf keinen Fall mit ihrer Mutter und deren neuen Lebenspartner zusammenziehen. Zum Zeitpunkt der Erstellung des Entwicklungsberichtes wurden die schulischen Leistungen von Ulrike eher ungünstig bewertet. Ulrike hat es allerdings schnell geschafft, ihre Leistungen zu stabilisieren. Aktuell beschäftigt Ulrike ihre Zukunft.

Beteiligte an dem Gespräch sind neben Ulrike und der Jugendamts-Fachkraft der Schulleiter des Internates sowie die Betreuerin der Wohngruppe. Die Kindesmutter wird im Nachhinein über das Hilfeplangespräch informiert.

3.3 Transkript

Färbung durch Dialekt und störende grammatikalische Fehler wurden korrigiert. Betonungen sind durch Kursivdruck markiert. Als Zeichen für Pausen wird [...] verwendet.

1	JA-Soz.arb:	Herr X. ist Professor an der Evangelischen Fachhochschule und hat uns gebe-
2		ten, ob wir den Studenten die Gelegenheit geben würden, Gespräche sozusa-
3		gen live mitzubekommen, damit die jungen Kollegen nicht nur theoretisch ir-
4		gendwas mitkriegen, sondern einfach auch mal so ein Gefühl dafür kriegen,
5		wie läuft denn nun so eine Besprechung, eine Hilfekonferenz ab. Ich finde das
6		total gut und habe sofort gesagt, ich mache da gerne mit, weil ich früher als
7		junge Sozialarbeiterin und Studentin und dann hinterher auch so in meiner ei-
8		genen Arbeit als Supervisorin Gespräche aufgezeichnet, abgehört, protokol-
9		liert und ausgewertet habe und das als sehr hilfreich erlebt habe. Einfach
10		wenn dann mein Supervisor auch sagen konnte, das war in Ordnung, das war
11		weniger in Ordnung. Mein größtes, tollstes und schönstes Erlebnis war, dass
12		ich natürlich völlig überzeugt war, dass ich *ganz* einfühlsam und *ganz* geduldig
13		zuhöre und dann stellte ich fest, auf dem Tonband, die Einzige, die geredet
14		hat, das war ich (lachend). Und die Klientin hat verständnisvoll zugehört. So
15		diese typischen ersten Anfängergeschichten, deswegen habe ich das unter-
16		stützt. So, und jetzt halte ich die Klappe und sage nichts mehr und, Ulrike, jetzt
17		bist du dran.
18	Ulrike:	Äh ...
19	JA-Soz.arb:	Ich finde es schön, wenn du einfach erzählst. Ich habe ja den Bericht bekom-
20		men, den hast du ja auch gelesen und jetzt ist Hilfekonferenz angesagt. Es
21		geht ja um die Verlängerung und ich hatte gedacht, wir machen einfach mal
22		ein Gespräch ohne deine Mutter. Sie muss zwar natürlich einverstanden sein
23		mit der Verlängerung, aber es geht um dich und manchmal müssen die Mütter
24		einfach auch ein bisschen außen vor bleiben.
25	Ulrike:	Ja, ich finde das nicht schlimm.

26	JA-Soz.arb:	Ja, das Grundsätzliche ist ja schon besprochen worden, aber jetzt bist du am
27		Drücker. Willst du einfach mal erzählen, wie es dir überhaupt so geht im Mo-
28		ment und was so der Stand ist?
29	Ulrike:	Eigentlich geht es mir momentan im Internat sehr gut und von meinen Noten
30		her finde ich es eigentlich auch okay. Ich bin auch ziemlich zufrieden damit
31		und auch wie ich mit den anderen klarkomme, besser als vorher.
32	JA-Soz.arb:	Hmm, hat sich das wieder verändert. Der Bericht war ja ein bisschen sehr …
33	Ulrike:	Ja die Noten waren vier und so, aber momentan stehe ich eigentlich mehr oder
34		weniger gut, also auch in Fächern, wo ich eigentlich normalerweise *fünf* stehe,
35		also in Mathe, habe ich eine drei.
36	Betreuerin:	Und in Deutsch?
37	Ulrike:	Stehe ich zwei.
38	JA-Soz.arb:	Hmm, wie kam es zu der Erleuchtung?
39	Ulrike:	(lacht leise)
40	JA-Soz.arb:	Na muss ja eine Erleuchtung gewesen sein?
41	Ulrike:	Na ja, ich strebe da ja noch meinen Abschluss an und später will ich Abitur machen.
42	JA-Soz.arb:	*Ja,* Also das heißt, du hast wieder so einen Zugang gefunden zu dem, was du
43		eigentlich wolltest.
44	Ulrike:	Njaa …
45	JA-Soz.arb:	Wie ist das passiert?
46	Ulrike:	Na ja, ich habe ja auch mit einigen geredet und in der Klasse nehmen wir auch
47		momentan durch, was wir danach machen wollen. Ist ja auch doof, wenn ich
48		davon keinen Plan habe (leise werdend) von irgendwas und meine Noten nicht
49		stimmen und ich mir damit alles versaue.
50	JA-Soz.arb:	Hmm …
51	Ulrike:	Ist ja auch doof!
52	JA-Soz.arb:	Haben dir deine Klassenkameraden ein bisschen den Kopf zurechtgestutzt.
53		Was ist da passiert?
54	Ulrike:	Na ich denke mal, so allgemein das Umfeld. Es machen sich alle momentan
55		Gedanken darüber.
56	JA-Soz.arb:	Hmm, also es heißt, es ist die Energie in der Klasse, dass sich alle mit ihrer Zu-
57		kunft und ihren Perspektiven beschäftigen, wo soll es eigentlich hingehen?
58	Ulrike:	Und im Internat, meine Mutter, man fragt ja auch immer, was willst du nach
59		der Schule mal machen?
60	JA-Soz.arb:	Hmm. (kurze Pause) Das ist ja erst einmal toll!
61	Schulleiter:	Das ist ja jetzt auch in der Phase, wo diese Perspektivgespräche geführt wer-
62		den müssen, und wo die Auseinandersetzung mit diesem Thema für sie ganz
63		wichtig ist, weil im Juni die Maßnahme beendet wird. Erst mal offiziell beendet.
64		Und dann muss man natürlich genau schauen, wo geht es hin? Und wie geht's
65		weiter mit Ulrike. Wir haben ja mit der Wohngruppe, mit der Schule und mit Ul-
66		rike zusammen […] in dem Bericht das schon recht kritisch dargestellt. Zu
67		Recht, Ulrike, da deine Leistungen in mehreren Fächern, also in Biologie, Ma-

68 the und Deutsch im Bereich von vier bis fünf waren. Damit hättest du nicht mal
69 den einfachen Abschluss der zehnten Klasse geschafft und dann wurden die
70 Gespräche und auch die pädagogische Arbeit dementsprechend ausgerichtet.
71 Und Ulrike hat sich darauf eingelassen, was sehr, sehr wichtig war, und in rela-
72 tiv kurzer Zeit. Der Bericht ist von Ende Oktober – jetzt haben wir Mitte Dezem-
73 ber, sie hat es dann schon in anderthalb Monaten geschafft, das Ruder ein
74 Stück weit rumzureißen. Bei unserer Weihnachtsfeier, die wir letzte Woche
75 Mittwoch hatten, da sprach sie mich so von der Stuhlseite an: „Mensch, Herr X.,
76 wollen Sie sich nicht neben mich setzen? Also ich würde den Platz gerne frei-
77 halten. Momentan läuft alles so gut." Also sogar solche Anfragen kamen. Ich
78 denke, das hat auch mit ihrer momentanen Situation zu tun. Dass sie sehr zu-
79 frieden ist und Hilfe annehmen kann und somit auch gute Beziehungen zu al-
80 len Leuten fährt. Toll, dass sie es bis hierher geschafft hat! Und jetzt müssen
81 wir darauf weiter aufbauen und natürlich auch gucken, wo geht's jetzt wirklich
82 hin und was kann sie damit machen, was sie sich jetzt erarbeitet hat.
83 JA-Soz.arb: Hmm …
84 Schulleiter: Ich denke, das sollte auch noch so ein Stück weit Thema heute sein.
85 JA-Soz.arb: Hmm … *[Beginn der ausgewählten Untersuchungssequenz Anhang 3.5 Pohl]*
86 Ulrike: Ich habe da auch nochmal eine Frage. Ich wollte halt, nachdem ich meinen Ab-
87 schluss habe, meinen MSA, da wollte ich halt von zu Hause ausziehen, um
88 dann in Friedrichshain auf eine Schule zu gehen, um da dann mein Fachabitur
89 zu machen, oder halt mein normales Abitur. Und meine Mama zieht halt woan-
90 ders hin und ich weiß ganz genau, wenn ich dann wieder mit Mama zusam-
91 menziehe, dass es nicht klappen würde. Weil so an sich haben wir uns schon
92 sehr gerne, aber wir sind beide ein bisschen zickig. Ja …
93 JA-Soz.arb: Zwei Frauen, da ist ein Zickenkrieg, nicht …
94 Ulrike: Ja bei uns …
95 JA-Soz.arb: … ausgeschlossen … Hmm, vielleicht können wir diese Frage noch ein kleines
96 bisschen zurückstellen, Ulrike. Mich würde nochmal interessieren … also als
97 ich den Bericht gelesen habe, da habe ich gedacht: „Mist", wir hatten ja so gut
98 angefangen, oder du hattest so gut angefangen und hattest ja wirklich so ei-
99 nen Kaltstart hingelegt. So ausgehend von vielen Problemen und viel Stress und
100 vielen schlechten Noten warst du ja so richtig auf der Durchstarterposition?
101 Ulrike: Hmm …
102 JA-Soz.arb: Du hast richtig deine Energien genutzt und dann habe ich das so verstanden,
103 da kam so ein Einbruch. Wo keine Motivation mehr da war und auch die Kon-
104 flikte mit deiner Mutter wieder stärker wurden und so eine Lustlosigkeit da war
105 und das ist ja eigentlich auch normal. Man hat ja immer so Phasen, also nie
106 läuft alles immer nur in einer Linie ab, sondern es gibt immer mal Höhen und
107 Tiefen. Ich habe noch nicht so wirklich verstanden, und da würde ich gerne
108 nochmal versuchen, das zu verstehen: Wie kam es zu diesem Durchhänger,
109 was ist da mit dir passiert?

322

110	Ulrike:	Hmm … Das weiß ich gar nicht, warum.
111	JA-Soz.arb:	Keine Idee?
112	Ulrike:	Nein …
113	Betreuerin:	Hängt es damit zusammen, dass dein Bruder wieder eingezogen ist und dass
114		du nicht mehr zu Hause bist?
115	Ulrike:	Ja, mit dem Streit, da war das schon so, dass mein Bruder wieder eingezogen
116		ist. Ja und dann war das halt ein bisschen … weil mein Bruder und ich verste-
117		hen uns halt nicht so gut.
118	JA-Soz.arb:	Hmm …
119	Ulrike:	Ja, dann gab es auch halt Streit, mit mir und meiner Mutter. Dann bin ich lie-
120		ber ins Internat gegangen.
121	JA-Soz.arb:	Also das heißt, es gab Veränderungen in eurer Familie, die dich so ein biss-
122		chen aus der Bahn geworfen haben. Kann man das sagen?
123	Ulrike:	Ja, das kann man sagen. (leise)
124	JA-Soz.arb:	Weil ihr hattet euch ja wieder so ein bisschen angenähert, deine Mutter und
125		du. Und dann hat offensichtlich, wie in einem Mobile, wenn ein Teil ins Wan-
126		ken kommt oder etwas Neues dazu kommt, dann müssen sich alle erstmal
127		wieder dran gewöhnen in einer Familie, dass sich die Beziehungen verändern.
128		Und als dein Bruder eingezogen ist, was hattest du für ein Gefühl?
129	Ulrike:	Na ja. Anfangs ging es halt, ist ja trotzdem mein Bruder, und ich habe mich
130		darauf gefreut, aber … naja … der ist schon ziemlich eigen und ich weiß nicht.
131		Dann haben wir uns immer wieder gestritten und dann stand Mama halt im-
132		mer zwischen den Stühlen und konnte nix sagen und ja …
133	JA-Soz.arb:	Ging es um die Frage, wer ist eigentlich Mamas Liebling?
134	Ulrike:	Nee nee, darum geht es schon lange nicht mehr.
135	JA-Soz.arb:	Das nicht.
136	Ulrike:	Mein Bruder ist halt streng gläubig und der ist halt Moslem und ich lebe halt
137		überhaupt nicht danach und meine Mama auch nicht.
138	JA-Soz.arb:	Hmm …
139	Ulrike:	Und deshalb gab es immer wieder Streit, wenn ich mit einer kurzen Hose raus-
140		gegangen bin. Und da hat meine Mama gesagt: „Ja, sie darf."
141	JA-Soz.arb:	Ah, das heißt, es gab eine Auseinandersetzung um Werte.
142	Ulrike:	Ja, außerdem … Und ich… das waren halt immer … so Kleinigkeiten …
143	JA-Soz.arb:	Religionen und Werte. Das hat ja ganz viel mit ganz wichtigen Grundlagen zu
144		tun. Wie verstehe ich mich als Mensch, wer bin ich überhaupt, wie ordne ich
145		mich ein? Und wenn dann dein Bruder so ganz bestimmte Normen vertritt, die
146		nicht die deinen sind und die so ganz anders sind, dann gibt es natürlich Aus-
147		einandersetzung, Zoff. (kleine Pause) Wer hat gewonnen?
148	Ulrike:	Mein Bruder ist ausgezogen!
149	JA-Soz.arb:	Ach so! Und er lebt nicht mehr bei deiner Mutter? Das genügt nicht mehr?
150	Ulrike:	Nee, allgemein, der ist jetzt 23, 24 und dann hat er sich wieder eine eigene
151		Wohnung gesucht. Meine Mama zieht auch bald um mit ihrem neuen Freund.

152	JA-Soz.arb:	Hmm ... Wo zieht sie hin?
153	Ulrike:	Das weiß sie noch nicht! Und ich würde auch nicht so gerne dann da ...
154	JA-Soz.arb:	Hmm ... Also das heißt, da hat sich viel verändert in eurer Familie?
155	Ulrike:	Nja, schon ein bisschen.
156	JA-Soz.arb:	Deine Mutter hatte sich getrennt von ihrem Partner und jetzt gibt es einen Neuen
157		und sie wird mit ihm zusammenziehen, also sie planen für sich. Dein Bruder war
158		kurzfristig wieder in der Familie und da gab es den Religionskrieg, und auch so
159		diese Fragen, wer bestimmt eigentlich, wo geht's lang, wer hat das Sagen?
160	Ulrike:	Hmm ...
161	JA-Soz.arb:	Jetzt ist er ausgezogen. Alle sortieren sich neu, oder? Deine Fragen sind ja
162		auch: „Wie will ich denn eigentlich leben, wenn ich mit der Schule fertig bin
163		und das Internat zu Ende ist? Wo will ich sein?" Ich verstehe das jetzt ein biss-
164		chen besser, weil ich mir das gut vorstellen kann, dass wenn so viele Verände-
165		rungen sind, dass man nicht unbedingt einen Kopf frei hat, um sich um Ma-
166		thematik und um Deutsch oder so etwas zu kümmern.
167	Ulrike:	Hmm ...
168	Schulleiter:	Und nicht nur am Leistungsverhalten konnte man die Problematik ablesen,
169		sondern auch am Sozialverhalten.
170	JA-Soz.arb:	Hmm ...
171	Schulleiter:	Sie sammelte dann in kurzer Zeit, wie es auch hier im Bericht dargestellt wur-
172		de, ich glaube vier Om's und immer wieder mit denselben Vergehen, also die
173		wurden mit ihr besprochen. Omk ist ja unser ...
174	JA-Soz.arb:	Omk?
175	Schulleiter:	Omk, genau ...
176	JA-Soz.arb:	Heißt?
177	Schulleiter:	Ordnungsmaßnahmenkatalog.
178	Ja-Soz.arb:	Das ist ja ein tolles Wort.
179	Schulleiter:	Ja, im Rahmen dieser Omk-Geschichte ist Ulrike mehrfach wegen Verlassen des
180		Schulgeländes, Rauchen usw. aufgefallen und jedes Mal, wenn eine Om erteilt
181		wurde, das ist schon ein schweres Schulvergehen, wurde mit ihr natürlich die
182		ganze Geschichte thematisiert. Und nicht nur seitens der Schule, auch noch ein-
183		mal seitens der Pädagogen in der Wohngruppe. Und eine Verhaltensänderung trat
184		nicht ein. Und jeder sagte aber „Ulrike hat so viel Verstand, dass man von ihr er-
185		warten kann: Ulrike, es ist alles besprochen, dieses Vergehen machst du nicht noch
186		einmal." Klar, Schulgelände verlassen wird eben geahndet und rauchen dazu
187		eben auch, zusammen ergibt das eine Schulstrafe und Ulrike vertrat diese ganze
188		Geschichte oder sorgte dafür, dass innerhalb kürzester Zeit zwei oder drei sol-
189		cher Schulstrafen wegen dem gleichen Vergehen erteilt werden mussten. Und
190		da haben wir uns schon Sorgen gemacht, dass sie uns ein Stück wegschlittert.
191	Ja-Soz.arb:	Ja. Da warst du ja, glaube ich, nicht mehr fast 18, sondern ... Wie alt warst du
192		da denn so? Wann sind denn Kinder so bockig und machen so einen Mist?
193		Fünf? Oder vier? Oder ...

194 Schulleiter: Mit dem Rauchen vielleicht nicht, aber die Art ...

195 Ja-Soz.arb: Mit dem Rauchen nicht, aber ...

196 Schulleiter: Aber die Art des Verhaltens ...

197 Ja-Soz.arb: Dummheit, nicht wahr?

198 Schulleiter: Fehlverhalten, na klar.

199 Ja-Soz.arb: Das ist so ein Verhalten von ganz kleinen Kindern, nicht wahr?

200 Betreuerin: Es ist aber nicht so, dass Ulrike nicht darüber nachgedacht hat. Wir haben dar-
201 über schon Gespräche geführt und sie hat auch zwischenzeitlich gesagt: „Ich
202 will keine Om mehr und ich höre auf mit dem Rauchen." Ich glaube, es hat vier
203 Tage angehalten (lachend) und dann kam das Nächste. Ja also, das fällt ihr
204 ganz schwer.

205 Ja-Soz.arb: Hattest du ein Böckchen?

206 Ulrike: Nö, eigentlich nicht. (sehr leise)

207 Ja-Soz.arb: Eigentlich nicht.

208 Betreuerin: Du hast es versucht, was?

209 Ulrike: Nja ... ja schon.

210 Ja-Soz.arb: Versucht. Das ist dann natürlich noch mal einen Zacken verschärfter, nicht
211 wahr, wenn so deutlich wird, dass das nicht nur ein Böckchen, so nach dem
212 Motto: „Ich mache was ich will, und was die sagen, (pfff) das vergesse ich."
213 Sondern wenn z. B. Rauchen, Alkohol? Hast du damit was an der Backe?

214 Ulrike: Nee, jetzt nicht regelmäßig.

215 Ja-Soz.arb: Aber manchmal?

216 Ulrike: Ja, manchmal.

217 Ja-Soz.arb: Hat das denn so die Funktion, dass du dich irgendwie ein bisschen zudröhnst?

218 Ulrike: Nee nee nee.

219 Ja-Soz.arb: Das nicht? So schlimm nicht.

220 Ulrike: Nee.

221 Ja-Soz.arb: Also Sucht nicht als Ausweichmöglichkeit oder Ausweichverhalten. Noch eine
222 Vorstufe vor der normalen Sucht.

223 Ulrike: Najaaa ... (verneinend)

224 Ja-Soz.arb: (lacht)

225 Ulrike: Eher so halt mit meinen Freunden zusammen ... lustig und schön ...

226 Ja-Soz.arb: Hmm. Und also das heißt in dieser Phase von Durcheinander, im familiären
227 Rahmen warst du innerlich offensichtlich auch ganz durcheinander.

228 Ulrike: Ja ... anscheinend ja ...

229 Ja-Soz.arb: Hmm ... Das ist ja auch verständlich.

230 Schulleiter: Also gut funktionierende Bereiche funktionierten eben genau in dieser Phase
231 nicht mehr gut. Ob es Zimmerordnung war, also bis hin zur Androhung einer
232 Strafe durch meine Person. Das sind Rauchverstöße, Verstöße Omk, Schulord-
233 nung, Alkoholvorfälle. *[Ende der Untersuchungssequenz Beitrag Pohl]*

234 Ja-Soz.arb: Hmm ...

235 Schulleiter: Das war genau in der Phase heftig.

236	Ja-Soz.arb:	Ich finde, das ist nicht dramatisch, weil wir ja alle Zeiten im Leben haben, wo
237		wir nicht gut funktionieren. Wenn vieles durcheinander oder in Bewegung ist,
238		das macht ja was mit uns. So für mich wäre, also ich finde das normal. So.
239		Spannend finde ich die Frage, gibt es für dich Möglichkeiten, wenn du merkst,
240		solche Zeiten werden wiederkommen, dass sich was verändert und dass das
241		Auswirkungen hat. Hast du eine Idee, was du dann tun kannst, dass es nicht
242		so schlimm wird? Also dass du z. B. Regelverstöße, die kann man sich ja ei-
243		gentlich wirklich sparen, die sind ja überflüssig wie ein Kropf. Was kannst du
244		tun, damit du möglichst schnell eine Idee kriegst, jetzt wird's kritisch. Was
245		machst du dann?
246	Ulrike:	Na eigentlich lenke ich mich mit Freunden ab.
247	Ja-Soz.arb:	Du sprichst mit Freunden?
248	Ulrike:	Ja …
249	Ja-Soz.arb:	Hmm …
250	Ulrike:	Und dann noch mit meiner Internatsbetreuerin.
251	Ja-Soz.arb:	Also, das heißt, du suchst das Gespräch, um wieder klarer im Kopf zu werden?
252	Ulrike:	Ja …
253	Betreuerin:	Das ist immer eine gute Idee.
254	Ja-Soz.arb:	Genau … Und wie sieht es jetzt aus mit der Ordnung? Muss man ausmisten
255		oder ist das Zimmer noch begehbar oder wie sieht das aus?
256	Betreuerin:	Du darfst selber antworten. (zu Ulrike)
257	Ulrike:	Hmm … also manchmal ist es so, dass es unordentlich ist, aber es ist jetzt
258		nicht so, dass man da gar nicht mehr durchlaufen kann.
259	Betreuerin:	Also es ist ganz unterschiedlich. Wir haben ja einen Wochenplan und Sonntag
260		oder Montag frage ich immer, ob es irgendwas Besonderes gibt, was sie mit
261		aufgenommen haben möchte und dann nehmen wir das auf. Manchmal ist es
262		eine Deutsch- oder Englischklausur. Oder wir sagen, „Schulsachen müssen
263		mit rein", und sonst sind eben immer die kleinen Schritte wie Fußboden muss
264		frei sein, mal den Schrank aufräumen, mal den Schreibtisch aufräumen, so
265		dass sie jeden Tag eine Aufgabe hat und wenn man es ganz eng begleitet,
266		wenn man dann immer sagt: „Guck auf den Plan, was musst du heute ma-
267		chen? Das und das", dann macht sie das auch. Ich habe so verschiedene Va-
268		rianten ausprobiert, ganz eng begleitet, nur kurz einen Hinweis gegeben oder
269		auch mal komplett weglassen. Gar nichts gesagt, nur: „Das ist dein Plan."
270		Ins Zimmer gehangen, nichts gemacht und nichts gesagt. Nur jeden Tag rein-
271		geguckt und genauso unterschiedlich sind auch die Reaktionen gewesen. Also
272		wenn man es ganz eng begleitet, dann wehrt sie sich nicht dagegen, dann
273		macht sie das auch und hat gar kein Problem damit. Also wenn ich sage
274		„Weihnachtsgeschenke gibt es nur, wenn das Geschirr rausgeräumt ist" und
275		ich komme dann nachmittags, dann weiß ich, dass das Geschirr rausgeräumt
276		ist. Das macht sie dann auch.
277	Ja-Soz.arb:	Hmm … Also kannst du ganz gehorsam und artig sein?

326

278 Ulrike: Jaa … (leise)

279 (Gleichzeitig sprechen Ja-Soz.arb und Internatsbetreuerin.)

280 Ja-Soz.arb: Artige Kinder kriegen was … (lachend)

281 Betreuerin: Also am Anfang war es so, dass […] jetzt ist das nicht mehr so.

282 Ja-Soz.arb: Das ist ja auch ein Verhalten, das mich so erinnert, als meine Kinder so kleiner

283 waren. *Ziemlich* klein. Da haben die … das, was sie tun mussten, auch nur

284 dann gemacht, wenn ich sehr klar dahintergestanden bin. (kleine Pause) Aber

285 da waren die noch so klein …

286 Ulrike: Und ich bin 17 …

287 Ja-Soz.arb: Ja. Und bald 18 …

288 Ulrike: Hmm …

289 Ja-Soz.arb: Und, mit der Idee, mal alleine zu wohnen. Wenn du alleine wohnst, wer macht

290 dir dann den Plan? Wer sagt dann, jetzt wird aufgeräumt?

291 Ulrike: Na ich denke mal, wenn es wirklich zu unordentlich werden sollte, dann räume

292 ich auch von alleine auf.

293 Ja-Soz.arb: Zu ordentlich, das ist ja sehr relativ, ne?

294 Ulrike: Unordentlich.

295 Ja-Soz.arb: Äh, zu unordentlich, Entschuldigung. Also, wer macht dir dann den Plan?

296 Ulrike: Na, ich!

297 Ja-Soz.arb: Aha.

298 Ulrike: Ja, aber für mich selber dann.

299 Ja-Soz.arb: Und hast du eine Idee, wie du das jetzt schon trainieren könntest? Oder legst

300 du dann, sobald du 18 bist, so einen Kaltstart hin. Dann kannst du es auf ein-

301 mal?

302 Ulrike: Wer weiß? Nein, ähm …

303 Ja-Soz.arb: Manchmal geschehen solche Wunder, wenn man 18 wird, dann fällt das vom

304 Himmel.

305 Ulrike: Naja … man kann das ja jetzt schon trainieren. Dass man für sich selber auf-

306 räumt.

307 Ja-Soz.arb: Könnte man eventuell, unter Umständen vielleicht …

308 Betreuerin: Das ist eigentlich mein Ziel, diesen Wochenplan wegzulassen.

309 Schulleiter: Das Interessante an der Sache, an dem Vorgehen ist, was jetzt ausprobiert

310 wurde. Ulrike, die Ergebnisse sind, die Betreuerin hatte ja noch nicht zu Ende

311 gesprochen, wenn sie dich ganz eng begleitet, kommen gute Ergebnisse raus

312 und du funktionierst dann gut. Was ist mit der Methodik, die deine Betreuerin

313 mit dir ausprobiert, wenn sie dich nicht begleitet, das Ergebnis haben wir noch

314 nicht gehört und das kann deine Betreuerin ja jetzt noch sagen.

315 Betreuerin: Das klappt manchmal, manchmal klappt es nicht, manchmal überrascht sie

316 mich. Ich komme rein und denke: Okay, falsches Zimmer, Ulrike, was hast du

317 gemacht? Sie hat ihren Schrank aufgeräumt und dann liegt wirklich ein T-Shirt

318 vorm anderen. Es ist exakt, also mein Schrank sieht zu Hause nicht so aus.

319 Dann ist das super gemacht. Und eine Woche später komme ich rein und dann

320		liegt halt der ganze Fußboden voll und ich sage: „Ulrike, was ist passiert?" Sie
321		hat etwas gesucht, und dann dauert es manchmal so zwei Tage, bis sie dann
322		aufräumt. Ich sage dann nur: „Sachen wieder in den Schrank." Sie: „Ja, schaf-
323		fe ich, aber nicht jetzt, mache ich nachher und dann ist nachher auch mal
324		übermorgen."
325	JA-Soz.arb:	Hmm ...
326	Schulleiter:	Wie würdest du einschätzen, wenn die Tagesstrukturen, die unsere Unterbrin-
327		gung in dem Sinne vorgibt, wenn die wegfallen würden, also wenn Ulrike jetzt
328		sozusagen ganz allein in den Tag startet und den Tag auch wieder beendet –
329		ganz allein. Wie würde das aus deiner Sicht zum gegenwärtigen Zeitpunkt aus-
330		sehen? Ulrike, wichtig ist jetzt der gegenwärtige Zeitpunkt. Also ohne Wochen-
331		planung, Ulrike würde für sich allein wohnen, ohne dass wir dort für sie zustän-
332		dig wären.
333	Betreuerin:	Also wir haben das im Vorfeld der Hilfekonferenz besprochen und da habe ich
334		ihr gesagt, dass ich nicht schwindeln werde, nur damit sie eine Wohnung
335		kriegt, und dass ich aber sehr wohl dieses Entwicklungspotenzial sehe. Ich
336		weiß, wie ich sie übernommen habe. Da war das Zimmer nur ein Chaos und
337		davon abgesehen, dass sie hin und wieder mal etwas sucht und dann alles
338		raushaut, ist es aus meiner Sicht erheblich besser geworden und die Chance,
339		dass sie das bis zum Sommer schafft, sehe ich schon. Vielleicht nicht zu hun-
340		dert Prozent, sie wird halt nicht unseren Ordnungsstil haben, aber sie ist ja
341		auch gerade 18. Ich denke schon, dass sie eine Chance hat, sich noch zu ent-
342		wickeln.
343	Schulleiter:	Und wenn wir von der Ordnung mal ein Stück weggehen? Also auch Tages-
344		struktur, pünktliches Aufstehen, Frühstücken, pünktlich in die Schule gehen,
345		also Zeitmanagement. Wie würdest du das einschätzen, kriegt sie das hin?
346	Betreuerin:	Ja, das macht sie. Ja, nee, das ist ohne Probleme. Klar muss man dreimal rein-
347		gehen, aber nicht jeder wird geweckt und springt hoch, manche brauchen halt
348		ein bisschen. Also, dass du jetzt jeden Tag zu spät kommst und ich dich früh
349		treten muss ... nicht ... wenn du aufgestanden bist, dann läuft das von alleine.
350	JA-Soz.arb:	Aber Sie gehen dreimal rein.
351	Betreuerin:	Ja, manche Kinder sind so, und möchten gerne dreimal geweckt werden. Ich
352		finde das jetzt nicht schlimm. Ich glaube, wenn ich nicht dreimal reingehen
353		würde, würde sie trotzdem aufstehen.
354	Ulrike:	Ich muss dazu sagen, sie kommt um viertel vor rein, um sieben und um viertel
355		nach und meine Badzeit ist erst um viertel nach.
356	Schulleiter:	Also offiziell bräuchte Ulrike auch erst viertel nach sieben aufstehen.
357	JA-Soz.arb:	Hmm ...
358	Betreuerin:	Also Ulrike ist kein Problemkind früh für mich.
359	JA-Soz.arb:	Hmm ...
360	Schulleiter:	Das müsste man dann vielleicht auch einfach mal trainieren, mal gucken.
361		Wenn es nicht klappt, wirklich trainieren. Den Versuch unternehmen, Ulrike, zu

| 362 | | gucken, wie du in den Tag kommst, weil das ja ein ganz wichtiges Element ist, |

gucken, wie du in den Tag kommst, weil das ja ein ganz wichtiges Element ist,
sonst brechen ja viele Dinge weg. Du willst weiter zur Schule gehen, da musst
du auch pünktlich erscheinen. Versorgung ist ein Thema, was du alleine bewältigen musst.

Ulrike: Hmm …

Betreuerin: Da machen sie sich momentan gut, unsere großen Mädchen aus der zehnten
Klasse, muss ich sagen. Wir haben uns im Internat ein bisschen umgestellt,
was das Einkaufen und Kochen anbelangt. Früher waren wir, also wir Betreuer
oft unterwegs und haben eingekauft und da haben wir mal einen Schnitt gemacht im Internat und jetzt kriegt jede Wohngruppe Verpflegungsgeld und wir
Betreuer stellen uns nicht mehr hin und kochen und fragen „Was würdet ihr
denn gerne heute abends essen?", sondern „Wer geht einkaufen und wer
kocht was?" Und da muss ich sagen, so Celina, Ulrike, manchmal Pascal sind
da sehr aktiv. Also die kochen schon. Neulich hat sie Plätzchen gebacken …
ich durfte dann auch eins nehmen. (lachend)

Schulleiter: Alles X-hausener Kinder … Wahnsinn.

JA-Soz.arb: Schön … schön.

Betreuerin: Also, die haben sich da gut drauf eingestellt. Sicherlich gibt es da auch mal Rückschläge, dass man am Tisch sitzt und denkt: okay, heute ist nur Wurst auf dem
Teller. Es ist kein Brot da, es ist keine Margarine da, dann gucken wir ein bisschen, bis dann der eine sagt „Okay, dann gehe ich jetzt halt einkaufen." Dann
gibt es das Abendbrot eine Viertelstunde später. Wir haben es ja nicht so weit
zum Netto. Aber das stört die dann auch schon, und dann gibt es am nächsten
Tag auf jeden Fall wieder zwei Mädchen, die sagen „Ich möchte heute kochen."

JA-Soz.arb: Hmm …

Betreuerin: Also das klappt gut. Wir lassen sie auch. Sie können uns fragen, wenn sie Hilfe
wollen. Meistens schicken sie mich raus und machen das alleine und sie zau-
bern schon ganz leckere Sachen, muss ich sagen. Sie geben sich Mühe und es
dauert manchmal eine ganze Stunde, bis sie alles, was sie machen wollten, so
geschafft haben. Da ist schon ein bisschen Arbeit dabei.

JA-Soz.arb: Kochen ist ja auch so was, wenn man sich alleine ernähren muss, also wenn
das keiner für einen übernimmt, dann muss man schon bestimmte Grundfer-
tigkeiten draufhaben. Und eine Pizza in den Ofen schieben, das kann ja nun
wirklich jeder. Aber nur von Pizza lebt man halt eben nicht. Außerdem ist das
auf Dauer gesehen viel zu teuer. Ich habe schon manchmal bei jungen Leuten,
die gerne in eine eigene Wohnung gehen wollten, gesagt, dass eine kleine Bedingung dran geknüpft ist. Obwohl, ich habe ja nicht so viel zu sagen (leise),
aber eine Bedingung war z. B., sieben Gerichte kochen zu können. Für jeden
Tag in der Woche eins. Also nicht nur Nudeln mit allen Variationen, so ne Soße,
so ne Soße, so ne Soße, sondern richtig ein bisschen was Gescheites. Sieben
Rezepte, sieben Gerichte für eine Woche. Dann kann man ja wieder von vorne

404	anfangen. Das macht ja nichts. Aber sowas zum Beispiel, das finde ich eine
405	Idee, das könnte man einfach mal machen, mal gucken, ob du dir Mühe gibst,
406	kochen zu lernen. Was dich befähigt, auch mit wenig Geld (leiser werdend), du
407	wirst ja später auch recht wenig Geld zur Verfügung haben, dich doch so zu er-
408	nähren, dass du gesund bleibst, dass du gut mit dem Geld auskommst und
409	dass du nicht stundenlang in der Küche stehst. Also, dass du das auch mit der
410	Zeit hinbekommst, ne?
411	Schulleiter: Also ich würde diese Bedingung auch gern noch ein bisschen erweitern, gleich
412	im Rahmen unseres Hilfeplans; denn wir haben ja in unserem Haus auch das
413	Angebot des Hauswirtschaftskurses, das ist der Kurs, den alle Jugendlichen
414	durchlaufen müssen, die bei uns sozusagen bleiben und in die Verselbststän-
415	digungsgruppe ziehen wollen. Das ist ein Kurs, den Frau X. anbietet, wirklich
416	mit geringen Mitteln. Also wie komme ich mit dem Geld am Ende wirklich aus.
417	Dass das wirklich Sinn macht, wenn man in so einer WG zusammenlebt. Da
418	hat jeder so etwa 2,60 Euro, mehr haben die da nicht, oder so drei Euro für
419	das Abendbrot. Dass man auch zusammenlegt und dann mit neun Euro mehr
420	kaufen kann für drei Personen, als jeder mit drei Euro alleine. Also Umgang mit
421	finanziellen Mitteln, Kochen, Grillen, Braten, Backen – das ist alles mit dabei.
422	Nahrungszubereitung, persönliche Hygiene, Umgang mit Reinigungsmitteln, also
423	welche Reinigungsmittel kann man für was nehmen, wie man eine Waschma-
424	schine richtig bedient, Reinigungsgeräte …
425	JA-Soz.arb: (unterbricht) Also da guckst du ganz überrascht, aber das sind Dinge, die ich
426	hier immer wieder habe, dass die Leute nicht wissen, dass man Waschpulver
427	nimmt, oder wo man das rein kippt.
428	Schulleiter: Also, dass man wenigstens das Angebot, das wir haben, dass man zumindest
429	das durchläuft. Natürlich müssen wir gucken, dass sie mit den Prüfungsleis-
430	tungen und mit den Prüfungsvorbereitungen ein Stück weit fertig wird, weil das
431	auch kein Angebot ist, was sie in zwei Stunden so einfach abarbeiten kann. Da
432	gibt es eine Einführungsphase, eine Durchführungsphase, also das geht über
433	mehrere Wochen, dass man dann aber sagt „Okay, wenn sie das wirklich am
434	Laufen hat, dann ist sie wirklich so weit, wie unsere Leute auch, und kann
435	dann auch in das selbstständige Wohnen überwechseln." Also die Kompeten-
436	zen in dem Bereich sind dann über die Wochen des Hauswirtschaftskurses
437	gestiegen. Das können wir wirklich ermöglichen.
438	JA-Soz.arb: Wäre das was für dich?
439	Ulrike: Joa! Ja also, ich meine, viele Dinge kann ich schon, aber klar, wenn ich da was
440	dazulernen kann … dann …
441	JA-Soz.arb.: Also Verselbstständigungstraining, das ist eine gute Idee!
442	Betreuerin: Das mit den Kochrezepten, was sie vorhin gesagt haben (zur Sozialarbeiterin),
443	das ist unser Projekt für WG 3 im Januar, das hatten wir uns schon einmal
444	überlegt. Da sie ja wohl des Öfteren kochen, dass wir da ein Kochbuch erstel-
445	len, weil sie ja gerne kochen.

446	JA-Soz.arb:	Ja, das sind so ganz wichtige Sachen, man kann ja im Internet, wenn man da
447		eine Frage hat, alles Mögliche nachgucken, bei Chefkoch.de, aber ich kenne
448		das ja von meinen Kindern. Als die ausgezogen sind, ich meine, die können
449		jetzt alle schon ganz gut kochen, aber ich kriegte dann doch schon öfter noch
450		so einen Anruf „Wir möchten da jetzt was kochen, reicht da eine Packung?"
451		Und dann habe ich auch gefragt „Wie viel willst du denn da nehmen?" und ihm
452		auch gesagt „Achja, und bitte nicht das Rühren vergessen" und er dann „Ja, ja,
453		ich weiß!" Man muss immer so eine Acht rühren, damit das nicht anbrennt.
454		Und er dann „Mama, meinst du, ich habe bei dir damals nicht aufgepasst?"
455		Aber das sind eben Sachen, da ist es eben hilfreich. Ich würde nochmal ganz
456		gerne zu dem Punkt kommen mit der Ordnung. Also Ordnung und Struktur, das
457		hatten wir ja beim letzten Mal im Hilfeplan auch verordnet, verabredet, dass
458		du ja auch daran arbeiten solltest ... gut verinnerlichen, dass das besser
459		klappt. Also, dass du da wirklich auch Struktur und Ordnung hast. Äußere Ord-
460		nung, weil äußere und innere Ordnung hängen ja zusammen.
461	Ulrike:	Hmm ... (bestätigt)
462	JA-Soz.arb:	Wenn ich in meinem Umfeld äußere Dinge geordnet habe, hilft es mir auch in-
463		nerlich, und wenn ich innerlich klar bin, spiegelt sich das auch in meinem Äu-
464		ßeren wider. Und z. B. so der Zustand von Schränken, ne ... aufgeräumt ...
465		T-Shirts müssen nicht mit einem Zollstock genau zusammengelegt sein, aber
466		es macht einen Unterschied, ob ich was zusammenlege oder die Anzieh-
467		sachen alle reinwerfe und die Tür zudrücke und hoffe, dass es ordentlich hal-
468		ten wird. Was kannst du tun, um den Wert von Ordnung für dich irgendwie kla-
469		rer zu kriegen. Es scheint so zu sein, als ob du den Wert irgendwie noch nicht
470		so verstehst. Für dich, oder irre ich mich da?
471	Ulrike:	Ähmm, ja doch schon, aber ... ich war schon immer so, Mama hat für mich im-
472		mer aufgeräumt und dadurch habe ich irgendwie nie richtig gelernt, selber auf-
473		zuräumen.
474	JA-Soz.arb:	Du hast es nicht gelernt?
475	Ulrike:	Na an sich schon, aber wenn es mir dann zu unordentlich wird, räume ich erst
476		alles auf. Und ich habe halt Freundinnen, die räumen immer sofort alles auf.
477	Ja-Soz.arb:	Gut, wenn man's nicht gelernt hat, dann wird es jetzt Zeit. Die Grundlagen
478		nochmal nachzuholen, also wie hefte ich was ab, wo sortiere ich was hin, wie
479		schaffe ich ein System von Ordnung!? Da gibt's ja unterschiedliche Wege, der
480		eine macht es so, der andere macht es so und vielleicht ist es notwendig, das
481		einfach nochmal zu besprechen.
482	Ulrike:	Ich kann es ja ändern.
483	Betreuerin:	Obwohl sie es ja eigentlich kann.
484	Ulrike:	Na, an sich kann ich's ja schon.
485	Betreuerin:	Wenn ich sage, Schulsachen müssen mal sortiert werden, dann kann ich mir
486		die hinterher angucken, dann weiß ich, dass sie top sind. Also das Prinzip ist da.
487	JA-Soz.arb:	Das Prinzip ist da. Aber? Wo ist das aber? Ist dir das zu blöde?

488	Ulrike:	Hmm …
489	JA-Soz.arb:	Zeitverschwendung?
490	Ulrike:	Nee, nee!

491 Schulleiter: Na das ist eher das Verständnis, denke ich mal. Für Ulrike. Also sie hat viel-
492 leicht ein ganz anderes Problem damit, also ihr geht es die ganze Zeit gut,
493 wenn sie nicht darauf angesprochen wird. Sie findet sich ja noch zurecht. Aber
494 es hat halt nicht Formen, die für uns akzeptabel sind. Es ist jetzt nicht so, dass
495 sie irgendwelche Abläufe nicht mehr machen kann, weil sie sich nicht mehr zu-
496 rechtfindet oder so, sie findet sich zurecht, sie hat schon ihre eigene Ord-
497 nungsstruktur. Die ist aber für Leute, die von außen drauf gucken, schon teil-
498 weise grenzwertig. Ja, also ich glaube, da liegt das Problem, zu erkennen „Ja,
499 wann müsste ich denn was tun?" und nicht erst, wenn der ganze Boden wie
500 ein zweiter oder dritter Teppich aussieht.

501 Betreuerin: Naja, hmm, also ich sehe es noch ein bisschen anders. Da haben wir auch
502 ganz oft schon drüber gesprochen, und das hat sich auch schon ganz schön
503 gebessert, aber Ulrike lebt in diesem Moment und wenn sie sagt „Ich will jetzt
504 mit Vero quatschen", dann will sie mit Vero quatschen, egal, wie das Zimmer
505 aussieht. Und dann ist nur dieses eine wichtig und das andere ist nebensäch-
506 lich und interessiert sie gar nicht so. Da haben wir ja jetzt relativ oft drüber ge-
507 sprochen, dass sie ein bisschen strukturierter denken und ihre Prioritäten an-
508 ders setzen muss. Das funktioniert manchmal ganz gut und manchmal nicht,
509 aber sie lebt halt sehr im Augenblick.

510 Schulleiter: Hmm, also ich denke eher, beides passt da zusammen, weil ich habe ja die
511 unangekündigte Zimmerkontrolle eingeführt. Und da war ich auch schon bei
512 ihr im Zimmer und da hatte sie damals einen Tick von einem Schüler übernom-
513 men, Flaschen zu sammeln. Viele leere Clubmate-Flaschen standen da rum und
514 sie hatte ihren Schrank offen. Und die Flaschen standen überall rum. Auf dem
515 Fensterbrett, wo andere Blumen und Grünpflanzen hinstellen, hat sie ihre Fla-
516 schen gesammelt. Und ich hab' dann gesagt: „Ich bin damit so nicht einverstan-
517 den." Und sie hat dann gesagt: „Dann stell' ich die Flaschen halt in den Schrank,
518 dann sind sie weg". Dann hab' ich „Nee!" gesagt, sie „Aber warum nicht? Dann
519 stehen sie hier nicht rum und dann stören sie niemanden!? Dann räume ich
520 jetzt alles hier weg und dann ist es sauber und dann sind sie im Schrank!"
521 Dann hätte sie also sozusagen ihren Schrank vermüllt, so dass der sichtbare
522 Eindruck, also der Boden sauber ist. Deshalb meine ich auch so ein Stück weit,
523 dass sie es nicht erkennt, dass eben halt auch die Unordnung im Schrank
524 nicht sein muss und dass da auch nicht Flaschen mit Sachen vermischt im
525 Schrank liegen müssen. Weil das ist eben auch so, da hat eben auch jeder so
526 seine Wahrnehmung und Kollegen in der Gruppe nehmen das eben auch je-
527 weils anders wahr. Und das habt ihr auch schon in der Teambesprechung ge-
528 sagt, sie geht dann eben in dem Moment raus und da ist für sie in dem Moment
529 eben auch was ganz anderes entscheidend. Wenn Planung, also Wochenpla-

530		nung ansteht, dann will sie das eben gern vermeiden und wenn das nicht geht,
531		dann eben „Ja, später, später, später" – und dann wird's eben verschoben.
532	JA-Soz.arb:	Hmm. Ja, also das hört sich jetzt für mich so an, als ob du in manchen Situa-
533		tionen wirklich noch ein kleines Mädchen bist. Was so nach Lust und Laune
534		die Dinge macht. Das ist normal, das machen Kinder. Kinder möchten spielen
535		und nicht aufräumen. Kein Kind ist freiwillig irgendwie bereit, aufzuräumen
536		oder etwas wegzuräumen, die meisten Kinder wollen einfach spielen. Und es
537		ist normal, wenn man älter wird, also wenn Kinder älter werden, müssen sie
538		lernen, dass es auch zu einem Spiel gehört, es wieder wegzuräumen, wenn
539		man das Spiel beendet hat. Nicht während des Spiels, aber hinterher. Und ich
540		habe so den Eindruck, als ob du manche Dinge einfach in früheren Zeiten, als
541		es dran gewesen wäre, die zu lernen, einfach nicht gelernt hast. Du sagtest,
542		deine Mutter hat immer aufgeräumt, oder irgendwann hast du es auch mal ge-
543		macht, aber meistens hat sie es für dich gemacht. Du konntest dich verlassen,
544		dass deine Mutter es für dich gemacht hat.
545	Ulrike:	Ja, das stimmt, meistens hat sie aufgeräumt.
546	JA-Soz.arb:	Ja, du hast, glaube ich, bestimmte Grundlagen noch nicht drin, die sitzen noch
547		nicht wirklich. Kann es sein, dass das da so ein Stückchen auch ein Nachho-
548		len ist? Oder irre ich mich da?
549	Schulleiter:	Also bezogen darauf, also auf das selbstständige Wohnen, kann sie das ein
550		Stück weit wieder raus katapultieren. Dann würde ich sagen, da müsste sich
551		ein Stück weit an ihrer Einstellung noch was ändern, die Grundlagen betref-
552		fend. Das kann ich aus meiner Position heraus relativ schlecht einschätzen. Die
553		Kollegen sind da grundsätzlich näher dran, also können die das besser sagen.
554	Betreuerin:	Ja also können kann sie es.
555	Schulleiter:	Sie kann es.
556	Betreuerin:	Also ich musste ihr nicht erklären, wie man einen Schrank einräumt.
557	JA-Soz.arb:	Also können kannst du es, aber du willst dann manchmal nicht?
558	Ulrike:	Ja manchmal, also wenn ich mir was in den Kopf setze, dann möchte ich das
559		halt sofort machen und dann kommt das andere halt danach.
560	JA-Soz.arb:	Ja, du hast dann andere Prioritäten.
561	Ulrike:	Ja, also ich bin ja aber auch nur unordentlich, was mein Zimmer betrifft. Wenn
562		ich jetzt was brauche und was in der WG mache, dann bringe ich es auch zu-
563		rück, oder im Badezimmer …
564	JA-Soz.arb:	Ja, gut, dann geht es darum zu lernen, dieses alte Prinzip, erst die Arbeit, dann
565		das Vergnügen, oder erst die Pflicht, dann die Kür. Also alles das, was zum
566		normalen Erwachsenwerden dazu gehört. Wo man einfach nicht drum herum-
567		kommt, nicht? Wenn man selbstständig lebt, dass man nicht nur nach dem
568		Spaßgesichtspunkt leben kann.
569	Ulrike:	Ja, manchmal komme ich auch aus der Schule und sage okay, jetzt räume ich
570		mein Zimmer auf, also ohne, dass Herr X. etwas sagen muss oder jemand an-
571		ders, und erst dann geh ich raus und so.

572	JA-Soz.arb:	Ja, davon gehe ich aus. Dass du sowas kannst. Ich hoffe, dass du nicht den
573		Eindruck hast, dass ich denke, du bist ein hoffnungsloser Messi und musst da
574		irgendwie getrimmt werden. Darum geht es nicht. Meine Überlegung ist, wenn
575		du den Wunsch hast alleine zu wohnen, auch mit deiner Volljährigkeit. Es ist ja
576		dann auch eine Notwendigkeit, wenn du nicht wieder mit deiner Mutter zu-
577		sammenziehst … es muss trainiert werden. Das kann man nicht schaffen von
578		null auf hundert. Das geht einfach gar nicht. Mit dem Alleinleben ist ja auch
579		verbunden … also die Grundlagen, die müssen fluppen, da muss es klappen,
580		weil es gibt noch genügend andere Sachen, die noch auf dich zukommen.
581		Nämlich es auch auszuhalten allein zu sein, sich vielleicht mal alleine zu füh-
582		len oder einsam zu fühlen, wenn keiner da ist, ne? Das sind ja alles so Dinge,
583		die mit dem Alleinwohnen zusammenhängen und das muss man lernen. Das
584		kann man nicht von jetzt auf gleich. Ich finde, jetzt ist eine gute Zeit mit Anlei-
585		tung und Unterstützung nochmal die Grundlagen zu erarbeiten. Du hast die
586		Chance, eine große, weil du im Internat bist, das heißt, du hast professionelle
587		Leute, die dich unterstützen, die nicht mit dir im Streit sind, wie deine Mutter.
588		Ne? Wenn die Mutter immer hinter einem steht, ist man immer total genervt,
589		nicht? Dann hat man immer das Gefühl, wenn die Familie da mit drinsteckt,
590		das nervt. Da ist ein bisschen Abstand echt eine große Chance. Die kannst du
591		nutzen.
592	Ulrike:	Ja, das möchte ich auch.
593	Betreuerin:	Also, das fände ich gut.
594	JA-Soz.arb:	Ja, also wir müssen gucken, ich kann nichts sagen über die Verlängerung einer
595		Jugendhilfemaßnahme über das 18. Lebensjahr hinaus, weil die Verhältnisse
596		so sind, dass ich das nicht bestimmen kann. Ich muss dann, auch wenn ein
597		Bedarf vorliegt, die Erlaubnis sämtlicher Vorgesetzter und des Leiters einholen,
598		das ist so. Wenn deine Mutter in einen anderen Bezirk umziehen sollte, wäre
599		der Kostenträger über das 18. Lebensjahr hinaus das zuständige Bezirksamt in
600		dem Bezirk, wo deine Mutter dann wohnt. Das heißt also, es könnte dann, also
601		wenn sie z. B. nach XY geht, dann müsste das zuständige Bezirksamt in XY dann
602		eingeschaltet werden. Deswegen wäre meine Idee: Wir machen jetzt die Hilfe-
603		planung für ein halbes Jahr, also bis zum Abschluss der 10. Klasse, und treffen
604		uns dann vielleicht Ende April, Anfang Mai, wenn so klarer wird, wie es läuft. Und
605		was willst du, wenn es dann so deutlicher wird, dass wir das dann nochmal
606		besprechen und dann gucken, was können wir da in die Wege leiten für dich.
607	Ulrike:	Hmm … (bestätigend)
608	Schulleiter:	Das heißt für dich jetzt aber auch, dass du klarer werden musst. Also du musst
609		dich entwickeln, du musst jetzt Bewerbungen schreiben. Denkst du an eine
610		bestimmte Schule, wo du hinmöchtest?
611	Ulrike:	Ja!
612	Schulleiter:	Aha, welche denn? Also da musst du jetzt dann standhaft sein.
613	Ulrike:	Ja, bin ich auch. Ich weiß ja jetzt auch, was ich will.

334

614	Betreuerin:	Ja, da hat sie sich auch alleine drum gekümmert, muss ich sagen. Also sie ist
615		ins Internet gegangen, sie hat sich Schulen angeguckt, hat sich Tag der Offe-
616		nen Tür angeguckt. Das hat sie wirklich alleine gemacht, da musste ich nicht
617		treten … ehrlich.
618	JA-Soz.arb:	Hmm …
619	Schulleiter:	Schön!
620	JA-Soz.arb:	Hm, also ich glaube Ulrike, du hast ganz, ganz viele Möglichkeiten wirklich gut
621		in dir. Davon bin ich wirklich überzeugt, das hast du gezeigt. Und wenn du jetzt
622		noch alle Unterstützung, die du haben kannst, nutzt, dann kannst du wirklich
623		für dich eine Richtung erarbeiten, was du möchtest und wo du hinwillst und
624		dann wird es gut gehen … Ganz bestimmt.
625	Ulrike:	Ja, das denke ich auch.
626	JA-Soz.arb:	Gut! Dann packe es an! (kurze Pause) Also gut. Ich schreib die Ergebnisse zu-
627		sammen. Ulrike strengt sich weiter an, nimmt die Unterstützung an, kümmert
628		sich um die Klärung, wie es weitergeht, und trainiert das selbstständige Leben,
629		ja? Ich schreibe das zusammen, und dann schicke ich Ihnen das zu für die Un-
630		terschriften. Und dann mache ich die Verlängerung.
631	Ulrike:	Gut!
632	Schulleiter:	Können wir einen konkreten Termin ausmachen für Ende April oder Anfang Mai?
633	JA-Soz.arb:	Meinen Sie, wir können so lange planen?
634	(Alle kichern)	
635	JA-Soz.arb:	(steht auf) Ja, können wir gerne machen! Ich habe ja im Gegensatz zum letzten
636		Jahr sogar schon einen Kalender für's nächste Jahr!
637	Ulrike:	(lacht)
638	JA-Soz.arb:	Die haben wir im letzten Jahr erst im Januar oder irgendwann bekommen. Also
639		wir können planen auf Teufel komm raus. (blättert) Nach den Osterferien?
640	Schulleiter:	Ja.
641	JA-Soz.arb:	Wann?
642	Schulleiter:	Na am Termin X.
643	JA-Soz.arb:	Gut! Uhrzeit Y. […]
644	JA-Soz.arb:	Und dann kannst du danach noch zur Schule?
645	Ulrike:	Ja.
646	JA-Soz.arb:	Dann kommt aber deine Mutter wieder mit dazu, ja? Deine Mutter muss ja den
647		Hilfeplan auch unterschreiben, aber das wird sie bestimmt machen.
648	(Alle einigen sich auf einen Termin und eine Uhrzeit.)	
649	Betreuerin:	Mir fällt noch was ein, und zwar hat sich Ulrike zu Weihnachten von ihrer Mut-
650		ter eine Monatskarte gewünscht.
651	JA-Soz.arb:	Hmm …
652	Ulrike:	Nee, eine Jahreskarte.
653	Betreuerin:	Nun haben wir 92,50 Euro pro Monat, nun ist es ja so, dass Ulrike zwei Heim-
654		fahrten bekommt, die das Jugendamt bezahlt. Gibt es die Möglichkeit, das
655		übers Jugendamt zu finanzieren?

| 656 | JA-Soz.arb: | Ich würde vorschlagen, könnten Sie das direkt mit den Kollegen in der Wirt-
| 657 | | schaftlichen Abteilung besprechen? Ich kenne mich da nicht so aus. Was da
| 658 | | so möglich ist. Das ist Frau X., Zimmer Y. – und wenn sie da von mir eine Be-
| 659 | | fürwortung braucht, dann mach ich das. Gut, haben wir alles besprochen?!
| 660 | Schulleiter: | Hast du noch irgendwas?
| 661 | Ulrike: | Nein!
| 662 | JA-Soz.arb: | Und wie war es für dich? (an Ulrike)
| 663 | Ulrike: | Ja, es ist eigentlich okay gelaufen. So für mich. So wie ich es erwartet habe.
| 664 | Schulleiter: | Du warst heute ganz schön leise, etwas eingeschüchtert.
| 665 | Ulrike: | Ach nö, eigentlich nicht!
| 666 | JA-Soz.arb: | Eingeschüchtert?
| 667 | Ulrike: | Nö.
| 668 | Schulleiter: | Aber nicht verunsichert?
| 669 | JA-Soz.arb: | Hm, naja, ich weiß, wie das ist mit Jugendamtsterminen, auch wenn es jetzt
| 670 | | nicht was ganz Offizielles ist. So ein Übel, das man halt irgendwie ertragen
| 671 | | muss, ne?
| 672 | Betreuerin: | Nein, eigentlich hattest du keine Angst oder? Ich habe dich vorher gefragt und
| 673 | | wir haben drüber gesprochen …
| 674 | Ulrike: | Nö, war eigentlich alles okay …
| 675 | JA-Soz.arb: | Musst du auch nicht. Okay, gut, dann danke ich Ihnen und wir hören an der
| 676 | | Stelle auf.

Verabschiedung

3.4 Erste Auswertung der Hilfekonferenz
Pia-Ulrike Fischer/Isabelle Sandow

Einleitung

Die vorliegende Arbeit beschäftigt sich mit der Auswertung eines transkribierten Hilfeplangespräches aus einem Jugendamt. Gemäß § 36 Absatz 2 SGB VIII sollen die Fachkräfte zusammen mit den Personensorgeberechtigten und dem Kind oder Jugendlichen einen Hilfeplan erstellen, der das Feststellen eines Hilfebedarfes, die zu gewährende Art der Hilfe sowie die notwendigen Leistungen und die voraussichtliche Dauer der Hilfe enthalten soll. Sobald die Hilfe installiert ist, finden in regelmäßigen Abständen Hilfeplangespräche zur Überprüfung der weiteren Geeignetheit und Notwendigkeit der gewählten Art der Hilfe statt. Hilfeplangespräche dienen der Abklärung der momentanen Situation, der Überprüfung des Hilfeverlaufs, der Zielentwicklung bzw. der Perspektivfindung.

Analysiert werden Gesprächsstruktur, Themen, Rollen und Gesprächstechniken der Fachkräfte sowie die Redezeitanteile aller Teilnehmer_innen. Beteiligte an dem Gespräch sind neben Ulrike und der Jugendamts-Fachkraft der Schulleiter der Privatschule sowie die Betreuerin der Internatswohngruppe.

Themen des Hilfeplangesprächs Ulrike

Das Hilfeplangespräch (HPG) lässt sich in mehrere thematische Sequenzen einteilen. Zu Beginn erfolgen die Begrüßung sowie eine Einleitung und eine Erklärung der Tonaufnahme seitens der JA-Sozialarbeiterin.

(1) Die Abklärung der momentanen Situation. Im eigentlichen Gespräch findet zuerst eine Abklärung der momentanen Situation statt, wobei die schulische Lage in den Vordergrund gestellt wird. Der Grund für die Verbesserung der Noten wird gesucht. Ulrike gibt an, dass sie sich Gedanken um ihre Zukunft macht und dass sich ihr soziales Umfeld – also ihre Freunde, Mitschüler_innen und auch ihre Mutter – aktuell mit ihren jeweiligen Zukunftsperspektiven beschäftigen. Ulrike möchte nicht zurückstehen.

Der Schulleiter wünscht eine Thematisierung der Zukunft von Ulrike im HPG. Ulrike möchte mögliche, für sie in Frage kommende zukünftige Wohnsituationen abklären. Die JA-Sozialarbeiterin möchte zunächst den Grund für Ulrikes „Durchhänger" klären.

(2) Der „Durchhänger". Die JA-Sozialarbeiterin schildert die ihr bisher aus dem Entwicklungsbericht des Internats bekannte Situation und lenkt Ulrikes Aufmerksamkeit zunächst weg von der Zukunft und hin auf den gegenwärtigen Zustand. Ulrike ist nicht in der Lage, einen Grund für ihren „Durchhänger" anzugeben. Die Sozialarbeiterin fragt Ulrike, ob die Ursache für die monierte Problematik eventuell an der damals herrschenden Familiensituation lag. Der volljährige Bruder war zwischenzeitlich wieder bei der Mutter eingezogen. Infolgedessen gab es bei den Wochenendbesuchen immer wieder Streitigkeiten zwischen den Geschwistern, was wiederum zu Konflikten zwischen Ulrike und ihrer Mutter führte. Die Veränderungen der bestehenden Familienstruktur haben Ulrike belastet.

Die JA-Sozialarbeiterin beschreibt bildhaft anhand eines Mobiles, dass sich bei einer veränderten Situation die einzelnen Familienmitglieder neu sortieren müssen und dass es daher innerhalb des Gefüges zu Balanceverlusten bzw. Unruhe kommt. Des Weiteren versucht die JA-Sozialarbeiterin anhand von Vermutungen zu ergründen, warum Ulrike und ihr Bruder immer wieder Streit haben. Sie hypothetisiert Eifersucht zwischen den Geschwistern um die Mutter. Ulrike verneint dies und erklärt, dass eine Problematik aufgrund unterschiedlicher Religions- und Wertevorstellungen bestehe. Beruhigt habe sich die Situation erst wieder, als der Bruder ausgezogen ist.

Als nächstes berichtet Ulrike von den Plänen ihrer Mutter, mit ihrem neuen Lebenspartner zusammenzuziehen. Die Jugendliche wiederholt, dass sie nicht mit ihrer Mutter zusammenleben will.

Die JA-Sozialarbeiterin signalisiert ihr Verständnis für Ulrikes „Durchhänger" in der Schule und verbindet diesen ursächlich mit den entstandenen Veränderungen, denen Ulrike ausgesetzt war (die Situation mit dem Bruder, der Partnerwechsel der KM, der bevorstehende Umzug der Mutter).

(3) Die Regelverstöße. Laut dem Schulleiter war die problematische familiale Situation nicht nur am Leistungsverhalten, sondern auch am Sozialverhalten zu sehen. Er wechselt daher das Thema von der familialen Situation zu den Regelverstößen. Ulrike beging wiederholt Regelverletzungen, wozu v. a. das Verlassen des Schulgeländes, Rauchen und Alkoholvorfälle zählten. Die JA-Sozialarbeiterin fragt Ulrike nach Suchtproblemen. Ulrike verneint eine Suchtproblematik und sagt aus, dass sie nur manchmal zusammen mit ihren Freunden ein bisschen Alkohol trinkt. Die JA-Sozialarbeiterin gibt Ulrike zu verstehen, dass sie ihr Verhalten nicht so gravierend findet, da jeder Mensch mal Zeiten hat, in denen er nicht gut funktioniert. In dem Zusammenhang wird die Jugendliche gefragt, ob sie Strategien kennt und nutzt, um aus solch einer Phase wieder hinauszukommen. Ulrike gibt an, sich bei ihren Freunden bzw. bei der Betreuerin Hilfe zu holen.

Damit geht das Gespräch, geleitet durch die JA-Sozialarbeiterin, aus der näheren Vergangenheit in die Gegenwart über.

(4) Ordnung, Tagesstruktur und Zeitmanagement. Die Betreuerin erläutert verschiedene Strategien, die sie bei Ulrike anwendet bzw. angewendet hat. Momentan bekommt Ulrike einen Wochenplan, an den sie sich halten muss; sie wird damit sehr eng begleitet. Wenn Ulrike klare Ansagen und wenig Freiraum bekommt, funktioniert es mit der Ordnung. Die JA-Sozialarbeiterin vergleicht Ulrikes Verhalten mit dem eines Kleinkindes, das noch nicht gelernt hat, selbstständig aufzuräumen und bringt Ulrike dazu, auszusagen, dass sie jetzt schon das Aufräumen trainieren könnte, um in Zukunft befähigt zu sein, eine eigene Wohnung zu beziehen. Die Betreuerin hat für die Zukunft das Ziel, den Wochenplan wegzulassen. Sie sieht eine gute Chance, dass sich Ulrike bis zum Abschluss der 10. Klasse am Thema Ordnung weiterentwickelt. Des Weiteren sieht die Betreuerin bei dem Thema Zeitmanagement keine Probleme. Der Schulleiter regt an, dass Ulrike pünktliches Aufstehen ohne Geweckt-Werden üben soll.

(5) Versorgung. Gegenwärtig bekommt jede Wohngruppe Ernährungsgeld und verpflegt sich eigenständig. Für die Zukunft regt der Schulleiter an, dass Ulrike den Hauswirtschaftskurs, der im Haus angeboten wird, als Verselbstständigungstraining besucht. Die Betreuerin erzählt, dass sie ab Januar mit der Wohngruppe ein Kochbuch erstellen will. Ulrike stimmt den Vorschlägen zum Versorgungsthema zu, sagt aber generell wenig zu diesem Thema.

Die JA-Sozialarbeiterin kommt noch einmal auf das Thema der Ordnung zurück.

(6) Klärung von Formalitäten. Zum Ende des Hilfeplangespräches wird Zukünftiges aufgerufen. Die JA-Sozialarbeiterin informiert die an dem Gespräch beteiligten Personen über die rechtliche Seite der gewährten Hilfe zur Erziehung. Eine Gewährung erfolgt vorerst nur bis zur Vollendung des 18. Lebensjahres. Sofern über die Volljährigkeit hinaus auch weiterhin ein Bedarf an Unterstützung besteht, müsste ein Antrag auf Hilfe für junge Volljährige erfolgen, wobei die JA-Sozialarbeiterin über die Gewährung einer solchen Hilfe keine Aussage treffen kann, da sie das nicht alleine entscheiden darf. Des Weiteren klärt sie Ulrike auf, dass bei Umzug der Mutter in einen anderen Bezirk das zuständige Jugendamt wechseln würde. Abschließend erfolgen die Terminierung des nächsten Hilfeplangespräches sowie die Verabschiedung.

Zeitebenen und Themen in Redezeitanteilen

Nun folgt eine Auswertung anhand der gemessenen Zeitanteile der beteiligten Personen mit Blick auf das Sprechen zu den einzelnen Themenbereichen. Dabei wird das Gespräch nach den Ebenen der Vergangenheit, der Gegenwart und der Zukunft gegliedert. In dem vorliegenden Gespräch nimmt die Ebene der Vergangenheit elf Minuten, die Ebene der Gegenwart sechsundzwanzig und die Ebene der Zukunft zehn Minuten in Anspruch. Die stattgefundene Begrüßung sowie die Verabschiedung wurden in diesem Fall bei der Zeitmessung nicht aufgenommen. Man sieht einen relativ ähnlichen Zeitanteil für die Ebenen der Vergangenheit und der Zukunft, wohingegen die beteiligten Personen wesentlich mehr Zeit in die Ebene der Gegenwart investieren. Die aktuellen Themen nehmen fast die Hälfte des Gespräches ein.

Zu den *Themen der Vergangenheit* zählt der „Durchhänger in der Schule" mit einem Redeanteil von zwei Minuten bei Ulrike und einem Redeanteil von drei Minuten und fünfundzwanzig Sekunden bei der JA-Sozialarbeiterin, sowie die Regelverstöße von Ulrike mit einem Zeitanteil von dreißig Sekunden bei Ulrike, zwei Minuten und vierundvierzig Sekunden bei der JA-Sozialarbeiterin und zwei Minuten bei dem Schulleiter. Den Hauptredeanteil nimmt hier die JA-Sozialarbeiterin in Anspruch. Die *Themen der Gegenwart* beinhalten:

- Die aktuelle Situation mit einem Zeitanteil von zwei Minuten bei Ulrike, eine Minute und siebenunddreißig Sekunden bei der JA-Sozialarbeiterin und eine Minute und fünfundvierzig Sekunden bei dem Schulleiter
- Ordnung, Tagesstruktur und das Zeitmanagement mit einem Redezeitanteil von vierzig Sekunden bei Ulrike, eine Minute und sechsunddreißig Sekunden bei der JA-Sozialarbeiterin, eine Minute und siebenunddreißig Sekunden bei dem Schulleiter und drei Minuten bei der Betreuerin

- Versorgung mit einem Zeitanteil von zwei Minuten und vier Sekunden bei der JA-Sozialarbeiterin, eine Minute und dreiunddreißig Sekunden bei der Betreuerin und erneut wenig, nur zwei, drei Sekunden für Ulrike
- Ordnung mit einer Redezeit von einer Minute und sechs Sekunden bei Ulrike, sechs Minuten bei der JA-Sozialarbeiterin, zwei Minuten bei dem Schulleiter und einer Minute bei der Betreuerin

Bei der Besprechung der aktuellen Situation ist Ulrike eine Hauptrednerin, ansonsten übernimmt die JA-Sozialarbeiterin den Hauptredeanteil.

Zu den *Themen der Zukunft* zählen die Versorgung bzw. das Verselbstständigungstraining mit einem Zeitanteil von neun Sekunden bei Ulrike, zwei Minuten bei der JA-Sozialarbeiterin, zwei Minuten bei dem Schulleiter und vierundzwanzig Sekunden bei der Betreuerin, sowie die Klärung der Formalitäten mit einem Redeanteil von sechs Sekunden bei Ulrike, vier Minuten bei der JA-Sozialarbeiterin, fünfzehn Sekunden bei dem Schulleiter und achtundvierzig Sekunden bei der Betreuerin.

Das Gespräch umfasst insgesamt (ab dem Moment der Tonbandaufnahme) einundfünfzig Minuten und dreißig Sekunden. Davon redet Ulrike insgesamt fünf Minuten und dreißig Sekunden, die JA-Mitarbeiterin sechsundzwanzig Minuten und dreißig Sekunden, der Schulleiter zwölf Minuten und dreißig Sekunden und die Betreuerin sieben Minuten. Zu beachten ist, dass die Kommunikationsstile der einzelnen Personen sehr unterschiedlich sind, was in einem quantifizierenden Zeitvergleich nicht abbildbar ist.

- Die JA-Sozialarbeiterin redet im Vergleich zu den anderen sehr deutlich, wesentlich langsamer und macht zwischen den Sätzen längere Pausen. Des Weiteren übernimmt sie als Mitarbeiterin des Jugendamtes die Funktion der Moderation des Gespräches.
- Ulrike fällt durch ihre leise und schüchterne, aber trotzdem schnellere Weise des Redens auf. Sie spricht sehr selten ohne direkte Aufforderung und stimmt dem Gesagten oftmals einfach zu. Das legt die Deutung nahe, dass sie defensiv eingestellt ist und vielleicht auch möglichst „unbeschadet über die Runden kommen" möchte.
- Der Schulleiter hat ein mittleres Sprechtempo und nutzt im HPG häufig kurze Gesprächspausen der Beteiligten, um in monologischer Form seine Sicht der Dinge zu erläutern.
- Die Betreuerin teilt sich in einfacher und verständlicher Sprache mit.

Der Überblick über die *Redezeitanteile*:

Ebene Vergangenheit = 11 Min.	Ebene Gegenwart = 26 Min.	Ebene Zukunft = 10 Min.
Durchhänger in der Schule Zeitanteil Ulrike: 2 Min. Zeitanteil JA-Soz.: 3 Min. 25 Sek.	Aktuelle Situation Zeitanteil Ulrike: 2 Min. Zeitanteil JA-Soz.: 1 Min. 37 Sek. Zeitanteil Schulleiter: 1 Min. 45 Sek.	Verselbstständigung Zeitanteil Ulrike: 9 Sek. Zeitanteil JA-Soz.: 2 Min. Zeitanteil Schulleiter: 2 Min. Zeitanteil Betreuerin: 24 Sek.
Regelverstöße Zeitanteil Ulrike: 30 Sek. Zeitanteil JA-Soz.: 2 Min. 44 Sek. Zeitanteil Schulleiter: 2 Min.	Ordnung/Tagesstruktur/Zeit Zeitanteil Ulrike: 40 Sek. Zeitanteil JA-Soz.: 1 Min. 36 Sek. Zeitanteil Schulleiter: 1 Min. 37 Sek. Zeitanteil Betreuerin: 3 Min.	Formalitäten/Terminierung Zeitanteil Ulrike: 6 Sek. Zeitanteil JA-Soz.: 4 Min. Zeitanteil Schulleiter: 15 Sek. Zeitanteil Betreuerin: 48 Sek.
	Versorgung Zeitanteil JA-Soz.: 2 Min. 4 Sek. Zeitanteil Betreuerin: 1 Min. 33 Sek.	
	Ordnung Zeitanteil Ulrike: 1 Min. 6 Sek. Zeitanteil JA-Soz.: 6 Min. Zeitanteil Schulleiter: 2 Min. Zeitanteil Betreuerin: 1 Min.	

Untersuchung der im Gespräch eingenommenen Rollen

In einem Hilfeplangespräch gibt es verschiedene Rollen und Funktionen (in der Folge vereinfachend gesprochen Rollen), die von den Fachkräften eingenommen werden können. Dazu zählen Aktivitäten der Rahmung, der Information, der Moderation/Strukturierung, der Beratung, der Lenkung, der Kontrolle, der Vereinbarung (Verabredungen und Ergebnissicherung).

- Die Rolle der *Rahmung* obliegt der gastgebenden Person und der/dem Prozessverantwortlichen, meistens also der Jugendamts-Fachkraft. Im Rahmen dieser Rolle geht es um die Raumatmosphäre, die Sitzordnung, jemand eröffnet das Gespräch, stellt ggf. Personen vor und beendet das Gespräch und nimmt Terminierungen vor.
- In der Rolle der *Information* werden alle Personen auf den gleichen Wissensstand gebracht, es wird über rechtliche Gegebenheiten aufgeklärt und über die vorhandenen Hilfsangebote in Kenntnis gesetzt.
- In der Rolle der *Moderation* nimmt die Fachkraft verschiedene Aufgaben wahr. Dazu zählen u.a. das Mitteilen von Gesprächsregeln, eine Themenagenda aufstellen, Gesprächsbeiträge zusammenfassen, darauf achten, dass alle Beteiligten gleichberechtigt zu Wort kommen, und Pausen ansetzen und einhalten.
- Die Rolle der *Beratung* nehmen Personen ein, indem sie sich nach aktuellen Belastungen und Befindlichkeiten erkunden, Blockaden ansprechen, Klient_innen dazu bringen, Gefühle zu versprachlichen.

- Die Rolle der *Lenkung* beinhaltet die Benennung von fachlichen Ansprüchen, das Erinnern an getroffene Vereinbarungen sowie das Verdeutlichen von Machtverhältnissen und die Transparentmachung von eigenen Pflichten und Zwängen.
- Aus der Rolle der *Kontrolle* kommunizieren Fachkräfte anstehende Überprüfungselemente und benennen mögliche Sanktionen bei Nichteinhalten der Vereinbarungen. Es werden ggf. Auflagen ausgesprochen und abgefragt.
- Die Rolle der *Ergebnissicherung* und Verabredungsorganisation beinhaltet das Formulieren von Zwischenergebnissen sowie das Anregen und Treffen von verbindlichen Vereinbarungen.

Eingangs ist zu sagen, dass es sehr schwer ist, Aussagen ausschließlich und eindeutig einer Rolle zuzuordnen, da oftmals eine Zuweisung zu mehreren Rollen möglich ist.

Die JA-Fachkraft

In diesem Hilfeplangespräch übernimmt die JA-Fachkraft vorrangig die Rollen der Rahmung, Moderation und Information. Die Rolle der Kontrolle ist in diesem Fall wenig relevant, da es sich bei der Hilfe nicht um eine im Grau- oder Gefährdungsbereich handelt.

Die JA-Fachkraft übernimmt die Rolle der Rahmung, sie eröffnet das Gespräch, erklärt den Anwesenden den Tatbestand der Tonaufnahme und beschreibt ausführlich den Grund hierfür (Zeilen 1–17). Die JA-Fachkraft schafft einen Übergang zwischen der Begrüßung und der eigentlichen Hilfekonferenz, indem sie Ulrike signalisiert, dass sie den Bericht des Trägers gelesen hat und nun gerne von Ulrike den aktuellen Stand erfahren möchte (Zeilen 19–24). Des Weiteren sichert sie während des Gespräches die Ergebnisse.

Die JA-Fachkraft übernimmt auch die Rolle der Moderation. Man kann davon ausgehen, dass sie für sich auf der Basis des Entwicklungsberichtes eine Themenagenda erstellt hat. Sie stellt Ulrikes Themenwunsch zurück und signalisiert damit, dass sie das Gespräch moderiert (Zeilen 95 f.). Die JA-Fachkraft spricht Ulrike auf ihren Durchhänger an und äußert Verständnis für die Situation (Zeilen 102–109); damit nimmt sie die Rolle der Beratung ein.

Im Rahmen der Rolle der Vereinbarungen und Verabredungen hält die Sozialarbeiterin fest, dass Ulrike an einem Verselbstständigungskurs teilnehmen soll, um weitere Kompetenzen für die angestrebte Verselbstständigung zu erlangen (Zeilen 393 ff.).

Eine informierende Rolle nimmt sie in den Zeilen 594 ff. ein. Dort erklärt sie Ulrike die rechtlichen Gegebenheiten mit Erreichen der Volljährigkeit, erläutert ihre Entscheidungsbefugnisse mit Blick auf eine Verlängerung der Hilfe und kommuniziert die Bestimmungen für die örtliche Zuständigkeit. Sie wechselt dann die Rolle von der Information zur Rahmung, indem sie Ulrike über Organisatorisches aufklärt (Zeilen 602–606).

Sowohl zu der Vereinbarungsrolle als auch zu der Rolle der Rahmung zählt das Festhalten der Ergebnisse des Hilfeplangespräches (Zeilen 626–629).

Zum Ende nimmt die JA-Fachkraft wieder die Rolle der Rahmung ein. Sie terminiert das nächste Hilfeplangespräch nach Anregung durch den Schulleiter (Zeilen 639 ff.), setzt fest, dass die KM bei dem nächsten Hilfeplangespräch wieder dabei sein soll (Zeilen 646 f.) und fragt, ob noch Themen zu klären sind und wie sich Ulrike bei dem Gespräch gefühlt hat (Zeile 666). Die JA-Fachkraft bedankt sich bei den Teilnehmenden und beendet damit das Gespräch.

Der Schulleiter

Es ist schwer, Rollen für den Schulleiter festzulegen. Man könnte meinen, er bewegt sich am ehesten in der Informationsrolle. Allerdings gibt er die Grundrolle eines Schulleiters in einer betreuenden Einrichtung (Schule mit Internat) und vermittelt aus dieser Perspektive Ansichten. Dabei bedient er sich oftmals der instruierenden Stellungnahme, indem er die JA-Fachkraft über Ulrikes gegenwärtiges Verhalten informiert und Meinungen zu Zukunftsthemen äußert. Außerdem nutzt er manchmal die Gesprächspausen der JA-Fachkraft, um auf Themen zu lenken, auf die er gerne näher eingehen möchte (z. B. Zeilen 168 f.). Ab der Zeile 326 bis 345 ergreift er die Initiative und leitet das Gespräch. Er stellt dazu mehrere Fragen an die Betreuerin. Die Vereinbarung, welche die JA-Mitarbeiterin über das Kochen (mindestens sieben Gerichte kochen können) anbietet, erweitert der Schulleiter um die Teilnahme Ulrikes an dem Hauswirtschaftskurs des Internats (Zeilen 411–437). Die JA-Sozialarbeiterin übernimmt den Impuls des Schulleiters in den Hilfeplan.

Die Betreuerin

Die Betreuerin nimmt am ehesten die informierende Rolle ein, indem sie einen gemeinsamen Wissensstand zu Themen in der Hilfekonferenz herstellt. Insgesamt ist sie zurückhaltender und bringt sich erst intensiver in das Gespräch ein, als es zu ihren Themen der Ordnung, Tagesstruktur und Versorgung kommt. In den Zeilen 259 bis 276 informiert die Betreuerin die JA-Mitarbeiterin über Ulrikes Verhalten hinsichtlich Ordnung in der Wohngruppe und erläutert dabei von ihr eingesetzte Varianten bzw. Strategien, um Ulrike zur Ordnung zu animieren. Auch nennt sie ihr Ziel, den Wochenplan wegzulassen (Zeile 308). In den Zeilen 315 bis 324 schildert sie Ulrikes Reaktionen auf die von ihr eingesetzten Strategien. Zu den Themen Tagesstruktur, pünktliches Aufstehen und pünktlich zur Schule gehen informiert sie die JA-Fachkraft ebenfalls über Ulrikes Verhalten (Zeilen 346–353) und lässt ihre persönliche Einschätzung dabei mit einfließen. Sie annonciert deutlich, dass Ulrike morgens kein Problemkind für sie ist (Zeile 358).

Die Betreuerin ergreift Partei für Ulrike, wenn der Schulleiter oder die JA-Fachkraft das Verhalten von Ulrike kritisieren (Zeilen 200–204). Dabei wirkt es so, als hätte die Betreuerin eine Art Beschützerrolle inne. Sie steht Ulrike jedenfalls partiell bei, auch wenn sie sagt, dass sie nicht für die Jugendliche lügen würde, damit sie eine Wohnung bekommt (Zeilen 333–342).

Untersuchung von Gesprächstechniken

Es gibt viele verschiedene Gesprächstechniken, die während eines Hilfeplangespräches angewendet werden können. Um personales Verstehen zu ermöglichen, wird gefragt und zugehört. Ferner kann die Technik des Paraphrasierens eingesetzt werden. Als weitere potenziell konstruktive Technik gilt das Spiegeln von Gefühlen und Gedanken. Auch um Sachverhalte zu klären, können explorierende, offene und geschlossene Fragen gestellt oder reflektierende Aussagen gemacht werden. Strategien und Techniken der Beziehungsgestaltung sind Ich-Botschaften (das Mitteilen von Gefühlen, Empfindungen und Gedanken) sowie Feedback (Rückmeldungen).

Die JA-Fachkraft

Auffällig ist, dass sie verschiedene Fragetechniken als Instrumente der Gesprächsführung nutzt. Die JA-Mitarbeiterin leitet das Gespräch ein und möchte von Ulrike, dass diese einfach erzählt, was in der letzten Zeit passiert ist. Ulrike antwortet mit einem „Äh" (Zeile 18). Die JA-Fachkraft formuliert daraufhin ihren Wunsch als Frage um (Zeilen 27 f.) und erreicht somit die Eröffnung des eigentlichen Gespräches. So überwindet Ulrike Anfangshemmungen, wobei hier anzumerken ist, dass die Fachkraft die Frage eher geschlossen stellt: „Willst du einfach mal erzählen, wie es dir überhaupt so geht im Moment […]?" Ulrike hätte in diesem Fall auch ja oder nein antworten können.

Die JA-Fachkraft reagiert in dem gesamten Gespräch auf Ulrikes Äußerungen häufig mit zustimmenden Lauten und signalisiert den Beteiligten damit, dass sie zuhört und das Gehörte versteht. Insgesamt sagt sie einundzwanzigmal „Hmm".

Des Weiteren benutzt die JA-Fachkraft sowohl geschlossene als auch offene Fragen, wobei die geschlossenen hier etwas überwiegen. Im ersten Teil des Gespräches verwendet sie zunächst mehrere offene Fragen: „Wie kam es zu der Erleuchtung?" (Zeile 38), „Wie ist das passiert?" (Zeile 45) und „Was ist da passiert?" (Zeilen 53). Durch die offene Fragestellung bringt die JA-Fachkraft das Gespräch in Gang. Außerdem erhält Ulrike so einen größeren Raum, zu antworten. Sie erzählt von ihren Zukunftsplänen (Abschluss der 10. Klasse und Abitur) und von den Ursachen für ihre nun reifere Haltung im Hinblick auf ihre Schulnoten. Mit der einfachen, aber auch treffenden Frage „Was ist da passiert?" signalisiert die JA-Mitarbeiterin der Befragten, dass sie an ihren Antworten interessiert ist, und verdeutlicht Ulrike gleichzeitig, dass sie ihr zuhört. In den Zeilen 86 bis 92 stellt Ulrike das erste Mal aus eigenem Antrieb eine Frage bzw. äußert den Wunsch, nach dem Abschluss in eine eigene Wohnung zu ziehen. Da Ulrike in dem Gespräch sehr ruhig erscheint, verdeutlicht sie mit dem Ergreifen der Initiative die Relevanz, die dieses Thema für sie hat. Die JA-Fachkraft verschiebt die Frage auf später.

Wenn ein Gesprächsthema abgehandelt ist, wechselt die JA-Sozialarbeiterin durch eine lenkende Frage die thematische Gesprächsrichtung. In den Zeilen 108 f. stellt die Fachkraft des Jugendamtes in einem Zug zwei offene Fragen. Ulrike ist ohne Hilfestellung der Betreuerin nicht in der Lage bzw. willens, eine Antwort auf diese Fragen zu geben.

Öfter fasst die JA-Fachkraft das Gesagte von Ulrike mit eigenen Worten zusammen (z.B. Zeilen 156–159) bzw. deutet das Gesagte nach ihrem Verständnis. Dazu holt sie sich an mehreren Stellen eine Bestätigung in Form von geschlossenen Fragen von Ulrike: „Kann man das sagen?" (Zeile 122); „Ging es um die Frage, wer ist eigentlich Mamas Liebling?" (Zeile 133) und „Also das heißt, da hat sich viel verändert in eurer Familie?" (Zeile 154). Sie erhält jeweils eine Antwort und erlangt somit die ggf. auch nur scheinbare Gewissheit, dass sie das von Ulrike Gesagte richtig verstanden bzw. gedeutet hat oder eben auch nicht. Das bietet die Möglichkeit, Missverständnisse zu vermeiden.

In den Zeilen 192 f. stellt die JA-Mitarbeiterin Ulrike eine provozierende Frage zu den Regelverstößen: „Wann sind denn Kinder so bockig und machen so einen Mist? Fünf? Oder vier?" Ulrike reagiert darauf nicht, dafür ergreift die Betreuerin Partei für Ulrike. Provozierende Fragen sind dazu gedacht, den Gesprächspartner aus der Reserve zu locken. Die JA-Fachkraft setzt in der Zeile 205 mit der geschlossenen Frage „Hattest du ein Böckchen?" noch einmal an. Ulrike antwortet kurz mit „Nö ... eigentlich nicht" (Zeile 206). Viel mehr sagt die Jugendliche zu diesem Thema nicht.

Zwischendurch erklärt und bewertet die JA-Fachkraft die Geschehnisse, die bei Ulrike und in ihrer Familie stattgefunden haben (Zeilen 124–127/Zeilen 143–147/Zeilen 532–544). Auch teilt die JA-Mitarbeiterin manchmal nach einer Zusammenfassung eines Sachverhaltes ihre Sicht über das Geschehen mit. So sagt sie Ulrike in den Zeilen 163 bis 166, dass sie diese und ihr Verhalten nun besser verstehen kann, dass sie es nicht schlimm findet, wenn man nicht immer gut funktioniert (Zeilen 236 ff.) und übermittelt ihren Eindruck, dass Ulrike als Kind nicht genügend Struktur vermittelt bekommen hat (Zeilen 546 ff.).

In den Zeilen 254 f. verschiebt die JA-Fachkraft das Thema von den Regelverstößen zur Zimmerordnung. Dazu nutzt sie zwei Fragen direkt hintereinander, wobei die zweite Frage drei Möglichkeiten beinhaltet: „Muss man ausmisten?" (geschlossene Frage); „Ist das Zimmer noch begehbar?" (geschlossene Frage) und „Wie sieht das aus?" (offene Frage). Die erste Frage stellt sie als offene Frage: „Wie sieht es jetzt aus mit der Ordnung?" Ulrike antwortet auf die zweite Fragenkette vage mit „Hmm ... also manchmal ist es so, dass es unordentlich ist, aber es ist jetzt nicht so, dass man da gar nicht mehr durchlaufen kann." (Zeilen 257 f.).

Der Schulleiter

Der Schulleiter bedient sich wie die Betreuerin ebenfalls der Strategie der sachlichen Klärung. Dazu trifft er informierende Aussagen, welche Ulrikes Regelverstöße betreffen (ab Zeile 171) oder auch die Zimmerkontrollen in Bezug auf Ulrikes Ordnung. Auch das Thema „Wie geht es nach dem MSA weiter?" greift er auf (Zeilen 61 ff.) und kommt so auf Ulrikes schulische Leistungen zu sprechen (Zeile 67). In Zeile 84 verweist er ohne Umschweife darauf, dass Ulrikes Leistungen und ihre darauf bezogenen Ziele seiner Meinung nach in diesem Gespräch zum Thema werden sollen (Strategie der eigeninteressierten Einflussnahme).

Ab Zeile 195 stellt die JA-Fachkraft vier Fragen bzw. trifft Aussagen, die Ulrike betreffen und zu denen Ulrike im Prinzip Stellung nehmen könnte. Doch der Schulleiter lässt die Gesprächspausen nicht zu und antwortet bzw. kommentiert die Fragen bzw. Aussagen der JA-Fachkraft. Dies wirkt wie ein Hochschaukeln, so dass die Betreuerin sich zusätzlich einschaltet, um das Ganze zu entschärfen (Zeile 200). Ulrike hingegen fühlt sich nicht herausgefordert zu kontern, sondern wirkt durch die starke Präsenz der Gesprächslenkenden eher eingeschüchtert und antwortet nur leise und wortkarg (Zeilen 206, 209). Während Ulrikes Betreuerin eher das Positive hervorgehoben hat, was Ulrikes Leistungen und Verhalten bzw. ihre Entwicklung angeht, hebt der Schulleiter bevorzugt hervor, was nicht klappt bzw. ausbaufähig ist (Zeilen 230 ff.). Dies wird auch in den Zeilen 309 bis 314 deutlich, wo er noch einmal wiederholt, dass Ulrike ja alles ganz gut macht, wenn die Betreuerin eng begleitet. Er fordert die Betreuerin dann auf zu schildern, was passiert, wenn die enge Begleitung nicht stattfindet, um aufzuzeigen, dass Ulrike noch nicht selbstständig genug ist.

Zunehmend versucht der Schulleiter, das Gespräch zu lenken, indem er die Betreuerin direkt nach ihrer Antwort bittet, eine Einschätzung zu treffen, was passieren würde, wenn sie Ulrike nicht mehr kontrollieren würde (Zeilen 326 ff.). Trotz der recht positiven Antwort der Betreuerin hakt der Schulleiter noch einmal nach, indem er seine Frage umformuliert und konkretisiert (Zeilen 343 ff.). Auch darauf äußert die Betreuerin eine positive Prognose und der Schulleiter fordert nach seinen explorierenden Fragen, dass man am besten gleich mit der Umsetzung beginnt, alle Kontrollen und alle Begleitung herunterzufahren, um zu erproben, was dann passiert (Zeilen 360 ff.). Im Nebensatz lenkt er das Gespräch vom Themenkomplex Leistung, Ordnung, Struktur direkt zur Versorgung.

Während Ulrike nur einen Laut von sich gibt, der darauf schließen lässt, dass sie darüber nachdenkt, gehen die Betreuerin und die JA-Fachkraft direkt auf das neu eingeleitete Thema ein. Nachdem sich zumindest die Erwachsenen einig darüber sind, dass Ulrike kochen lernen soll, drängt der Schulleiter darauf, diese Entscheidung als Arbeitsvorhaben in den Hilfeplan einfließen zu lassen (Zeilen 411 ff.). In Zeile 412 macht er den Vorschlag der Belegung des Hauswirtschaftskurses, um seinem Impuls direkt Hand und Fuß zu verleihen.

Als die JA-Fachkraft Ulrike fragt, ob sie Aufräumen für Zeitverschwendung hält und Ulrike zögerlich beginnt zu antworten, schaltet sich wieder der Schulleiter ein, Erklärungen für Ulrikes „Ordnungssinn" zu finden, anstatt die Jugendliche reden zu lassen (Zeilen 491 ff.). Als die Betreuerin Einwände äußert und ein wenig widerspricht, lässt er die Aussage nicht so stehen und ergänzt, dass beide Aussagen zutreffend sind; er beginnt, seine Meinung mit der Schilderung einer Situation, die sich ereignet hat, zu belegen (Zeilen 510 ff.).

In Zeile 609 fordert er von Ulrike Besserung und will, dass sie sich für eine Schule bewirbt, worauf hin er von der Betreuerin erfährt, dass schon konkrete Wünsche von Ulrikes Seite vorhanden sind. Darauf fragt er Ulrike, auf welche Schule sie denn gehen möchte, wartet aber keine Antwort ab, sondern belehrt sie im Nachsatz gleich wieder, dass sie nun auch standhaft bleiben muss (Zeile 612). Mit der Aussage „schön", dass Ulrike sich selber um eine Schule bemüht, zeigt er Anerkennung (Zeile 619).

Am Ende geht es nur noch um eine Terminvereinbarung, wo er auch wieder den Ton angibt. Nachdem dies geklärt ist, fragt er Ulrike, ob sie noch ein Anliegen hat (Zeile 660). Auch erwähnt er, dass er sie als leise und eingeschüchtert empfunden hat (Zeilen 664 ff.) und fragt sie, ob dies tatsächlich der Fall war. Ulrike jedoch verneint dies. Die moderierende Sozialarbeiterin lässt die Beteiligten gewähren.

Die Betreuerin

Die Betreuerin hält sich zu Beginn des Gespräches mit eigenen Beiträgen zurück. Sie benutzt im Laufe des Hilfeplans kleine Zwischenfragen als Gesprächstechnik und gibt Ulrike damit z. T. eine Hilfestellung, lenkt ihre Gedanken in eine Richtung oder versucht eine Antwort auf eine Frage der JA-Fachkraft aus Ulrike herauszubekommen. Ansonsten befindet sich die Betreuerin selbst oft in der Position der Befragten und gibt Antworten.

Mit der Frage in der Zeile 36 sorgt die Betreuerin dafür, dass Ulrike nicht vergisst, von ihrer Verbesserung in dem Schulfach Deutsch zu erzählen. In den Zeilen 113/115, als Ulrike keine Antwort auf die Frage der JA-Fachkraft für die Ursache des Durchhängers findet, verwendet die Betreuerin eine geschlossene Frage und gibt der Jugendlichen damit eine Hilfestellung zur Antwortfindung. Auch in der Zeile 208 benutzt die Betreuerin eine geschlossene Frage und erreicht damit, dass Ulrike quasi zugibt, dass sie ein „Böckchen" hatte. Die JA-Fachkraft stellt vorher in diesem Themenkomplex einige provozierende, geschlossene Fragen zu dem Thema der Regelverstöße und durch die von beiden verwendeten geschlossenen Fragen wird Ulrike nicht wirklich eingeladen, ihre Sicht der Dinge darzulegen.

Die Betreuerin bestärkt Ulrike in der Zeile 253 mit dem Satz „Das ist immer eine gute Idee." In der Zeilen 367 ff. lobt sie die Selbstständigkeit ihrer Mädchen aus der zehnten Klasse. Auch in den Zeilen 388 ff. und 614 ff. äußert sie sich positiv über Ulrike. In den Zeilen 501 bis 509 widerspricht sie der Meinung des Schulleiters und schildert Ulrikes Verhalten aus ihrer Sicht.

Alles in allem sieht die Betreuerin Ulrikes Entwicklung und auch ihren Sinn für Ordnung positiver und optimistischer als die JA-Fachkraft und der Schulleiter und traut Ulrike deutlich mehr zu, z. B. in den Zeilen 338 bis 342 „[…] ist es aus meiner Sicht erheblich besser geworden und die Chance, dass sie das bis zum Sommer schafft, sehe ich schon. Vielleicht nicht zu hundert Prozent, sie wird halt nicht unseren Ordnungsstil haben, aber sie ist ja auch gerade 18. Ich denke schon, dass sie eine Chance hat, sich noch zu entwickeln."

Einschätzung zur Adressatin Ulrike

Ulrike möchte unbedingt ihren Mittleren Schulabschluss schaffen, um danach eine weiterführende Schule zu besuchen. Somit ist es ganz klar, dass die Leistungsverbesserung bzw. konstante Leistungen ein Ziel sind. Ulrike hat sich schulisch gesteigert, so dass man davon ausgehen kann, dass sie das Ziel erreichen und damit die Vereinbarung einhalten kann.

Außerdem möchte Ulrike gern allein wohnen, weil sie nicht wieder bei ihrer Mutter einziehen will. Verbunden mit diesem Ziel gibt es bestimmte Kriterien, die sie erfüllen muss, damit sie ihre eigene Wohnung auch tatsächlich bekommt. Dazu gehört, dass sie im Internat beweist, dass sie Ordnung halten kann. Hinzu kommt noch eine zunehmende verantwortliche Selbstständigkeit. Dazu sollen Kontrollmaßnahmen heruntergefahren werden, damit Ulrike beweisen kann, dass sie allein Ordnung hält, putzt und morgens allein aufsteht und ihren Alltag meistert. Außerdem soll sie einen Hauswirtschaftskurs besuchen, der sicherstellt, dass sie sich selbst versorgen und mit einem geringen Budget wirtschaften kann.

Ob und inwieweit diese Ziele alle erreicht werden können ist zwar noch nicht absehbar. Jedoch gibt Ulrike an, dass sie bereits kochen kann und, wenn sie ihre Prioritäten anders setzt, auch durchaus in der Lage ist, Ordnung zu halten, sodass sie sich also auch mit den ihr auferlegten Fremdzielen identifizieren kann. Die Betreuerin ist sich ebenfalls sicher, dass Ulrike das Potenzial hat.

Der Schulleiter hat in Anknüpfung an die Ziele auch direkt Unterstützung mit dem hausinternen Kurs angeboten, so dass Ulrike nicht nur Ziele aufdiktiert bekommen hat, die sie erfüllen muss, sondern ihr wurde auch ein Weg aufgezeigt. Außerdem wird ihr versichert, da die Schulnoten ja sehr wichtig sind und demnächst viele Prüfungen anstehen, dass sie den Kurs auch anfangen kann, wenn sie einen Großteil des Schuljahres geschafft hat.

Einschätzung des Hilfeplangespräches

Im Großen und Ganzen hat das Hilfeplangespräch seinen Zweck erfüllt. Die momentane Situation wurde abgeklärt, anstehende Themen wurden besprochen und Ziele gefunden. Die JA-Fachkraft bewegt sich klar in ihrer gesprächsleitenden Rolle. Sie gibt die Rahmenbedingungen vor, sorgt zu Beginn für eine passende Sitzordnung und bietet den beteiligten Personen Getränke an. Außerdem schafft sie einen gelungenen Gesprächsstart vom Smalltalk über die Erklärung der Anwesenheit einer Studentin der Sozialen Arbeit bis hin zur Erläuterung von Sinn und Zweck des Treffens.

Sie moderiert und strukturiert das Gespräch nach den anstehenden Themen, welche ihr aus dem Entwicklungsbericht des Trägers bekannt sind. Auch bietet sie Ulrike die Gelegenheit, das Geschehen aus ihrer Sicht zu schildern. Doch die Jugendliche redet sehr wenig aus Eigenantrieb und scheint hier Unterstützung zu benötigen. Aus den Redezeitanteilen geht hervor, dass die JA-Fachkraft deutlich mehr Zeit beansprucht als die anderen Beteiligten. Insbesondere Ulrike mit einer reinen Gesprächszeit von fünfeinhalb Minuten kommt deutlich zu wenig zu Wort. Es hat den Anschein, als würde sie im Gespräch einer Übermacht an erwachsenen Menschen gegenüberstehen, vor der sie sich zurückzieht. Die JA-Sozialarbeiterin verfällt in regelmäßigen Abständen gegenüber Ulrike in Erklärungen und Ansichtsäußerungen zu verschiedenen Themen. Manchmal wirkt sie dabei wie Ulrikes Erzieherin und nicht wie die Mitarbeiterin des Jugendamtes, die als Prozessverantwortliche aus einer Metaperspektive handelt und spricht.

Positiv zu vermerken ist, dass die JA-Fachkraft sich gut verständlich artikuliert, keine für die Jugendliche vielleicht unverständlichen Fremdwörter benutzt und darauf achtet, Pausen zwischen den Sätzen zu machen. Bisweilen überhäuft die JA-Sozialarbeiterin allerdings Ulrike mit mehreren Fragen auf einmal. Die Jugendliche antwortet dann meistens nur auf Teile der Fragen.

Ulrike scheint im Laufe des Gespräches nur an einer Sache brennend interessiert zu sein, nämlich daran, ob sie nach ihrem Abschluss der zehnten Klasse in eine eigene Wohnung ziehen darf und dabei vom Jugendamt Unterstützung erhalten würde. Sie wiederholt mehrfach, dass sie nach Beendigung der aktuellen Hilfe nicht wieder bei ihrer Mutter einziehen will und macht die Wichtigkeit dieser Sache deutlich. Dieses Thema wird leider nur sehr kurz abgehandelt. Das ist schade, da Ulrike bei diesem Thema bereit scheint, ihre Deckung zu verlassen und aus sich herauszukommen.

Der Schulleiter und die JA-Fachkraft übertreffen sich bei dem Thema der Regelverstöße fast mit provozierenden Fragen und selbst gegebenen, bestätigenden Antworten zu Ulrikes Fehlverhalten und lassen ihr hier wenig Freiraum, auf die Vorwürfe zu reagieren. Doch der Schulleiter und die JA-Fachkraft sowie besonders die Betreuerin äußern sich auch anerkennend zu den positiven Veränderungen bei Ulrike.

Die JA-Fachkraft bringt – nachdem Ulrike sich fast am Ende des Gesprä-ches doch verteidigt und sagt, dass sie nur in ihrem Privatbereich öfter un-ordentlich sei und im Gemeinschaftsbereich immer ordentlich wäre – zum Ausdruck, dass sie die Jugendliche nicht für hoffnungslos unstrukturiert halte, sondern mit ihren Fragen und Äußerungen lediglich versuche, Ulrike die Wichtigkeit des Trainings für ihr späteres Alleinwohnen zu verdeutlichen.

Gegen Ende des Gespräches informiert die JA-Fachkraft die Jugendliche über die rechtlichen Gegebenheiten bei Umzug der Kindesmutter und Erlangen der Volljährigkeit und findet einen versöhnlich-hoffnungsvollen Abschluss, in-dem sie Ulrike bestätigt, dass sie überzeugt ist, dass die Jugendliche viele Mög-lichkeiten hat und auf einem guten Weg ist.

3.5 Zweite Auswertung der Hilfekonferenz
Katharina Pohl

Einleitung

Hilfeplangespräche (im Folgenden nur noch HPG) sind eine anspruchsvolle Aufgabe in der Sozialen Arbeit. In ihnen werden der erzieherische Bedarf, die zu gewährende Hilfe sowie die notwendigen Leistungen festgestellt und doku-mentiert. Dies geschieht durch die Benennung und Erörterung entscheidungs-relevanter Themen unter Berücksichtigung der Entwicklung des bisherigen Hilfeverlaufs. An den Gesprächen sind i. d. R. die betreffenden Kinder oder Ju-gendlichen, deren Eltern bzw. Erziehungsberechtigte und Fachkräfte aus den Bereichen Jugendamt und freie Träger beteiligt. Konstante ist im HPG nur das Aufeinandertreffen von ganz überwiegend unterschiedlichen Interessen, Wün-schen und Perspektiven in Bezug auf den Hilfebedarf und die zu gewährende Hilfeform. Besondere Herausforderungen sind neben der Zielorientierung und Struktur Fragen nach der angemessenen Partizipation. Inwieweit Klient_innen an der Hilfeplanung beteiligt und mit ihren Vorstellungen gehört werden, ent-scheidet wahrscheinlich darüber mit, wie stark sie sich im Nachhinein mit den festgelegten Zielen identifizieren und diese in Angriff nehmen. Ein gelungenes HPG kann daher einen Grundstein für die weitere Hilfe legen.

Diese Ausarbeitung beschäftigt sich mit der Analyse der Kommunikations-strategien der Jugendamtsfachkraft in einer ausgewählten Sequenz der Tran-skription (149 Zeilen). Zunächst soll eine kurze Erklärung zur Sinnhaftigkeit einer Analyse gegeben werden, bevor das angewandte Analysekriterium der Kommunikationsstrategien und Gesprächstechniken vorgestellt wird. Es folgen inhaltliche Rahmeninformationen und die Analyse. Die Ausarbeitung wird mit einer Zusammenfassung schließen.

Die Analyse: Ziel und Kriterien

Eine Analyse bietet sich an, um einen tieferen Einblick in ein neues Sachgebiet zu erhalten, die Reflexionsfähigkeit zu trainieren und die eigene subjektive Wahrnehmung zu überprüfen. Gerade in Anbetracht der unterschiedlichen Anforderungen eines HPGs kann eine intensive Auseinandersetzung sensibel für Stolpersteine und Hindernisse machen, aber auch Möglichkeiten aufzeigen. Ein Hilfeplangespräch kann hinsichtlich unterschiedlicher Kriterien analysiert werden. Dazu zählen Qualitätsstandards, Inhalt, Aufgaben und Rollenanteile sowie die Kommunikationsstrategien und Gesprächstechniken. Letzteren soll in der vorliegenden Ausarbeitung besondere Beachtung geschenkt werden.

Kommunikationsstrategien und Gesprächstechniken

Kommunikationsstrategien lassen sich in fünf Bereiche einteilen, die unterschiedliche Ziele verfolgen: personales Verstehen, sachliche Klärung, Beziehungsgestaltung und Personenaufwertung sowie die eigeninteressierte Einflussnahme (vgl. Leitfaden Thimm Anhang 3.1). Darüber hinaus existieren übergreifende Mittel, die in unterschiedlichsten Situationen Anwendung finden. Dabei ordnen sich unter diese genannten Strategien verschiedene Techniken.

Die *Strategie des personalen Verstehens* besteht hauptsächlich darin, der anderen Person Raum zu geben, um sie in den jeweiligen Lebensumständen und emotionalen Verfassungen wahr- und ernst zu nehmen und diese kennenzulernen. Dazu zählen die Techniken des aktiven Zuhörens, welches beispielsweise durch eine zugewandte Körperhaltung, Blickkontakt, Ausreden lassen und Schweigen aushalten zum Ausdruck gebracht wird, sowie die der explorierenden Fragen zur Selbstklärung der/des Adressat_in hinsichtlich ihrer Gedanken, Meinungen und des Erlebens. Weiterhin unterstützen fokussierte Wiedergaben und vorsichtige Auslegungen als Paraphrase, Spiegeln und reflektierende Aussagen.

Die *Strategie der sachlichen Klärung* soll insbesondere Informationen weitergeben oder in Erfahrung bringen. Sie wird meist durch explorierende Fragen zur Sachverhaltserkundung sowie zu Meinungen, Beurteilungen und Bedenken der Adressat_innen oder anderer Umfeldpersonen verfolgt. Außerdem geht es darum, die zu bearbeitenden Themen zu strukturieren, zu wechseln und zu beenden. Dabei können auch informierende Aussagen getroffen werden.

Anerkennung und Wertschätzung sind wichtige Techniken zur *Strategie der Beziehungsgestaltung und Personenaufwertung*. Sie können der/dem Adressat_in helfen, eigene Ressourcen zu entdecken, sich ernst genommen zu fühlen und einen Lichtblick in verfahrene Situationen zu bringen. Verwendet werden auch Ankopplungs- und Motivierungsformeln.

Zur *Strategie der eigeninteressierten Einflussnahme* zählen Techniken wie das Gegenwirken und Konfrontieren durch Formulieren von Grenzen, Regeln, Bedingungen, Anforderungen (Fremdzielen) und Erwartungen. Bei dieser Strategie geht es um das Lenken der Klient_innen zugunsten der eigenen Absichten. Dazu können bestimmte (erwünschte) Verhaltensweisen abverlangt oder angeordnet oder auch Alternativen formuliert und verhandelt werden. Als weitere Techniken gelten Unterbrechen und generell Bremsen der Adressat_innen sowie das Bewerten und Stellungnehmen.

Weiterhin gibt es *übergreifende Mittel,* die zu verschiedenen Zwecken Anwendung finden. Dazu zählen Feedback, Ich-Botschaften, Zusammenfassen, Normalisieren und Umdeuten. Außerdem können Techniken wie die Kommunikation auf der Metaebene oder speziell konfliktmoderierende Mittel eingesetzt bzw. zugeordnet werden.

Damit ist sicher keine Vollständigkeit erreicht, aber es kann pragmatisch und ordnend analysiert werden.

Rahmeninformationen zum HPG

Die vorliegende Sequenz eines HPGs entstammt einem Fortschreibungsgespräch. Die Klientin Ulrike ist eine fast 18-jährige Jugendliche, die im Internat wohnend ihren Mittleren Schulabschluss anstrebt. In der Zeit ihres nahenden Abschlusses treten einige Veränderungen ein: Auseinandersetzungen sowohl mit ihrer Mutter, die einen neuen Lebenspartner hat, als auch mit dem Bruder machen Ulrike zu schaffen. Auch hinsichtlich ihrer ungünstigen schulischen Leistungen gibt es Schwierigkeiten. Jedoch konnte sie sich innerhalb von eineinhalb Monaten stark verbessern und plant, nach ihrem Schulabschluss eine eigene Wohnung zu beziehen. Zum Gespräch bei der Jugendamtsfachkraft wurden der Schulleiter der Internatsschule, die Betreuerin der Wohngruppe und Ulrike eingeladen.

Inhalt des Gespräches

Zu Beginn eröffnet die Jugendamtsfachkraft das Gespräch mit ein paar einleitenden Worten zur Aufzeichnung des HPGs und fragt Ulrike nach ihrem Befinden. Dabei geht es zunächst um ihre Noten in der Schule, ihre Einstellung dazu und die Veränderungen der letzten eineinhalb Monate, in denen Ulrike ihre Leistungen stark verbessert hat. Darauf folgt die zu analysierende 149 Zeilen lange Sequenz (von Zeile 85 bis Zeile 233), in der Ulrikes Auszug, ihre familialen Konflikte und Veränderungen sowie ihr vergangenes Fehlverhalten thematisiert werden. Anschließend löst ein Bereich den nächsten ab: Zimmerordnung, Einhalten einer Tagesstruktur und Verpflegung. Der Schulleiter stellt den Hauswirtschaftskurs seines Internats vor und Ordnung wird erneut zum Gesprächsgegenstand gemacht. Weiterhin werden organisatorische Dinge, Ulrikes Wünsche für ihre Zukunft nach der Schule, die nächsten Termine und ihr Fahrkartenwunsch geklärt, bevor sich alle voneinander verabschieden.

Spontaneindruck

Als spontane Gefühle nach dem ersten Lesen können Empörung und Verwunderung benannt werden. Die beleidigenden Aussagen hinsichtlich der Klientin und die mangelnde Beteiligung dieser drängen sich der Leserin auf. Dabei zeigt sich eine fragwürdige sozialarbeiterische Haltung der Jugendamtssozialarbeiterin gegenüber ihrer Schutzbefohlenen. Überraschend ist für mich, dass Ulrike bis zum Ende des Gespräches durchhält.

Mikroanalyse einer Sequenz

Im Folgenden soll das Gesprächsverhalten der Jugendamtsfachkraft bezüglich ihrer typischen Kommunikationsmuster und deren Wirkung auf Ulrike untersucht werden (HPG Zeilen 85–233). Generell lässt sich sagen, dass sie häufig die Strategien der eigeninteressierten Einflussnahme sowie die Strategie der sachlichen Klärung anwendet. Demzufolge fehlen insbesondere weitgehend die Strategie des personalen Verstehens sowie der Beziehungsgestaltung und Personenaufwertung. Insgesamt redet Ulrike in diesem Abschnitt 43 Zeilen, die Jugendamtsfachkraft hingegen 71 Zeilen und alle Fachkräfte insgesamt 106 Zeilen.

Die Sequenz beginnt damit, dass Ulrike ein persönliches Anliegen vorbringt, was ihr wichtig ist: Sie möchte in eine eigene Wohnung ziehen. Während sie noch damit beschäftigt ist, dies zu begründen, fällt ihr die Sozialarbeiterin in den Zeilen 93 und 95 ins Wort. Aufhänger dafür ist eine Selbstbeschreibung der Klientin über sich und ihre Mutter: „ein bisschen zickig" (Zeile 92) deutet die Sozialarbeiterin als „Zickenkrieg". Sie verbindet also eine Unterbrechung mit einem Geschlechterklischee, einer Beleidigung und einer Übertreibung, wobei sie nicht auf die Ressource der intakten Anteile der Mutter-Tochter-Beziehung eingeht. Hervorzuheben ist, dass das Wort „Krieg" stark negativ konnotiert ist. Die Unterbrechung fällt unter die Strategie der eigeninteressierten Einflussnahme. Anschließend wendet die Jugendamtsfachkraft die Strategie der sachlichen Klärung an, indem sie vorerst das Thema Auszug beendet und das neue Thema Rückschau einführt. Dabei zeichnet sie einen Kontrast zwischen der ihrer Ansicht nach problematischen und guten Entwicklung Ulrikes, indem sie die Gegensätze verdeutlicht und das erlebte Verhalten spiegelt. Auf der einen Seite stehen die Phrasen „Kaltstart" (Zeile 99), „Durchstarterposition" (Zeile 100) und „Energien genutzt" (Zeile 102), die eine Anerkennung der Leistungen auf der Grundlage von Sport- bzw. Automobilmetaphern ausdrücken sollen. Diese Worte wirken motivierend und anerkennend, sie zählen zur Strategie der Personenaufwertung. Auf der anderen Seite findet sich dreimal das Wort „viel" in Verbindung mit „Problemen", „Stress" und „schlechten Noten" sowie „Einbruch", „keine Motivation", „Lustlosigkeit" und „Durchhänger", was die problemorientierten Anteile betont und diese sehr gewichtig erscheinen lässt.

Darauf folgt eine Normalisierung der Situation, die durch das generalisierende Personalpronomen „man", dem Wort „normal" und der häufigen Verwendung von „immer", „alles" und „nie" (Zeilen 105 f.) gestützt wird. Mit dem Erwähnen der „Höhen und Tiefen" wird erneut der Kontrast markiert. Die Jugendamtsfachkraft schließt an mit der offenen explorativen Frage, was da mit Ulrike passiert sei, die der Strategie der sachlichen Klärung zugeordnet werden kann. Auch hier fokussiert sie auf die Seite der Schwierigkeiten. Ulrike hat nicht sofort eine Antwort auf die Frage, woraufhin die Betreuerin ihr einen Deutungsvorschlag unterbreitet, der auf die Beziehung zum Bruder gerichtet ist. Ulrike hat daraufhin die Möglichkeit, vier Sätze lang zu sagen, wie es ihr mit ihrer Mutter und ihrem Bruder geht. Sie erzählt, dass es viele Streitigkeiten gab und dass es ihr in dieser Zeit einfacher fiel, ins Internat zu gehen. Dies ist eine der zwei Stellen in der gewählten Sequenz, wo die Jugendamtsfachkraft die Strategie des personalen Verstehens in Form eines ermutigenden Tones des Zuhörens Ulrike gegenüber zeigt (vgl. Zeilen 121 f.). Dazu gehört die sich anschließende reflektierende Aussage mit einer geschlossenen Frage seitens der Sozialarbeiterin, die zusammenfassend die Veränderungen in der Familie thematisiert. Ulrike antwortet an dieser Stelle in Zeile 123 leise. Der Moment scheint sie innerlich zu bewegen oder sie zumindest nachdenklich zu machen. Jedoch wird hier auf ihre Gefühle nicht weiter eingegangen.

Stattdessen beginnt die Jugendamtsfachkraft, die Situation in der Familie und die Annäherung an die Mutter zu beschreiben. Dazu benutzt sie eine Mobile-Metapher (Zeile 125), die wieder normalisierend und erklärend wirkt. Diese Metapher steht für ein bestimmtes Bild von Familie, nämlich der Familie als System, welches an Fäden zusammenhängt und wo das Gleichgewicht aller Personen vom Gleichgewicht Einzelner abhängig ist. Damit möchte sie die Situation neutral darstellen. Das Wort „offensichtlich" betont, wie klar die ganze Lage in den Augen der Fachkraft ist. Anscheinend gibt es für sie an diesem Punkt keine unentdeckten Hintergründe, die sie noch nicht kennt. Die Erklärung mündet in eine offene Frage (welche zur Strategie des personalen Verstehens zählt) über das Gefühl beim Einzug des Bruders. Allerdings lässt die Sozialarbeiterin Ulrike nicht ausreden und unterbricht sie zum dritten Mal in Zeile 133. Die geschlossene Frage nach „Mamas Liebling" (Zeile 133) ist irritierend, da sie nicht in den Kontext von Ulrikes Gesagtem passt. Sie wirkt daher wie eine Unterstellung und impliziert Konkurrenz um die Liebe der Mutter zwischen den Geschwistern. Auch Ulrike hat Konkurrenz in ihren Worten anklingen lassen, diese jedoch in den Zusammenhang von Streitigkeiten (vgl. Zeile 131) gestellt. Daher zielt die Frage am Kern der Sache vorbei und scheint aus einem anderen Zusammenhang zu kommen. Ulrike verneint die Frage und beginnt einen erneuten Erklärungsversuch, dem die Fachkraft mit aktivem Zuhören, der Strategie des personalen Verstehens, begegnet. Wie in den Episoden davor verfolgt sie diese Strategie nur für einen kurzen Moment, bevor sie reflektierende Aussagen trifft und Ulrikes Beitrag verallgemeinert. Die Aussage „Auseinandersetzung um Werte" (Zeile 141) wirkt wie eine Feststellung. Ulrike redet stattdessen von „Kleinigkeiten" (Zeile 142), die in den Streitigkeiten zum Thema wurden. Sie möchte die Wertigkeit bzw. den Druck aus der Spiegelung der Fachkraft nehmen, kann das aber nicht weiter erklären, da die Fachkraft erneut das Wort ergreift, um ihre Sicht der Dinge zu schildern. Es ist nicht eindeutig, ob Ulrike an der Stelle unterbrochen wird oder nicht, da sie stockend erzählt. Daher lässt sich nur die Vermutung anstellen, dass sie eventuell mehr auf ihren eigenen Blickwinkel eingegangen wäre, wenn sie den Raum dafür gehabt hätte. Die Sozialarbeiterin übergeht das Deutungsangebot der Klientin zu den Kleinigkeiten und ihre Nachdenklichkeit. Sie verwendet stattdessen große Worte wie „Religionen und Werte" (Zeile 143), „Grundlagen" (Zeile 143), „Normen" (Zeile 145) und mit hoher Bedeutsamkeit aufgeladene Fragen über das Sein und das eigene Selbstverständnis (vgl. Zeile 145 f.). Sie wirkt, als wolle sie mit ihren Verallgemeinerungen, Feststellungen und Normalisierungen die Welt erklären. Dabei geht sie kaum auf den tatsächlichen Inhalt von Ulrikes Darstellung ein.

An dieser Stelle stellt sich die Frage, welche Rolle der Normalisierung in den Sequenzen der Jugendamtsfachkraft zukommt. Ganz allgemein könnte Normalisieren zu den übergreifenden Mitteln bzw. zur Strategie des personalen Verstehens zählen. Möglicherweise möchte die Sozialarbeiterin die Klientin damit entlasten, darstellen, dass sie nicht alleine mit ihren Schwierigkeiten ist und es auch anderen so geht. Dann könnte sich Ulrike einer Mehrheit an Menschen zugehörig und verstanden fühlen. Jedoch eröffnet die Fachkraft damit eine Schublade, in der das Andere, das Besondere und Außergewöhnliche an dem Fall verloren geht. Ulrike wird voreilig in ein größeres Bild eingefügt. Es findet eine Zuordnung statt, ohne dass Ulrike die Situation annähernd erklären kann. Damit wirkt die Normalisierung wie etwas Übergestülptes, Bevormundendes. Sie lässt die Jugendamtsfachkraft wie eine Frau erscheinen, die alles schon gehört hat und kennt und der man nichts Neues mehr erzählen kann. Das Vorgehen wirkt arrogant und presst Ulrike in eine Form, die ihr nicht passt. Die Sozialarbeiterin denkt, dass sie die Situation erfasst hat, obwohl sie sich keine Zeit genommen hat, der Klientin aufmerksam zuzuhören, und zieht ihre Schlüsse in Form von normalisierenden, erklärenden Feststellungen bzw. Unterstellungen.

Nach der Normalisierung eröffnet sie ein zweites Mal eine Konkurrenzsituation zwischen den Geschwistern, indem sie nach dem Gewinner fragt (vgl. Zeile 147). Diese geschlossene Frage wird von Ulrike nicht beantwortet. Sie sagt lediglich, dass ihr Bruder ausgezogen ist, woraufhin die Jugendamtsfachkraft eine Frage nach dem Zielort des Umzugs der Mutter stellt und die Klientin erneut beim Antworten in dem Moment unterbricht (vgl. Zeile 154), in dem es so wirkt, als wollte Ulrike einen neuen Versuch unternehmen, das Wohnungsthema anzusprechen. Der Satz „Und ich würde auch nicht so gerne dann da …" (Zeile 153) könnte mit „(nicht) hinziehen" beendet werden. Die Sozialarbeiterin lässt sie jedoch nicht ausreden. Sie benutzt an dieser Stelle die Strategie der eigeninteressierten Einflussnahme und verknüpft daraufhin ihre Frage mit ihrer ursprünglichen Hypothese, dass in der Familie viele Veränderungen stattfinden (vgl. Zeile 156 ff.). Ulrike wird ab diesem Zeitpunkt immer wortkarger.

Die Jugendamtsfachkraft fasst erneut die Situation in der Familie zusammen und verknüpft dies mit unterstellten Sachverhalten. „Also sie planen für sich" (Zeile 157) wirkt so, als wäre Ulrike in die Planung nicht mit einbezogen, was nicht ihrer eigenen Schilderung, dass sie nicht mit umziehen möchte, weil sie Streit mit der Mutter fürchtet, entspricht. Außerdem fallen wieder mit Bedeutsamkeit und Bewertung aufgeladene Worte: Der „Religionskrieg" (Zeile 158) wird ausgerufen, ebenso wie die Konkurrenz zwischen den Geschwistern, die Ulrike schon zweimal versucht hat richtigzustellen. Ab diesem Moment redet sie kaum noch. Womöglich ist sie enttäuscht darüber, dass ihr Anliegen keine Beachtung findet. Vielleicht erkennt sie sich in dem Gesagten nicht wieder oder sie findet sich damit ab, dass ihr kein Gehör geschenkt wird und sie nicht gegen die Dominanz der Fachkraft ankommt. Möglicherweise war das Thema der eigenen Wohnung das einzige Anliegen, was Ulrike mitgebracht hat, und sie sieht keinen Bedarf, sich weiter zu beteiligen. Jedenfalls wird sie sehr schweigsam.

Die Sozialarbeiterin fährt in ihrer Zusammenfassung fort (für die wieder die Grundlage – eine entsprechende Äußerung Ulrikes – fehlt, was somit mehr wie eine Unterstellung wirkt). Die Fachkraft legt Ulrike Sätze in den Mund und formuliert Fragen, die ihre Klientin ihrer Meinung nach hat, so auch die Frage nach dem „danach", der Zeit nach dem Internat, sowie die Frage, wo und wie sie dann leben möchte (vgl. Zeilen 162 f.). Außerdem erwähnt sie zum wiederholten Male die Veränderungen in Ulrikes Familie. Das Verständnis, was sie danach äußert, ist daher nicht wirklich bezogen auf Ulrikes tatsächliche Situation, sondern nur auf das Bild, das die Fachkraft davon in sich trägt. Die eigentlichen Gründe kommen nicht ans Licht.

Anschließend übernimmt der Schulleiter die Leitung des Gesprächs. Er malt Ulrike ihr vergangenes Fehlverhalten vor Augen, welches er mit einem abrupten Themenwechsel in Zeile 168 einführt. In seiner Rede verwendet er die Strategie der eigeninteressierten Einflussnahme, indem er seine Schülerin mit den vergangenen Schwierigkeiten konfrontiert und seine Erwartungen hinsichtlich der Regeleinhaltung darlegt. Seiner Aussage nach wurden diese „Vergehen" mit Ulrike bereits von unterschiedlichen Seiten (Schulleitung, Pädagog_innen in der Wohngruppe) thematisiert (vgl. Zeilen 179 ff.). Das hält ihn jedoch nicht davon ab, diese Situationen erneut auszuführen. Die Sozialarbeiterin gibt ihm Raum dafür und nutzt das als Gelegenheit, um rhetorische, beleidigende Fragen an Ulrike zu richten. Dabei verwendet sie verschiedene Begriffe und bezeichnet sie als „bockig" (Zeile 192), als Kind (Zeile 192), das vier bzw. fünf Jahre alt ist (vgl. Zeile 193), was starke Herablassung zum Ausdruck bringt.

Alsbald führt sie einen Dialog mit dem Schulleiter, bei dem sich beide Personen Satzfetzen zuwerfen, die sie gegenseitig ergänzen. Es wirkt fast wie ein Spiel, was darauf abzielt, Ulrike zu erniedrigen und einzuschüchtern. Der Satz des/der Einen wird von den Worten des/der Anderen vervollständigt und liefert wiederum Grundlage für Fortführungen. Dabei erwähnen sie „Dummheit" (Zeile 197) und „Fehlverhalten" (Zeile 198), so als wäre die Klientin nicht anwesend. Die Sozialarbeiterin versichert sich mehrmals mit einem „nicht wahr?" (Zeilen 197/199/210 f.) bei ihrem Gesprächspartner und verwendet fortlaufend den Vergleich mit Kleinkindern. An dieser Stelle findet eine starke und strategische Beleidigung Ulrikes statt, die als Strategie der Personenabwertung gedeutet werden kann. Auch die Betreuerin lässt sich darauf ein und macht sich über sie lustig. Anfangs wirkt es so, als wolle sich die Betreuerin auf die Seite von Ulrike stellen und sie in Schutz nehmen, jedoch geht sie noch mal ins Detail über die vergangenen Fehltritte, wobei sie Ulrike zitiert. Inzwischen wird über Ulrike in der dritten Person gesprochen.

Die Sozialarbeiterin stellt direkt an Ulrike eine geschlossene Frage, ob sie ein „Böckchen" hatte (Zeile 205). Ulrike antwortet leise darauf. Sie wirkt eingeschüchtert und traurig. Möglicherweise, ich unterstelle, ist sie auch wütend. Sie wurde von den Fachkräften nicht nur gedemütigt, sondern auch isoliert, da sie eine Art Koalition gegen Ulrike geschlossen haben und es niemanden gibt, der sich auf ihre Seite stellt. Als die Betreuerin fragt, ob sie nicht versucht hätte, es besser zu machen und Ulrike bejaht, sieht die Jugendamtsmitarbeiterin eine neue Gelegenheit, maßregelnd zu intervenieren. Erneut redet sie über das „Böckchen" (Zeile 211) und zitiert Ulrike unzutreffend mit Worten, die sie ihr in den Mund legt (vgl. Zeile 212). Es wird wieder deutlich, dass sie ihre Klientin nicht verstanden hat, sondern fälschlicherweise annimmt, dass sie weiß, was ihre inneren Beweggründe sind. Die Sozialarbeiterin fragt nach Rauchen und Alkohol in der anklagenden Form „Hast du damit was an der Backe?" (Zeile 213), was Ulrike nur eingeschränkt die Möglichkeit gibt, ihren Umgang damit ehrlich zu schildern. Auch die Thematisierung von einem altersgerechten Genuss von Alkohol und Rauchen wird durch die starke Verurteilung „das ist dann natürlich noch mal einen Zacken verschärfter" (Zeile 210) tendenziell tabuisiert. So gibt Ulrike an dieser Stelle nur noch einsilbige Antworten, zu denen die Fachkraft kurze geschlossene Fragen stellt. Die Benennung von „Zudröhn[en]" (Zeile 217), „Sucht" und „Ausweichverhalten" (Zeile 221) bestätigt die negative Haltung der Sozialarbeiterin, die nicht auf eine Exploration des tatsächlichen Konsums, sondern auf eine Beschämung und Anklage zielt. Ulrike wird buchstäblich gerichtet und verurteilt; die Fachkraft lacht über sie (?) in Zeile 224. Am Ende dieser Sequenz kommt sie zurück zu ihrer ursprünglichen Vorgehensweise: Sie erwähnt die vielen Veränderungen und das familiale „Durcheinander" (Zeile 226), was ganz „offensichtlich" (Zeile 227) Ulrikes Zustand beeinträchtigt hat.

Fazit

Die Sozialarbeiterin verwendet zu Beginn der Sequenz häufig die Strategie der eigeninteressierten Einflussnahme und die Strategie der sachlichen Klärung, wobei sie vor allem den Gesprächsverlauf mit den jeweiligen Themensetzungen dominiert. Im Verlauf der Unterhaltung benutzt sie oft Mittel wie Normalisieren, Verallgemeinern, Erklären und Zusammenfassen, welche Ulrike in eine Schublade stecken und ihr keinen Raum lassen, selbst zu berichten, was in ihrem Leben passiert ist. Außerdem verwendet sie viele stark negativ konnotierte Worte, die Ulrikes Gesagtem eine andere Bedeutung geben. Gegen Ende der gewählten Sequenz wird die Fachkraft immer beleidigender und anklagender. Sie benutzt die Strategie der Personenabwertung in Form von Demütigung und Anklage und schließt dabei eine Koalition mit dem Schulleiter und der Betreuerin. Trotz der vielen Fragen zum Schluss kann nicht von einer echten Exploration ausgegangen werden. Insgesamt fehlen die Strategien des personalen Verstehens sowie der Beziehungsgestaltung und Personenaufwertung fast völlig. Grundsätze der Sozialen Arbeit wie Empowerment, Wertschätzung und eine allgemeine Grundhaltung des Respekts werden von der Sozialarbeiterin nicht berücksichtigt.

Es wird deutlich, dass die Klientin keine Möglichkeit besaß, über ihre Wünsche und ihr Empfinden zu sprechen, geschweige denn eigene Themen in der Besprechung anzubringen. Die Fachkraft zeigt kein ehrliches Interesse an ihr und beteiligt sie nicht an der Hilfeplanung.

Ein HPG, wie es in diesem Fall vorliegt, begünstigt, Klient_innen in eine passive Rolle zu drängen, in der sie nur scheinbar beteiligt werden. Mit ihren eigenen Interessen bleiben sie ungehört und können somit keine oder nur wenig Identifikation mit gesagten Zielen entwickeln.

3.6 Kommentar

Die beiden Analysen weisen Gemeinsamkeiten und Unterschiede auf. Die erste Arbeit ist überwiegend deskriptiv angelegt; die Zeitmessung zu Redeanteilen von Personen, Zeitebenen und Inhalten ohne erhebliche Wertungen ist exemplarisch für das Vorgehen. Auch Rollen und Gesprächsmittel werden souverän bestimmt. Insgesamt wird verständig nachgezeichnet, geordnet, verdichtet und fast verschwindend gering interpretiert. Wissenschaft als leidenschaftsloser unbestechlicher Bericht – die Verfasserinnen arbeiten im Analyseschritt nüchtern, sorgfältig und genau. Verbesserungspotenziale für dieses HPG werden anschließend identifiziert, es wird aber auch auf noch Akzeptables und Gelungenes verwiesen. Es mangelt am Ende ein wenig an Schlussfolgerungen: Was lernen wir verallgemeinernd aus der Untersuchung? Eine wichtige Information ist sicher, dass der Text von Anfang an als Rückmeldung an die Sozialarbeiterin des

Jugendamtes gedacht war, verfasst wurde und ihr bald nach dem Gespräch auch geschickt wurde. Das Angebot einer persönlichen Übergabe und Rückmeldung wurde nicht angenommen.

Die zweite Arbeit macht aus ihrer Empörung und Einschätzung, dass das HPG misslungen sei, schon recht früh keinen Hehl. Die Verfasserin belegt ihre Einschätzungen allerdings sehr präzise, wodurch Transparenz entsteht und Meinungen begründet werden. Sie geht weniger in die Breite, konzentriert sich stattdessen auf Kommunikationsstrategien und Gesprächstechniken. Die Argumentation eröffnet mehr Raum, generalisierend etwas über die Praxis, v.a. die Gefahren solcher Gespräche zu lernen. Ihr Fokus ist allerdings einzig, wie es der Adresssatin wohl geht – zweifellos eine sehr relevante Blickrichtung. Andere Perspektiven bleiben unbeachtet.

Beide Analysen sind interessant zu lesen, zeugen von fachsprachlicher Kompetenz und strukturiertem Vorgehen.